엑셀과 R을 활용한
빅데이터 분석 첫걸음

지은이

김효정 계명대학교 타블라라사 칼리지 교수
조현숙 경북대학교 소프트웨어센터 초빙교수

엑셀과 R을 이용한
빅데이터 분석 첫걸음

발행일 2022년 6월 30일
지은이 김효정 · 조현숙
발행인 오성준
발행처 카오스북

등록번호 제020-000074호
주소 서울특별시 은평구 통일로73길 31
전화 02-3144-8755
팩스 02-3144-8757

ISBN 979-11-87486-40-4 93000
정가 25,000원

엑셀과 R을 활용한

빅데이터 분석 첫걸음

김효정 조현숙 지음

카오스북
CHAOS BOOK

머리말

"빅데이터 분석에 첫 걸음을 떼는 학생들을 위해"

빅데이터 분석은 다양한 소스에서 다양한 크기의 정형, 반정형 및 비정형 데이터를 포함하는 매우 방대하고 다양한 데이터 세트에 대해 고급 분석 기술을 사용하는 것입니다. 사회 전 분야의 데이터를 추출 분석해 문제의 해결책을 제시하는 실용 학문으로 과학적 의사결정의 자료가 됩니다. 이렇게 다양한 데이터를 가공하여 의사결정에 참조할 수 있는 빅데이터 분석에 관심은 있으나 선뜻 다가서기 어려워하는 학생들이 많습니다. 이들에게 쉽게 접근할 수 있는 방법을 고민한 끝에 이 책을 기획하게 되었습니다.

그런 취지에 따라 학생들이 어렵게 느끼는 통계의 수식적 접근을 최소화하며, 실생활에서 접할 수 있는 실제 데이터를 활용해봄으로써 빅데이터 분석의 기초를 이해하고 실제 활용으로 나아갈 수 있도록 구성하였습니다.

이 책은 엑셀로 기초 데이터 처리 과정을 배우고 근래에 전 세계적으로 빅데이터 분석에 많이 사용되는 프로그래밍 언어의 하나로서 공개 소프트웨어인 R언어를 사용하여 인문, 사회, 예체능 전공 등 컴퓨터를 전공하지 않는 학생들도 쉽고 간단하게 주어진 문제를 해결하고 의사결정 분석까지 할 수 있도록 내용을 구성하였습니다.

1장에서는 빅데이터란 무엇인가에 대한 이해에서 출발하여 빅데이터의 정의 및 분석 유형, 활용 사례에 대해 살펴봅니다. Part I은 엑셀을 활용한 빅데이터 분석 및 활용 과정으로 2장에서 엑셀

머리말

의 기초적인 기능을 활용한 데이터 입력과 관리, 3장과 4장은 엑셀 함수를 이용한 데이터 계산 및 데이터 처리, 5장은 범주화 자료 시각화를 통해 분석 결과를 다양하게 시각화하는 방법, 6장에서는 기본적인 통계 처리 실습, 7장에서 우리 주변의 공공 데이터를 수집해 분석하고 그 결과를 시각화하는 실무 과정을 실습합니다. Part II에서는 R을 이용한 빅데이터 분석 기법을 다루었습니다. 8장과 9장에서 R프로그램 설치 및 실행 방법, R의 기초 문법을 익히고, 10장에서 R 프로그램 데이터 시각화를 다루었습니다. 마지막 11장에서는 R을 이용해 실제 데이터를 이용해 전처리 과정과 시각화, 추이 분석 실습하게 됩니다.

빅데이터 분석에 첫걸음을 떼는 독자들을 위해 가능한 한 쉽게 접근하고 이해할 수 있는 예제들을 담고자 노력하였습니다.

기획 의도에 맞춰 책을 완성하는데 적지 않은 시간과 노력을 들였지만, 여러 한계로 여전히 많은 부분을 담을 수 없는 점은 여전한 아쉬움으로 남습니다. 책이 만들어지기까지 많은 도움을 주신 카오스북 오성준 대표 및 여러분께 감사드립니다. 특히 문맥이나 예제를 하나하나 실습해보시면서 꼼꼼하게 집필해주신 교수님들께 감사의 말씀을 전합니다.

저자 일동

차례

차례

SECTION 01

빅데이터의 이해

빅데이터는 기존의 데이터베이스로는 수집·저장·분석 등을 수행하기 어려울 만큼 방대한 양의 데이터를 말한다. 이 장에서는 빅데이터 정의와 특징, 빅데이터 트렌드 분석 및 활용 사례를 살펴본다.

1.1 빅데이터의 정의 및 특징

빅데이터의 정의

데이터는 특별한 의미가 부여되지 않은 조사 당시의 객관적 사실을 의미한다. 데이터에 어떤 가치가 부여될 때, 이를 정보라고 한다. 즉 의미가 부여되지 않은 데이터에 어떤 의미를 부여해 유의미한 정보로 가공할 수 있다.

위키백과에 따르면 빅데이터는 "기존 데이터베이스 관리 도구의 능력을 넘어서는 대량(수십 테라바이트)의 정형 또는 심지어 데이터베이스 형태가 아닌 비정형의 데이터 집합조차 포함한 데이터로부터 가치를 추출하고 결과를 분석하는 기술"이라고 정의된다(https://ko.wikipedia.org).

미국의 가치 투자 전문 웹사이트 밸류 워크Value Walk는 큐물러스 미디어를 통해 구글, 페이스북, 유튜브 등 소셜 미디어뿐 아니라 넷플릭스와 인스타그램 등 17개의 플랫폼platform에서 1분 동안 인터넷에서 발생하는 일들을 분석하였다. 2021년 기준으로 1분 동안 넷플릭스 구독자의 시청 28,000건, 유튜브 콘텐츠 업로드 500시간 , 페이스북 스크롤 140만 건, 이메일 건수 1억 9,760만 건, 인스타그램 스토리 공유 695,000건이다. 상상을 뛰어넘는 용량의 데이터들은 우리 주변에 산재하여 있으며, 이러한 대량의 데이터를 이용하여 유의미한 정보를 찾아낼 수 있다. 세계적 컨설팅 기관인 매켄지Mckinsey는 빅데이터를 기존 데이터베이스 관리 도구의 데이터 수집, 저장, 관리, 분석하는 역량을 넘어서는 규모로서 그 정의는 주관적이며 앞으로도 계속 변화될 것이라고 언급했다.

[1분 동안 인터넷에서 발생하는 일들(밸류 워크, 큐물러스 미디어)]

빅데이터의 특징

1 빅데이터의 3V

빅데이터는 일반적으로 3V로 불리는 크기$_{Volume}$, 속도$_{Velocity}$, 다양성$_{Variety}$의 특징을 가지고 있으며, 이러한 측면에서 기존 데이터베이스와 차별화된다. 크기$_{Volume}$는 수십 테라바이트 이상의 데이터의 물리량으로 나타나는 가장 기본적 특징이다. 속도$_{Velocity}$는 데이터를 빠르게 처리하고 분석할 수 있는 처리 속도로 데이터의 생산, 저장, 분석 및 시각화되는 과정이 실시간으로 이루어지는 것을 의미한다. 다양성$_{Variety}$은 데이터의 종류 및 형태를 특정짓는 것으로 정형 데이터뿐 아니라 사진, 오디오, 비디오, 소셜 미디어 데이터, 로그 파일 등과 같은 비정형 데이터를 포함한다.

과거에도 대규모 데이터를 분석해 의미 있는 정보를 찾아내려는 시도는 존재했다. IT 기술의 발달로 지금은 더욱 다양하고 방대한 규모 데이터가 생성되고, 이러한 데이터를 이용해 의사결정 및 새로운 비즈니스 모델 확정 등에 필요한 정보를 도출하고 있다. 이처럼 빅데이터는 미래 경쟁력의 우위를 좌우할 수 있는 의미 있는 정보를 제공하는 중요한 자원이라는 점에서 주목받고 있다.

2 추가된 특징들

빅데이터는 앞서 언급한 3V를 기본으로 새로운 특징들이 계속 추가되고 있으며, 시대에 따라, 이를 해석하는 분야나 사람에 따라 달라질 수 있다. 그 중 세 가지의 중요한 특징을 추가하면 다음과 같다.

- 정확성

방대한 데이터의 양에서 일정한 패턴을 추출하는 과정이 빅데이터 분석 과정이다. 정보의 양만큼 중요한 것이 또한 데이터의 신뢰성이다. 따라서 빅데이터 분석에 있어 수집한 데이터가 정확한 것인지, 분석할 만한 가치가 있는지 등을 살펴야 하며, 이러한 측면에서 정확성$_{Veracity}$이 속성이 새롭게 제시되고 있다.

- 가변성

경우에 따라 자신의 생각을 글로 표현하면 다른 사람이 자신의 의도대로 이해하는 것이 아닌 맥락에 따라 다른 의미로 이해할 수 있다. 이처럼 데이터가 맥락에 따라 의미가 달라지는지 등을 살펴야 하며, 이러한 측면에서 가변성$_{Variability}$ 속성이 새롭게 제시되고 있다.

- 가치

빅데이터는 비즈니스나 공공정책, 연구에 많이 사용되며 유용한 가치를 이끌어낼 수 있어야 그 의미가 있다. 빅데이터를 설계하고 그것을 수집하기 전에 그 데이터를 활용하여 무엇을 할 수 있을지에 대한 고민이 먼저 필요할 것이다. 이러한 측면에서 가치$_{Value}$ 속성이 새롭게 제시되고 있다.

가트너의 더그 레이니$_{\text{Doug Laney}}$는 2001년 데이터의 급성장에 따른 이슈와 기회를 데이터의 크기, 데이터 입출력의 속도, 데이터 종류의 다양성이라는 세 개의 차원으로 정의하였다. 이 '3V' 모델은 이후 가장 널리 사용되는 빅데이터의 정의가 되었다. 2012년 가트너는 "빅데이터는 큰 용량, 빠른 속도, 높은 다양성을 갖는 정보 자산으로서 이를 통해 의사결정 및 통찰 발견, 프로세스 최적화를 향상시키기 위해서는 새로운 형태의 처리 방식이 필요하다."고 개정하였으며, IBM은 3V에 정확성$_{\text{Veracity}}$을, 브라이언 홉킨스$_{\text{Brian Hopkins}}$ 등은 3V에 가변성$_{\text{Variability}}$을 추가하여 빅데이터 4V 특징을 정의하였다.

1.2 빅데이터 기술

빅데이터 기술은 공공 기관이나 기업 등 여러 곳에서 이미 활용되고 있다. 공공 기관에서는 빅데이터 기술을 이용해 시민들의 편의를 제공할 수 있는 서비스를 제공하고 있으며, 기업에서는 고객의 성향을 파악하여 고객 맞춤형 마케팅 및 새로운 비즈니스를 창출하고 있다. 결국 이러한 서비스와 비즈니스 창출이 가능하기 위해서는 빅데이터의 저장 기술, 분석 기술, 표현 기술이 필요하며, 이러한 기술을 활용한 빅데이터 결과물들은 공공 기관이나 기업에서 다양하게 활용할 수 있다.

저장 기술

데이터의 저장은 파일 시스템과 데이터베이스를 이용하는 방식으로 나누며, 데이터베이스는 관계형과 비관계형으로 나눌 수 있다. 빅데이터 시대에는 기존 관계 데이터베이스가 저장하고 관리할 수 있는 범위를 넘어서는 다양한 형태의 대규모 데이터가 존재하며 이에 대한 새로운 저장 및 관리 기술이 필요하다. 기존 데이터베이스보다 비정형 데이터를 관리하는 데 뛰어나다는 평가를 받는 하둡$_{\text{Hadoop}}$과 NoSQL$_{\text{Not Only SQL}}$이 빅데이터 시대에 크게 주목받고 있는 대표적인 기술이다.

[빅데이터의 기술 (데이터베이스 개론, 김연희, 2013)]

• 하둡

하둡은 여러 개의 컴퓨터를 하나로 묶어 대용량 데이터를 처리하는 기술로, 정형 데이터 및 사진 영상 등 비정형 데이터를 효과적으로 처리하는 오픈 소스이다. 기존 데이터베이스 시스템보다 비용이 적게 들며, 데이터를 여러 서버에 분산 저장하기 때문에 처리 속도가 빠르다. 하둡은 수천 대의 분산된 장비에 대용량 파일을 저장할 수 있는 기능을 제공하는 분산 파일 시스템HDFS, Hadoop Distributed File System과 저장된 파일을 분산된 서버의 CPU와 메모리 자원을 이용하여 빠르게 분석하는 맵리듀스MapReduce 플랫폼으로 구성되어 있다.

• NoSQL(non SQL 또는 non relational)

데이터베이스는 데이터들의 모임으로 여러 사람이 같이 사용할 목적으로 통합 관리된다. 관계형 데이터베이스란 2차원 테이블 형태로 표현되는 데이터로 SQLStructured Query Language을 이용하여 데이터를 관리한다. 관계형 데이터베이스가 데이터의 관계를 정의하고 이를 이용해 Join 등의 관계형 연산을 하지만, 복잡도와 용량 한계라는 단점이 있다.

데이터 간의 관계를 정의하지 않는 NoSQL은 관계형 데이터베이스의 단점을 극복하여, 대용량의 데이터를 저장할 수 있고, 여러 대의 서버에 분산해서 저장할 수 있다. 유연한 데이터 모델로 비정형 데이터를 저장하고, 분산 처리와 병렬 처리를 더 저렴하게 할 수 있다. NoSQL은 Mongo DB, Cassandra, Cough DB, Redis 등이 있다.

각기 장단점이 다른 하둡, NoSQL 등은 데이터의 용도와 환경에 따라 선택할 수 있으며, 상호 보완하며 빅데이터의 저장 기술로 활용되고 있다.

분석 기술

데이터 분석은 데이터를 기반으로 현재 일어나고 있는 어떤 문제에 대한 속성들을 자세히 이해하는 것으로 문제 발생 원인, 그에 따른 결과 해결 방안 같은 것들을 분석하는 것을 의미한다. 데이터 처리는 해결해야 할 문제를 여러 개의 작은 연산으로 나누고 이를 모아 하나의 결과로 만드는 것을 말한다. 빅데이터 분석 기술로 데이터 마이닝data mining, 머신 러닝, 자연 언어 처리, 패턴 인식 등이 있다. 특히, 비정형 데이터를 처리하는 방법에는 텍스트 마이닝text mining, 소셜 네트워크 분석Social Network Analysis, 군집 분석Cluster Analysis, 오피니언 마이닝Opinion Mining 등이 있다.

• 마이닝(mining)

마이닝은 '지하에 매장된 광물을 캐낸다'는 의미로, 특별한 의미가 부여되지 않은 모든 것인 데이터로부터 가치 있는 정보를 찾아내는 것을 말한다. 데이터는 정형 데이터, 비정형 데이터로 구분되며,

정형 데이터는 형태에 따라 고정된 구조 형태로 구성된 데이터를 의미하고, 비정형 데이터는 정해진 구조가 없는 데이터를 의미한다. 정형 데이터를 이용한 마이닝을 데이터 마이닝이라고 하며 정형 데이터에는 고객 데이터, 매출 데이터, 재고 데이터 등이 있다.

- 텍스트 마이닝(text mining)

텍스트 마이닝은 정해진 구조가 없는 데이터를 의미하는 비정형 데이터를 이용한 마이닝을 의미한다. 비정형 데이터로는 인터넷의 다양한 게시물, 유튜브 동영상, 비정형 문서, 카카오톡 메시지 등이 있다.

- 소셜 네트워크 분석(Social Network Analysis)

소셜 네트워크 분석은 수학의 그래프 이론을 활용하여 소셜 네트워크에서의 연결 구조 및 강도 등을 기반으로 행동 패턴, 성향, 영향력, 관심사 등을 분석한다. 소셜 네트워킹 서비스인 트위터나 페이스북 등에서 정보의 허브 역할을 하는 사용자를 찾거나 확산된 내용과 함께 연결의 맥락을 파악하여 분석하며 조직 분석, 범죄 수사, 제약 연구 등에 응용된다.

- 군집 분석(Cluster Analysis)

군집 분석은 다양한 특성을 가진 개체들의 유사성을 측정하여 유사 동류 집단으로 분류하는 분석 방법으로, 주어진 데이터들을 특성에 따라 동질적 군집으로 결합하거나 몇 개의 동질적 군집으로 분류할 수 있다. 사전에 명확한 기준이 존재하지 않는 집단을 분류하는 데 많이 사용된다.

- 오피니언 마이닝(Opinion Mining)

오피니언 마이닝은 웹사이트, 소셜 미디어 등에서 특정 주제에 대한 여론과 의견을 수집 분석하며, 구매 후기와 같은 많은 정보 중에서 다양한 의견을 분석하여 유용한 정보를 찾아내는 기술이다. 또한, 주제에 관한 이용자들의 생각과 표현을 분석하여 감정과 의견을 객관적인 정보로 표현할 수 있다.

표현 기술

규모를 가늠할 수 없을 정도의 대규모 데이터를 탐색하거나 분석할 때 그 분석 결과를 쉽게 이해할 수 있도록 표현하여 전달(시각화)하기 위해 오픈 소스인 R 언어를 이용한다. R 언어는 1993년 뉴질랜드 오클랜드 대학교의 이하카Ross Ihaka와 젠틀맨Robert Gentleman에 의해 개발되었으며 통계적 추론, 데이터 분석, 머신 러닝 알고리즘은 물론 기본 통계 기법부터 최신 데이터 마이닝 기법까지 다양한 구현이 가능하다. 특히 명확하고 접근이 쉬우며, 다양한 프로그래밍 언어와 연동 가능하고 다양한 운영체제를 지원한다. 또한 다양한 라이브러리를 제공하므로 빅데이터 분석과 시각화에 많이 사용되고 있다.

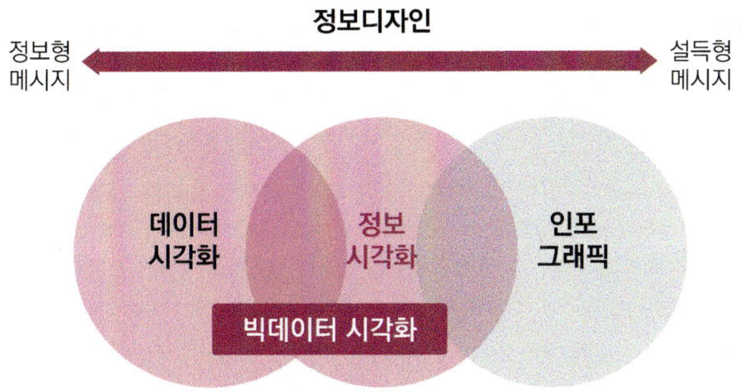

[정보 디자인에서 빅데이터 시각화 영역(데이터분석 전문가 가이드, 한국데이터베이스진흥원)]

1.3 데이터 분석 유형

데이터 분석가는 분석 모델에 데이터를 적용하여 통찰을 찾아낸다. 데이터에서 통찰을 얻는 것은 쉬운 일이 아니다. 이러한 어려움을 극복하기 위해 분석가는 분석 방법론을 기반으로 분석을 실행한다. 이 장에서는 분석 방법론, 분석 유형, 분석에 필요한 용어들을 살펴본다.

데이터 분석 유형에는 분류 분석(classification analysis), 군집 분석(cluster analysis), 연관 규칙 분석(association rule analysis), 이상 탐지(anomaly detection), 사회 연결망 분석(social network analysis), 텍스트 마이닝(text mining) 등으로 분류된다.

분류 분석(classification analysis)

분류 분석은 데이터 세트의 타깃 속성에 레이블 역할을 부여하는 지도 학습 유형이다. 즉 일반 속성을 이용하여 레이블 역할을 예측 및 분류한다. 분류 분석에는 로지스틱 회귀(logistic regression), 베이즈(bayesian), 의사결정 나무(decision trees), 규칙 기반(rule-based), 서포트 벡터 머신(support vector machine), 신경망(artificial neural network) 등이 있다.

군집 분석(cluster analysis)

군집 분석은 데이터 세트에 타깃 속성이 없는 비지도 학습 유형이다. 사례 세트를 유사한 성격을 가지는 몇 개의 군집으로 묶는다. 이렇게 형성된 군집의 특성을 파악하여 군집들 사이의 관계를 분석하는 기법에는 K 평균 군집(K-means clustering), 자기 조직화 지도(self-organizing maps) 등이 있다.

연관 규칙 분석(association rule Analysis)

대량의 데이터에서 속성 간 흥미로운 관계를 분석하는 연관 규칙 분석장바구니 분석은 비지도 학습 유형이다. 예컨대 슈퍼마켓의 판매 데이터에서 구매 항목 간 연관성, 즉 어떤 품목이 판매될 때 같이 팔린 품목이 어떤 게 있는지를 분석하는 기법이다. 연관 판매의 분석 기준은 지지도support, 신뢰도confidence, 향상도lift로 결정된다.

이상 탐지(anomaly detection)

특정 데이터가 데이터 세트의 일반 데이터와 비교하여 크게 다른 특이 값을 식별하는 이상 탐지는 비지도 학습 유형이다. 신용카드의 사기 거래 탐지, 네트워크 침입 탐지, 구조적 결함 등의 검출에 활용되는 기법이다. 이상 데이터는 데이터 분석의 정확성을 위하여 전처리 과정에 사용할 수도 있다. 이상 탐지 분석 기법으로 밀도 기반 탐지, 거리 기반 탐지, 오토 인코더 등이 있다.

소셜 네트워크 분석(social network analysis)

소셜 네트워크 분석은 소셜 네트워크 구조를 조사하는 프로세스로 개인과 집단 간 관계가 노드(개인 행위자 또는 네트워크 내의 사물)와 링크로 연결된 관계이다.

텍스트 마이닝(text mining)

텍스트 마이닝은 구조화한 텍스트 데이터를 사용하여 패턴이나 관계를 추출한다. 텍스트 마이닝에는 텍스트 분류, 텍스트 클러스터링, 문서 요약 등이 포함된다.

1.4 데이터 분석 용어

데이터 분석을 위해서는 데이터 형태의 정확한 분류와 더불어 분석에 관련된 용어들을 정확히 이해해야 한다. 데이터는 어떠한 형태로 분류되는지, 분석에서 사용되는 용어는 어떤 것이 있는지 알아보자.

데이터 형태

데이터는 명목 데이터, 서열 데이터, 구간 데이터, 비율 데이터의 형태로 구분할 수 있다. 명목 데이터와 서열 데이터는 범주형 데이터, 구간 데이터와 비율 데이터는 수치형 데이터이다. 비율 데이터는 구간 데이터로, 구간 데이터는 서열 데이터로, 서열 데이터는 명목 데이터로 변경할 수 있다.

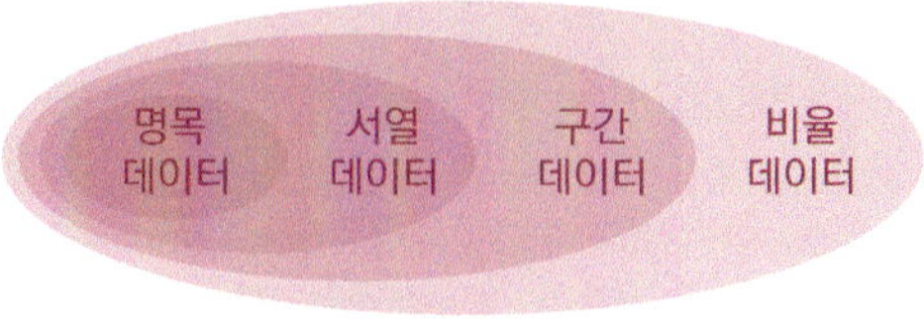

• 명목 데이터(nominal data)

명목 데이터는 질적 분류 기준인 이름 또는 범주 데이터이다. 예로 성별, 국적 등이 있다.

• 서열 데이터(ordinal data)

서열 데이터는 데이터 간 상대적 크기를 갖지만, 서열화된 데이터 간에 간격이 일정하지는 않다. 예로 학생의 학년, 직장의 직급 등이 있다.

• 구간 데이터(interval data)

구간 데이터는 수치 형식으로 순위의 특성을 포함한다. 데이터 값의 차이가 일정한 크기를 가지지만 절대 0점이 없다. 예로 온도, IQ, 성적 등이 있다.

• 비율 데이터(ratio scale)

비율 데이터는 모든 산술적 연산이 가능하다. 예로 키, 몸무게, 매출액 등이 있다.

데이터 분석 용어

데이터 분석과 관련된 다양한 용어를 알아보자.

• 데이터 분할

데이터 분석을 위해 데이터 세트는 학습용 데이터와 검증용 데이터로 분할한다. 학습용 데이터로는 분석 모델을 만들고 이 모델을 검증용 데이터로 검증한다. 보통 학습용 데이터와 검증용 데이터는 7 : 3, 7.5 : 2.5, 8 : 2 비율로 분할한다.

• 학습용 데이터(trainning data)

학습용 데이터는 일반적으로 가장 크기가 큰 집합으로 구성된다. 데이터 분석을 위해 다양한 모델을 구축하기 위해 사용하는 데이터이다.

• 검증용 데이터(test data)

검증용 데이터는 분석을 위한 모델이 만들어지면 새로운 데이터로 검증을 하여 얼마나 좋은 성과를 갖는지 평가하는 데 필요한 데이터이다.

- 지도 학습(supervised learning)

지도 학습은 데이터 세트의 속성 중에 예측을 위한 타깃(레이블) 속성이 포함되어 있다.

- 비지도 학습(unsupervised learning)

비지도 학습은 지도 학습과 다르게 데이터 세트에 타깃(레이블) 속성이 없다.

- 사례(case)

사례는 속성으로 구성된 측정치들의 모음이다. 분석의 단위로서 관찰치, 레코드, 행row이라고도 한다.

- 타깃 속성(target attribute)

타깃 속성은 지도 학습에서 예측되는 변수로 레이블이라는 역할로 설정한다. 반응 변수, 출력 변수, 목표 변수, 성과 변수, 종속 변수라고도 한다.

- 일반 속성(general attribute)

데이터 세트에서 일반 속성 역할을 한다. 예측 변수, 입력 변수, 독립 변수라고도 한다. 예측 분석에서 타깃 속성을 예측하기 위해 사용되는 특성이다.

- 결측값(missing value)

결측값결측치은 데이터 세트에서 속성이 비어 있는 값을 말한다. 일반적으로 일부 행은 결측값을 포함하고 있다. 데이터 분석가는 이 결측값을 어떻게 채울지 결정해야 한다. 결측치를 갖는 행의 수가 적다면 그 행을 제외하고 분석할 수 있다. 그리고 결측치 비율이 높은 속성의 경우는 분석에서 그 속성을 제외할 수 있다.

- 이상치(outliers)

데이터 세트에서 대부분의 데이터로부터 멀리 떨어진 값을 이상치라고 한다. 분석가들은 이러한 이상치의 기준을 정해야 한다(예: 평균으로부터 표준편차의 3배보다 더 멀리 떨어져 있는 값).

- 과적합(over fitting)

모델은 많은 속성을 포함하며 고차원 모델이 될수록 과적합될 가능성이 있다. 학습용 데이터에서는 성과가 좋지만, 실제 데이터에서는 좋은 성과를 내지 못하는 모델의 경우 과적합 문제가 발생한다.

- 데이터 정규화(data normalization)

단위가 다른 속성을 보정하지 않고 분석에 사용하는 경우 어떤 분석에서는 성과에 과도한 영향을 줄 수 있다. 이와 같은 문제점을 해결하기 위하여 정규화 과정이 필요하다. 정규화는 크기가 다양한 속성을 비교할 때 유용하다.

원본 데이터

sepal_length	sepal_width	petal_length	petal_width
5.1	3.5	1.4	0.2
4.9	3	1.4	0.2
4.7	3.2	1.3	0.2
4.6	3.1	1.5	0.2
5	3.6	1.4	0.2
5.4	3.9	1.7	0.4
4.6	3.4	1.4	0.3

정규화 데이터

sepal_length	sepal_width	petal_length	petal_width
0.68	0.36	-0.34	-0.54
0.00	-1.23	-0.34	-0.54
-0.68	-0.59	-1.12	-0.54
-1.02	-0.91	0.45	-0.54
0.34	0.68	-0.34	-0.54
1.70	1.64	2.02	2.00
-1.02	0.05	-0.34	0.73

1.5 빅데이터 트렌드 분석

구글 트렌드

구글 트렌드는 전 세계 사용자들의 동향을 확인할 수 있는 무료 서비스로 검색어 및 시청 동영상 기반 빅데이터 분석 서비스이다. 구글 트렌드는 막대한 양의 표본으로 지지도 및 인기도를 판별하는 데 매우 유의미한 수치를 제공해주지만, 호감도와 비호감도를 나누어 보여주지는 않는다. 구체적인 검색 횟수가 아니라 검색량이 제일 높을 때의 값을 100으로 하여 시간에 따른 검색량 비율을 그래프로 보여준다. 검색어를 입력할 때 나라별, 기간별, 카테고리별, 웹 검색(이미지 검색, 뉴스 검색, Google 쇼핑, YouTube 검색) 등을 적용할 수 있다.

BTS방탄소년단를 검색했을 때, 지난 12개월 동안 지역별 관심도에서 미얀마가 1등으로 나타났다.

[구글 트렌드(https://trends.google.com/trends/explore?q=bts)]

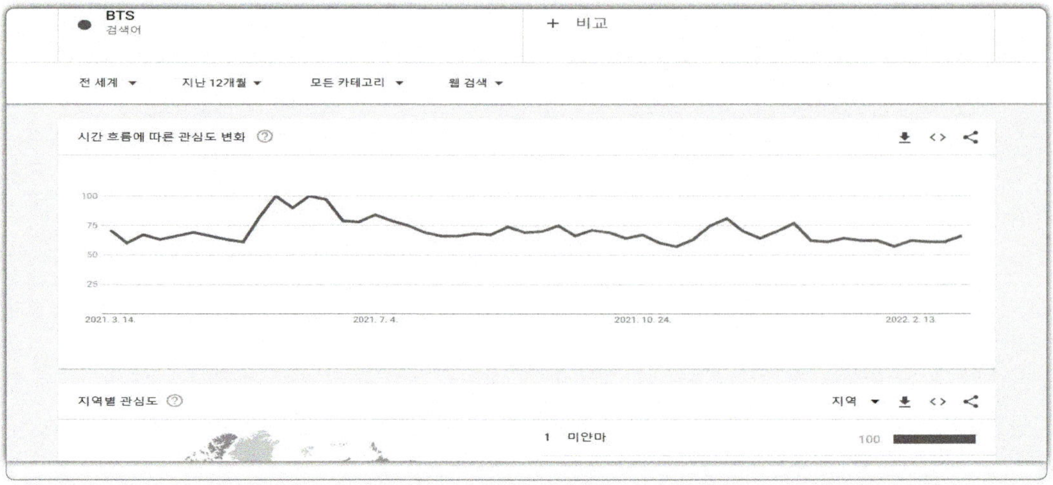

[구글 트렌드 BTS 검색 결과(https://trends.google.com/trends/explore?q=bts)]

네이버 데이터랩

네이버 데이터랩은 급상승 검색어, 검색어 트렌드, 쇼핑 인사이트, 지역 통계, 댓글 통계 정보를 제공한다. 첫 화면 쇼핑 인사이트는 쇼핑 분야별 클릭 추이와 분야별 검색어 현황을 제공한다.

검색어 트렌드에서는 네이버 통합 검색에서 특정 검색어가 얼마나 많이 검색되었는지 확인할 수 있다. 궁금한 주제어를 설정하고 하위 주제어에 해당하는 검색어를 콤마(,)로 구분하여 입력한다. 입력한 단어의 추이를 하나로 합산하여 해당 주제가 네이버에서 얼마나 검색되는지 조회할 수 있다.

예를 들어 주제어 '캠핑: 캠핑, Camping, 캠핑용품, 겨울캠핑, 캠핑장, 글램핑, 오토캠핑, 캠핑카, 텐트, 캠핑요리' 등으로 확대해 검색할 수 있다.

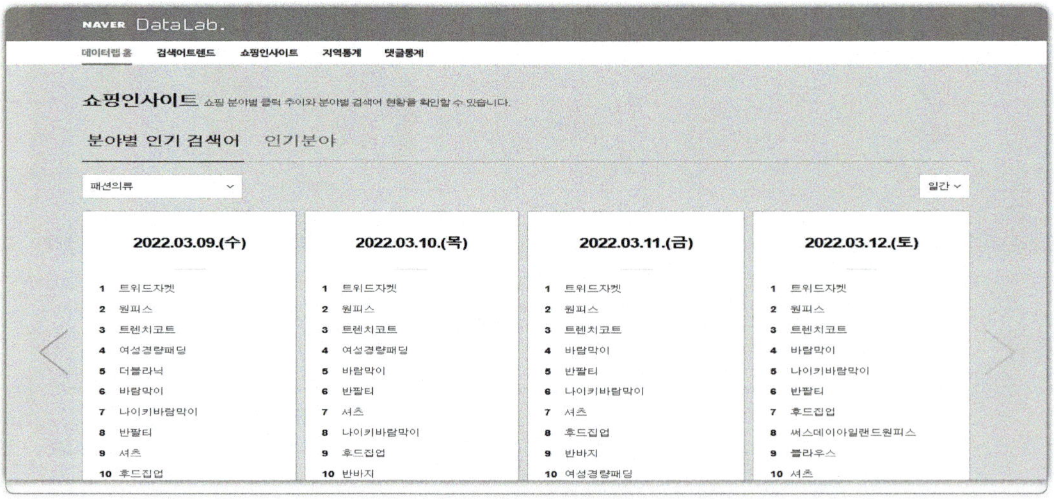

[네이버 쇼핑 인사이트(https://datalab.naver.com)]

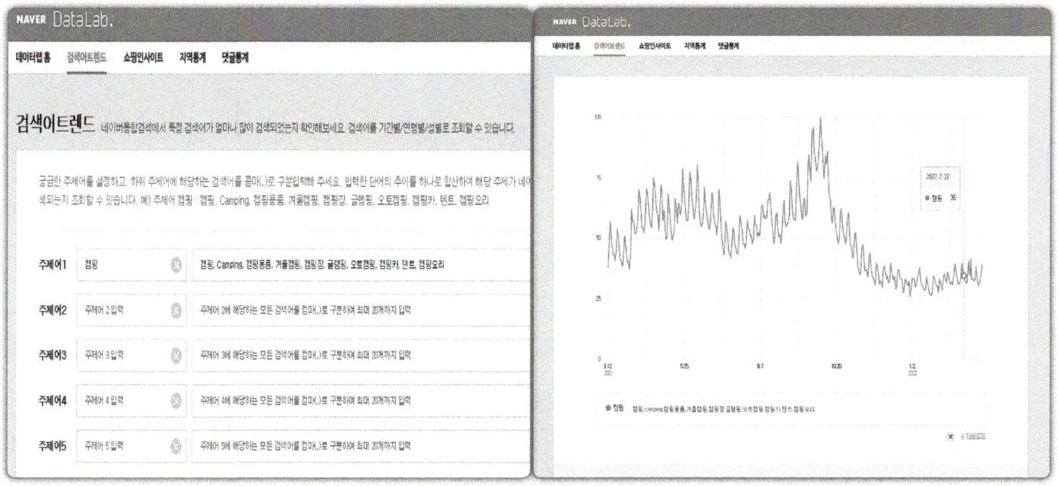

[네이버 데이터랩 검색어 트렌드]

(https://datalab.naver.com/keyword/trendResult.naver?hashKey=N_167f2d0e30767b8201ca27937bbb060c)

카카오 데이터 트렌드

카카오 데이터 트렌드는 특정 검색어의 기간, 기준, 기기, 성별, 연령, 지역 등에 따른 검색량 추이를 확인할 수 있다.

BTS 검색 결과 지난 12개월 동안 성별 검색량에서는 여성이 74%, 남성이 26%, 연령별 검색량에서는 40대가 가장 높게 나타났으며, 지역별 검색량에서는 서울과 경기가 다른 지역과 비교해 압도적으로 많은 검색량을 보여주고 있다.

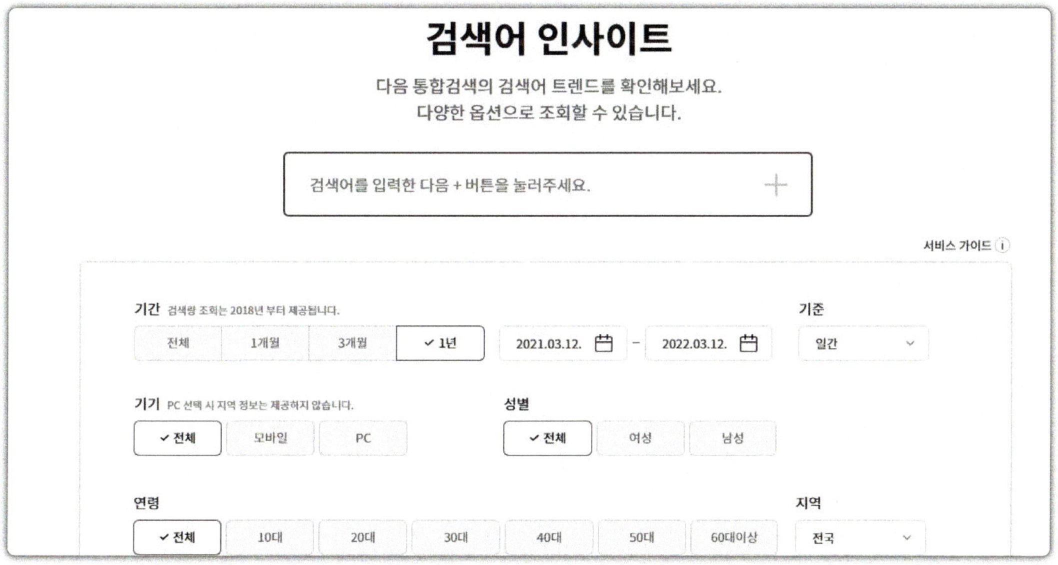

[카카오 데이터 트렌드(https://datatrend.kakao.com)]

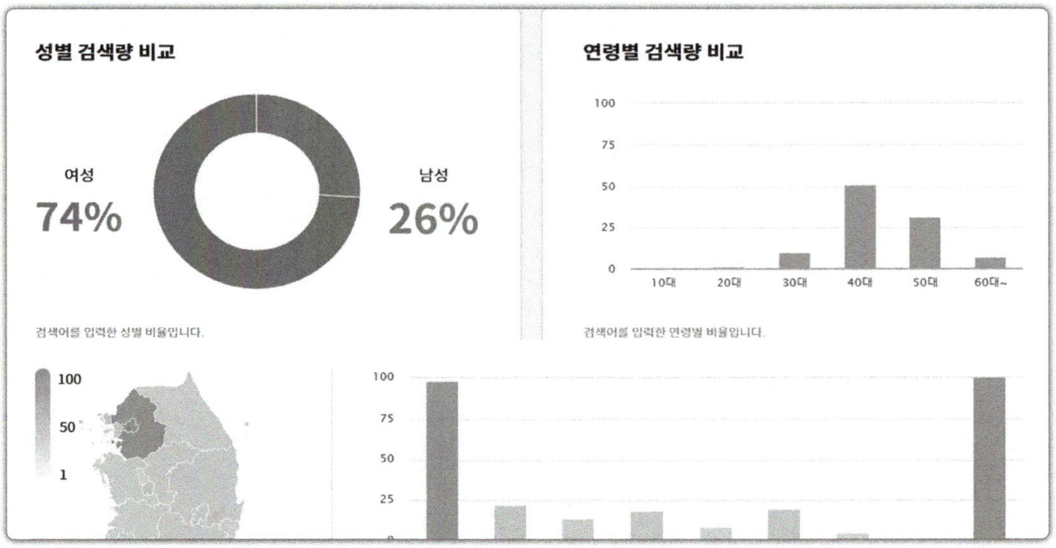

[카카오 트렌드 BTS 검색 결과(https://datatrend.kakao.com/result?q=BTS&from=20210312&to=20220312#share)]

인스파일러

인스파일러는 공공과 민간에서 수집된 데이터의 분석 결과를 이용하여, 기초 통계에서 소비 성향까지 시각화된 차트를 제공한다. 기초 인구 통계부터 소비 패턴까지 각 데이터의 특성을 보여주는 통계 정보를 프로파일 데이터라고 하며, 이를 기반으로 잠재 고객의 성향 파악과 타깃 고객 설정에 활용할 수 있다.

데이터 상세 화면에서는 데이터에 따라 차트, 테이블 등으로 값을 나타내며, 마우스를 차트 위에 올려 범례, 퍼센티지 등을 상세하게 확인할 수 있다. 우측에서 조회 기준을 변경하여 원하는 조건으로 확인할 수도 있다.

인스파일러(https://insfiler.com)]

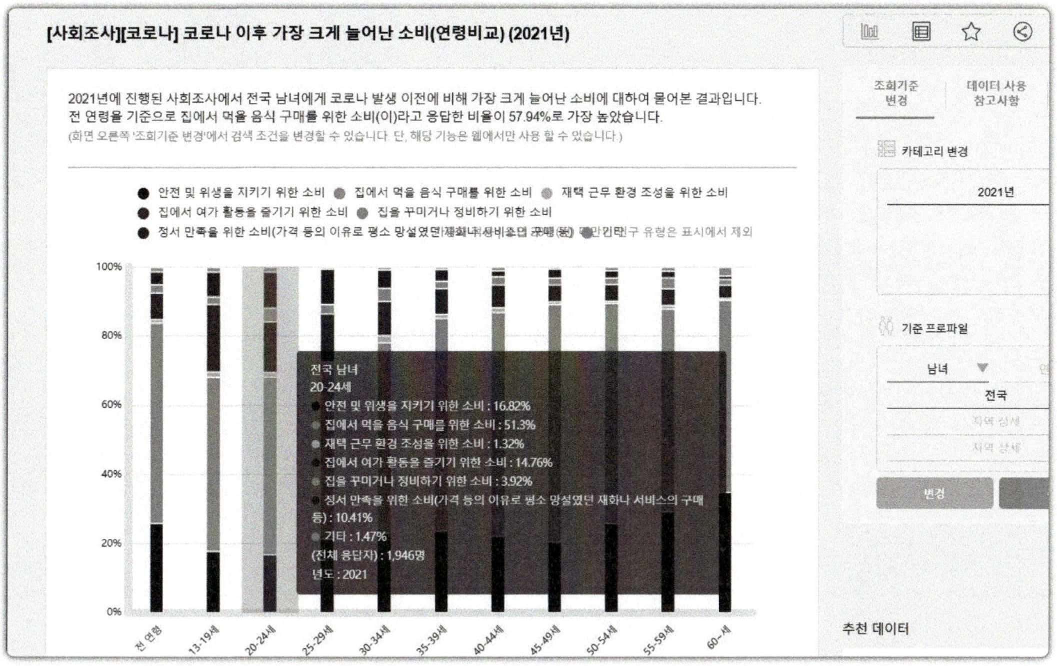

[인스파일러 데이터 상세 화면(https://insfiler.com/detail/rt_social_corona_3-0001)]

썸트렌드

썸트렌드는 궁금한 키워드가 어떤 것이건 단 한 번의 검색으로 3개월 동안의 소셜 빅데이터 분석 결과를 제공해준다. 다양한 채널 속 278억 실시간 빅데이터, 이슈 및 트렌드, 제품/브랜드 비교 분석 등 인사이트를 도출해준다.

키워드 분석에서는 입력한 키워드(명사, 동사, 형용사)의 언급량, 연관어 분석을 통해 해당 키워드에 대한 관심도와 관심의 내용, 긍정 부정의 감성 파악이 가능하며, 선택 기간 동안의 변화를 확인할 수 있다. 소셜 분석에서는 다양한 소셜 미디어의 키워드를 분석하여 특정 브랜드, 제품, 인물,

[썸트렌드(https://some.co.kr)]

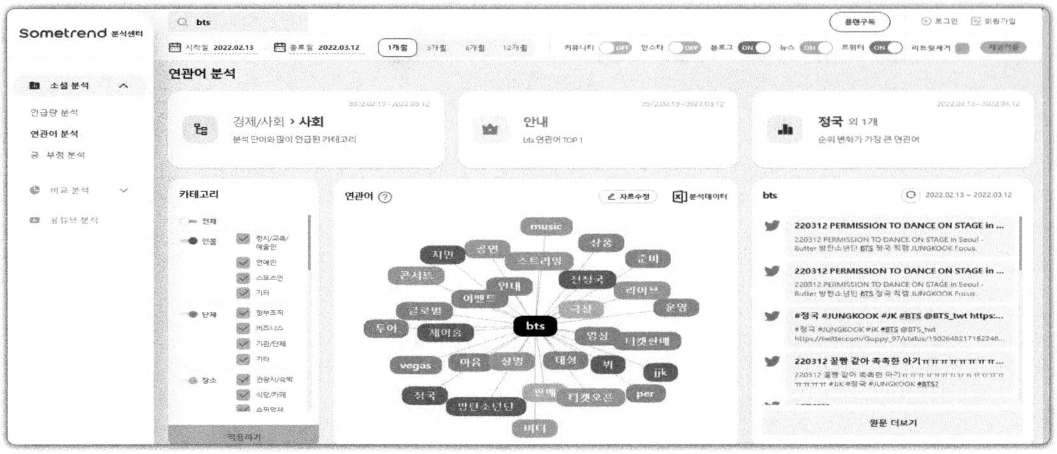

[썸트렌드 BTS 검색 결과(https://some.co.kr/analysis/keyword)]

장소 등에 대한 전반적 인식과 더불어 긍정 부정 평가 요인들을 확인할 수 있다. 앞의 그림은 썸트렌드에서의 BTS 연관어 분석한 결과이다.

ODPia

ODPia는 오픈 데이터 플랫폼으로 네 가지 서비스를 제공한다. Social Analysis는 언론, Blog와 SNS 같은 소셜 미디어에서 언급되는 주제별 단어들을 라이프 스타일에 맞춰 측정한 데이터를 제공한다. Data Alliance에서 공공 기관의 공개 데이터를 표준화한 형태로 다운로드받거나 ODPia 분석 툴로 분석할 수 있다. App & Service를 통해 누구나 자신이 만든 Application과 Service를 등록하고 이용할 수 있다.

ODPia의 소셜 맵은 시시각각 소셜 미디어에 올라오는 다양한 주제들을 포괄하고 있는 버즈들을 일상, 제품, 장소 등 총 8개 Level1, 46개 Level2, 그리고 250여 개 세부 속성으로 구분하고 있다.

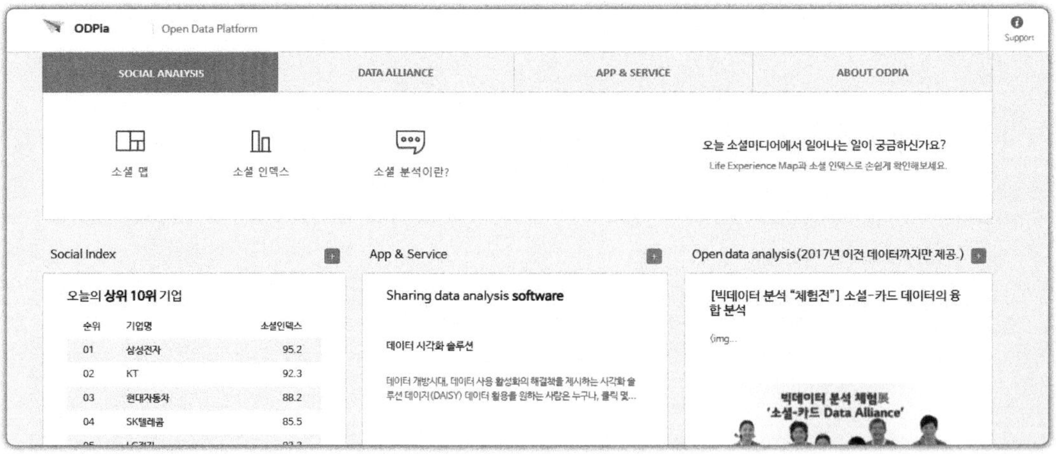

[ODPia(https://odpia.org)]

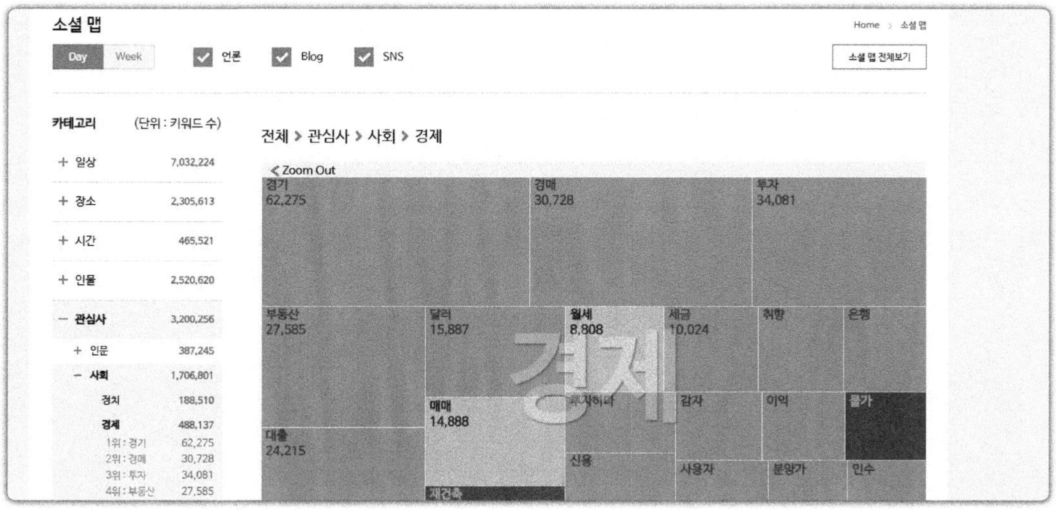

[ODPia 소셜 맵(https://odpia.org/jsp/socialAnalysis/keywordMap.jsp)]

마이셀럽스

마이셀럽스는 다양한 인공지능 기술들을 제휴사 서비스와 결합하여, 실제 비즈니스 적용 가능한 AI 서비스로 진화시키는 AI 애플리케이션 그룹으로, 대중의 취향과 트렌드를 자동으로 학습하여 생생하게 업데이트 되는 정보를 제공한다. 마이셀럽스는 사람마다 다른 성격, 상황 등을 대중의 빅데이터로 분석하여 '취향' 선택지를 제공하며, 이를 통해 개인별 취향 및 목적에 따라 적합한 인물 결과를 제공한다.

당신의 스타를 응원하세요!를 통해 팬의 응원으로 높아지는 마이셀럽스 소셜 지수는 2021 가온 차트 소셜핫스타상에 반영되기도 한다.

[마이셀럽스(https://www.mycelebs.ai)]

1.6 빅데이터 활용 사례

글로벌 사례

2008년 미국 대통령 선거에서 버락 오바마는 유권자 전화, 개별 방문, 소셜미디어를 통해 정보를 수집하였는데, 이때 수집한 정보는 인종, 나이, 종교 등과 같은 기본 사항과 더불어 좋아하는 음료, 구독 잡지, 과거 투표 여부 등의 정보도 수집하였다. 수집된 정보로 유권자 맞춤형 선거 전략을 구축하여 비용 대비 효과적인 선거를 할 수 있었다.

아마존닷컴은 고객 관심사와 소비 성향 파악을 위해 구매 내역을 기록하고 분석한 데이터베이스를 활용하고 있다. 데이터베이스에 축적된 정보를 이용하여 고객들의 독서 경향이나 취미 등과 유사한 성향의 상품을 추천 상품으로 소개하는 맞춤형 광고를 제공한다.

세계 물류업계에 독보적 위치를 차지하고 있는 아마존은 고객이 무엇을 좋아할지 예측하거나 위시 리스트, 상품 검색 기록, 어떤 아이템을 볼 때 머물러 있는 시간 등을 연구해 미래의 주문 가능한 상품을 예측하는 알고리즘을 개발했다. 이를 활용하여 고객이 어떤 물건을 구매하기 전, 구매가 예상되는 물품을 예측하여 고객과 가까운 물류 창고에 배송해놓고, 고객이 주문하면 바로 배송하는 예측 배송 시스템을 실현시켰다.

2014년 FIFA 월드컵 독일 국가대표팀의 무패 우승 배경에는 빅데이터가 있었다. 독일 국가대표팀은 SAP와 협업하여 훈련과 실전 경기에 'SAP 매치 인사이트'를 도입했다. 선수들에게 부착된 센서를 통해 운동량, 순간 속도, 심박수, 슈팅 동작 등 방대한 비정형 데이터의 수집 분석 결과를 감독과 코치의 태블릿 PC로 전송하여 해당 데이터를 기반으로 전술을 짜게 도와주는 솔루션이다. 정보 수집에 쓰이는 센서 1개가 1분에 만들어내는 데이터는 총 12,000여 개로 독일 국가대표팀은 선수당 4개(골키퍼는 양 손목 포함 6개)의 센서를 부착했고, 90분 경기 동안 한 선수당 약 432만 개, 팀 전체로 약 4,968만 개의 데이터를 수집하여 이용하였다(강미선기자, 머니투데이, 2014.07.01.).

[폴란드 포즈난에 있는 아마존 물류센터](미래에셋증권 매거진, 2019.12)

한국 사례

서울시 올빼미 버스는 유동 인구가 많은 홍대 종로 강남 일대를 자정부터 새벽 5시까지 운행하는 심야 전용 버스이다. 최적 노선, 최적의 승하차 위치 선정, 배차 간격, 이동 패턴 및 교통 수요를 예측하기 위해 KT의 30억 통화 기록과 고객 위치 정보, 500만 건 이상의 시내버스 현황과 정류소 현황 등이 이용되었다.

국민건강보험공단은 가입자의 자격·보험료, 진료·투약 내용, 건강 검진 결과 및 생활 습관 정보 등 2조1천억 건, 92테라바이트의 빅데이터를 보유하고 있으며, 건강보험심사평가원은 진료 내역, 투약 내용(의약품 안심 서비스), 의약품 유통 등의 2조2천억 건, 89테라바이트의 빅데이터를 보유하고 있다. 국민건강보험공단과 건강보험심사평가원은 빅데이터를 민간에 널리 알리고 더 많이 개방하고 있다(전명훈 기자, 연합뉴스 2016.6.14.).

옥션, G마켓, 11번가 등 국내 주요 온라인 업체들은 빅데이터를 활용한 개인화 서비스를 도입하여 활용하고 있다. 회원 정보, 구매 이력, 검색 이력, 장바구니, 지면 체류 시간 등의 데이터 분석을 통해 고객의 관심도가 높은 상품, 실제 구매 상품, 고객 구매력을 분석하여 각각의 고객에 맞게 개인화된 추천과 광고를 제공하고 있다(박지훈기자, 매일경제, 2019.12.27.).

파리바게뜨는 판매했던 내역 등을 토대로 시기별로 필요한 식자재, 원재료, 완제품을 공급했지만 예측은 정확하지 않았다. 추가로 날씨 데이터를 접목하여 분석을 진행하였더니 예측의 적중률이 높아졌으며, 이에 파리바게뜨 본사는 지역별, 매장별, 시기별 날씨가 모두 다르기 때문에 빅데이터 분석을 통해 어디에 얼마만큼의 식자재를 보내줄지 배급을 결정하여 실시하고 있다.

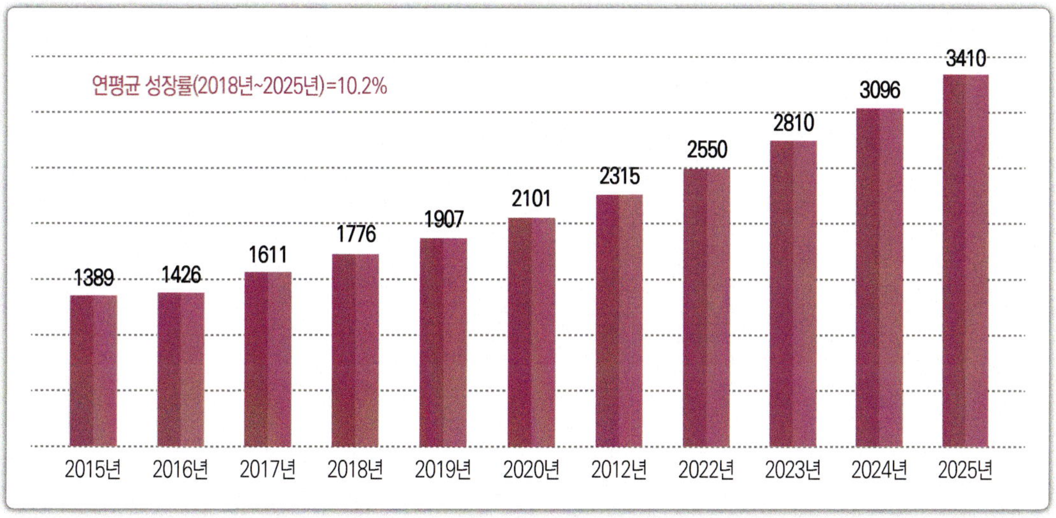

[빅데이터 플랫폼 국내 시장 규모 및 전망(단위: 억 원)]

(2019~2025년은 연평균 성장률(2015~2018) 10.2% 적용, KED 추정)

중소기업 빅데이터 활용 사례

빅데이터센터(kbig.kr)에서는 매년 중소기업 빅데이터 활용 지원 사업 우수 사례를 발간한다. 그중 몇 가지 사례를 살펴보자.

❶ 스포츠용품 제조업체 ㈜낫소

(주) 낫소 Project Overview	
활용 지원 프로젝트 기간	2019년 6월 ~ 12월
수집 데이터 대상 기간	2018년 1월 1일 ~ 2019년 8월 26일
수집 데이터	온라인 쇼핑몰, 커뮤니티, 블로그, 카페
분석 주제	• 매출 부진 요인 파악을 위한 운동용품 브랜드별 인지도, 품질, 가격 키워드 분석 • 마케팅 방향 설정을 위한 마케팅 키워드 분석 • 마케팅 타겟 고객군 설정을 위한 상품 리뷰 분석

50년 역사를 가진 스포츠용품 제조업체인 ㈜낫소는 토종 브랜드로 높은 인지도(47%)에도 불구하고 글로벌 브랜드와의 경쟁으로 경영난을 겪고 있으며, 이를 극복하기 위해 중소기업 빅데이터 활용 지원 사업에 참여하였다. 빅데이터 분석을 통해 매출 저조의 원인이 품질과 가격이 아닌 브랜드 이미지 열세인 것을 확인하였고, 레트로 마케팅 방향성, 스타 상품의 필요성, 3040 여성 고객의 중요성 등을 파악하게 되었다. 이를 바탕으로 브랜드를 대표할 스타 상품 발굴, 오랜 기간 동안 축적된 낫소의 스토리를 활용한 '레트로' 감성 마케팅 전략 수립, 아이를 둔 30 ~ 40대 여성을 대상으로 하는 타켓 마케팅을 실행하였다.

축구공을 구매하지 않은 것 같은 30~40대 여성들이 사실은 자녀를 대신해 축구공을 구매하는 경우가 많은 것을 파악하게 되었고, 3040 여성을 대상으로 집중 마케팅을 펼친 캐릭터 축구공은 7,000개의 초도물량을 완판하였다. 2019년 매출액은 스타 상품 발굴, 레트로 마케팅, 고객군 확대에 힘입어 전년 대비 25%, 하반기 매출액은 상반기 대비 30% 증가하였다.

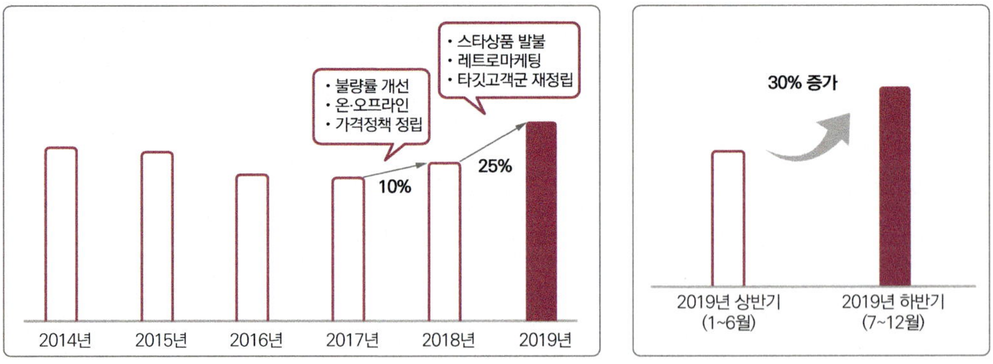

[(주)낫소 연간 매출액 추이]　[(주)낫소 2019년 상·하반기 매출액 비교]

(중소기업 빅데이터 활용 지원 사업 우수사례(낫소편, 2019년), 빅데이터센터)

❷ 입욕제 전문업체 미스플러스

미스플러스 Project Overview	
활용 지원 프로젝트 기간	2019년 8월 ~ 12월
수집 데이터 대상 기간	2016년 7월 1일 ~ 2019년 7월 31일
수집 데이터	블로그, 카페, 지식인, 인스타그램, 유튜브
분석 주제	• 입욕제 사용자 유형에 따른 세분 시장 구성 형태 분석 • 입욕제 세분 시장 활성화 수준에 대한 시계열 분석 • 입욕제 구매 시 주요 고려 요인 분석 • 주요 입욕제 브랜드별 포지셔닝 분석

어린이용 입욕제를 전문으로 제조, 판매하고 있는 미스플러스는 해외 브랜드 중심으로 형성된 입욕제 시장에서 제품 경쟁력과 시장 점유율을 높이기 위한 큰 변화의 방안이 필요했다. 미스플러스는 중소기업 빅데이터 활용 지원 사업을 통해 소셜데이터에서 입욕제의 사용자 및 사용자를 유추할 수 있는 사용 상황에 대한 키워드를 분석하였다.

No.	구분	언급량	No.	구분	언급량
1	아이	60,737	12	남편	5,014
2	아기	48,821	13	애기	4,688
3	커플	40,986	14	남자친구	3,959
4	데이트	38,903	15	육아	3,259
5	유아	36,393	16	주년	1,381
6	어린이	34,529	17	여자친구	1,336
7	부부	32,434	18	커플여행	646
8	연인	31,615	21	애인	452
9	혼자/홀로	15,316	22	와이프	359
10	아가	10,000	23	육아템	302
11	기념일	8,390	24	워킹맘	134

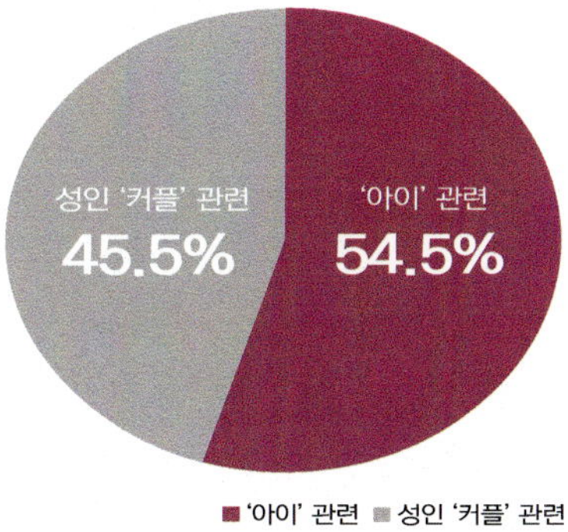

[입욕제 사용자 및 사용 상황 관련 키워드 언급량]

(중소기업 빅데이터 활용 지원 사업 우수 사례(미스플러스편/2019년), 빅데이터센터)

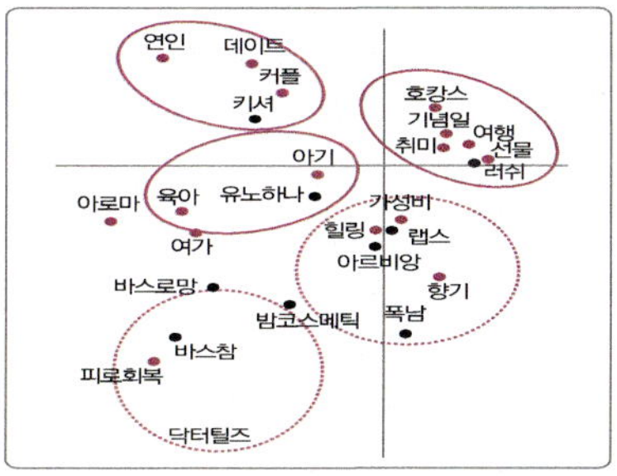

[포지셔닝 맵]

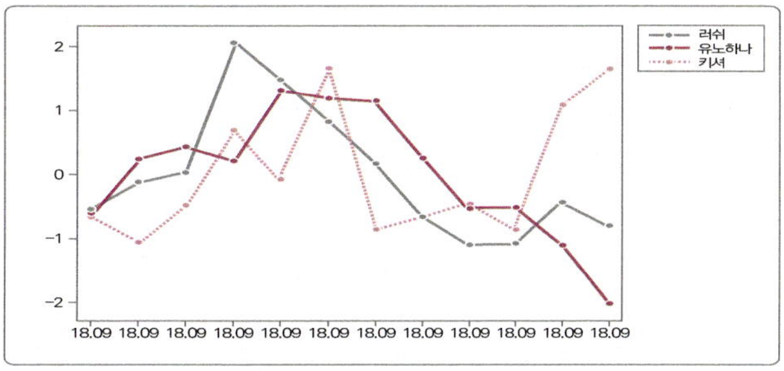

[주요 브랜드별 월별 검색량 분포]

(데이터 활용 지원 사업 우수 사례(미스플러스편/2019년), 빅데이터센터)

또한, 소셜 데이터를 이용하여 브랜드별 구매 상황 관련 다양한 키워드에 대한 언급량을 알아보고 대응 분석을 통해 포지셔닝 맵을 작성하였다. 2019년 하반기 매출은 지난 4년간 하반기 매출의 연평균 성장률 39.8%를 훨씬 뛰어넘으며, 해외 브랜드가 독점하고 있는 입욕제 시장에서 시장 점유율을 높이고 있다.

연습 문제

문제 1.1

빅데이터의 정의에 대해 설명하시오.

문제 1.2

빅데이터의 3V에 대해 설명하시오.

문제 1.3

빅데이터 분석 기술 중 텍스트 마이닝과 소셜 네트워크 분석에 대해 설명하시오.

문제 1.4

빅데이터 트렌드 분석 사이트를 활용하여 관심있는 주제를 분석해보시오.

문제 1.5

빅데이터 활용사례를 추가적으로 찾아보고 설명하시오.

PART I

엑셀을 이용한 빅데이터 분석

SECTION **02**

데이터 입력과 관리

엑셀은 수치 데이터를 쉽게 다룰 수 있는 스프레드시트 프로그램이다. 데이터 분석을 위해 데이터 입력 방법부터 데이터를 관리하는 방법까지 익혀보자. 기본적인 숫자와 문자, 특수 문자 등의 입력 방법과 워크시트 관리법, 데이터 유효성 검사 방법을 배워보자. 그리고 데이터베이스 관리를 통해 많은 양의 정보를 체계적으로 정리해보자.

2.1 데이터 입력

문서 작업 시 가장 기본은 데이터를 입력하는 일이다. 엑셀에서는 데이터 종류에 따라 기본 서식이 다르다. '계명물산 3월 매출현황'을 작성하면서 각 데이터의 유형을 살펴보자.

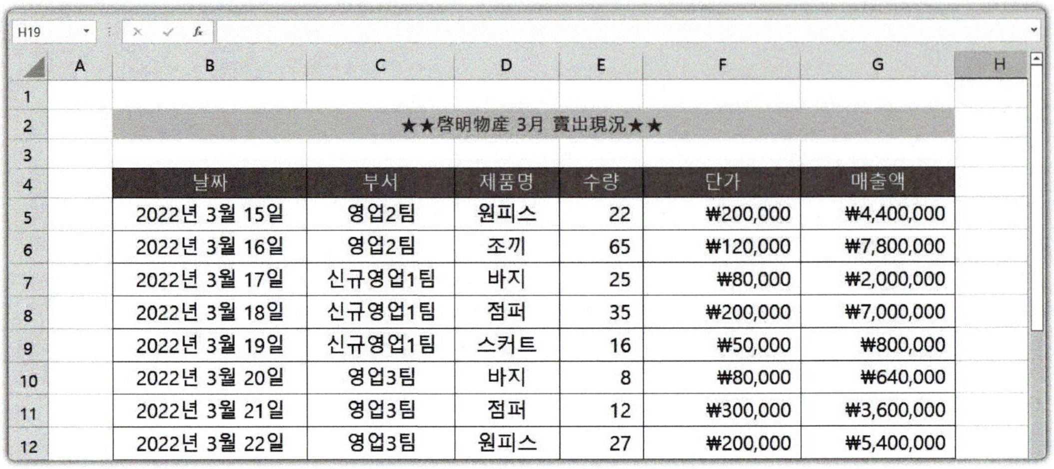

	A	B	C	D	E	F	G	H
1								
2		★★啓明物産 3月 賣出現況★★						
3								
4		날짜	부서	제품명	수량	단가	매출액	
5		2022년 3월 15일	영업2팀	원피스	22	₩200,000	₩4,400,000	
6		2022년 3월 16일	영업2팀	조끼	65	₩120,000	₩7,800,000	
7		2022년 3월 17일	신규영업1팀	바지	25	₩80,000	₩2,000,000	
8		2022년 3월 18일	신규영업1팀	점퍼	35	₩200,000	₩7,000,000	
9		2022년 3월 19일	신규영업1팀	스커트	16	₩50,000	₩800,000	
10		2022년 3월 20일	영업3팀	바지	8	₩80,000	₩640,000	
11		2022년 3월 21일	영업3팀	점퍼	12	₩300,000	₩3,600,000	
12		2022년 3월 22일	영업3팀	원피스	27	₩200,000	₩5,400,000	

텍스트 및 특수 문자 입력

1 텍스트 입력

영문자나 한글, 숫자나 문자의 조합으로 이루어진 데이터로 셀의 왼쪽에 맞추어 입력된다. 열 너비보다 긴 문자는 오른쪽 셀에 이어서 표시되지만 오른쪽 셀에 데이터가 있는 경우 나머지 데이터는 숨겨진 채 표시된다.

❶ [B4] 셀에 '날짜'를 입력한 후, Tab이나 Enter를 누른다.
❷ [C4] 셀에 '부서'를 입력한 후, Tab이나 Enter를 누른다.
❸ [D4] 셀에 '제품명'을 입력한 후, Tab이나 Enter를 누른다.
❹ [E4] 셀에 '수량'을 입력한 후, Tab이나 Enter를 누른다.
❺ [F4] 셀에 '단가'을 입력한 후, Tab이나 Enter를 누른다.
❻ [G4] 셀에 '매출액'을 입력한 후, Tab이나 Enter를 누른다.

2 한자 입력

한자를 글자 단위로 변환하는 경우, 글자를 입력하여 한자 키를 누르면 [한글/한자 변환] 대화상자가 나타난다. 단어 단위로 변환하는 경우는 단어를 입력하고 한 칸 띄운 후 [한자] 키로 바꿀 수 있다.

❶ [B2:G2] 셀을 선택한 후 [홈]–[맞춤]에서 '병합하고 가운데 맞춤'을 선택한다.

❷ '계명물산 3월 매출 현황'을 입력한 후 한자 키를 눌러 **[한글/한자 변환]** 대화 상자에서 한자로 바꿔준다.

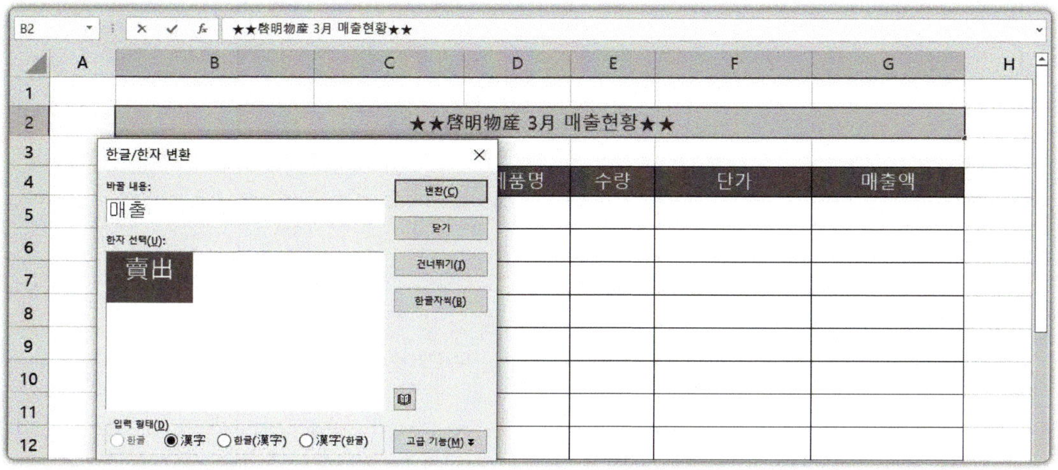

3 특수 문자 입력

특수 문자는 리본 메뉴에서 [삽입]–[텍스트 그룹]–[기호](Ω)를 선택한다. 기호 대화 상자의 글꼴과 하위 집합 목록에서 다양한 특수 문자를 찾아 입력한다.

❶ [B2:G2] 셀을 선택하여 [삽입]–[기호]를 클릭한 후 기호 대화 상자의 '기타 기호'를 선택한다.

❷ '★'을 4번 클릭하여 삽입한다.

❸ 다른 방법으로는 한글 자음(ㄱ~ㅎ)을 선택 입력한 후 [한자] 키를 누르면 해당 자음에 포함된 특수 문자 목록에서 선택 입력할 수 있다.

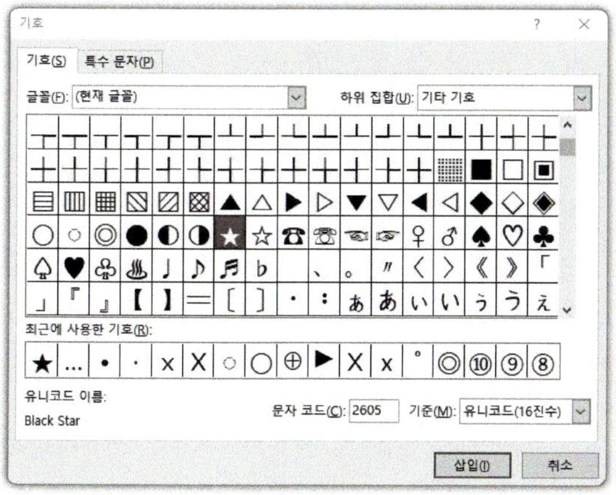

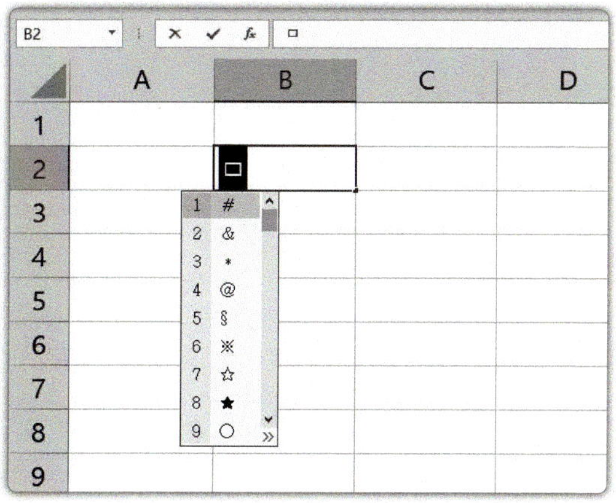

숫자 및 날짜 데이터 입력

1 날짜 입력

날짜는 연, 월, 일을 하이픈(-)이나 슬래시(/)로 구분하여 입력한다. 시간은 콜론(:)으로 시, 분, 초를 구분하여 입력된다. 날짜/시간 데이터도 수치 데이터에 속하므로 오른쪽으로 정렬된다.

❶ [B5] 셀에 '2022-03-15'를 입력한 후 마우스 십자 포인터를 이용하여 [B12] 셀까지 드래그하면 하루씩 증가하며 채워진다.

❷ [B5:B12] 셀을 선택한 후 [홈]-[셀 서식]-[표시 형식]의 '날짜'에서 형식을 '2020년 3월 14일'로 지정한다.

❸ 날짜 표시 형식이 '2022년 3월 15일'로 바뀐 것을 확인할 수 있다.

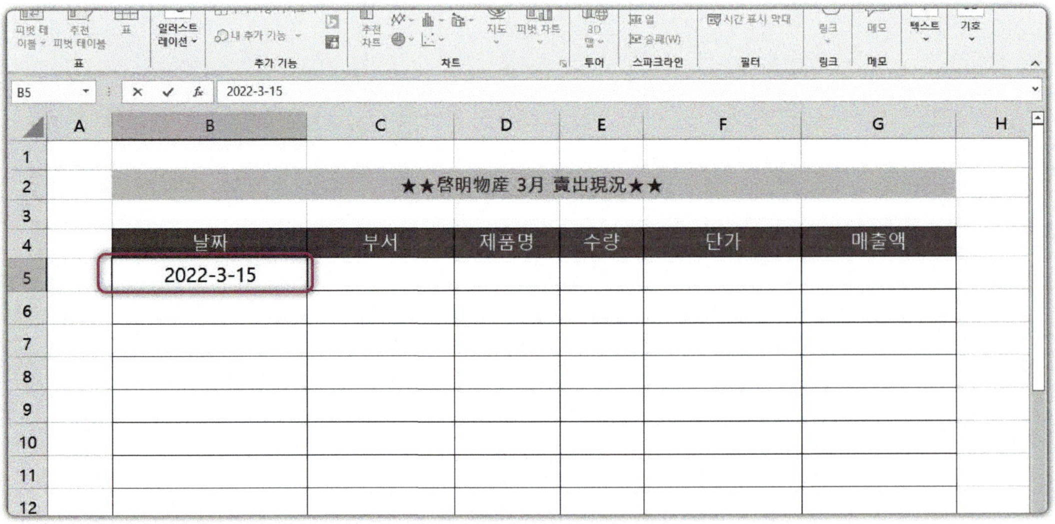

- 현재 날짜 입력 단축키 : Ctrl + ;(세미콜론)
- 현재 시간 입력 단축키 : Ctrl +Shift + ;(세미콜론)
- 숫자를 문자로 입력하기 : '(어포스트로피) 기호를 먼저 입력한 후에 숫자를 입력하면 문자로 인식되어 왼쪽 정렬된다.

B5 | 2022-03-15

	A	B	C	D	E	F	G	H
1								
2		★★啓明物産 3月 賣出現況★★						
3								
4		날짜	부서	제품명	수량	단가	매출액	
5		2022년 3월 15일						
6		2022년 3월 16일						
7		2022년 3월 17일						
8		2022년 3월 18일						
9		2022년 3월 19일						
10		2022년 3월 20일						
11		2022년 3월 21일						
12		2022년 3월 22일						

❹ [C5:C12] 셀에 '영업2팀, 영업2팀, 신규영업1팀, 신규영업1팀...'을 다음의 표를 보고 각각 입력하고 [홈]–[셀 서식]–[표시 형식]에서 '일반'으로 지정한다.

❺ [D5:D12] 셀에 '원피스, 조끼, 바지, 점퍼, 스커트...'를 다음의 표를 보고 각각 입력하고 [홈]–[셀 서식]–[표시 형식]에서 '일반'으로 지정한다.

	A	B	C	D	E	F	G	H
1								
2		★★啓明物産 3月 賣出現況★★						
3								
4		날짜	부서	제품명	수량	단가	매출액	
5		2022년 3월 15일	영업2팀	원피스				
6		2022년 3월 16일	영업2팀	조끼				
7		2022년 3월 17일	신규영업1팀	바지				
8		2022년 3월 18일	신규영업1팀	점퍼				
9		2022년 3월 19일	신규영업1팀	스커트				
10		2022년 3월 20일	영업3팀	바지				
11		2022년 3월 21일	영업3팀	점퍼				
12		2022년 3월 22일	영업3팀	원피스				
13								

2 숫자 입력

숫자는 0 ~ 9, +, −, /, $, %, 콤마(,), 소수점, 지수 형태 등으로 이루어진 데이터로서 셀의 오른쪽에 맞추어 입력된다. 열 너비보다 긴 숫자는 지수 형태로 표시되며, 숫자 길이가 11자를 넘으면 '###' 표시로 채워진다. 열 너비를 넓히면 숫자로 표시된다.

❶ [E5:E12] 셀에 '22, 65, 25, 35, …'를 다음 표와 같이 각각 입력한다.

❷ [E5:E12] 셀을 선택하여 [홈]-[셀서식]-[표시 형식]에서 '숫자'로 지정한다.

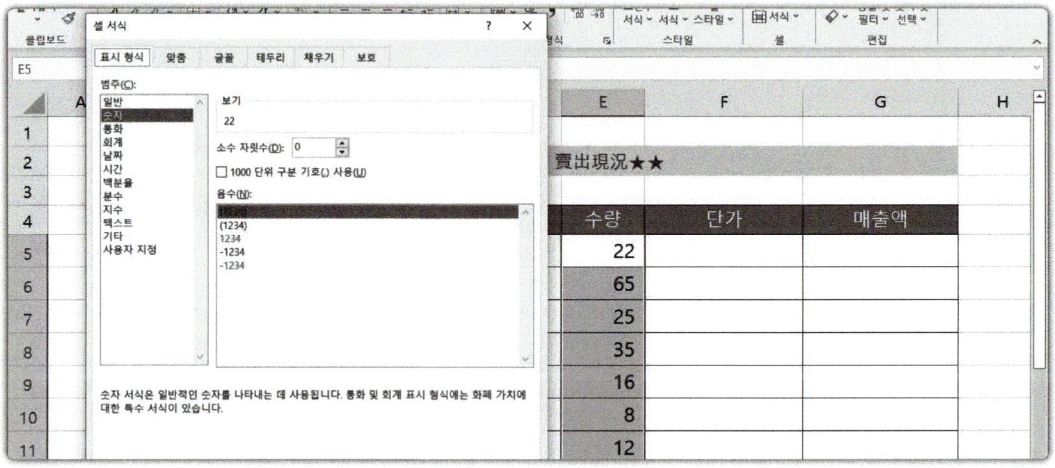

❸ [F5:F12] 셀에 '200000, 120000, 80000, 200000, …'을 다음 표와 같이 각각 입력한다.

❹ [F5:F12] 셀을 선택하여 [홈]-[셀 서식]-[표시 형식]에서 '통화'로 지정한다.

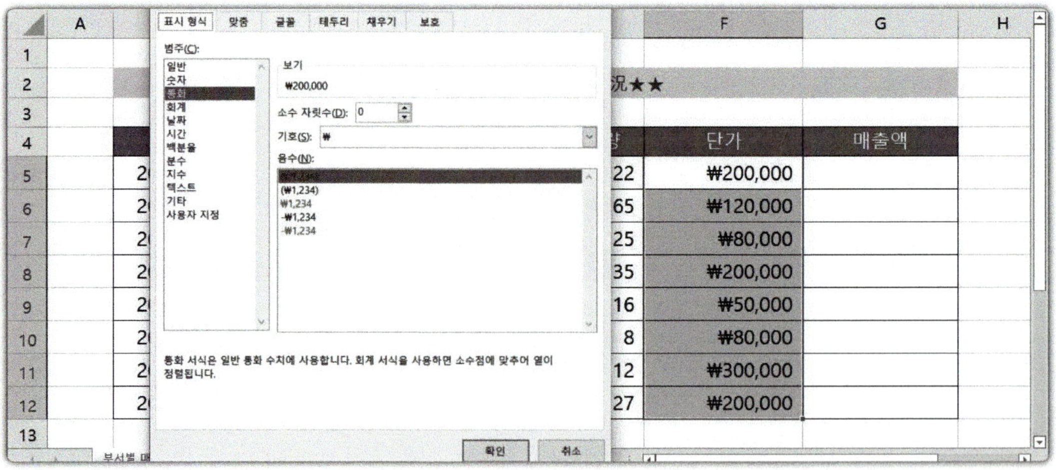

수식 데이터 입력

수식 데이터는 반드시 '='(등호)로 시작해 입력해야 한다 셀에는 수식의 결과, 수식 입력 줄에는 입력된 원본 수식이 표시된다.

❶ [G5] 셀을 선택한 후, 수식 입력 줄에 '=E5*F5'를 입력한 후, Enter를 누른다.

	A	B	C	D	E	F	G	H
1								
2		★★啓明物産 3月 賣出現況★★						
3								
4		날짜	부서	제품명	수량	단가	매출액	
5		2022년 3월 15일	영업2팀	원피스	22	₩200,000	=E5*F5	
6		2022년 3월 16일	영업2팀	조끼	65	₩120,000		
7		2022년 3월 17일	신규영업1팀	바지	25	₩80,000		
8		2022년 3월 18일	신규영업1팀	점퍼	35	₩200,000		
9		2022년 3월 19일	신규영업1팀	스커트	16	₩50,000		
10		2022년 3월 20일	영업3팀	바지	8	₩80,000		
11		2022년 3월 21일	영업3팀	점퍼	12	₩300,000		
12		2022년 3월 22일	영업3팀	원피스	27	₩200,000		
13								

부서별 매출실적 (3) | 부서별 매출실적 (2)

❷ [G5:G12] 셀에 마우스 포인터를 이용해 수식을 채워준다.

❸ [G5:G12] 셀을 선택한 후, [홈]–[셀 서식]–[표시 형식]에서 '통화'로 지정한다.

G5 =E5*F5

	A	B	C	D	E	F	G	H
1								
2		★★啓明物産 3月 賣出現況★★						
3								
4		날짜	부서	제품명	수량	단가	매출액	
5		2022년 3월 15일	영업2팀	원피스	22	₩200,000	₩4,400,000	
6		2022년 3월 16일	영업2팀	조끼	65	₩120,000	₩7,800,000	
7		2022년 3월 17일	신규영업1팀	바지	25	₩80,000	₩2,000,000	
8		2022년 3월 18일	신규영업1팀	점퍼	35	₩200,000	₩7,000,000	
9		2022년 3월 19일	신규영업1팀	스커트	16	₩50,000	₩800,000	
10		2022년 3월 20일	영업3팀	바지	8	₩80,000	₩640,000	
11		2022년 3월 21일	영업3팀	점퍼	12	₩300,000	₩3,600,000	
12		2022년 3월 22일	영업3팀	원피스	27	₩200,000	₩5,400,000	

2.2 워크시트 관리

워크시트 편집하기

1 이름 바꾸기

워크시트 이름을 정해두면 내용을 미리 짐작할 수 있어 편리하다. 이름을 바꾸고 싶은 시트 탭을 더블 클릭하거나 [마우스 오른쪽]–[이름 바꾸기]를 이용한다. '삽입', '삭제', '이동/복사', '시트 보호', '탭 색', '숨기기' 등 다양한 기능이 있다.

❶ 워크시트 이름 변경은 시트 탭에서 마우스 오른쪽 버튼 클릭 후 [이름 바꾸기]를 선택한다.
❷ 이름을 '3월 매출실적(2)'로 변경하고 Enter를 눌러 저장한다.
❸ '3월 매출실적(2)'를 드래그하여 'Sheet 4' 뒤 위치로 이동해보자.

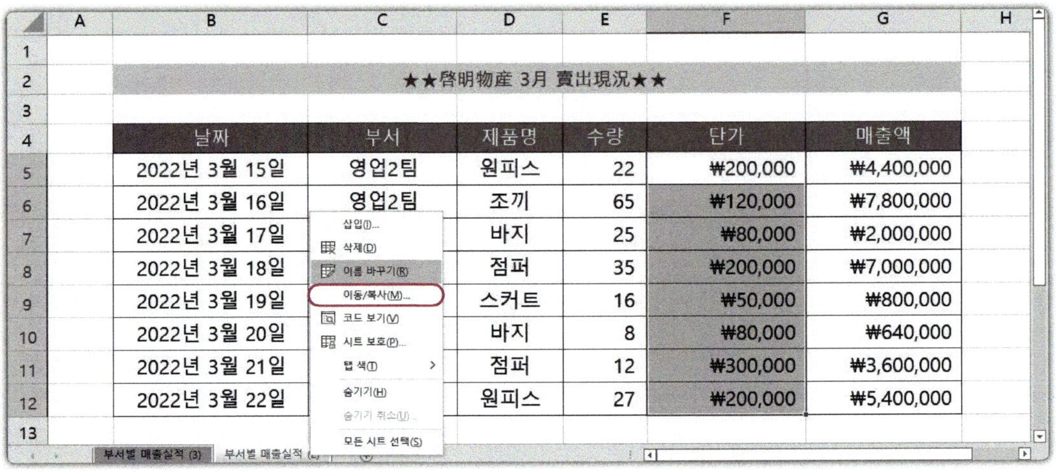

날짜	부서	제품명	수량	단가	매출액
2022년 3월 15일	영업2팀	원피스	22	₩200,000	₩4,400,000
2022년 3월 16일	영업2팀	조끼	65	₩120,000	₩7,800,000
2022년 3월 17일		바지	25	₩80,000	₩2,000,000
2022년 3월 18일		점퍼	35	₩200,000	₩7,000,000
2022년 3월 19일		스커트	16	₩50,000	₩800,000
2022년 3월 20일		바지	8	₩80,000	₩640,000
2022년 3월 21일		점퍼	12	₩300,000	₩3,600,000
2022년 3월 22일		원피스	27	₩200,000	₩5,400,000

❹ '3월 매출실적(2)' 시트가 맨 뒤로 이동된 것을 확인할 수 있다.

날짜	부서	제품명	수량	단가	매출액
2022년 3월 15일	영업2팀	원피스	22	₩200,000	₩4,400,000
2022년 3월 16일	영업2팀	조끼	65	₩120,000	₩7,800,000
2022년 3월 17일	신규영업1팀	바지	25	₩80,000	₩2,000,000
2022년 3월 18일	신규영업1팀	점퍼	35	₩200,000	₩7,000,000
2022년 3월 19일	신규영업1팀	스커트	16	₩50,000	₩800,000
2022년 3월 20일	영업3팀	바지	8	₩80,000	₩640,000
2022년 3월 21일	영업3팀	점퍼	12	₩300,000	₩3,600,000
2022년 3월 22일	영업3팀	원피스	27	₩200,000	₩5,400,000

2 워크시트 삽입/삭제

❶ 워크시트를 삽입 시에는 시트탭의 마우스 오른쪽 버튼을 클릭하여 [삽입]을 선택하거나 아래쪽에 있는 워크시트 삽입 아이콘( )을 클릭한다.

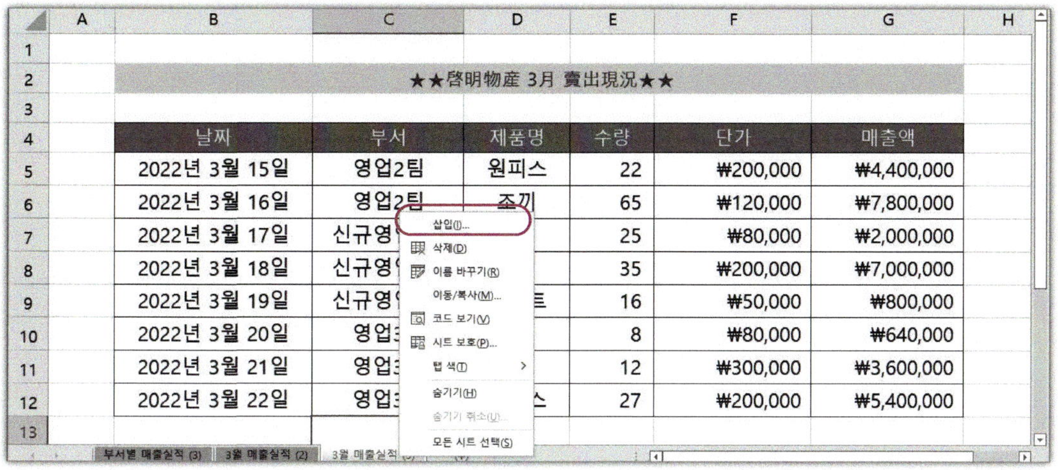

❷ 삽입 창이 뜨면, '워크시트'를 선택한 후, 확인을 선택한다.

❸ 'Sheet 5' 워크시트가 삽입된 것을 확인할 수 있다.

❹ 워크시트를 삭제할 경우 삭제하려는 시트탭의 마우스 오른쪽 버튼을 클릭한 후 [삭제]를 선택한다.

❺ 'Sheet 5' 워크시트가 삭제된 것을 확인할 수 있다.

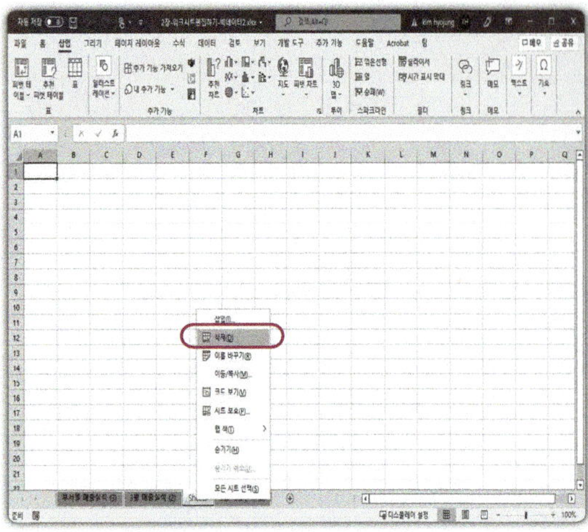

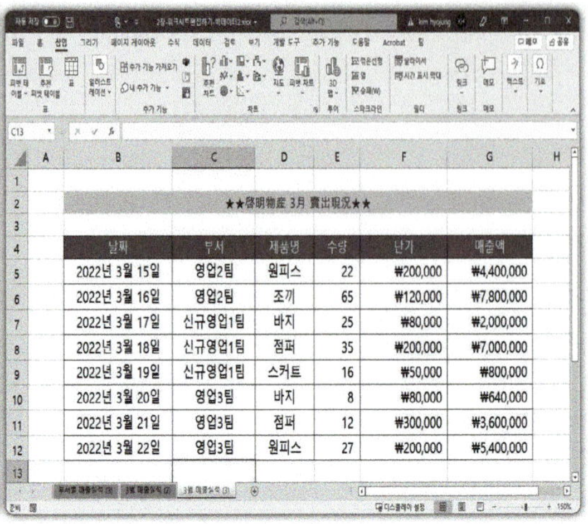

통합 문서로 복사하기

❶ '3월 매출실적 (3)' 시트탭에서 마우스 오른쪽 버튼을 클릭한 후 [이동/복사]를 선택한다.

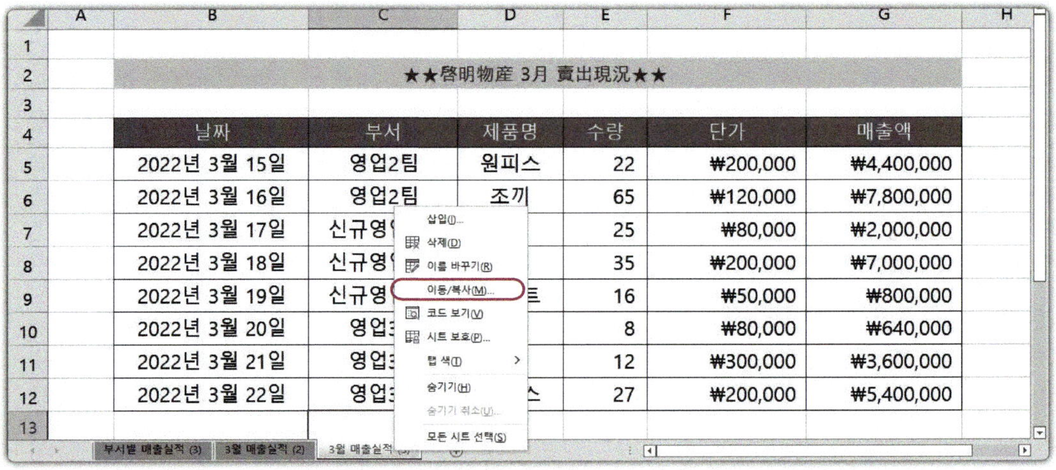

❷ [이동/복사] 대화 상자가 나타나면 '대상 통합 문서'를 '(새통합 문서)'로 선택하고, '복사본 만들기'에 체크하여 확인을 클릭한다.

❸ 새로운 통합 문서에 '3월 매출실적 (3)'이 복사되었다.

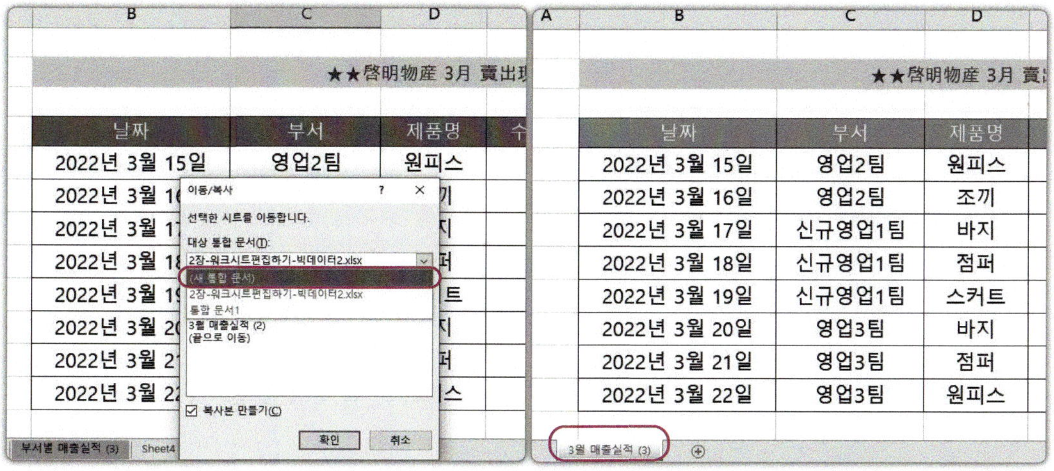

데이터 찾기/바꾸기

특정 문자열을 검색하거나 다른 문자열로 바꿀 수 있다. [홈]–[편집]에서 [찾기 및 선택]을 선택한다. 찾기 및 바꾸기 대화상자의 찾을 내용에 검색할 단어나 문자열을 입력하고 바꿀 내용에 바꾸려는 내용을 입력하고 [모두 바꾸기/바꾸기]를 선택한다.

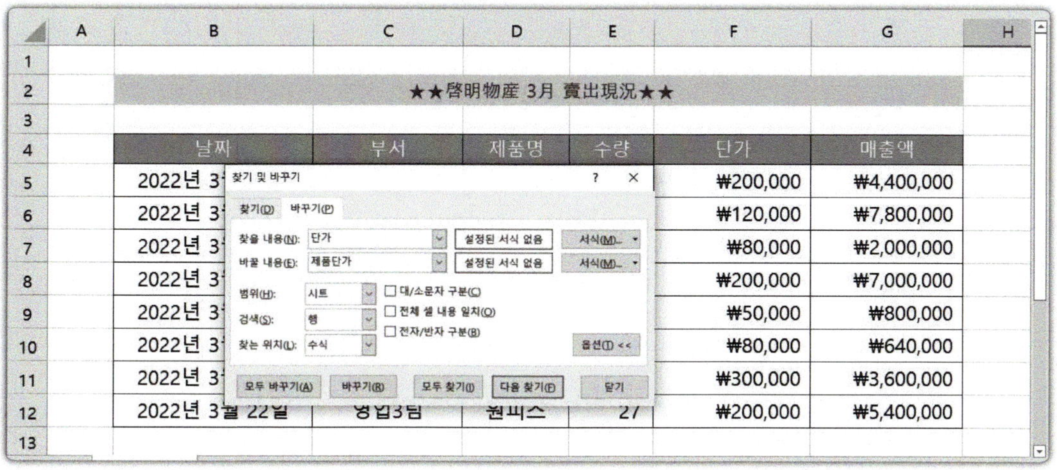

2.3 데이터 관리

데이터베이스는 체계적으로 정리된 정보의 집합이다. 예컨대 전화번호부, 직원 인적 사항 관리, 거래처 관리 대장과 같은 데이터들의 모임이 데이터베이스이다. 엑셀은 데이터의 입력, 수정, 저장, 관리를 통해 데이터 분석과 예측을 도움을 준다.

- 데이터 탭

데이터 정렬 및 관리를 위한 도구 창이다. [데이터 가져오기 및 변환], [쿼리 및 연결], [정렬 및 필터], [데이터도구], [예측], [분석]을 위한 도구 창이다.

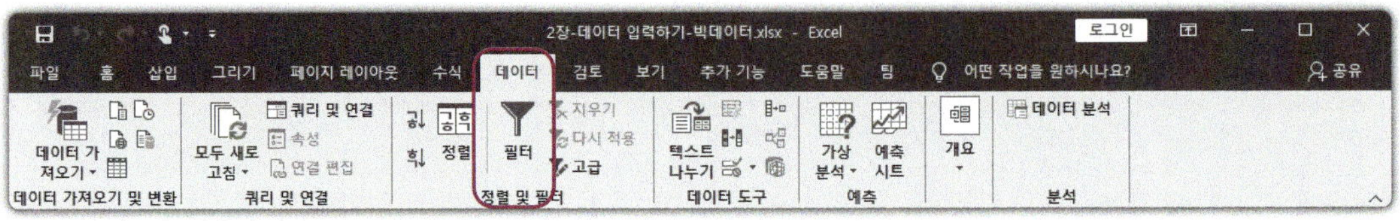

데이터베이스 구성 요소

데이터베이스는 필드$_{\text{Field}}$와 필드명$_{\text{열 이름}}$, 레코드$_{\text{Record}}$로 구성된다. [데이터] 탭을 활용하면 다양한 작업이 가능하다.

신일모터스 상반기 매출

연번	도시	판매일	제품코드	납품수량	단가	할인률	판매액	할인액	상반기 매출
3	파리	2018-09-12	SRN	1,650	9,500	10%	₩ 15,675,000	₩ 1,567,500	₩ 14,107,500
14	파리	2018-09-23	SRN	23,000	9,500	10%	₩ 218,500,000	₩ 21,850,000	₩ 196,650,000
15	파리	2018-09-24	SRN	82,000	9,500	10%	₩ 779,000,000	₩ 77,900,000	₩ 701,100,000
26	파리	2018-10-05	MOL	40,000	104,000	10%	₩ 4,160,000,000	₩ 416,000,000	₩ 3,744,000,000
30	파리	2018-10-09	BIL	41,200	412,000	20%	₩ 16,974,400,000	₩ 3,394,880,000	₩ 13,579,520,000
11	파리	2018-09-20	SRN	8,400	9,500	10%	₩ 79,800,000	₩ 7,980,000	₩ 71,820,000
27	파리	2018-10-06	MOL	41,200	104,000	10%	₩ 4,284,800,000	₩ 428,480,000	₩ 3,856,320,000
2	파리	2018-09-11	SRN	20,000	9,500	10%	₩ 190,000,000	₩ 19,000,000	₩ 171,000,000
4	파리	2018-09-13	SRN	12,000	9,500	10%	₩ 114,000,000	₩ 11,400,000	₩ 102,600,000
8	파리	2018-09-17	SRN	22,000	9,500	10%	₩ 209,000,000	₩ 20,900,000	₩ 188,100,000
17	파리	2018-09-26	SRN	42,000	9,500	10%	₩ 399,000,000	₩ 39,900,000	₩ 359,100,000
21	파리	2018-09-30	SRN	40,000	9,500	10%	₩ 380,000,000	₩ 38,000,000	₩ 342,000,000
25	런던	2018-10-04	MOL	72,000	104,000	10%	₩ 7,488,000,000	₩ 748,800,000	₩ 6,739,200,000
29	런던	2018-10-08	BIL	123,000	230,000	20%	₩ 28,290,000,000	₩ 5,658,000,000	₩ 22,632,000,000
19	런던	2018-09-28	SRN	140,000	9,500	10%	₩ 1,330,000,000	₩ 133,000,000	₩ 1,197,000,000
20	런던	2018-09-29	SRN	42,000	9,500	10%	₩ 399,000,000	₩ 39,900,000	₩ 359,100,000
24	런던	2018-10-03	MOL	4,000	104,000	10%	₩ 416,000,000	₩ 41,600,000	₩ 374,400,000
1	런던	2018-09-10	SRN	33,000	9,500	10%	₩ 313,500,000	₩ 31,350,000	₩ 282,150,000

❶ **필드**: 필드 명 아래 같은 종류의 데이터 모임으로서 데이터베이스의 '열'을 의미한다.

❷ **필드명(열제목)**: 각각의 열을 구분하기 위한 이름, 즉 첫 행의 제목 행이다.

❸ **레코드**: 업무상 처리되는 한 건의 자료, 즉 데이터베이스의 '행'을 의미한다.

데이터 정렬

정렬은 데이터를 어떤 값을 기준으로 순서대로 나열하는 것이다. 순서대로 나열할 때는 오름차순 정렬과 내림차순 정렬이 있다.

1 하나의 기준으로 정렬하기

❶ **오름차순** : 숫자(작은 음수에서 큰 양수), 특수 문자, 한글(ㄱ ~ ㅎ), 영문(A ~ Z), 공백 순으로 오름차순 정렬한다.

❷ **내림차순** : 숫자(작은 음수에서 큰 양수), 특수 문자, 한글(ㅎ ~ ㄱ), 영문(Z ~ A), 공백 순으로 내림차순 정렬한다.

❸ **정렬**: 두 개 이상의 정렬 기준으로 오름차순, 내림차순, 사용자 지정 순으로 정렬한다.

'신일모터스 상반기 매출' 표에서 '도시'별로 정렬해보자.

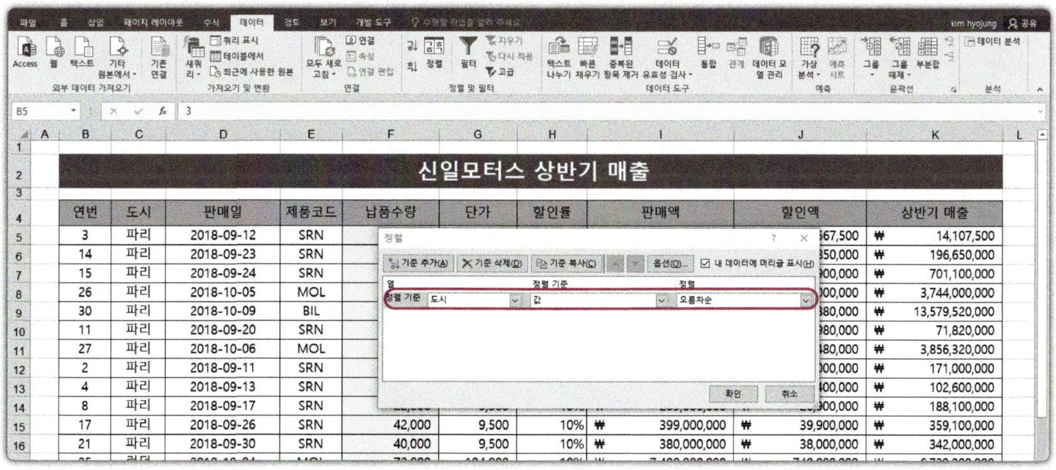

❶ 도시명 중 임의의 셀을 선택한다.

❷ [데이터]-[정렬 및 필터]에서 오름차순을 클릭한다.

❸ 도시명 순서로 오름차순 정렬된다.

2 두 개 이상의 기준으로 정렬하기

하나의 열을 기준으로 정렬할 경우 같은 기준 값을 갖는 행들은 순서 없이 정렬된다. 이때는 정렬 대화 상자를 이용해 정렬 기준을 지정해 보다 세밀하게 정렬할 수 있다.

'신일모터스 상반기 매출' 표에서 '도시'별, '제품코드'별로 정렬하여 보자.

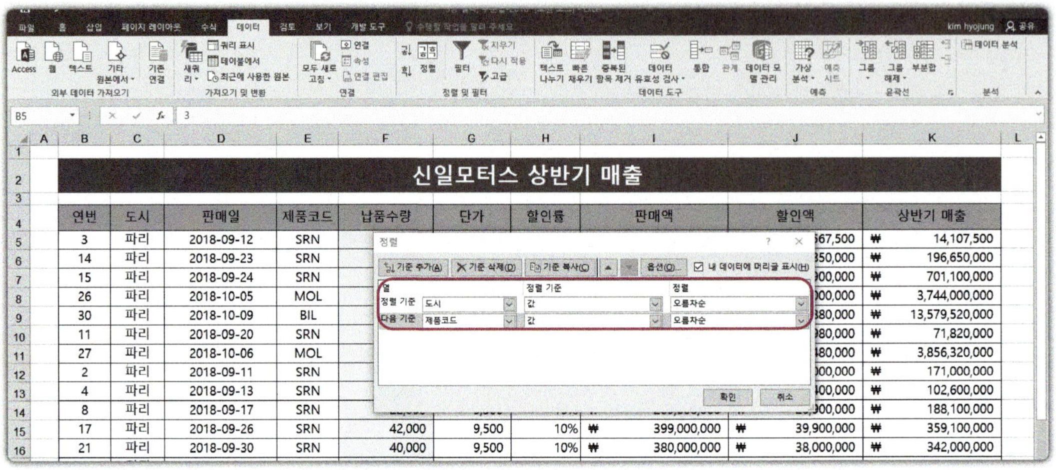

신일모터스 상반기 매출

연번	도시	판매일	제품코드	납품수량	단가	할인률	판매액	할인액	상반기 매출
3	파리	2018-09-12	SRN						₩ 14,107,500
14	파리	2018-09-23	SRN						₩ 196,650,000
15	파리	2018-09-24	SRN						₩ 701,100,000
26	파리	2018-10-05	MOL						₩ 3,744,000,000
30	파리	2018-10-09	BIL						₩ 13,579,520,000
11	파리	2018-09-20	SRN						₩ 71,820,000
27	파리	2018-10-06	MOL						₩ 3,856,320,000
2	파리	2018-09-11	SRN						₩ 171,000,000
4	파리	2018-09-13	SRN						₩ 102,600,000
8	파리	2018-09-17	SRN						₩ 188,100,000
17	파리	2018-09-26	SRN	42,000	9,500	10%	₩ 399,000,000	₩ 39,900,000	₩ 359,100,000
21	파리	2018-09-30	SRN	40,000	9,500	10%	₩ 380,000,000	₩ 38,000,000	₩ 342,000,000

❶ 데이터 목록에서 임의의 셀을 클릭하고 [데이터]–[정렬 및 필터]–[정렬]을 선택한다.

❷ 정렬 대화 상자에서 기준 추가를 클릭하여 '도시' 오름차순, '제품코드' 오름차순 기준을 선택한다.

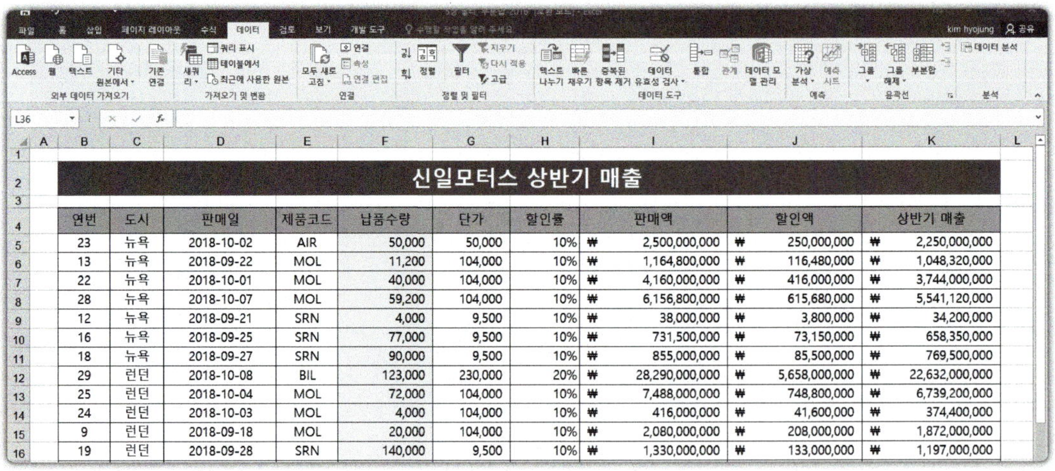

신일모터스 상반기 매출

연번	도시	판매일	제품코드	납품수량	단가	할인률	판매액	할인액	상반기 매출
23	뉴욕	2018-10-02	AIR	50,000	50,000	10%	₩ 2,500,000,000	₩ 250,000,000	₩ 2,250,000,000
13	뉴욕	2018-09-22	MOL	11,200	104,000	10%	₩ 1,164,800,000	₩ 116,480,000	₩ 1,048,320,000
22	뉴욕	2018-10-01	MOL	40,000	104,000	10%	₩ 4,160,000,000	₩ 416,000,000	₩ 3,744,000,000
28	뉴욕	2018-10-07	MOL	59,200	104,000	10%	₩ 6,156,800,000	₩ 615,680,000	₩ 5,541,120,000
12	뉴욕	2018-09-21	SRN	4,000	9,500	10%	₩ 38,000,000	₩ 3,800,000	₩ 34,200,000
16	뉴욕	2018-09-25	SRN	77,000	9,500	10%	₩ 731,500,000	₩ 73,150,000	₩ 658,350,000
18	뉴욕	2018-09-27	SRN	90,000	9,500	10%	₩ 855,000,000	₩ 85,500,000	₩ 769,500,000
29	런던	2018-10-08	BIL	123,000	230,000	20%	₩ 28,290,000,000	₩ 5,658,000,000	₩ 22,632,000,000
25	런던	2018-10-04	MOL	72,000	104,000	10%	₩ 7,488,000,000	₩ 748,800,000	₩ 6,739,200,000
24	런던	2018-10-03	MOL	4,000	104,000	10%	₩ 416,000,000	₩ 41,600,000	₩ 374,400,000
9	런던	2018-09-18	MOL	20,000	104,000	10%	₩ 2,080,000,000	₩ 208,000,000	₩ 1,872,000,000
19	런던	2018-09-28	SRN	140,000	9,500	10%	₩ 1,330,000,000	₩ 133,000,000	₩ 1,197,000,000

데이터 필터링

필터링은 목록에서 원하는 데이터만을 골라 화면에 표시하고 나머지 행은 숨기는 기능이다. 데이터 순서를 변경시키지 않고도 조건에 맞는 데이터를 찾아 워크시트에 나타낼 수 있다. 또한 원하는 항목을 복사하여 다른 장소에 따로 복사할 수도 있다.

1 자동 필터링

자동 필터링은 데이터 전체 범위에 걸쳐 첫 행 각 필드 옆에 필터링 단추가 표시된다. 검색하고자 하는 필드 옆 단추를 선택하고 날짜, 문자, 숫자 형식의 필터 조건을 입력하면 원하는 데이터를 검색하여 추출할 수 있다.

❶ 데이터 목록의 임의의 셀을 클릭한다.

❷ [데이터]–[정렬 및 필터]–필터 를 선택한다.

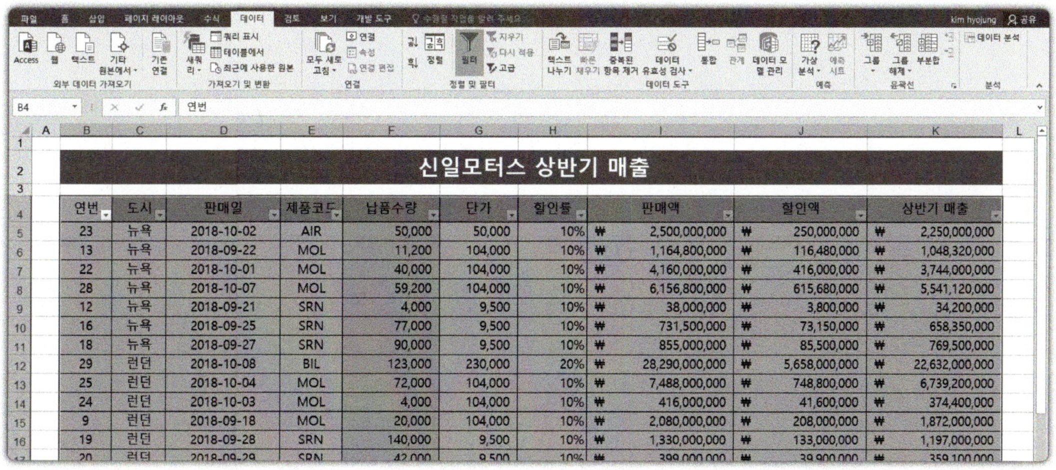

❸ '도시' 필드의 필터 단추 를 클릭하고, 텍스트 필터에서 모두 선택을 해제한다.

❹ '뉴욕'을 체크하고 확인한다.

❺ '도시'가 '뉴욕'인 레코드만 표시된다.

❻ '납품수량' 필드에서 '숫자 필터'–>크거나 같음을 선택하여 "10000'을 입력한다.

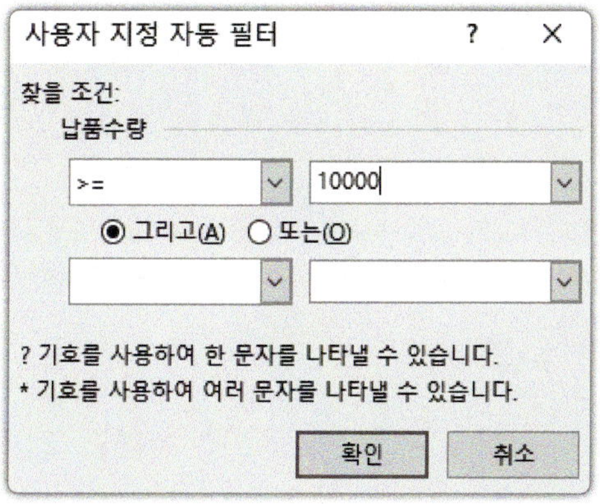

❼ '뉴욕'시의 '납품수량'이 '10000' 이상만 표시된다.

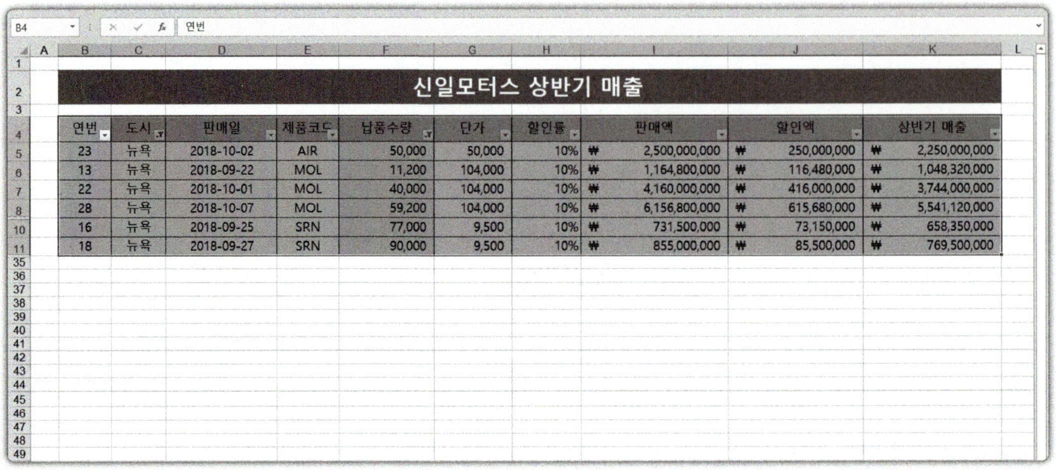

2 필터 해제하기

'도시' 필드에 대해서만 필터를 해제해보자.

모든 필드에 대해 한꺼번에 필터를 해제하려면 [데이터]–[정렬 및 필터]에서 지우기 [지우기] 를 선택한다.

❶ '도시' 필드의 필터 단추를 클릭하고 '도시에서 필터 해제'를 선택한다.

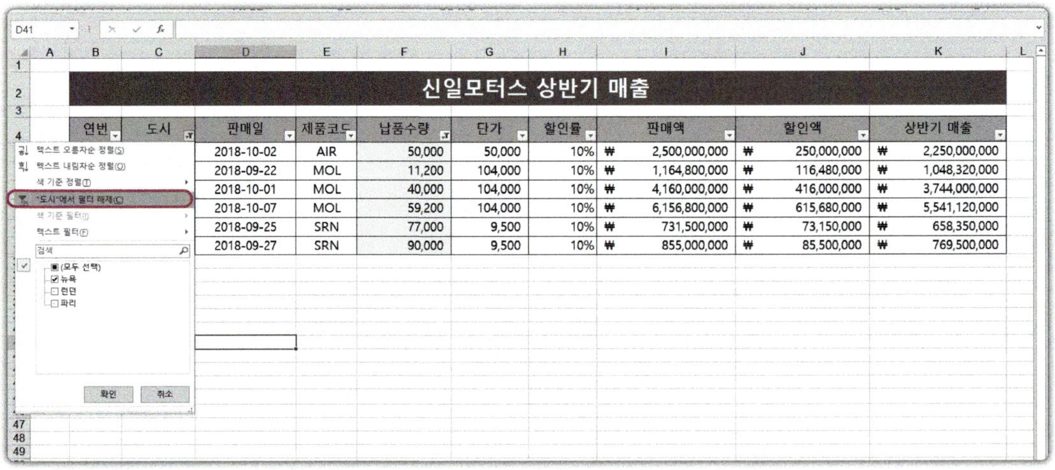

고급 필터링으로 데이터 추출하기

자동 필터는 하나의 필드에 2개 이상의 조건을 설정할 수 없다. 고급 필터는 조건이 복잡하거나 여러 필드를 결합해 지정하는 경우에 사용한다. 고급 필터 지정을 위해서는 반드시 목록과는 다른 장소에 조건 범위를 입력해야 한다. 하나의 필드에 3개 이상의 조건을 지정할 수 있고, 두 개 이상의 필드를 AND나 OR로 결합해 지정할 수 있다.

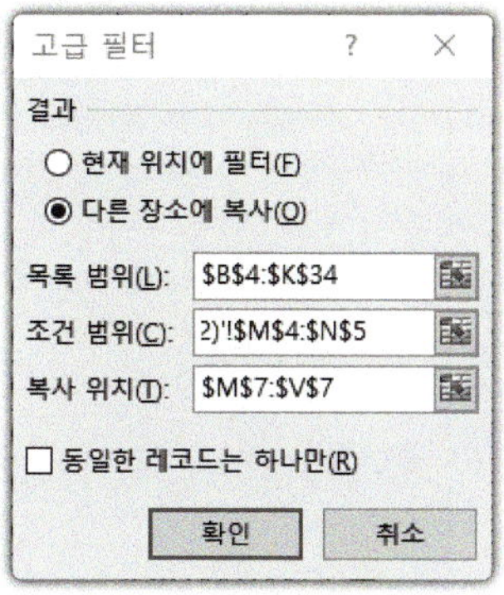

1 고급 필터 대화 상자

❶ 추출된 결과의 위치를 지정한다.

❷ 추출할 원본 데이터 목록의 범위를 지정한다.

❸ 조건이 입력된 셀 범위를 지정한다.

❹ '다른 장소에 복사'를 선택한 경우 필터된 데이터가 나타날 위치를 지정한다.

❺ 선택하면, 동일한 레코드가 있을 경우 하나만 표시한다.

2 조건 지정 규칙 만들기

조건을 지정할 경우 반드시 첫 행에는 원본 데이터 목록의 필드명, 그 다음 행부터 조건을 입력한다. AND 조건인 경우 같은 행에, OR 조건인 경우 다른 행에 입력한다.

AND 조건

• '도시'가 '파리'이고, '제품코드'가 'SRN'인 레코드

도시	제품 코드
파리	SRN

OR 조건

• '도시'가 '파리'이거나 '제품코드'이 'SRN'인 레코드

도시	제품 코드
파리	
	SRN

3 고급 필터로 데이터 추출하기

'도시'가 '파리'이고 '제품 코드'가 'SRN'인 레코드'를 추출하여 [M7] 셀부터 나타내어 보자.

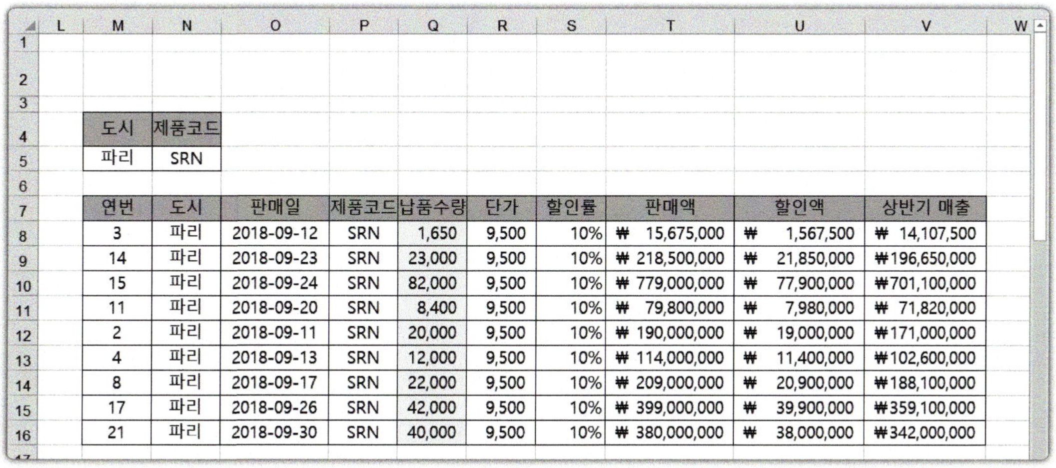

도시	제품코드
파리	SRN

연번	도시	판매일	제품코드	납품수량	단가	할인률	판매액	할인액	상반기 매출
3	파리	2018-09-12	SRN	1,650	9,500	10%	₩ 15,675,000	₩ 1,567,500	₩ 14,107,500
14	파리	2018-09-23	SRN	23,000	9,500	10%	₩ 218,500,000	₩ 21,850,000	₩196,650,000
15	파리	2018-09-24	SRN	82,000	9,500	10%	₩ 779,000,000	₩ 77,900,000	₩701,100,000
11	파리	2018-09-20	SRN	8,400	9,500	10%	₩ 79,800,000	₩ 7,980,000	₩ 71,820,000
2	파리	2018-09-11	SRN	20,000	9,500	10%	₩ 190,000,000	₩ 19,000,000	₩171,000,000
4	파리	2018-09-13	SRN	12,000	9,500	10%	₩ 114,000,000	₩ 11,400,000	₩102,600,000
8	파리	2018-09-17	SRN	22,000	9,500	10%	₩ 209,000,000	₩ 20,900,000	₩188,100,000
17	파리	2018-09-26	SRN	42,000	9,500	10%	₩ 399,000,000	₩ 39,900,000	₩359,100,000
21	파리	2018-09-30	SRN	40,000	9,500	10%	₩ 380,000,000	₩ 38,000,000	₩342,000,000

❶ 조건을 만들기 위해 [C4] 제목 필드를 복사하여 [M4] 셀로, [E4] 제목 필드를 복사하여 [N4] 셀로 붙여넣기 하고 AND 조건을 완성한다.

❷ 데이터 목록 내 임의의 셀을 클릭하여 [데이터]-[정렬 및 필터]-[고급]을 선택한다.

❸ 고급 필터 대화 상자에서 '다른 장소에 복사'를 선택하고 [M7]을 선택한다. 목록 범위 [$B$4:$K$34], 조건 범위 [$M$4:$N$5], 복사 위치 [M7]을 선택하여 확인한다.

	L	M	N	O	P	Q	R	S	T	U	V
3											
4		도시	제품코드								
5		파리									
6			SRN								
7		연번	도시	판매일	제품코드	납품수량	단가	할인률	판매액	할인액	상반기 매출
8		12	뉴욕	2018-09-21	SRN	4,000	9,500	10%	₩ 38,000,000	₩ 3,800,000	₩ 34,200,000
9		16	뉴욕	2018-09-25	SRN	77,000	9,500	10%	₩ 731,500,000	₩ 73,150,000	₩ 658,350,000
10		18	뉴욕	2018-09-27	SRN	90,000	9,500	10%	₩ 855,000,000	₩ 85,500,000	₩ 769,500,000
11		19	런던	2018-09-28	SRN	140,000	9,500	10%	₩ 1,330,000,000	₩ 133,000,000	₩ 1,197,000,000
12		20	런던	2018-09-29	SRN	42,000	9,500	10%	₩ 399,000,000	₩ 39,900,000	₩ 359,100,000
13		1	런던	2018-09-10	SRN	33,000	9,500	10%	₩ 313,500,000	₩ 31,350,000	₩ 282,150,000
14		5	런던	2018-09-14	SRN	48,000	9,500	10%	₩ 456,000,000	₩ 45,600,000	₩ 410,400,000
15		6	런던	2018-09-15	SRN	32,000	9,500	10%	₩ 304,000,000	₩ 30,400,000	₩ 273,600,000
16		7	런던	2018-09-16	SRN	11,000	9,500	10%	₩ 104,500,000	₩ 10,450,000	₩ 94,050,000
17		10	런던	2018-09-19	SRN	36,000	9,500	10%	₩ 342,000,000	₩ 34,200,000	₩ 307,800,000
18		30	파리	2018-10-09	BIL	41,200	####	20%	₩16,974,400,000	₩3,394,880,000	₩ 13,579,520,000
19		26	파리	2018-10-05	MOL	40,000	####	10%	₩ 4,160,000,000	₩ 416,000,000	₩ 3,744,000,000
20		27	파리	2018-10-06	MOL	41,200	####	10%	₩ 4,284,800,000	₩ 428,480,000	₩ 3,856,320,000
21		3	파리	2018-09-12	SRN	1,650	9,500	10%	₩ 15,675,000	₩ 1,567,500	₩ 14,107,500
22		14	파리	2018-09-23	SRN	23,000	9,500	10%	₩ 218,500,000	₩ 21,850,000	₩ 196,650,000
23		15	파리	2018-09-24	SRN	82,000	9,500	10%	₩ 779,000,000	₩ 77,900,000	₩ 701,100,000
24		11	파리	2018-09-20	SRN	8,400	9,500	10%	₩ 79,800,000	₩ 7,980,000	₩ 71,820,000
25		2	파리	2018-09-11	SRN	20,000	9,500	10%	₩ 190,000,000	₩ 19,000,000	₩ 171,000,000
26		4	파리	2018-09-13	SRN	12,000	9,500	10%	₩ 114,000,000	₩ 11,400,000	₩ 102,600,000
27		8	파리	2018-09-17	SRN	22,000	9,500	10%	₩ 209,000,000	₩ 20,900,000	₩ 188,100,000
28		17	파리	2018-09-26	SRN	42,000	9,500	10%	₩ 399,000,000	₩ 39,900,000	₩ 359,100,000

❹ 조건을 만들기 위해 [C4] 제목 필드를 복사하여 [M4] 셀로, [E4] 제목 필드를 복사하여 [N4] 셀로 붙여넣기 하고 OR 조건을 완성한다.

❺ 데이터 목록 내 임의의 셀을 클릭하여 [데이터]-[정렬 및 필터]-[고급]을 선택한다.

❻ 고급 필터 대화상자에서 '다른 장소에 복사'를 선택하고 [M7]을 선택한다. 목록 범위 [$B$4:$K$34], 조건 범위[$M$4:$N$6], 복사 위치 [M7]을 선택한 다음 확인한다.

❼ 결과를 확인한다.

부분합으로 요약하기

부분합은 같은 항목의 데이터를 하나의 그룹으로 만들어 각 그룹별로 합계, 평균, 개수 등 여러 함수를 이용해 데이터를 요약해 준다. 여러 시트의 데이터를 통합하여 부분합을 구할 수 있을 뿐 아니라 중복되는 데이터를 제거하여 유일한 데이터에 대한 부분합을 구할 수 있다. 부분합을 구하기 위해서는 구할 대상이 되는 항목을 기준으로 반드시 정렬되어 있어야 한다.

신일모터스 상반기 매출

연번	도시	판매일	제품코드	납품수량	단가	할인률	판매액	할인액	상반기 매출
23	뉴욕	2018-10-02	AIR	50,000	50,000	10%	₩ 2,500,000,000	₩ 250,000,000	₩ 2,250,000,000
13	뉴욕	2018-09-22	MOL	11,200	104,000	10%	₩ 1,164,800,000	₩ 116,480,000	₩ 1,048,320,000
22	뉴욕	2018-10-01	MOL	40,000	104,000	10%	₩ 4,160,000,000	₩ 416,000,000	₩ 3,744,000,000
28	뉴욕	2018-10-07	MOL	59,200	104,000	10%	₩ 6,156,800,000	₩ 615,680,000	₩ 5,541,120,000
12	뉴욕	2018-09-21	SRN	4,000	9,500	10%	₩ 38,000,000	₩ 3,800,000	₩ 34,200,000
16	뉴욕	2018-09-25	SRN	77,000	9,500	10%	₩ 731,500,000	₩ 73,150,000	₩ 658,350,000
18	뉴욕	2018-09-27	SRN	90,000	9,500	10%	₩ 855,000,000	₩ 85,500,000	₩ 769,500,000
	뉴욕 평균						₩ 2,229,442,857	₩ 222,944,286	₩ 2,006,498,571
	뉴욕 요약						₩ 15,606,100,000	₩ 1,560,610,000	₩ 14,045,490,000
29	런던	2018-10-08	BIL	123,000	230,000	20%	₩ 28,290,000,000	₩ 5,658,000,000	₩ 22,632,000,000
25	런던	2018-10-04	MOL	72,000	104,000	10%	₩ 7,488,000,000	₩ 748,800,000	₩ 6,739,200,000
24	런던	2018-10-03	MOL	4,000	104,000	10%	₩ 416,000,000	₩ 41,600,000	₩ 374,400,000
9	런던	2018-09-18	MOL	20,000	104,000	10%	₩ 2,080,000,000	₩ 208,000,000	₩ 1,872,000,000
19	런던	2018-09-28	SRN	140,000	9,500	10%	₩ 1,330,000,000	₩ 133,000,000	₩ 1,197,000,000
20	런던	2018-09-29	SRN	42,000	9,500	10%	₩ 399,000,000	₩ 39,900,000	₩ 359,100,000
1	런던	2018-09-10	SRN	33,000	9,500	10%	₩ 313,500,000	₩ 31,350,000	₩ 282,150,000
5	런던	2018-09-14	SRN	48,000	9,500	10%	₩ 456,000,000	₩ 45,600,000	₩ 410,400,000
6	런던	2018-09-15	SRN	32,000	9,500	10%	₩ 304,000,000	₩ 30,400,000	₩ 273,600,000
7	런던	2018-09-16	SRN	11,000	9,500	10%	₩ 104,500,000	₩ 10,450,000	₩ 94,050,000
10	런던	2018-09-19	SRN	36,000	9,500	10%	₩ 342,000,000	₩ 34,200,000	₩ 307,800,000
	런던 평균						₩ 3,774,818,182	₩ 634,663,636	₩ 3,140,154,545
	런던 요약						₩ 41,523,000,000	₩ 6,981,300,000	₩ 34,541,700,000
30	파리	2018-10-09	BIL	41,200	412,000	20%	₩ 16,974,400,000	₩ 3,394,880,000	₩ 13,579,520,000

1 부분합 구하기

부분합 기능을 이용해 '도시'별 '판매액'과 '할인액'의 '상반기 매출'을 구해보자.

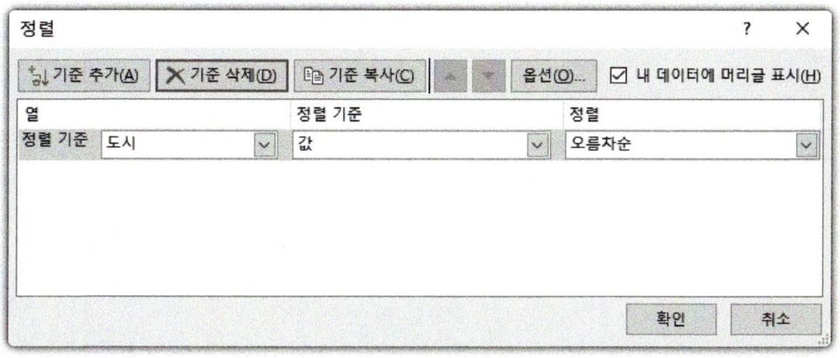

❶ [B4:K34] 셀을 선택하여 [데이터]-[정렬 및 필터]에서 도시에 대해 오름차순 정렬을 선택한다.

❷ '판매량', '할인액'', '상반기 매출'에 대한 합계를 구하기 위해 [데이터]-[윤곽선]에서 부분합을 선택한다.

❸ 부분합 대화상자에서 그룹화할 항목에 '도시', 사용할 함수에 '합계', 부분합 계산 항목에 '판매량', '할인액', '상반기 매출'을 선택하여 확인한다.

❹ 부분합 대화 상자에서 반드시 '새로운 값으로 대치', '데이터 아래 요약 표시' 부분을 체크한다.

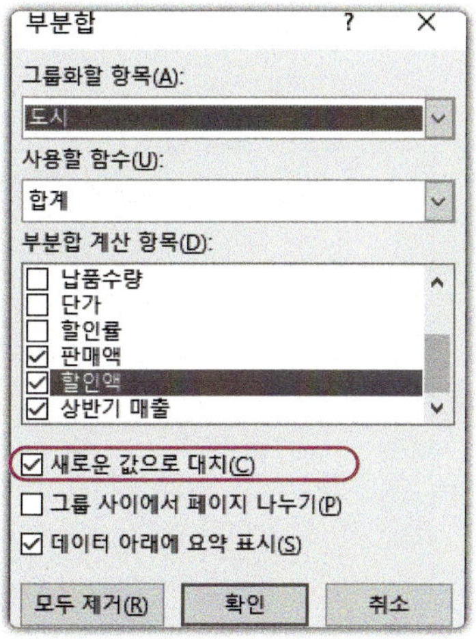

신일모터스 상반기 매출

연번	도시	판매일	제품코드	납품수량	단가	할인률	판매액	할인액	상반기 매출
23	뉴욕	2018-10-02	AIR	50,000	50,000	10%	₩ 2,500,000,000	₩ 250,000,000	₩ 2,250,000,000
13	뉴욕	2018-09-22	MOL	11,200	104,000	10%	₩ 1,164,800,000	₩ 116,480,000	₩ 1,048,320,000
22	뉴욕	2018-10-01	MOL	40,000	104,000	10%	₩ 4,160,000,000	₩ 416,000,000	₩ 3,744,000,000
28	뉴욕	2018-10-07	MOL	59,200	104,000	10%	₩ 6,156,800,000	₩ 615,680,000	₩ 5,541,120,000
12	뉴욕	2018-09-21	SRN	4,000	9,500	10%	₩ 38,000,000	₩ 3,800,000	₩ 34,200,000
16	뉴욕	2018-09-25	SRN	77,000	9,500	10%	₩ 731,500,000	₩ 73,150,000	₩ 658,350,000
18	뉴욕	2018-09-27	SRN	90,000	9,500	10%	₩ 855,000,000	₩ 85,500,000	₩ 769,500,000
	뉴욕 요약						₩ 15,606,100,000	₩ 1,560,610,000	₩ 14,045,490,000
29	런던	2018-10-08	BIL	123,000	230,000	20%	₩ 28,290,000,000	₩ 5,658,000,000	₩ 22,632,000,000
25	런던	2018-10-04	MOL	72,000	104,000	10%	₩ 7,488,000,000	₩ 748,800,000	₩ 6,739,200,000
24	런던	2018-10-03	MOL	4,000	104,000	10%	₩ 416,000,000	₩ 41,600,000	₩ 374,400,000
9	런던	2018-09-18	MOL	20,000	104,000	10%	₩ 2,080,000,000	₩ 208,000,000	₩ 1,872,000,000
19	런던	2018-09-28	SRN	140,000	9,500	10%	₩ 1,330,000,000	₩ 133,000,000	₩ 1,197,000,000
20	런던	2018-09-29	SRN	42,000	9,500	10%	₩ 399,000,000	₩ 39,900,000	₩ 359,100,000
1	런던	2018-09-10	SRN	33,000	9,500	10%	₩ 313,500,000	₩ 31,350,000	₩ 282,150,000
5	런던	2018-09-14	SRN	48,000	9,500	10%	₩ 456,000,000	₩ 45,600,000	₩ 410,400,000
6	런던	2018-09-15	SRN	32,000	9,500	10%	₩ 304,000,000	₩ 30,400,000	₩ 273,600,000
7	런던	2018-09-16	SRN	11,000	9,500	10%	₩ 104,500,000	₩ 10,450,000	₩ 94,050,000
10	런던	2018-09-19	SRN	36,000	9,500	10%	₩ 342,000,000	₩ 34,200,000	₩ 307,800,000
	런던 요약						₩ 41,523,000,000	₩ 6,981,300,000	₩ 34,541,700,000
30	파리	2018-10-09	BIL	41,200	412,000	20%	₩ 16,974,400,000	₩ 3,394,880,000	₩ 13,579,520,000

2 중첩 부분합 구하기

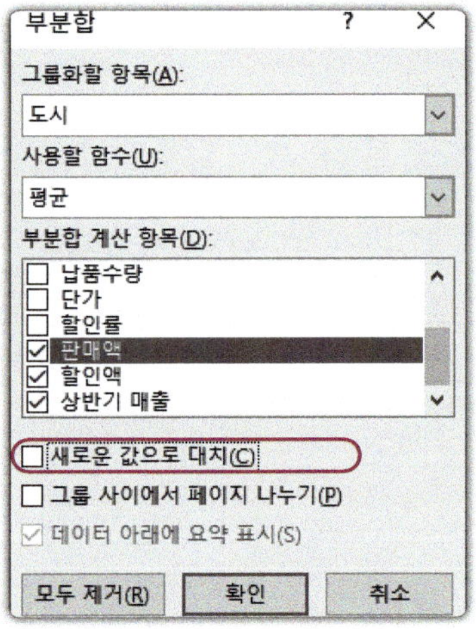

이미 적용된 부분합에 대해 다른 함수를 사용한 조건을 다시 적용할 수 있다. 먼저, 반드시 두 가지 이상의 기준으로 정렬해야 한다. 그리고 부분합 대화 상자에서 '새로운 값으로 대치' 옵션을 체크 해제해야 한다.

앞서 작성한 각 도시별 '판매량'과 '할인액', '상반기 매출'의 '평균'을 구해보자.

❶ [데이터]–[윤곽선]에서 부분합을 선택한다.

❷ 부분합 대화 상자에서 그룹화할 항목에 '지역', 사용할 함수에 '평균', 부분합 계산 항목에 '판매량', '할인액', '상반기 매출'을 선택하여 확인한다.

❸ 부분합 대화 상자에서 반드시 새로운 값으로 대치 부분의 체크를 해제한다.

신일모터스 상반기 매출

연번	도시	판매일	제품코드	납품수량	단가	할인률	판매액	할인액	상반기 매출
23	뉴욕	2018-10-02	AIR	50,000	50,000	10%	₩ 2,500,000,000	₩ 250,000,000	₩ 2,250,000,000
13	뉴욕	2018-09-22	MOL	11,200	104,000	10%	₩ 1,164,800,000	₩ 116,480,000	₩ 1,048,320,000
22	뉴욕	2018-10-01	MOL	40,000	104,000	10%	₩ 4,160,000,000	₩ 416,000,000	₩ 3,744,000,000
28	뉴욕	2018-10-07	MOL	59,200	104,000	10%	₩ 6,156,800,000	₩ 615,680,000	₩ 5,541,120,000
12	뉴욕	2018-09-21	SRN	4,000	9,500	10%	₩ 38,000,000	₩ 3,800,000	₩ 34,200,000
16	뉴욕	2018-09-25	SRN	77,000	9,500	10%	₩ 731,500,000	₩ 73,150,000	₩ 658,350,000
18	뉴욕	2018-09-27	SRN	90,000	9,500	10%	₩ 855,000,000	₩ 85,500,000	₩ 769,500,000
	뉴욕 평균						₩ 2,229,442,857	₩ 222,944,286	₩ 2,006,498,571
	뉴욕 요약						₩ 15,606,100,000	₩ 1,560,610,000	₩ 14,045,490,000
29	런던	2018-10-08	BIL	123,000	230,000	20%	₩ 28,290,000,000	₩ 5,658,000,000	₩ 22,632,000,000
25	런던	2018-10-04	MOL	72,000	104,000	10%	₩ 7,488,000,000	₩ 748,800,000	₩ 6,739,200,000
24	런던	2018-10-03	MOL	4,000	104,000	10%	₩ 416,000,000	₩ 41,600,000	₩ 374,400,000
9	런던	2018-09-18	MOL	20,000	104,000	10%	₩ 2,080,000,000	₩ 208,000,000	₩ 1,872,000,000
19	런던	2018-09-28	SRN	140,000	9,500	10%	₩ 1,330,000,000	₩ 133,000,000	₩ 1,197,000,000
20	런던	2018-09-29	SRN	42,000	9,500	10%	₩ 399,000,000	₩ 39,900,000	₩ 359,100,000
1	런던	2018-09-10	SRN	33,000	9,500	10%	₩ 313,500,000	₩ 31,350,000	₩ 282,150,000
5	런던	2018-09-14	SRN	48,000	9,500	10%	₩ 456,000,000	₩ 45,600,000	₩ 410,400,000
6	런던	2018-09-15	SRN	32,000	9,500	10%	₩ 304,000,000	₩ 30,400,000	₩ 273,600,000
7	런던	2018-09-16	SRN	11,000	9,500	10%	₩ 104,500,000	₩ 10,450,000	₩ 94,050,000
10	런던	2018-09-19	SRN	36,000	9,500	10%	₩ 342,000,000	₩ 34,200,000	₩ 307,800,000

3 윤곽 기호를 이용하여 데이터 요약하기

윤곽 기호를 이용하면 요약된 데이터를 볼 수 있다.

❶ 윤곽 기호 [1]은 총 합계를 나타내고 있다.

❷ 윤곽 기호 [2]를 선택하면 지역별 '판매량', '할인액', '상반기매출'의 합계를 볼 수 있다.

❸ 윤곽 기호 [3]을 선택하면 지역별 '판매량', '할인액', '상반기매출'의 평균을 볼 수 있다.

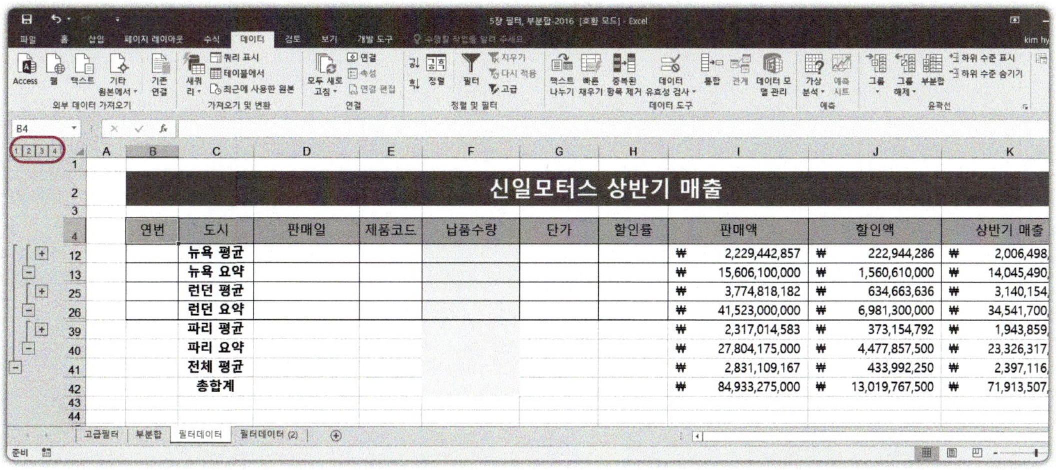

연습 문제

문제 2.1

아래 처리 조건에 따라 데이터를 입력하여 결과 화면과 같이 표를 만들어보자.

결과 화면

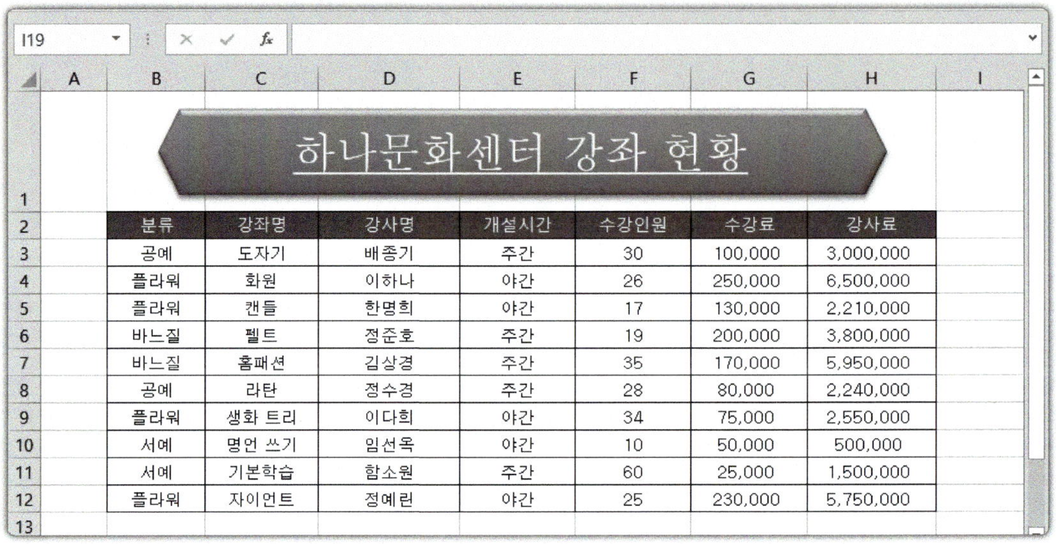

분류	강좌명	강사명	개설시간	수강인원	수강료	강사료
공예	도자기	배종기	주간	30	100,000	3,000,000
플라워	화원	이하나	야간	26	250,000	6,500,000
플라워	캔들	한명희	야간	17	130,000	2,210,000
바느질	펠트	정준호	주간	19	200,000	3,800,000
바느질	홈패션	김상경	주간	35	170,000	5,950,000
공예	라탄	정수경	주간	28	80,000	2,240,000
플라워	생화 트리	이다희	야간	34	75,000	2,550,000
서예	명언 쓰기	임선옥	야간	10	50,000	500,000
서예	기본학습	함소원	주간	60	25,000	1,500,000
플라워	자이언트	정예린	야간	25	230,000	5,750,000

처리 조건

❶ 1행의 행 높이를 '80'으로 설정하고, 2행~15행의 행 높이를 '18'로 설정하시오.

❷ 제목 "하나문화센터 강좌 현황"을 기본 도형의 '빗면'을 이용하여 입력하시오.

- 도형 위치: [B1:H1]
- 도형 스타일: 강한 효과-'바다색, 강조 5'
- 글꼴: 궁서체, 28pt, 기울임꼴
- 도형 서식: 텍스트 상자, "세로 맞춤-가운데, 텍스트 방향-가로"

❸ 셀 서식을 아래 조건에 맞게 작성하시오.

- [B2:H12]: 테두리 "안쪽, 윤곽선 모두 실선, '검정, 텍스트 1'", 전체 가운데 맞춤
- [B2:H2]: 채우기 색 '자주, 강조색 4', 글꼴(굵게)
- [G3:H12]: [셀 서식-표시 형식]-숫자에서 1000단위 구분 기호 표시

문제 2.2

아래 처리 조건에 따라 고급 필터를 사용해 결과 화면과 같이 데이터를 처리해보자.

결과 화면

신일모터스 상반기 매출

연번	도시	판매일	제품코드	납품수량	단가	할인률	판매액	할인액	상반기 매출
23	뉴욕	2018-10-02	AIR	500	5,000	10%	₩ 2,500,000	₩ 250,000	₩ 2,250,000
13	뉴욕	2018-09-22	MOL	11,200	10,400	10%	₩ 116,480,000	₩ 11,648,000	₩ 104,832,000
22	뉴욕	2018-10-01	MOL	40,000	10,400	10%	₩ 416,000,000	₩ 41,600,000	₩ 374,400,000
28	뉴욕	2018-10-07	MOL	5,920	10,400	10%	₩ 61,568,000	₩ 6,156,800	₩ 55,411,200
12	뉴욕	2018-09-21	SRN	4,000	9,500	10%	₩ 38,000,000	₩ 3,800,000	₩ 34,200,000
16	뉴욕	2018-09-25	SRN	7,700	9,500	10%	₩ 73,150,000	₩ 7,315,000	₩ 65,835,000
18	뉴욕	2018-09-27	SRN	900	9,500	10%	₩ 8,550,000	₩ 855,000	₩ 7,695,000
29	런던	2018-10-08	BIL	1,230	2,300	20%	₩ 2,829,000	₩ 565,800	₩ 2,263,200
25	런던	2018-10-04	MOL	7,200	10,400	10%	₩ 74,880,000	₩ 7,488,000	₩ 67,392,000
24	런던	2018-10-03	MOL	4,000	10,400	10%	₩ 41,600,000	₩ 4,160,000	₩ 37,440,000
9	런던	2018-09-18	MOL	2,000	10,400	10%	₩ 20,800,000	₩ 2,080,000	₩ 18,720,000
19	런던	2018-09-28	SRN	14,000	9,500	10%	₩ 133,000,000	₩ 13,300,000	₩ 119,700,000
20	런던	2018-09-29	SRN	42,000	9,500	10%	₩ 399,000,000	₩ 39,900,000	₩ 359,100,000
1	런던	2018-09-10	SRN	33,000	9,500	10%	₩ 313,500,000	₩ 31,350,000	₩ 282,150,000

제품코드	판매액
MOL	>=10000000

연번	도시	판매일	제품코드	납품수량	단가	할인률	판매액	할인액	상반기 매출
13	뉴욕	2018-09-22	MOL	11,200	10,400	10%	₩ 116,480,000	₩ 11,648,000	₩ 104,832,000
22	뉴욕	2018-10-01	MOL	40,000	10,400	10%	₩ 416,000,000	₩ 41,600,000	₩ 374,400,000
28	뉴욕	2018-10-07	MOL	5,920	10,400	10%	₩ 61,568,000	₩ 6,156,800	₩ 55,411,200
25	런던	2018-10-04	MOL	7,200	10,400	10%	₩ 74,880,000	₩ 7,488,000	₩ 67,392,000
24	런던	2018-10-03	MOL	4,000	10,400	10%	₩ 41,600,000	₩ 4,160,000	₩ 37,440,000
9	런던	2018-09-18	MOL	2,000	10,400	10%	₩ 20,800,000	₩ 2,080,000	₩ 18,720,000

처리 조건

❶ "필터" 시트의 [B4:K18]에 아래 조건에 맞춰 고급 필터를 사용해 작성하시오.

❷ 제품코드 'MOL', 판매액 '10000000' 이상의 데이터를 필터링하시오.

❸ 조건 함수는 [B20]부터 작성하시오.

❹ 결과 위치는 [B23]부터 작성하시오.

❺ 아래 AND 함수를 이용해보시오.

```
=AND(="MOL", I5>=10000000)
```

문제 2.3

다음의 처리 조건에 따라 고급 필터를 사용해 결과 화면과 같이 데이터를 처리해보자.

결과 화면

신일모터스 상반기 매출

연번	도시	판매일	제품코드	납품수량	단가	할인률	판매액	할인액	상반기 매출
23	뉴욕	2018-10-02	AIR	500	5,000	10%	₩ 2,500,000	₩ 250,000	₩ 2,250,000
13	뉴욕	2018-09-22	MOL	11,200	10,400	10%	₩ 116,480,000	₩ 11,648,000	₩ 104,832,000
22	뉴욕	2018-10-01	MOL	40,000	10,400	10%	₩ 416,000,000	₩ 41,600,000	₩ 374,400,000
28	뉴욕	2018-10-07	MOL	5,920	10,400	10%	₩ 61,568,000	₩ 6,156,800	₩ 55,411,200
12	뉴욕	2018-09-21	SRN	4,000	9,500	10%	₩ 38,000,000	₩ 3,800,000	₩ 34,200,000
16	뉴욕	2018-09-25	SRN	7,700	9,500	10%	₩ 73,150,000	₩ 7,315,000	₩ 65,835,000
18	뉴욕	2018-09-27	SRN	900	9,500	10%	₩ 8,550,000	₩ 855,000	₩ 7,695,000
29	런던	2018-10-08	BIL	1,230	2,300	20%	₩ 2,829,000	₩ 565,800	₩ 2,263,200
25	런던	2018-10-04	MOL	7,200	10,400	10%	₩ 74,880,000	₩ 7,488,000	₩ 67,392,000
24	런던	2018-10-03	MOL	4,000	10,400	10%	₩ 41,600,000	₩ 4,160,000	₩ 37,440,000
9	런던	2018-09-18	MOL	2,000	10,400	10%	₩ 20,800,000	₩ 2,080,000	₩ 18,720,000
19	런던	2018-09-28	SRN	14,000	9,500	10%	₩ 133,000,000	₩ 13,300,000	₩ 119,700,000
20	런던	2018-09-29	SRN	42,000	9,500	10%	₩ 399,000,000	₩ 39,900,000	₩ 359,100,000
1	런던	2018-09-10	SRN	33,000	9,500	10%	₩ 313,500,000	₩ 31,350,000	₩ 282,150,000

제품코드	판매액
MOL	
	>=10000000

도시	제품코드	판매액
뉴욕	MOL	₩ 116,480,000
뉴욕	MOL	₩ 416,000,000
뉴욕	MOL	₩ 61,568,000
뉴욕	SRN	₩ 38,000,000
뉴욕	SRN	₩ 73,150,000
런던	MOL	₩ 74,880,000
런던	MOL	₩ 41,600,000

처리 조건

❶ "필터" 시트의 [B4:K18]을 아래 조건에 맞게 고급 필터를 사용해 작성하시오.

❷ 제품 코드가 'MOL'이거나 판매액이 '10000000' 이상의 데이터를 필터링하시오.

❸ 조건 함수는 [B20]부터 작성하시오.

❹ 결과 위치는 [B24]부터 작성하시오.

❺ 아래의 OR 함수를 이용해 구해볼 수도 있다.

```
=OR(E5='MOL', I5>=10000000)
```

❻ '도시', '제품 코드', '판매액' 데이터만 보이도록 하시오.

문제 2.4

다음의 작성 조건에 따라 결과 화면과 같이 부분합을 작성해보자.

결과 화면

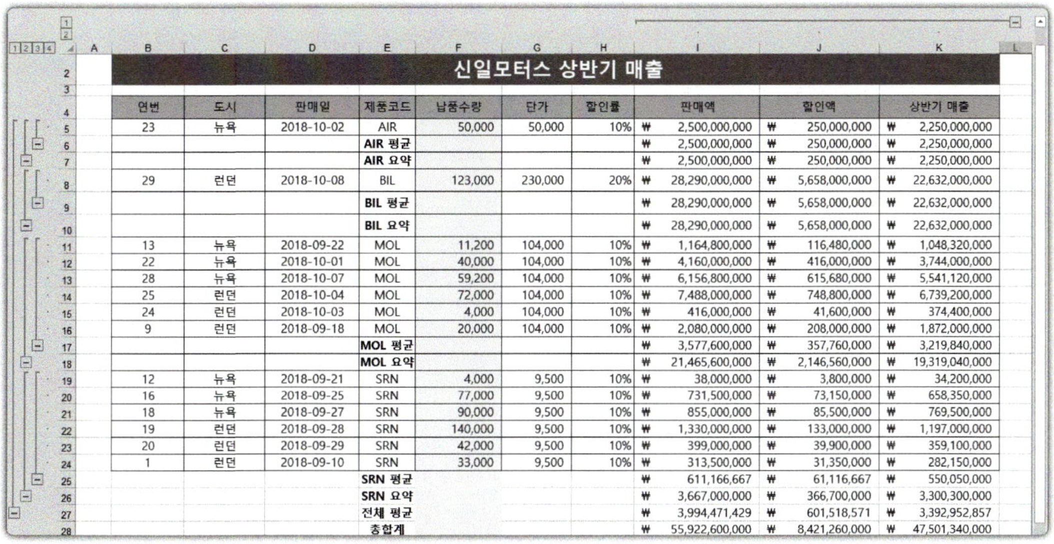

신일모터스 상반기 매출

연번	도시	판매일	제품코드	납품수량	단가	할인률	판매액	할인액	상반기 매출
23	뉴욕	2018-10-02	AIR	50,000	50,000	10%	₩ 2,500,000,000	₩ 250,000,000	₩ 2,250,000,000
			AIR 평균				₩ 2,500,000,000	₩ 250,000,000	₩ 2,250,000,000
			AIR 요약				₩ 2,500,000,000	₩ 250,000,000	₩ 2,250,000,000
29	런던	2018-10-08	BIL	123,000	230,000	20%	₩ 28,290,000,000	₩ 5,658,000,000	₩ 22,632,000,000
			BIL 평균				₩ 28,290,000,000	₩ 5,658,000,000	₩ 22,632,000,000
			BIL 요약				₩ 28,290,000,000	₩ 5,658,000,000	₩ 22,632,000,000
13	뉴욕	2018-09-22	MOL	11,200	104,000	10%	₩ 1,164,800,000	₩ 116,480,000	₩ 1,048,320,000
22	뉴욕	2018-10-01	MOL	40,000	104,000	10%	₩ 4,160,000,000	₩ 416,000,000	₩ 3,744,000,000
28	뉴욕	2018-10-07	MOL	59,200	104,000	10%	₩ 6,156,800,000	₩ 615,680,000	₩ 5,541,120,000
25	런던	2018-10-04	MOL	72,000	104,000	10%	₩ 7,488,000,000	₩ 748,800,000	₩ 6,739,200,000
24	런던	2018-10-03	MOL	4,000	104,000	10%	₩ 416,000,000	₩ 41,600,000	₩ 374,400,000
9	런던	2018-09-18	MOL	20,000	104,000	10%	₩ 2,080,000,000	₩ 208,000,000	₩ 1,872,000,000
			MOL 평균				₩ 3,577,600,000	₩ 357,760,000	₩ 3,219,840,000
			MOL 요약				₩ 21,465,600,000	₩ 2,146,560,000	₩ 19,319,040,000
12	뉴욕	2018-09-21	SRN	4,000	9,500	10%	₩ 38,000,000	₩ 3,800,000	₩ 34,200,000
16	뉴욕	2018-09-25	SRN	77,000	9,500	10%	₩ 731,500,000	₩ 73,150,000	₩ 658,350,000
18	뉴욕	2018-09-27	SRN	90,000	9,500	10%	₩ 855,000,000	₩ 85,500,000	₩ 769,500,000
19	런던	2018-09-28	SRN	140,000	9,500	10%	₩ 1,330,000,000	₩ 133,000,000	₩ 1,197,000,000
20	런던	2018-09-29	SRN	42,000	9,500	10%	₩ 399,000,000	₩ 39,900,000	₩ 359,100,000
1	런던	2018-09-10	SRN	33,000	9,500	10%	₩ 313,500,000	₩ 31,350,000	₩ 282,150,000
			SRN 평균				₩ 611,166,667	₩ 61,116,667	₩ 550,050,000
			SRN 요약				₩ 3,667,000,000	₩ 366,700,000	₩ 3,300,300,000
			전체 평균				₩ 3,994,471,429	₩ 601,518,571	₩ 3,392,952,857
			총합계				₩ 55,922,600,000	₩ 8,421,260,000	₩ 47,501,340,000

처리 조건

❶ 데이터를 '제품 코드' 기준으로 오름차순 정렬하시오.

❷ 그룹화할 항목에는 '제품 코드'를 선택한다.

❸ '사용할 함수'는 '합계'를 선택하고, '부분합 계산 항목'에는 '판매액, 할인율, 상반기 매출'을 선택하여 '새로운 값으로 대치'를 체크 후 부분합을 만드시오.

❹ '사용할 함수'는 '평균'을 선택하고, '부분합 계산 항목'에는 '판매액, 할인율, 상반기 매출'을 선택하여 '새로운 값으로 대치'를 체크 해지 후 부분합을 만드시오.

❺ 'I~K' 열을 선택하여 그룹을 설정하시오.

❻ 지시 사항이 없는 경우는 결과 화면과 같이 작성하시오.

SECTION 03

데이터 계산과 함수

엑셀 통계 처리를 위해 수식과 함수의 사용법을 알아보자. 수식과 함수를 사용하면 빠르고 정확한 계산을 할 수 있다. 수식은 미리 정의된 함수 마법사를 이용해 함수식 인수를 정확히 입력하여 처리할 수 있다.

3.1 수식을 이용한 직접 계산

수식은 엑셀의 기본 기능이다. 간단한 수식은 셀을 참조하여 셀 주소를 직접 입력함으로써 계산할 수 있다. 수식 결과 값은 셀에 표시되지만 실제 수식은 수식 입력 줄에 입력된다. 간단한 수식을 입력하여 '지출 내역서'를 완성해보자.

월별결산내역서					
2020년 1월분					
지출 내역	예 산 액	전 월 지 출 액	금 월 지 출 액	누 계	집행율
보건비	4,589,300	3,967,875	966,800	4,934,675	107.53%
인건비	53,511,360	49,392,290	6,035,600	55,427,890	103.58%
복리후생비	26,720,000	15,492,450	4,153,950	19,646,400	73.53%
출장비	17,640,000	13,683,201	1,274,300	14,957,501	84.79%
직무활동비	26,300,000	14,500,540	3,786,400	18,286,940	69.53%
관리비	4,600,000	3,576,320	1,050,000	4,626,320	100.57%
차량유지비	2,520,000	1,520,000	1,250,000	2,770,000	109.92%
보험료	2,400,000	2,181,900	218,100	2,400,000	100.00%
세금과공과금	3,308,000	3,000,000	308,000	3,308,000	100.00%
대내외경조비	6,720,000	3,138,700	1,291,620	4,430,320	65.93%
홍보비	17,460,000	15,571,200	2,357,140	17,928,340	102.68%
합 계	165,768,660	126,024,476	22,691,910	148,716,386	89.71%

❶ [F6] 셀의 '누계'는 '전월까지 지출액+금월 지출액'으로 계산한다. [F6] 셀을 클릭하고 수식 입력 창에 수식 '=D6+E6'을 직접 입력 창에 입력하거나 각 셀을 클릭하여 지정한 후 Enter를 클릭하거나수식 입력 줄의 입력 단추 ✔를 클릭하여 입력한다.

월별결산내역서					
2020년 1월분					
지출 내역	예 산 액	전 월 지 출 액	금 월 지 출 액	누 계	집행율
보건비	4,589,300	3,967,875	966,800	=D6+E6	
인건비	53,511,360	49,392,290	6,035,600		
복리후생비	26,720,000	15,492,450	4,153,950		
출장비	17,640,000	13,683,201	1,274,300		
직무활동비	26,300,000	14,500,540	3,786,400		
관리비	4,600,000	3,576,320	1,050,000		
차량유지비	2,520,000	1,520,000	1,250,000		
보험료	2,400,000	2,181,900	218,100		
세금과공과금	3,308,000	3,000,000	308,000		
대내외경조비	6,720,000	3,138,700	1,291,620		
홍보비	17,460,000	15,571,200	2,357,140		
합 계					

❷ [F6] 셀의 채우기 핸들을 더블 클릭하여 금액을 완성한다.

❸ [G6] 셀의 '집행률'은 '누계/예산액'으로 계산한다. [G6] 셀을 클릭하고 수식 입력창에 '=F6/C6'

을 직접 입력하거나 각 셀을 클릭하여 지정한 후 Enter를 클릭하거나 수식 입력 줄의 입력 단추 ✔를 클릭하여 입력한다.

E6 | =F6/E6

	A	B	C	D	E	F	G	H
1		월 별 결 산 내 역 서						
3		2020년 1월분						
5		지출 내역	예 산 액	전 월 지 출 액	금 월 지 출 액	누 계	집행율	
6		보건비	4,589,300	3,967,875	966,800	4,934,675	=F6/E6	
7		인건비	53,511,360	49,392,290	6,035,600	55,427,890		
8		복리후생비	26,720,000	15,492,450	4,153,950	19,646,400		
9		출장비	17,640,000	13,683,201	1,274,300	14,957,501		
10		직무활동비	26,300,000	14,500,540	3,786,400	18,286,940		
11		관리비	4,600,000	3,576,320	1,050,000	4,626,320		
12		차량유지비	2,520,000	1,520,000	1,250,000	2,770,000		
13		보험료	2,400,000	2,181,900	218,100	2,400,000		
14		세금과공과금	3,308,000	3,000,000	308,000	3,308,000		
15		대내외경조비	6,720,000	3,138,700	1,291,620	4,430,320		
16		홍보비	17,460,000	15,571,200	2,357,140	17,928,340		
17		합 계	165,768,660	126,024,476	22,691,910	148,716,386		

❹ [G6] 셀의 채우기 핸들을 더블 클릭하여 금액을 완성한다. [홈]–[표시 형식] 그룹에서 '백분율'을 선택한다.

❺ [C17]의 '합계'는 [홈]–[편집]에서 '자동 합계' 기능을 이용해 완성한다.

3.2 셀 참조 적용하기

셀에 주소를 입력할 때는 행 머리글과 열 머리글의 조합으로 이루어진다. 수식 입력 시 셀 안의 숫자를 직접 입력하지 않고, 해당 숫자가 입력된 셀 주소를 사용하는 것을 셀 참조라고 한다. 셀 참조의 유형에는 상대 참조, 절대 참조, 혼합 참조가 있다.

하이전자 하반기 매출 점유율

작성일 20年 12月 5日

지점	하반기 매출목표	3분기		4분기		하반기		점유율
		매출	달성률	매출	달성률	매출	달성률	
수원	43,100,000	12,560,000	29%	31,360,000	73%	43,920,000	102%	4%
대전	643,440,000	153,240,000	24%	32,570,000	5%	185,810,000	29%	15%
강릉	25,300,000	18,906,000	75%	17,000,000	67%	35,906,000	142%	3%
인천	35,290,000	11,900,000	34%	18,220,000	52%	30,120,000	85%	2%
서울	850,000,000	625,200,000	74%	136,080,000	16%	761,280,000	90%	61%
대구	62,300,000	33,240,000	53%	32,080,000	51%	65,320,000	105%	5%
광주	31,280,000	16,900,000	54%	22,200,000	71%	39,100,000	125%	3%
부산	65,200,000	12,640,000	19%	42,100,000	65%	54,740,000	84%	4%
울산	21,040,000	2,820,000	13%	20,640,000	98%	23,460,000	112%	2%
합계	**1,776,950,000**	**887,406,000**	50%	**352,250,000**	20%	1,239,656,000	70%	100%

'하이전자 하반기 매출 점유율' 표에서 '3분기 달성율', '4분기 달성율', '하반기 달성율', '점유율' 값을 구해보자.

1 상대 참조 이해하기

'B2' 또는 'C2'와 같이 열 머리글과 행 머리글을 조합해 만든 일반적인 셀 주소로서 참조 위치가 상대적으로 변한다. 새로 만드는 수식에는 기본적으로 상대 참조가 적용되며, 수식이 입력된 셀의 위치가 바뀌면 참조한 셀 주소도 바뀐다.

❶ [H6] 셀에 =D6+F6을 입력하고 Enter를 누른다.

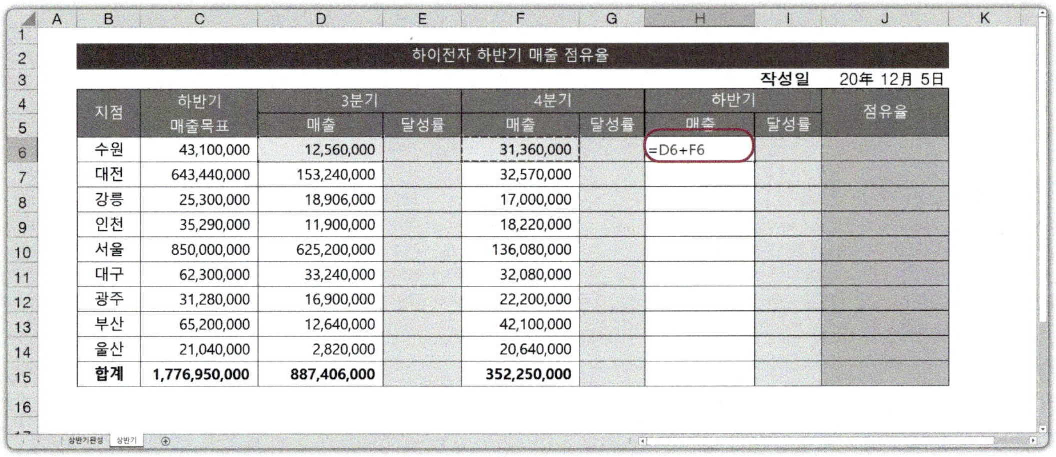

하이전자 하반기 매출 점유율

작성일 20年 12月 5日

지점	하반기	3분기		4분기		하반기		점유율
	매출목표	매출	달성률	매출	달성률	매출	달성률	
수원	43,100,000	12,560,000		31,360,000		=D6+F6		
대전	643,440,000	153,240,000		32,570,000				
강릉	25,300,000	18,906,000		17,000,000				
인천	35,290,000	11,900,000		18,220,000				
서울	850,000,000	625,200,000		136,080,000				
대구	62,300,000	33,240,000		32,080,000				
광주	31,280,000	16,900,000		22,200,000				
부산	65,200,000	12,640,000		42,100,000				
울산	21,040,000	2,820,000		20,640,000				
합계	**1,776,950,000**	**887,406,000**		**352,250,000**				

❷ [H6] 셀을 다시 클릭한 후 채우기 핸들을 [H14] 셀까지 드래그하여 수식을 복사한다.

❸ [H15] 셀을 클릭하고 [H6:H14] 셀을 드래그하여 [홈]-[편집]에서 '자동 합계(Σ)'를 클릭하여 '합계'를 구한다.

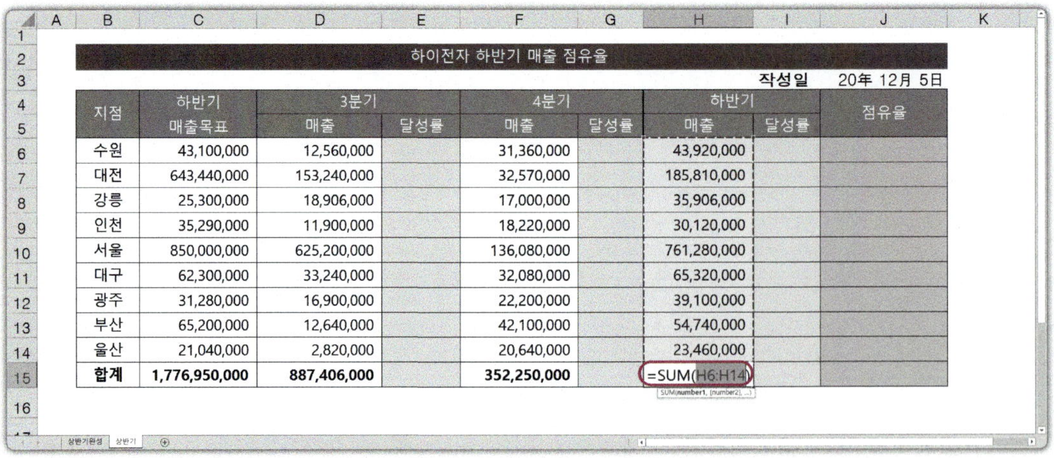

하이전자 하반기 매출 점유율

작성일 20年 12月 5日

지점	하반기	3분기		4분기		하반기		점유율
	매출목표	매출	달성률	매출	달성률	매출	달성률	
수원	43,100,000	12,560,000		31,360,000		43,920,000		
대전	643,440,000	153,240,000		32,570,000		185,810,000		
강릉	25,300,000	18,906,000		17,000,000		35,906,000		
인천	35,290,000	11,900,000		18,220,000		30,120,000		
서울	850,000,000	625,200,000		136,080,000		761,280,000		
대구	62,300,000	33,240,000		32,080,000		65,320,000		
광주	31,280,000	16,900,000		22,200,000		39,100,000		
부산	65,200,000	12,640,000		42,100,000		54,740,000		
울산	21,040,000	2,820,000		20,640,000		23,460,000		
합계	**1,776,950,000**	**887,406,000**		**352,250,000**		=SUM(H6:H14)		

2 절대 참조 및 혼합 참조 이해하기

'$C$5'과 $C5와 같이 열 머리글과 행 머리글 앞에 달러($) 기호를 붙여 특정 위치를 고정시키는 셀 주소를 참조한다. 수식이 들어 있는 셀의 위치가 바뀌더라도 셀의 주소는 그대로 유지된다.

혼합 참조(=$C5) 및 절대 참조(=$C$5) 기능을 이용해 '하이전자 하반기 매출 점유율'을 완성해 보자. 이때 수식을 복사해 수식(F) 붙여넣기 기능을 이용해보자.

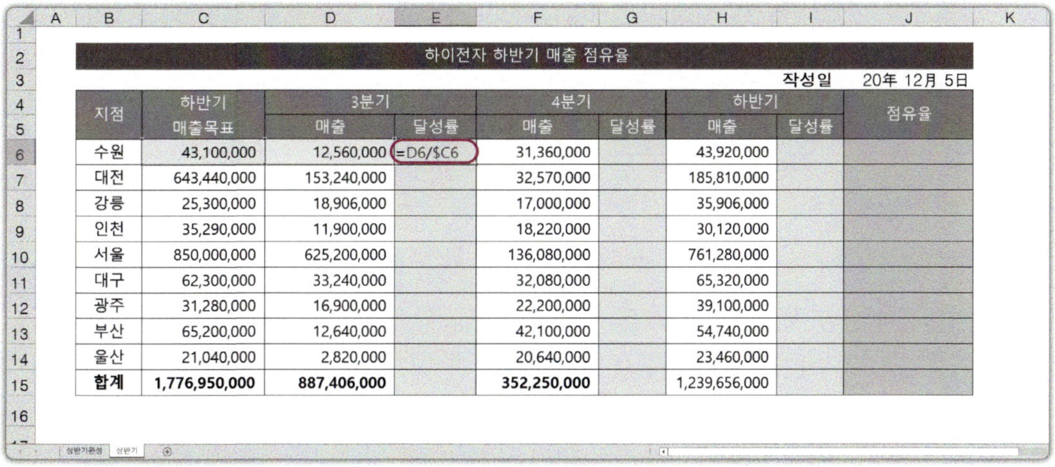

하이전자 하반기 매출 점유율

작성일 20年 12月 5日

지점	하반기 매출목표	3분기 매출	3분기 달성률	4분기 매출	4분기 달성률	하반기 매출	하반기 달성률	점유율
수원	43,100,000	12,560,000	=D6/$C6	31,360,000		43,920,000		
대전	643,440,000	153,240,000		32,570,000		185,810,000		
강릉	25,300,000	18,906,000		17,000,000		35,906,000		
인천	35,290,000	11,900,000		18,220,000		30,120,000		
서울	850,000,000	625,200,000		136,080,000		761,280,000		
대구	62,300,000	33,240,000		32,080,000		65,320,000		
광주	31,280,000	16,900,000		22,200,000		39,100,000		
부산	65,200,000	12,640,000		42,100,000		54,740,000		
울산	21,040,000	2,820,000		20,640,000		23,460,000		
합계	**1,776,950,000**	**887,406,000**		**352,250,000**		1,239,656,000		

❶ [E6] 셀에 =D6/$C6를 입력하고 Enter를 누른다.

❷ [E6] 셀을 다시 클릭한 후 채우기 핸들을 [E15] 셀까지 드래그하여 수식을 복사한다.

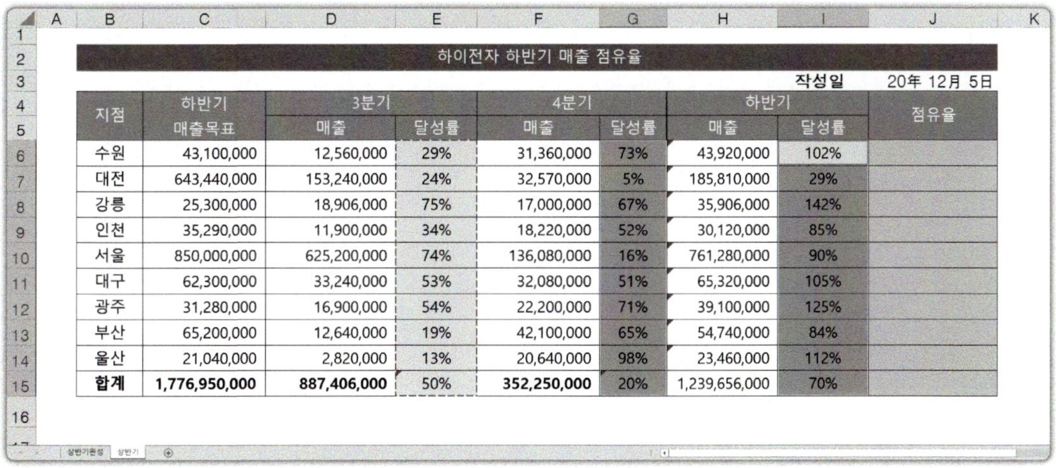

하이전자 하반기 매출 점유율

작성일 20年 12月 5日

지점	하반기 매출목표	3분기 매출	3분기 달성률	4분기 매출	4분기 달성률	하반기 매출	하반기 달성률	점유율
수원	43,100,000	12,560,000	29%	31,360,000	73%	43,920,000	102%	
대전	643,440,000	153,240,000	24%	32,570,000	5%	185,810,000	29%	
강릉	25,300,000	18,906,000	75%	17,000,000	67%	35,906,000	142%	
인천	35,290,000	11,900,000	34%	18,220,000	52%	30,120,000	85%	
서울	850,000,000	625,200,000	74%	136,080,000	16%	761,280,000	90%	
대구	62,300,000	33,240,000	53%	32,080,000	51%	65,320,000	105%	
광주	31,280,000	16,900,000	54%	22,200,000	71%	39,100,000	125%	
부산	65,200,000	12,640,000	19%	42,100,000	65%	54,740,000	84%	
울산	21,040,000	2,820,000	13%	20,640,000	98%	23,460,000	112%	
합계	**1,776,950,000**	**887,406,000**	50%	**352,250,000**	20%	1,239,656,000	70%	

❸ [E6:E15] 셀 범위가 선택된 상태에서 Ctrl+C를 눌러 수식을 복사한다.

❹ [G6] 셀을 클릭하고 [I6] 셀을 CTrl+클릭한 후 Ctrl+V를 눌러 붙여넣기 한다.

❺ [J6] 셀에 '=H6/$H$15'를 입력하고 Enter를 누른다.

하이전자 하반기 매출 점유율

작성일 20年 12月 5日

지점	하반기 매출목표	3분기 매출	3분기 달성률	4분기 매출	4분기 달성률	하반기 매출	하반기 달성률	점유율
수원	43,100,000	12,560,000	29%	31,360,000	73%	43,920,000	102%	=H6/$H$15
대전	643,440,000	153,240,000	24%	32,570,000	5%	185,810,000	29%	
강릉	25,300,000	18,906,000	75%	17,000,000	67%	35,906,000	142%	
인천	35,290,000	11,900,000	34%	18,220,000	52%	30,120,000	85%	
서울	850,000,000	625,200,000	74%	136,080,000	16%	761,280,000	90%	
대구	62,300,000	33,240,000	53%	32,080,000	51%	65,320,000	105%	
광주	31,280,000	16,900,000	54%	22,200,000	71%	39,100,000	125%	
부산	65,200,000	12,640,000	19%	42,100,000	65%	54,740,000	84%	
울산	21,040,000	2,820,000	13%	20,640,000	98%	23,460,000	112%	
합계	**1,776,950,000**	**887,406,000**	50%	**352,250,000**	20%	1,239,656,000	70%	

❻ [J6] 셀을 다시 클릭한 후 채우기 핸들을 [J15] 셀까지 드래그하여 수식을 복사한다.

하이전자 하반기 매출 점유율

작성일 20年 12月 5日

지점	하반기 매출목표	3분기 매출	3분기 달성률	4분기 매출	4분기 달성률	하반기 매출	하반기 달성률	점유율
수원	43,100,000	12,560,000	29%	31,360,000	73%	43,920,000	102%	4%
대전	643,440,000	153,240,000	24%	32,570,000	5%	185,810,000	29%	15%
강릉	25,300,000	18,906,000	75%	17,000,000	67%	35,906,000	142%	3%
인천	35,290,000	11,900,000	34%	18,220,000	52%	30,120,000	85%	2%
서울	850,000,000	625,200,000	74%	136,080,000	16%	761,280,000	90%	61%
대구	62,300,000	33,240,000	53%	32,080,000	51%	65,320,000	105%	5%
광주	31,280,000	16,900,000	54%	22,200,000	71%	39,100,000	125%	3%
부산	65,200,000	12,640,000	19%	42,100,000	65%	54,740,000	84%	4%
울산	21,040,000	2,820,000	13%	20,640,000	98%	23,460,000	112%	2%
합계	**1,776,950,000**	**887,406,000**	50%	**352,250,000**	20%	1,239,656,000	70%	100%

3 셀 참조 이해하기

수식 입력 시 셀 주소를 피연산자로 적용하는 방식을 셀 참조라고 한다. 셀 참조 유형에 따라 수식을 복사했을 때 셀 주소의 열 이름, 행 번호가 바뀌거나 고정된다. 셀 참조 유형에는 상대 참조, 혼합 참조, 절대 참조가 있으며, 사용 유형에 따라 차이가 있다.

상대 참조, 절대 참조, 혼합 참조 유형은 F4 키를 이용해 변환할 수 있다.

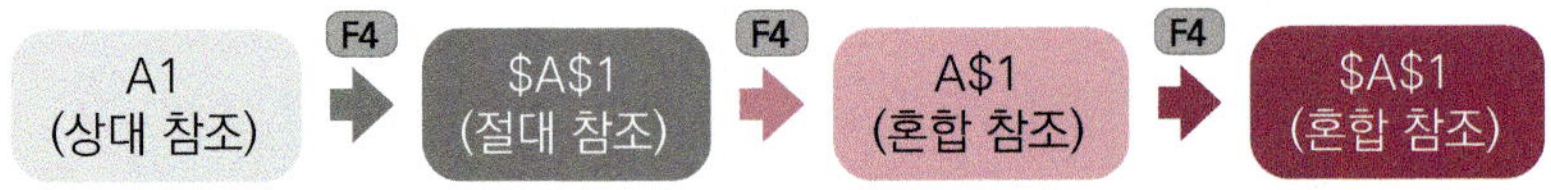

참조 유형	설명	사용 예
상대 참조	셀의 참조 방법은 선택된 셀을 기준으로 상대적인 위치를 반영한다.	A1, A2, A3
혼합 참조	행/열 중 한 군데에만 $ 기호가 붙은 형태로 수식을 이동/복사하면 $ 기호가 붙지 않은 부분만 변경된다.	$A1, A$1
절대 참조	행/열 모두에 $ 기호가 붙은 형태로 수식을 어느 방향으로 이동/복사해도 셀 주소가 변경되지 않는다.	$A$1, $B$1

3.3 기본 함수

엑셀에서 복잡한 데이터를 계산할 경우 미리 정의된 함수를 활용하여 편리하게 수식 작업을 할 수 있다. 수식의 사용은 미리 정의된 함수 마법사에 함수의 인수를 정확하게 입력함으로써 활용할 수 있다. 함수 사용이 익숙한 경우 셀에 수식을 직접 입력하여 사용할 수 있다.

기본 함수 알아보기

함수는 복잡한 계산을 정해진 수식을 따라할 수 있도록 미리 만들어 놓은 수식 기능이다. 함수를 사용하면 복잡한 계산도 간단하게 할 수 있다. 함수는 반드시 등호(=)로 시작해야 한다. 함수는 함수 이름, 왼쪽 괄호, 인수들, 오른쪽 괄호로 구성되며 함수 이름과 괄호 사이에는 공백이 없어야 한다. 다음은 수식 입력 줄에 적용된 함수식의 기본 모양이다.

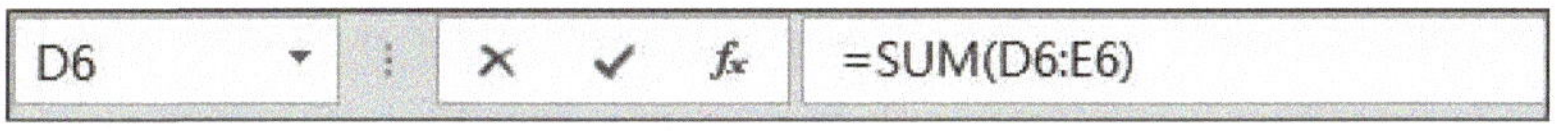

❶ 등호(=): 수식임을 나타낸다.
❷ 함수 이름: 엑셀에서 정의된 함수 이름을 입력한다.
❸ 괄호: 함수의 시작과 끝을 의미하며 계산에 사용될 인수들을 묶어준다.
❹ 인수: 함수 계산을 하는 데 필요한 데이터 등이 입력된다. 함수에 따라서 사용되는 인수 종류와 개수가 다르다. 개개의 인수들은 콤마(,)로 구분되며 범위는 ':' 로 나타낸다.

함수 마법사 알아보기

엑셀 함수는 미리 약속된 계산식이다. 각 함수는 재무, 논리, 텍스트, 날짜 및 시간, 찾기/참조 영역, 수학/삼각, 기타 함수의 범주로 구분된다. 함수 마법사는 함수에 필요한 조건과 인수를 알려주는 도우미다. 함수 마법사는 [수식]–[함수 라이브러리]에 있는 [함수 삽입]을 선택하거나 수식 입력 줄

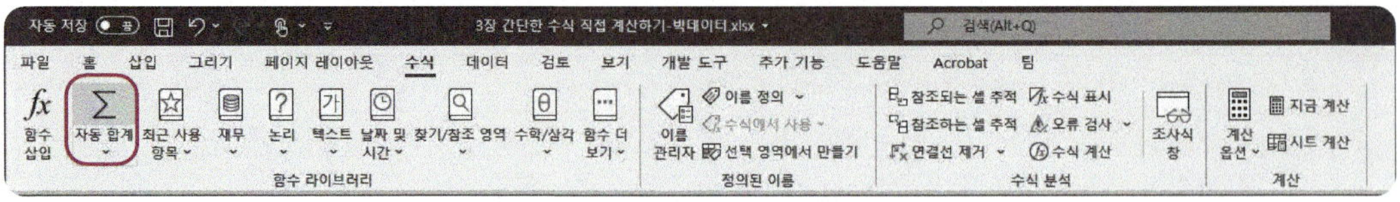

의 함수 마법사 *fx*를 선택하여 사용하면 된다.

범주	의미	대표 함수
수학/삼각	수학적 계산에 사용하는 함수	SUM, SUMIF, ROUND 등
통계 함수	통계를 구할 때 사용하는 함수	AVERAGE, COUNT, MAX, MIN 등
논리 함수	조건에 맞는 답을 적용할 때 사용하는 함수	IF, AND, OR, NOT 등
텍스트 함수	문자열을 구할 때 사용하는 함수	LEFT, MID, RIGHT 등
찾기/참조 영역 함수	참조하여 값을 구할 때 사용하는 함수	LOOKUP, INDEX, CHOOSE 등
날짜/시간 함수	날짜와 시간 계산에 적용되는 함수	TODAY, YEAR, DAY, MONTH 등
재무 함수	재무 관계 값 적용에 사용하는 함수	FV, PMT 등
데이터베이스 함수	데이터베이스를 이용한 함수	DSUM, DAVERAGE, DCOUNT, DMAX, DMIN 등

엑셀에서 자주 사용하는 함수를 범주별로 살펴보면 다음과 같다.

수학/삼각 및 통계 함수 사용하기

수식 계산에서 가장 많이 사용하는 합계, 반올림, 내림 등을 구하는 수학/삼각함수와 평균, 표준편차 등을 구하는 통계 함수의 활용법을 알아보자.

함수 이름과 범주, 각 함수의 형식과 사용법을 요약 정리하면 아래 표와 같다.

함수 이름 (범주)	함수의 형식과 사용 방법
SUM (수학/삼각함수)	=SUM(number1, [number2], ...) • 인수의 합을 구한다. 인수에는 숫자나 셀 이름, 셀 영역을 최대 255개까지 지정할 수 있다.
AVERAGE (통계)	=AVERAGE(number1, [number2], ...) • 인수의 평균을 구한다.
COUNT (통계)	=COUNT(value1, [value2], ...) • 지정한 인수에서 숫자가 포함된 셀의 개수를 구한다.
MAX (통계)	=MAX(number1, [number2], ...) • 지정한 인수 중 최댓값을 구한다.
MIN (통계)	=MIN(number1, [number2], ...) • 지정한 인수 중 최솟값을 구한다.

다음의 '직무교육 평가 결과' 표를 엑셀에서 완성하면서 함수 사용법을 익혀보자.

직무교육 평가 결과

					인원수	11
사번	성명	필기	실기	인적성 검사	합계	평균	순위
21356	강동식	48	86	65	199	66	6
21698	정연민	76	58	85	219	73	4
22040	고재윤	78	43	75	196	65	7
22382	김상만	53	88	55	196	65	7
22724	이지희	65	85	95	245	82	2
23066	김학현	88	23	80	191	64	9
23408	신애경	83	72	65	220	73	3
23750	박경희	40	66	75	181	60	10
24092	이광호	75	88	90	253	84	1
24434	한윤숙	45	65	70	180	60	11
24776	김승재	55	95	65	215	72	5
합계		706	769	820	표준편차		24.24
평균		64	70	75	분산		587.45
최대값		88	95	95	중간값		199
최소값		40	23	55	3번째 큰값		220

1 합계(SUM) 함수

❶ 기본 데이터를 입력한다.

❷ '직무교육 평가 결과' 표에서 합계는 '필기', '실기', '인적성 검사'를 더하여 구한다.

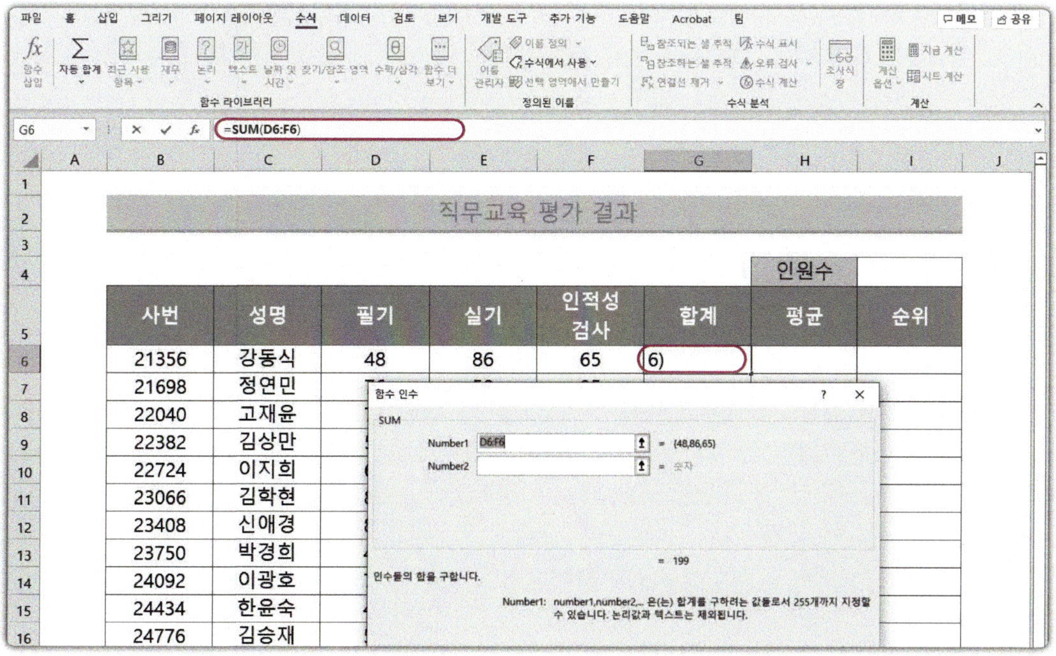

❸ [G6] 셀을 클릭하여 [홈]–[편집]의 '자동 합계(Σ)'를 선택한다.

❹ [G16] 셀까지 자동 채우기를 이용하여 합계를 완성한다.

❺ [D17:F17] 셀까지의 세로 합계를 완성해보자.

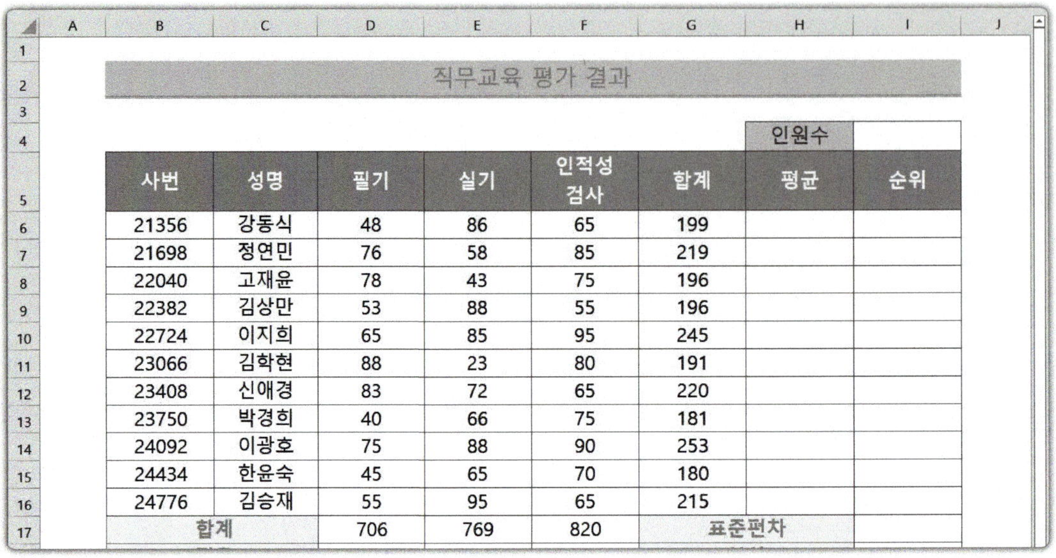

직무교육 평가 결과

사번	성명	필기	실기	인적성 검사	합계	평균	순위
						인원수	
21356	강동식	48	86	65	199		
21698	정연민	76	58	85	219		
22040	고재윤	78	43	75	196		
22382	김상만	53	88	55	196		
22724	이지희	65	85	95	245		
23066	김학현	88	23	80	191		
23408	신애경	83	72	65	220		
23750	박경희	40	66	75	181		
24092	이광호	75	88	90	253		
24434	한윤숙	45	65	70	180		
24776	김승재	55	95	65	215		
합계		706	769	820	표준편차		

2 평균(AVERAGE)함수

❶ [H6]을 클릭하고 [홈]–[편집]에서 **자동 합계의 내림단추**를 클릭하여 **평균**을 선택한다.

❷ 평균을 구할 인수의 범위를 확인하고 셀 범위를 [D6:F6]으로 지정한다.

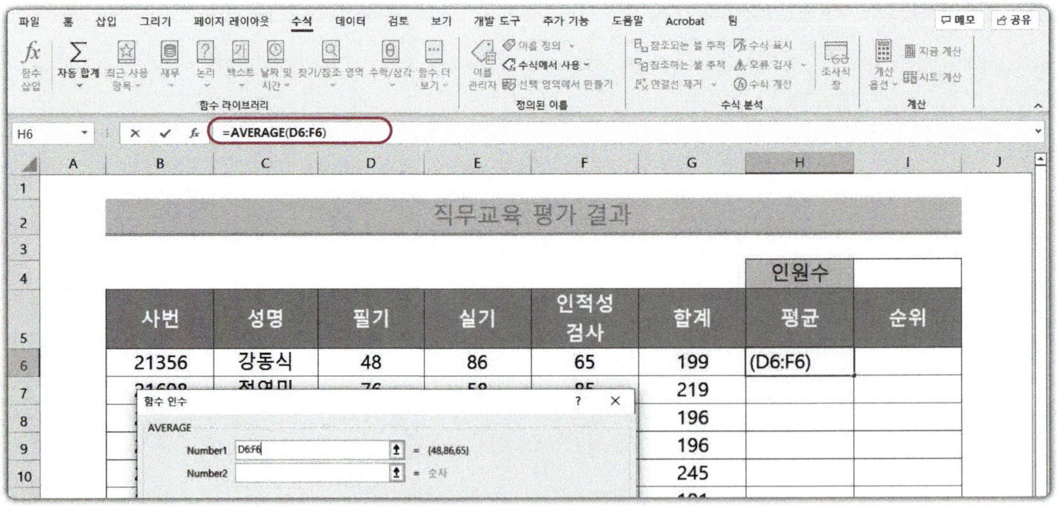

❸ 자동 채우기로 [H6:H16]까지 평균을 완성한다.

직무교육 평가 결과

						인원수	
사번	성명	필기	실기	인적성 검사	합계	평균	순위
21356	강동식	48	86	65	199	66	
21698	정연민	76	58	85	219	73	
22040	고재윤	78	43	75	196	65	
22382	김상만	53	88	55	196	65	
22724	이지희	65	85	95	245	82	
23066	김학현	88	23	80	191	64	
23408	신애경	83	72	65	220	73	
23750	박경희	40	66	75	181	60	
24092	이광호	75	88	90	253	84	
24434	한윤숙	45	65	70	180	60	
24776	김승재	55	95	65	215	72	
합계		706	769	820	표준편차		
평균		64	70	75	분산		
최대값					중간값		

❹ 각 과목의 세로 평균을 구하기 위해 [D18] 셀을 클릭하고 [홈]-[편집]에서 **평균**을 선택한다.

❺ 평균을 구할 인수의 범위를 확인하고 [D6:D16]까지의 셀을 범위로 지정한다.

❻ 자동 채우기로 [D18:F18]까지 평균을 완성한다.

직무교육 평가 결과

						인원수	
사번	성명	필기	실기	인적성 검사	합계	평균	순위
21356	강동식	48	86	65	199	66	
21698	정연민	76	58	85	219	73	
22040	고재윤	78	43	75	196	65	
22382	김상만	53	88	55	196	65	
22724	이지희	65	85	95	245	82	
23066	김학현	88	23	80	191	64	
23408	신애경	83	72	65	220	73	
23750	박경희	40	66	75	181	60	
24092	이광호	75	88	90	253	84	
24434	한윤숙	45	65	70	180	60	
24776	김승재	55	95	65	215	72	
합계		706	769	820	표준편차		

3 최댓값(MAX)함수

❶ 각 평가 항목에서 각각의 최댓값을 구하기 위해 [D19] 셀을 클릭한다.

❷ [홈]-[편집]에서 최댓값을 선택한다.

❸ 최댓값을 구할 인수 범위를 [D6:D16]까지 지정하고 입력을 선택한다.

❹ 자동 채우기를 이용하여 [D19:F19]까지 최댓값을 완성한다.

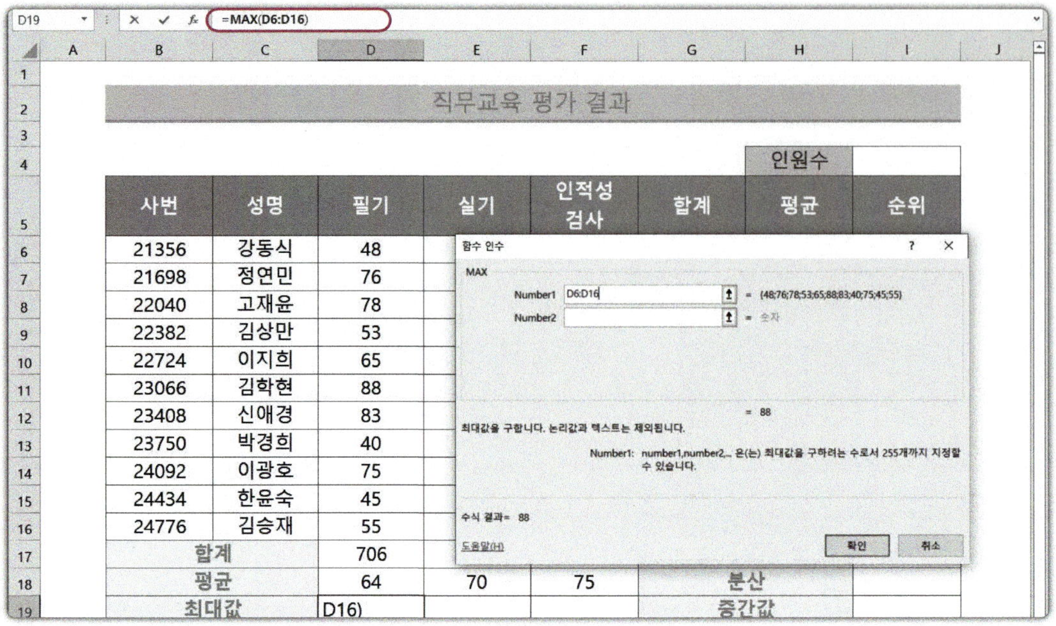

4 최솟값(MIN)함수

❶ 각 평가 항목에서 각각의 최솟값을 구하기 위해 [D20] 셀을 클릭한다.

❷ [홈]-[편집]에서 최솟값을 선택한다.

❸ 최솟값을 구할 인수 범위를 [D6:D16]까지 지정하고 입력을 선택한다.

❹ 자동 채우기를 이용하여 [D20:F20]까지 최솟값을 완성한다.

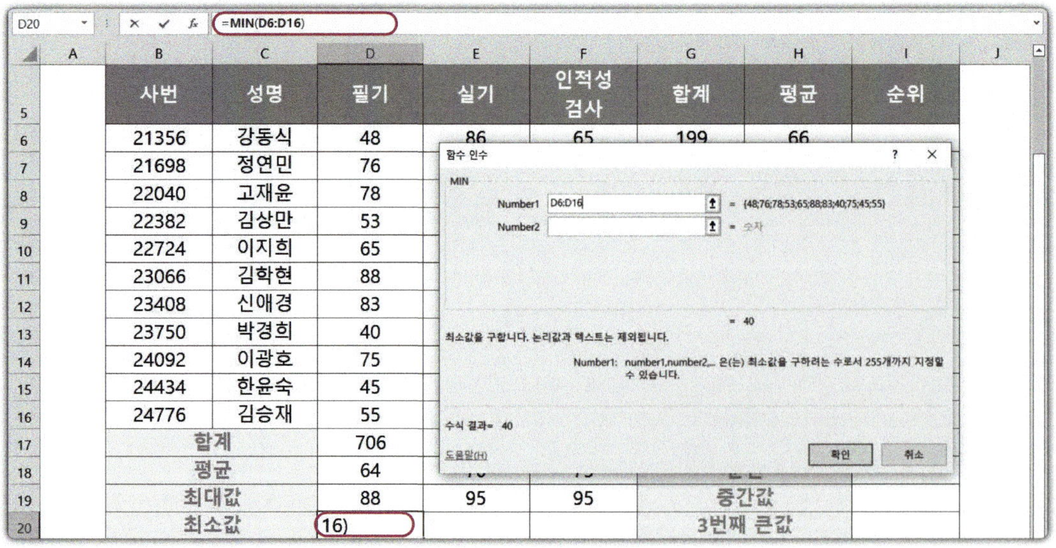

5 순위(RANK)함수

데이터의 크기에 따른 순위를 구하는 RANK.EQ 함수와 RANK.AVG 함수는 순위를 표시하는 방법에 차이가 있다. RANK.EQ 함수를 사용하면 값이 같을 경우 높은 순위가 표시되고, RANK.AVG 함수를 사용하면 값이 같은 순위 값의 평균이 표시된다.

함수 이름 (범주)	함수의 형식과 사용 방법
RANK.EQ (통계)	=RANK.EQ(number, ref, order) • 목록 내에서 지정한 수의 상대적 크기 순위를 구한다. 둘 이상의 값이 순위가 같으면 가장 높은 순위를 반환한다.
RANK.AVG (통계)	=RANK.AVG(number, ref, order) • 목록 내에서 지정한 수의 상대적 크기 순위를 구한다. 둘 이상의 값이 순위가 같으면 평균 순위를 반환한다.

❶ 순위는 합계를 기준으로 내림차순으로 구한다. [I6] 셀을 클릭하고, **[수식]–[함수 라이브러리]–[함수 추가]–[통계]**에서 RANK.EQ 함수를 선택한다.

❷ Number에는 순위의 기준이 되는 합계 [G6]을 입력한다.

❸ Ref에는 합계의 전체 값인 [G6:G16]을 입력한 후, 절대 참조로 [$G$6:$G$16] 지정하고, Order는 생략하거나 '0'을 입력하여 내림차순으로 지정하고 확인한다.

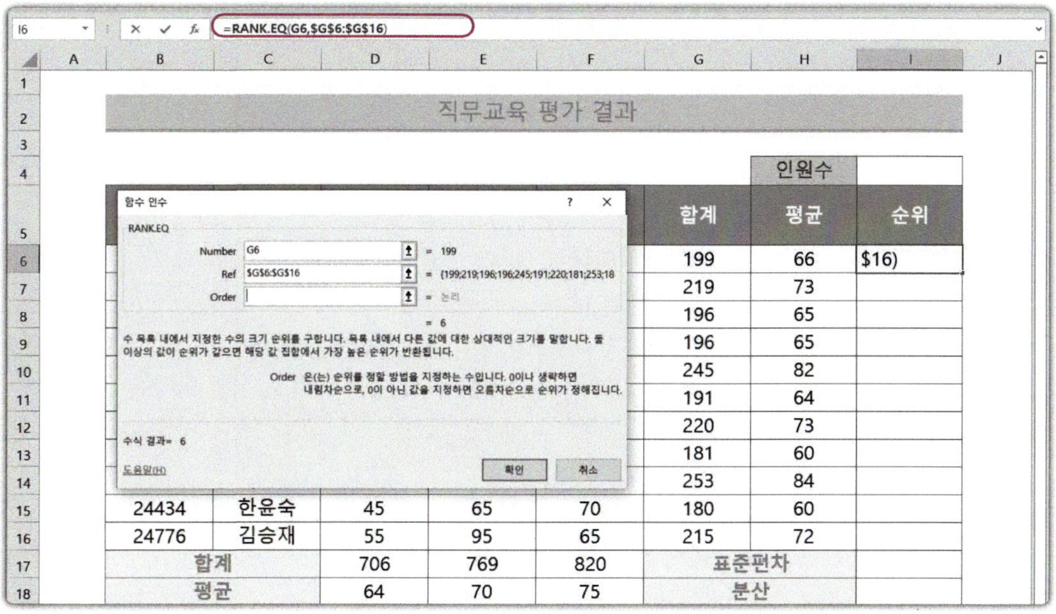

❹ [I6] 셀의 채우기 핸들을 더블 클릭하여 수식을 복사한다.

직무교육 평가 결과

						인원수	
사번	성명	필기	실기	인적성 검사	합계	평균	순위
21356	강동식	48	86	65	199	66	6
21698	정연민	76	58	85	219	73	4
22040	고재윤	78	43	75	196	65	7
22382	김상만	53	88	55	196	65	7
22724	이지희	65	85	95	245	82	2
23066	김학현	88	23	80	191	64	9
23408	신애경	83	72	65	220	73	3
23750	박경희	40	66	75	181	60	10
24092	이광호	75	88	90	253	84	1
24434	한윤숙	45	65	70	180	60	11
24776	김승재	55	95	65	215	72	5
합계		706	769	820	표준편차		

6 개수 구하기(COUNT)함수

셀의 개수를 구할 때 개수를 구할 데이터 유형에 따라 함수를 선택하여 사용한다. 선택한 셀의 범위에 숫자가 있는 경우 COUNT 함수를 사용한다. 숫자와 문자를 가리지 않고 데이터가 입력되는 셀의 개수를 구하려면 COUNTA 함수를 사용하고, 빈 셀의 개수를 구하려면 COUNTBLANK 함수를 사용한다.

함수 이름 (범주)	함수의 형식과 사용 방법
COUNT (통계)	=COUNT(Value1, Value2, ...Value255) • 셀의 범위에 숫자가 있는 경우 사용한다.
COUNTA (통계)	=COUNTA(Value1, Value2, ...Value255) • 숫자와 문자를 가리지 않고 데이터가 입력되는 셀의 개수를 구할 때 사용한다.
COUNTBLANK (통계)	=COUNTBLANK(Range) • 빈 셀의 개수를 구할 때 사용한다.

❶ 인원수를 구하기 위해 [I4] 셀을 클릭한다.

❷ [수식]–[통계] 범주에서 'COUNT'를 선택한다.

❸ 'Value1'에 숫자 개수를 구할 인수 범위를 [D6:D16]으로 지정하고 확인을 선택한다.

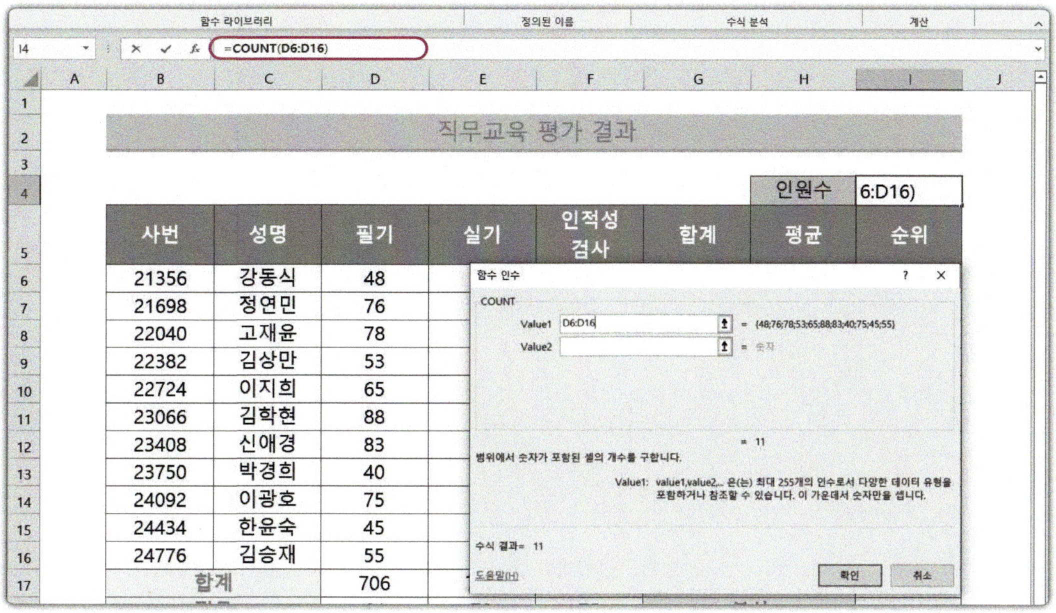

❹ 셀 서식을 적용하여 '직무교육 평가 결과' 표를 완성해보자.

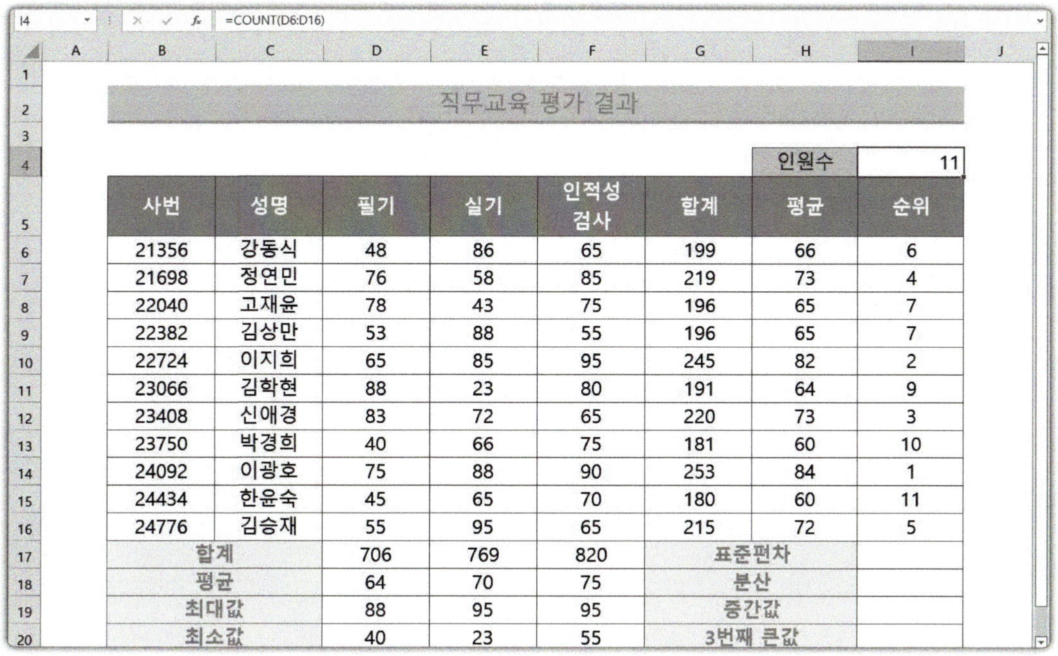

I4 =COUNT(D6:D16)

직무교육 평가 결과

인원수	11

사번	성명	필기	실기	인적성 검사	합계	평균	순위
21356	강동식	48	86	65	199	66	6
21698	정연민	76	58	85	219	73	4
22040	고재윤	78	43	75	196	65	7
22382	김상만	53	88	55	196	65	7
22724	이지희	65	85	95	245	82	2
23066	김학현	88	23	80	191	64	9
23408	신애경	83	72	65	220	73	3
23750	박경희	40	66	75	181	60	10
24092	이광호	75	88	90	253	84	1
24434	한윤숙	45	65	70	180	60	11
24776	김승재	55	95	65	215	72	5
합계		706	769	820	표준편차		
평균		64	70	75	분산		
최대값		88	95	95	중간값		
최소값		40	23	55	3번째 큰값		

7 표준편차, 분산, 중간값 (STDEV.S, VAR.S, MEDIAN) 구하기

통계 범주에 제공되는 엑셀 함수 중 모집단 혹은 표본집단의 표준편차와 분산을 구하여 데이터의 산포도나 기댓값과의 거리를 계산하는 함수, 데이터 집합에서 큰 값, 작은 값, 중간값을 구하는 함수를 활용해보자.

함수 이름 (범주)	함수의 형식과 사용 방법
STDEV.P (통계)	=STDEV.P(number1, number2, ...) • 모집단의 표준편차를 구한다.
STDEV.S (통계)	=STDEV.S(number1, number2, ...) • 표본집단의 표준편차를 구한다.
VAR.P (통계)	=VAR.P(number1, number2, ...) • 모집단의 분산을 구한다.
VAR.S (통계)	=VAR.S(number1, number2, ...) • 표본집단의 분산을 구한다.
LARGE (통계)	=LARGE(array, k) • 데이터 집합에서 k번째로 큰 값을 구한다.
SMALL (통계)	=SMALL(array, k) • 데이터 집합에서 k번째로 작은 값을 구한다.
MEDIAN (통계)	=MEDIAN(number1, number2, ...) • 주어진 수의 중간값을 구한다.

'직무교육 평가 결과' 시트에서 '표준편차', '분산', '중간값', '합계에서 3번째 큰 값'을 구해보자.

❶ '표준편차'를 구하기 위해 [I17] 셀에 통계 함수 'STDEV.S'를 불러온 후, 셀 범위를 [G6:G16]으로 지정하고 입력을 선택하거나 수식 입력 창에 수식 '=STDEV.S(G6:G16)'을 입력한다.

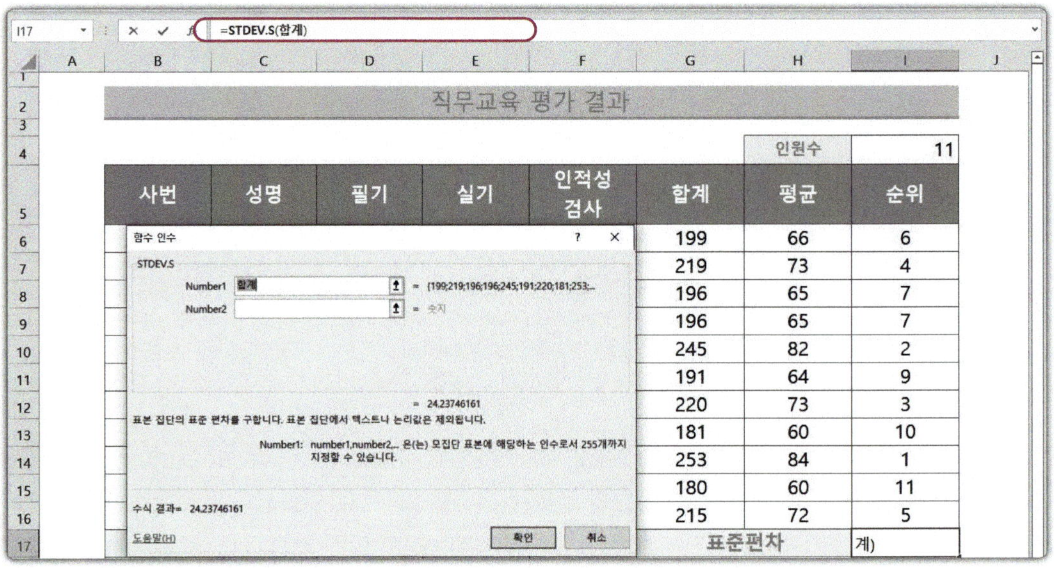

❷ '분산'을 구하기 위해 [I18] 셀을 선택하고 통계 함수 'VAR.S'를 불러온 후, 셀 범위를 [G6:G16]으로 지정하고 입력을 선택하거나 수식 입력 창에 수식 '=VAR.S(G6:G16)'을 입력한다.

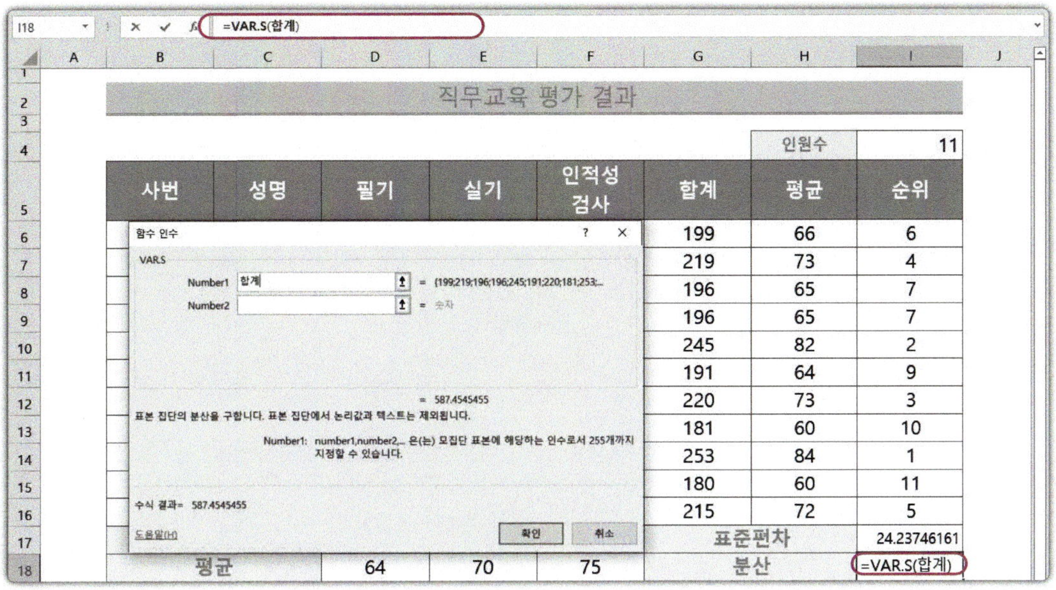

❸ '중간값'을 구하기 위해 [I19] 셀을 선택하여 통계 함수 'MEDIAN'을 불러온 후, 셀 범위를 [G6:G16]으로 지정하고 입력을 선택하거나 수식 입력 창에 수식 '=MEDIAN(G6:G16)'을 입력한다.

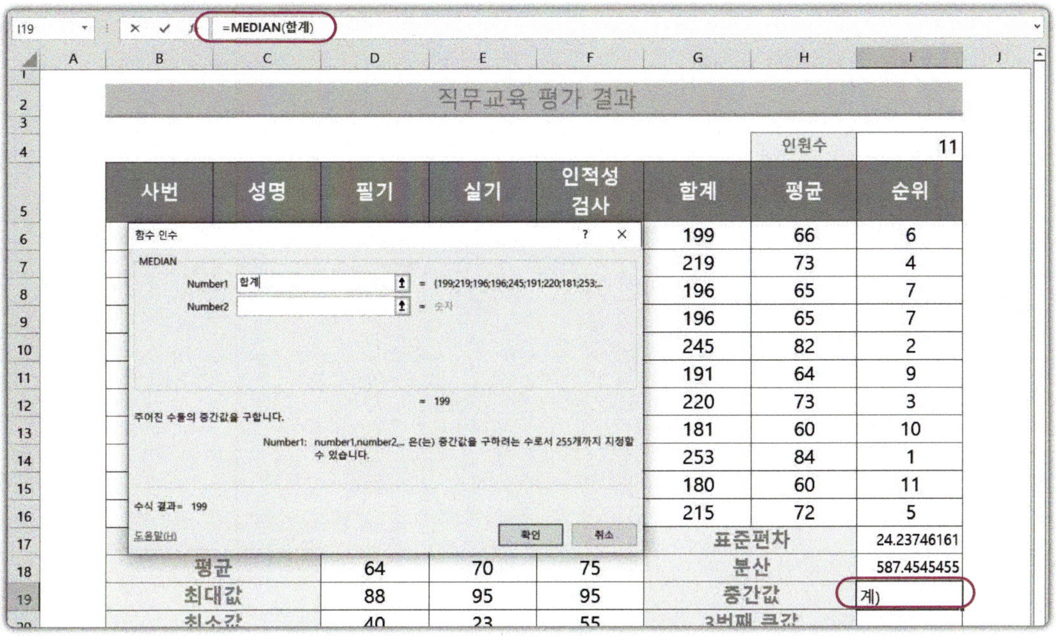

❹ '합계에서 3번째 큰 값'을 구하기 위해 [I20] 셀을 선택한 후 통계 함수 'LARGE'를 불러온다.

'Array'에 [G6:G16]으로 지정하고 'K'에 '3'을 입력하여 '합계에서 3번째 큰 값'을 구한다. 수식 입력 창에 수식을 '=LARGE(G6:G16, 3)' 입력해 구할 수도 있다.

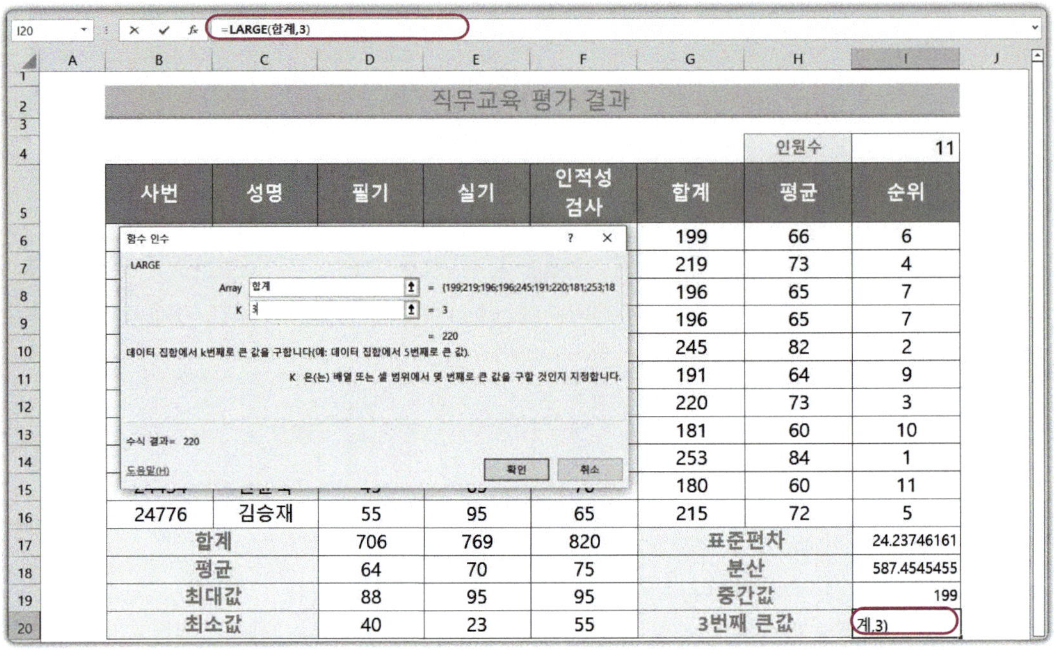

❺ '직무교육 평가 결과' 표에 '표준편차', '분산', '중간값', '합계에서 3번째 큰 값'이 표시되었는지 확인한다.

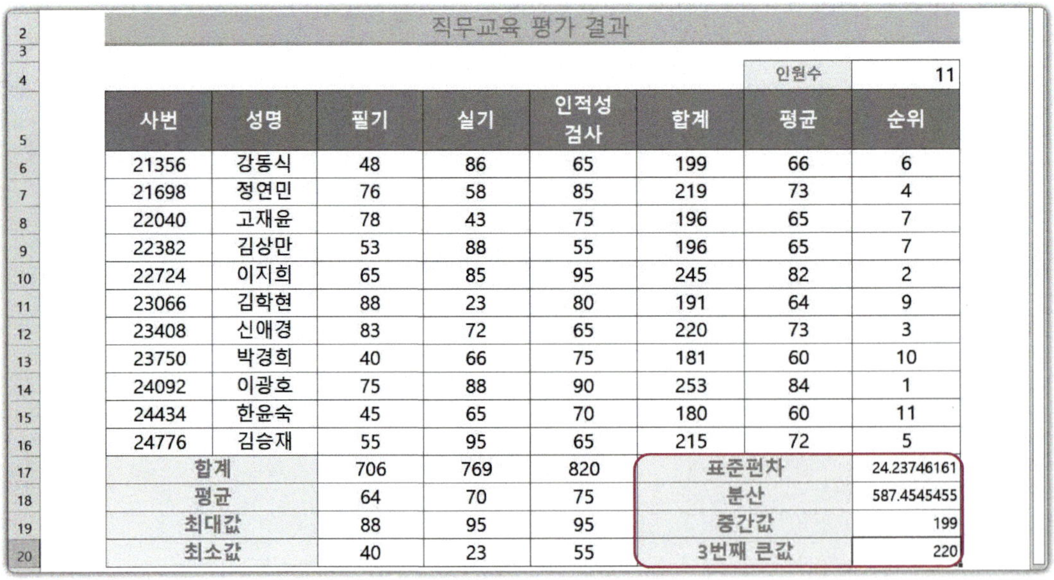

직무교육 평가 결과

						인원수	11
사번	성명	필기	실기	인적성 검사	합계	평균	순위
21356	강동식	48	86	65	199	66	6
21698	정연민	76	58	85	219	73	4
22040	고재윤	78	43	75	196	65	7
22382	김상만	53	88	55	196	65	7
22724	이지희	65	85	95	245	82	2
23066	김학현	88	23	80	191	64	9
23408	신애경	83	72	65	220	73	3
23750	박경희	40	66	75	181	60	10
24092	이광호	75	88	90	253	84	1
24434	한윤숙	45	65	70	180	60	11
24776	김승재	55	95	65	215	72	5
합계		706	769	820	표준편차		24.23746161
평균		64	70	75	분산		587.4545455
최대값		88	95	95	중간값		199
최소값		40	23	55	3번째 큰값		220

8 반올림, 올림, 내림값 구하기

수학/삼각함수 범주 중 숫자를 반올림, 올림, 내림하는 함수인 ROUND, ROUNDUP, ROUNDDOWN 함수를 활용해 보자.

함수 이름 (범주)	함수의 형식과 사용 방법
ROUND (수학/삼각함수)	=ROUND(number, number_digits) • 지정한 자릿수를 반올림한다.
ROUNDUP (수학/삼각함수)	=ROUNDUP(number, number_digits) • 지정한 자릿수를 올림한다.
ROUNDDOWN (수학/삼각함수)	=ROUNDDOWN(number, number_digits) • 지정한 자릿수를 내림한다.

'직무 활용 평가 결과' 시트에서 '표준편차' 값은 소수 둘째 자리에서 반올림, '분산' 값은 소수 둘째 자리에서 버림이 되도록 작성해보자.

❶ '표준편차' 값이 소수점 둘째 자리에서 반올림되도록 [I17] 셀을 선택하여 수식 입력창 수식을 '=ROUND(STDEV.S(G6:G16), 2)'로 입력한다. 통계 함수를 사용할 경우 'ROUND'를 불러와 'number'에는 'STDEV.S(G6:G16)', 'number_digits'에는 '2'를 입력하고 확인을 클릭한다.

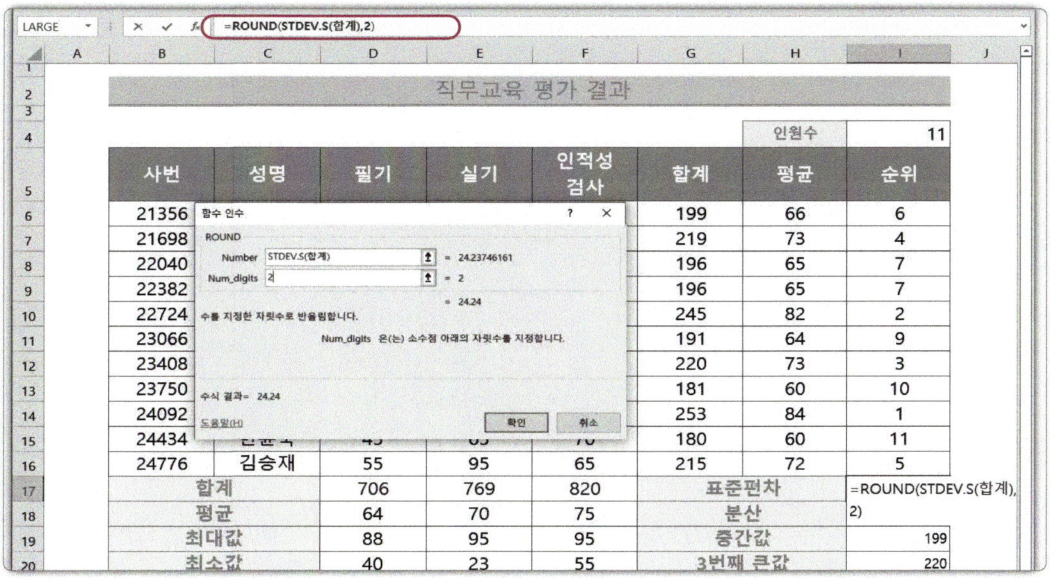

❷ '분산' 값이 소수점 둘째 자리 아래의 자릿수를 버리기 위해 [I18] 셀을 선택하고 수식 입력 창 수식을 '=ROUNDDOWN(VAR.S(G6:G16), 2)'로 수정해준다. 통계 함수를 사용할 경우 'ROUNDDOWN'을 불러온 후, 'number'에는 'VAR.S(G6:G16)', 'number_digits'에는 '2'를 입

력하고 확인을 클릭한다.

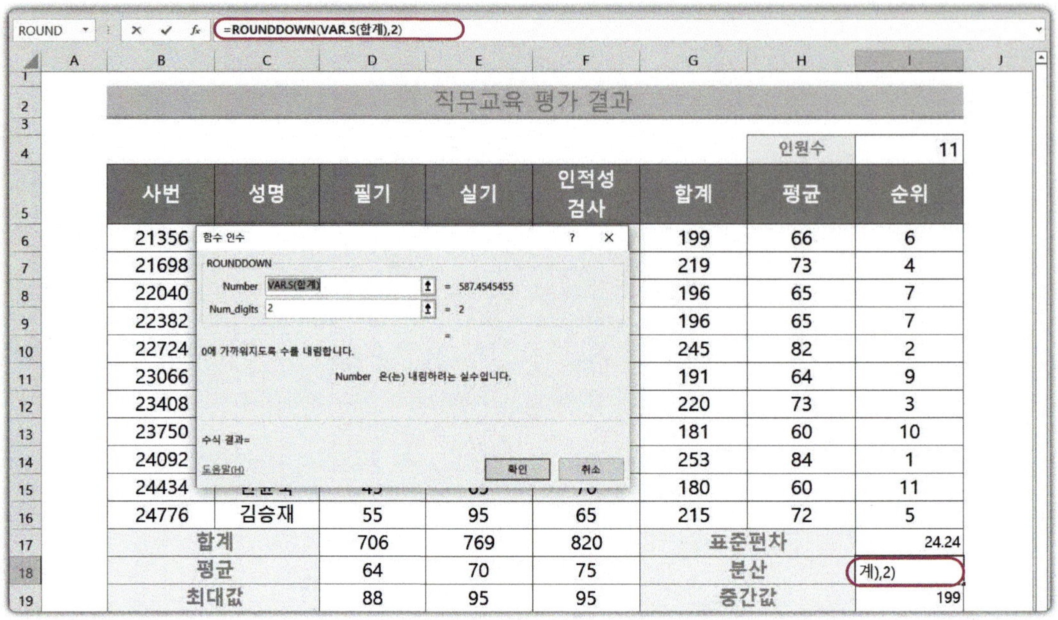

❸ '직무 활용 평가 결과' 시트의 '표준편차' 값은 소수 둘째 자리에서 반올림, '분산' 값은 소수 둘째 자리에서 버림이 되었는지 확인한다.

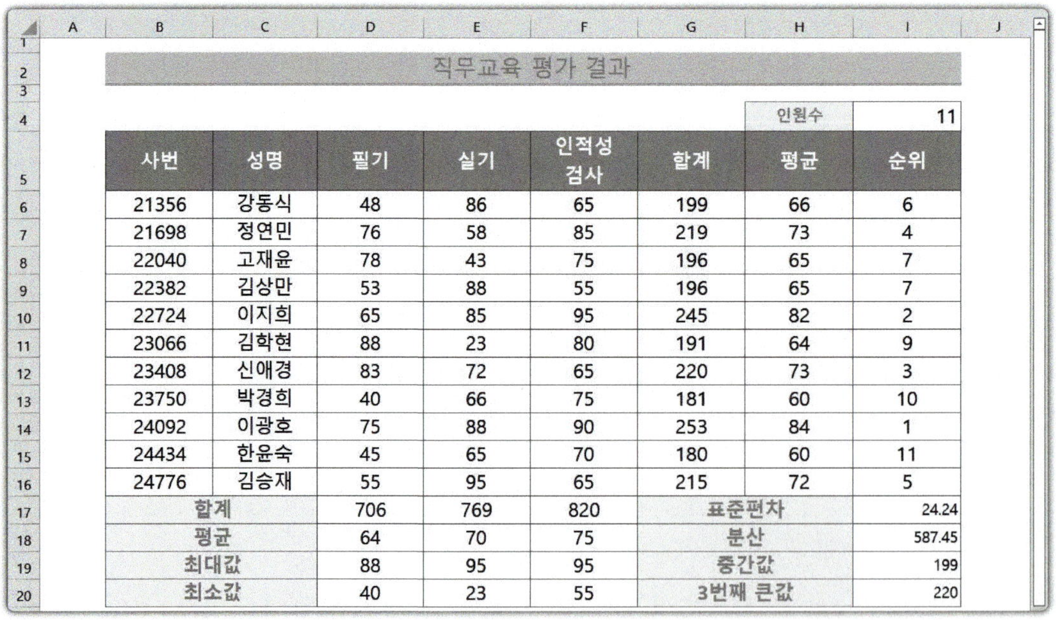

직무교육 평가 결과

						인원수	11
사번	성명	필기	실기	인적성 검사	합계	평균	순위
21356	강동식	48	86	65	199	66	6
21698	정연민	76	58	85	219	73	4
22040	고재윤	78	43	75	196	65	7
22382	김상만	53	88	55	196	65	7
22724	이지희	65	85	95	245	82	2
23066	김학현	88	23	80	191	64	9
23408	신애경	83	72	65	220	73	3
23750	박경희	40	66	75	181	60	10
24092	이광호	75	88	90	253	84	1
24434	한윤숙	45	65	70	180	60	11
24776	김승재	55	95	65	215	72	5
합계		706	769	820	표준편차		24.24
평균		64	70	75	분산		587.45
최대값		88	95	95	중간값		199
최소값		40	23	55	3번째 큰값		220

연습 문제

문제 3.1

다음 '성적표'에서 '총점', '평균', '석차', '과목별 최댓값', '과목별 최솟값'을 계산해보자.

결과 화면

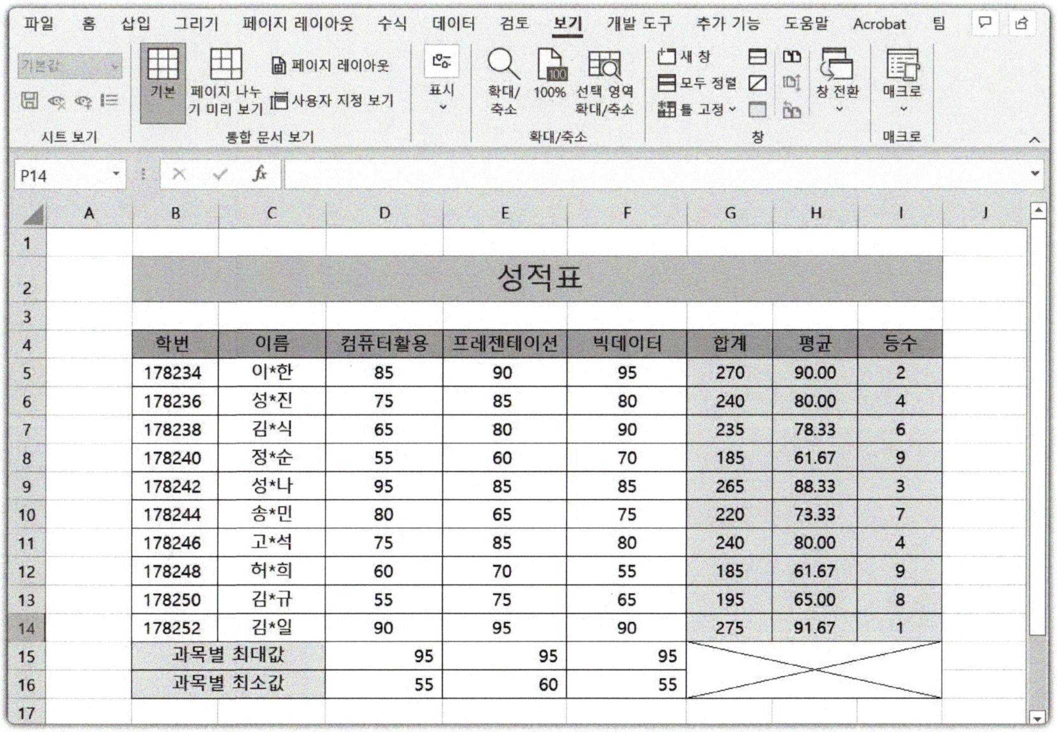

학번	이름	컴퓨터활용	프레젠테이션	빅데이터	합계	평균	등수
178234	이*한	85	90	95	270	90.00	2
178236	성*진	75	85	80	240	80.00	4
178238	김*식	65	80	90	235	78.33	6
178240	정*순	55	60	70	185	61.67	9
178242	성*나	95	85	85	265	88.33	3
178244	송*민	80	65	75	220	73.33	7
178246	고*석	75	85	80	240	80.00	4
178248	허*희	60	70	55	185	61.67	9
178250	김*규	55	75	65	195	65.00	8
178252	김*일	90	95	90	275	91.67	1
과목별 최대값		95	95	95			
과목별 최소값		55	60	55			

처리 조건

❶ [G5] 셀의 합계는 컴퓨터활용, 프레젠테이션, 빅데이터의 점수를 합산한다. (=SUM(D5:F5))

❷ [H5]셀의 평균은 컴퓨터활용, 프레젠테이션, 빅데이터의 평균을 구한다. (=AVERAGE(D5:F5))

❸ [I5] 셀을 선택한 후 RANK.EQ로 구한다. (=RANK.EQ(G5,$G$5:$G$14))

❹ 아래로 드래그하여 자동계산을 완성한다.

❺ [D15] 셀을 선택하여 MAX를 삽입한 후 다음을 입력한다. (=MAX(D5:D14)

❻ [D16] 셀을 선택하여 MIN을 삽입한 후 다음을 입력한다. (=MIN(D5:D14)

❼ 옆으로 드래그하여 자동 채우기로 완성한다.

문제 3.2

다음 '상반기 제품 보유 현황' 표를 처리조건에 맞게 계산해보자.

결과 화면

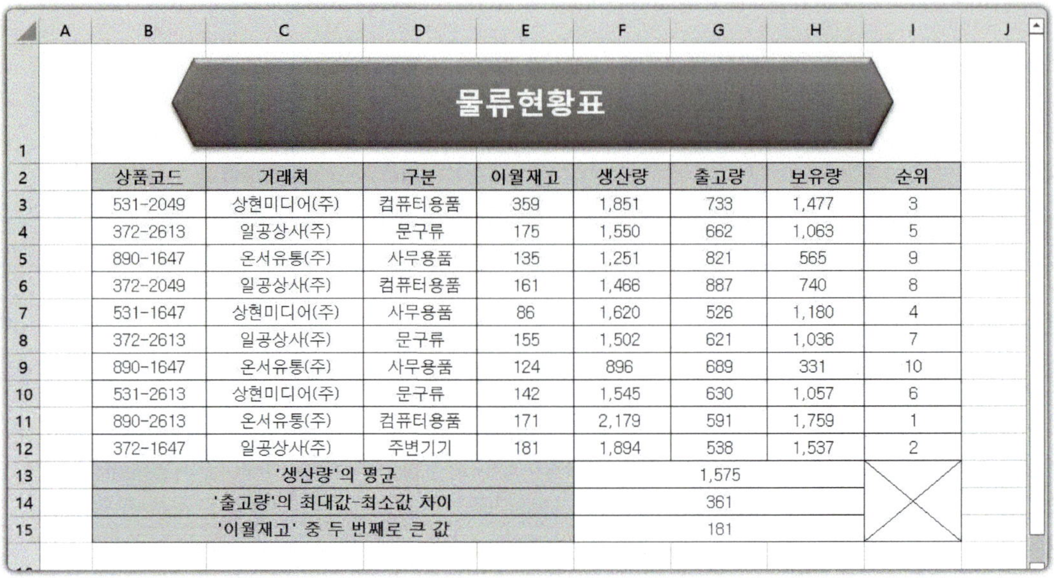

물류현황표

상품코드	거래처	구분	이월재고	생산량	출고량	보유량	순위
531-2049	상현미디어(주)	컴퓨터용품	359	1,851	733	1,477	3
372-2613	일공상사(주)	문구류	175	1,550	662	1,063	5
890-1647	온서유통(주)	사무용품	135	1,251	821	565	9
372-2049	일공상사(주)	컴퓨터용품	161	1,466	887	740	8
531-1647	상현미디어(주)	사무용품	86	1,620	526	1,180	4
372-2613	일공상사(주)	문구류	155	1,502	621	1,036	7
890-1647	온서유통(주)	사무용품	124	896	689	331	10
531-2613	상현미디어(주)	문구류	142	1,545	630	1,057	6
890-2613	온서유통(주)	컴퓨터용품	171	2,179	591	1,759	1
372-1647	일공상사(주)	주변기기	181	1,894	538	1,537	2
'생산량'의 평균				1,575			
'출고량'의 최대값-최소값 차이				361			
'이월재고' 중 두 번째로 큰 값				181			

처리 조건

❶ 1행의 행 높이를 '60'으로 설정하고, 2행~15행의 행 높이를 '18'로 설정하시오.

❷ 제목은 기본 도형에서 '육각형'을 입력한 후 '물류 현황표'를 입력하시오.

- 도형: 위치-[B1:H1], 스타일 '강한 효과 – 바다색, 강조 5'
- 글꼴: 맑은고딕, 24pt, 굵게,
- 도형 서식: 텍스트 상자 세로 맞춤-정가운데, 텍스트 방향-가로

❸ 셀 서식을 아래 조건에 맞게 작성하시오.

- [B2:I15]: 테두리-안쪽, 윤곽선 모두 실선, '검정, 텍스트 1', 전체 가운데 맞춤
- [B13:E13], [B14:E14], [B15:E15]: 각각 병합하고 가운데 맞춤
- [B2:I2], [B13:E15]: 채우기 색-'황록색, 강조 3, 60% 더 밝게', 글꼴-굵게
- [F3:F12], [H3:H12]: 셀 서식의 표시 형식-숫자를 이용하여 1000단위 구분 기호 표시

❹ [I3:I12]: '보유량'을 기준으로 큰 순으로 순위를 구하시오. (=RANK(H3,$H$3:$H$12))

❺ [F13:F13]: '생산량'의 평균을 구하시오. (=AVERAGE(F3:F12))

❻ [F14:H14]: '출고량'의 최댓값과 최솟값의 차이를 구하시오. (=MAX(G3:G12)-MIN(G3:G12))

❼ [F15:H15]: '이월재고' 중 두 번째로 큰 값을 구하시오. (=LARGE(E3:E12,2))

문제 3.3

다음 '기말평가' 표에서 '총점', '평균', '석차', '학점'을 계산해보자.

결과 화면

	A	B	C	D	E	F	G	H	I	J
1										
2		성적표								
3										
4		학번	이름	컴퓨터활용	프레젠테이션	빅데이터	합계	평균	등수	
5		178234	이*한	85	90	95	270	90.00	2	
6		178236	성*진	75	85	80	240	80.00	4	
7		178238	김*식	65	80	90	235	78.33	6	
8		178240	정*순	55	60	70	185	61.67	9	
9		178242	성*나	95	85	85	265	88.33	3	
10		178244	송*민	80	65	75	220	73.33	7	
11		178246	고*석	75	85	80	240	80.00	4	
12		178248	허*희	60	70	55	185	61.67	9	
13		178250	김*규	55	75	65	195	65.00	8	
14		178252	김*일	90	95	90	275	91.67	1	
15		과목별 최대값		95	95	95				
16		과목별 최소값		55	60	55				

처리 조건

❶ [F5] 셀 합계는 교양, 전공, 봉사를 합산한다. (=SUM(C5:E5))

❷ [G5] 셀 평균은 교양, 전공, 봉사 세 과목의 평균으로 한다. (=AVERAGE(C5:E5))

❸ [H5] 셀을 선택하여 RANK.EQ를 삽입한 후, 다음을 입력한다.

(=RANK.EQ(F5,$F$5:$F$11))

❹ 아래로 드래그하여 자동 계산을 완성한다.

❺ [I5] 셀의 학점은 평균이 90점 이상이면 "A", 80점 이상이면 "B", 70점 이하이면 "C", 60점 이상이면 "D", 60점 이하이면 "F"를 준다.

(=IF(G5>=90, "A", IF(G5>=80, "B", IF(G5>=70, "C", IF(G5>=60, "D","F"))))

❻아래로 드래그하여 자동 계산을 완성한다.

❼ [C12] 셀을 선택하여 MAX를 삽입한 후 다음을 입력한다.

(=MAX(C5:C11)

❽ 옆으로 드래그하여 자동 채우기로 완성한다.

❾ [C13] 셀을 선택하여 MIN을 삽입한 후 다음을 입력한다.

(=MIN(C5:C11)

❿ 옆으로 드래그하여 자동 채우기로 완성한다.

SECTION 04

데이터 처리 함수

엑셀 함수를 이용하면 복잡한 계산을 쉽게 할 수 있다. 이 장에서는 데이터 처리에 많이 사용되는 함수들을 소개한다. 엑셀에서 제공하는 논리 함수, 텍스트 함수, 찾기/참조 함수, 데이터베이스 함수 등 범주별 함수와 더불어 삼각함수, 통계함수, 재무함수 등 수학적 함수를 익혀보자.

4.1 논리 함수

IF 함수는 가장 많이 사용하는 논리 함수 중 하나이다. 특정 값과 예상 값을 논리적으로 비교할 수 있는 함수로 사용된다. IF 문에서는 두 개의 결과 값이 나타난다. 첫 번째 결과는 비교가 True인 경우이고, 두 번째 결과는 비교가 False인 경우이다.

함수 이름 (범주)	함수의 형식과 사용 방법
IF (논리)	=IF(Logical_test, Value_if_true, Value_if_false) • 조건을 비교하여 조건에 만족하는 값(TRUE)인 경우 참값, 만족하지 못한 경우 값(FALSE)을 표시한다.
AND (논리)	=AND(Logical1, Logical2,...) • 인수가 모두 참일 때 참을 표시한다.
OR (논리)	=OR(Logical1, Logical2,...) • 인수 중 하나라도 참이면 참을 표시한다.
NOT (논리)	=NOT(Logical) • 인수의 반대 논리 값을 표시

아래 '판매 예약 현황표'를 이용해 IF 함수와 RANK 함수를 익혀보자.

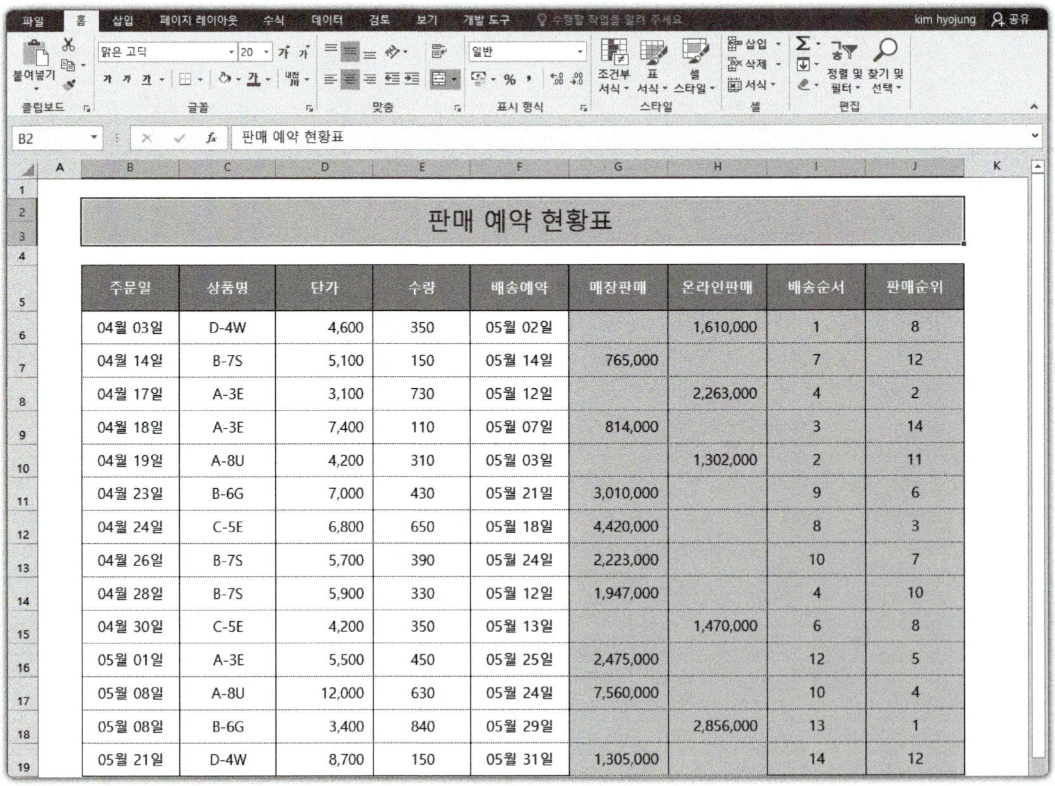

판매 예약 현황표

주문일	상품명	단가	수량	배송예약	매장판매	온라인판매	배송순서	판매순위
04월 03일	D-4W	4,600	350	05월 02일		1,610,000	1	8
04월 14일	B-7S	5,100	150	05월 14일	765,000		7	12
04월 17일	A-3E	3,100	730	05월 12일		2,263,000	4	2
04월 18일	A-3E	7,400	110	05월 07일	814,000		3	14
04월 19일	A-8U	4,200	310	05월 03일		1,302,000	2	11
04월 23일	B-6G	7,000	430	05월 21일	3,010,000		9	6
04월 24일	C-5E	6,800	650	05월 18일	4,420,000		8	3
04월 26일	B-7S	5,700	390	05월 24일	2,223,000		10	7
04월 28일	B-7S	5,900	330	05월 12일	1,947,000		4	10
04월 30일	C-5E	4,200	350	05월 13일		1,470,000	6	8
05월 01일	A-3E	5,500	450	05월 25일	2,475,000		12	5
05월 08일	A-8U	12,000	630	05월 24일	7,560,000		10	4
05월 08일	B-6G	3,400	840	05월 29일		2,856,000	13	1
05월 21일	D-4W	8,700	150	05월 31일	1,305,000		14	12

IF 함수

조건 함수인 IF 함수를 이용해 주어진 기준 조건 이상과 이하의 데이터를 추출해보자.

1 매장 판매 데이터 추출하기

주어진 판매 예약 현황표의 D열에 상품 단가가 입력되어 있고 F와 G열은 매장 판매와 온라인 판매를 구분한다. D열 '단가'를 기준으로 매장 판매는 '5000원' 이상, '온라인 판매'는 '5000원' 이하라고 한다.

IF 함수를 이용해 '매장 판매' 합계 금액만 먼저 추출해보자.

❶ [G6] 셀을 클릭하여 [수식]-[함수라이브러리]에서 IF 문을 열어준다.

❷ Logical_test에 'D6>=5000'을 입력한다.

❸ 매장 판매 총액(단가 × 수량)을 추출하기 위해 Value_if_true에는 'D6*E6', Value_if_false에는 " "를 입력한다.

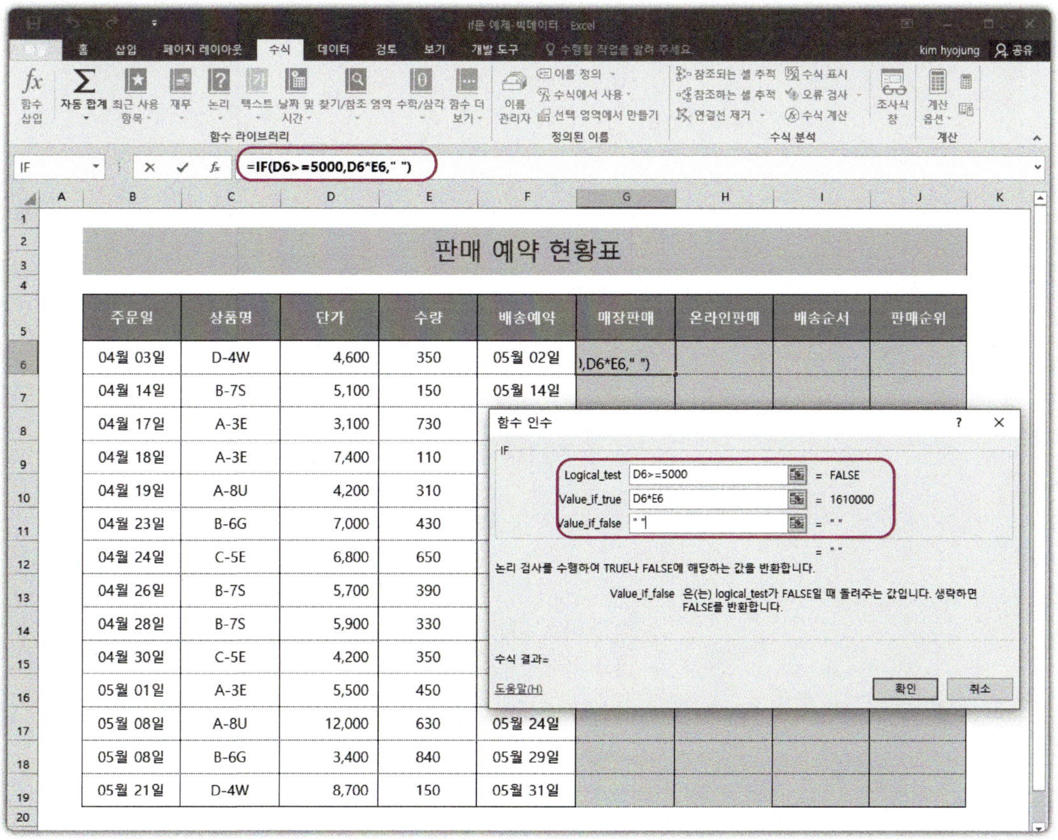

❹ [G6] 셀을 클릭한 후 [G19] 셀까지 드래그하여 수식을 복사한다.

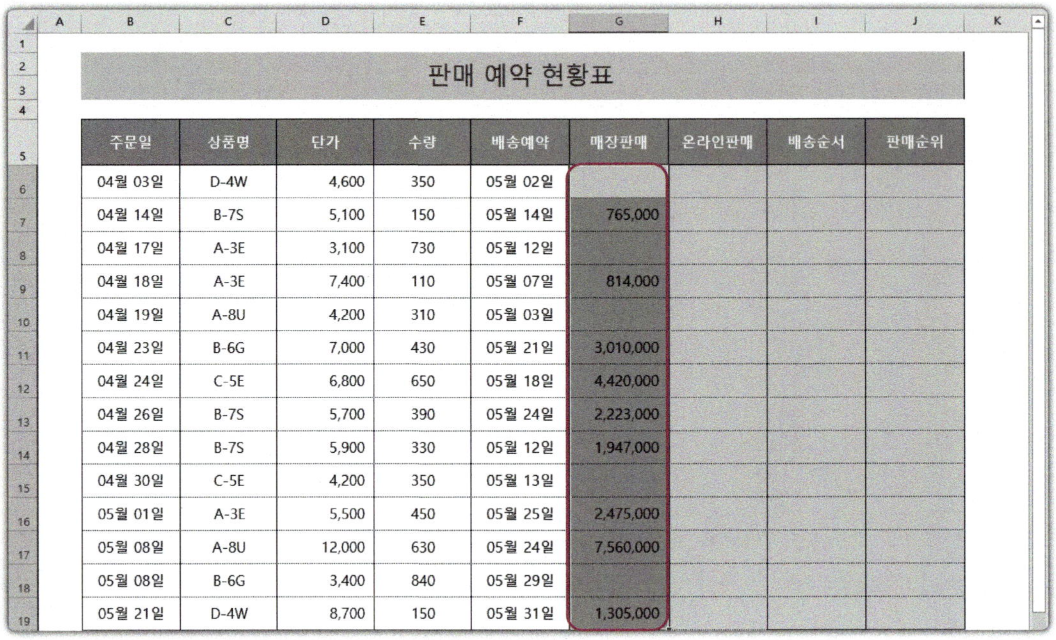

판매 예약 현황표

주문일	상품명	단가	수량	배송예약	매장판매	온라인판매	배송순서	판매순위
04월 03일	D-4W	4,600	350	05월 02일				
04월 14일	B-7S	5,100	150	05월 14일	765,000			
04월 17일	A-3E	3,100	730	05월 12일				
04월 18일	A-3E	7,400	110	05월 07일	814,000			
04월 19일	A-8U	4,200	310	05월 03일				
04월 23일	B-6G	7,000	430	05월 21일	3,010,000			
04월 24일	C-5E	6,800	650	05월 18일	4,420,000			
04월 26일	B-7S	5,700	390	05월 24일	2,223,000			
04월 28일	B-7S	5,900	330	05월 12일	1,947,000			
04월 30일	C-5E	4,200	350	05월 13일				
05월 01일	A-3E	5,500	450	05월 25일	2,475,000			
05월 08일	A-8U	12,000	630	05월 24일	7,560,000			
05월 08일	B-6G	3,400	840	05월 29일				
05월 21일	D-4W	8,700	150	05월 31일	1,305,000			

2 온라인 판매 데이터 추출하기

IF 함수를 이용해 '온라인 판매' 금액을 추출해보자. 앞서의 기준에 따라 '온라인 판매'는 '단가' '5000원' 이하인 상품이다.

❶ [H6] 셀을 클릭하여 [수식]–[함수라이브러리]에서 IF 함수를 열어준다.

❷ Logical_test에 'D6<=5000'을 입력한다.

❸ Value_if_true에는 'D6*E6', Value_if_false에는 " "를 입력한다.

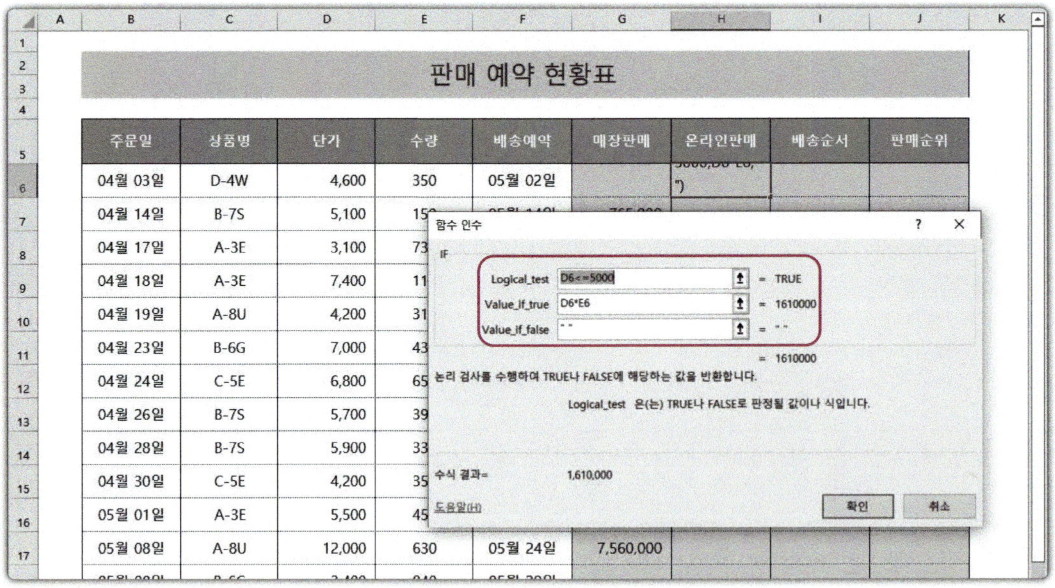

❹ [H6] 셀을 클릭한 후 [H19] 셀까지 드래그하여 수식을 복사한다.

RANK 함수

RANK 함수를 이용하여 주어진 조건에 따른 순위 데이터를 추출해보자.

1 배송 순위 추출하기

RANK 함수를 이용해 '배송 순위'를 구해보자. '배송 순위'는 '배송 예약' 날짜를 기준으로 추출할 수 있다.

❶ [I6] 셀을 클릭하고, RANK.EQ 함수를 선택한다.
❷ Number에는 순위의 기준이 되는 배송 예약 날짜인 [F6]을 입력한다.
❸ Ref에는 합계의 전체 값인 [$F$6:$F$19]를 입력한 후 Order는 생략하거나 '1'을 입력하여 오름차순으로 지정하고 확인한다.

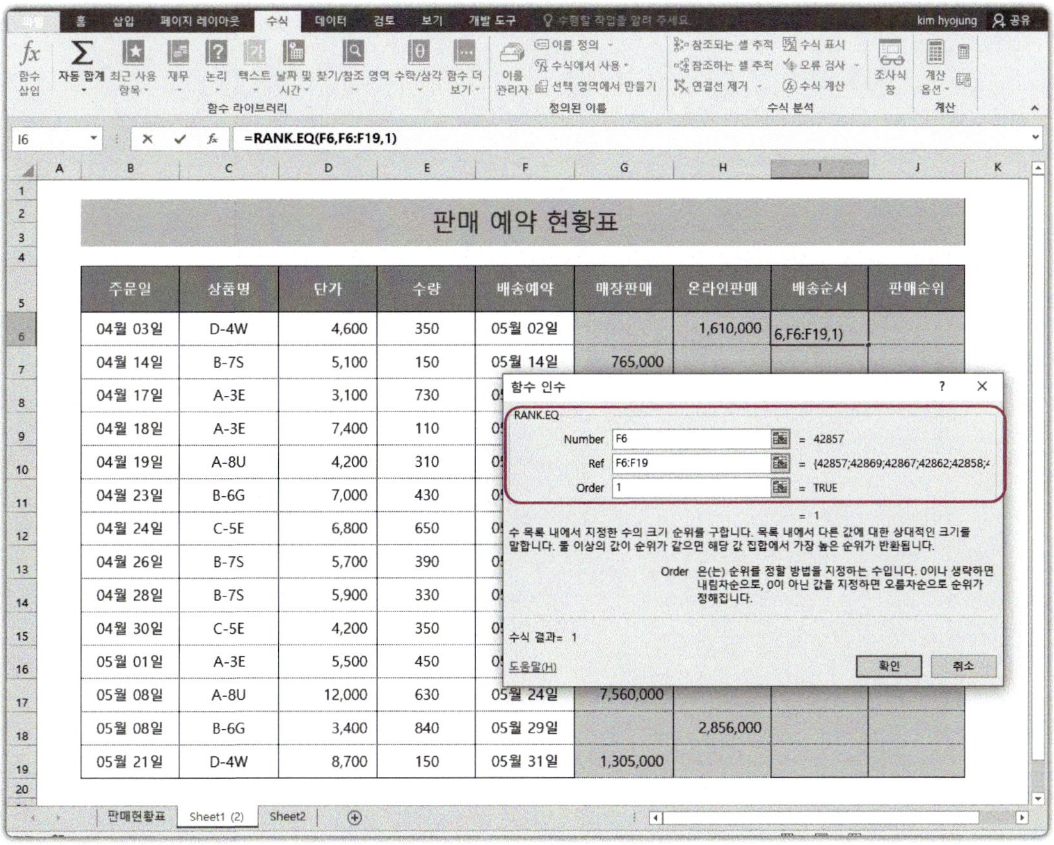

❹ [I6] 셀을 클릭하여 [I19] 셀까지 드래그하여 수식을 복사한다.

2 판매 순위 추출하기

RANK 함수를 이용해 '판매 순위'를 구해보자. 판매 순위는 판매 금액 합계를 기준으로 추출할 수 있다.

❶ [J6] 셀을 클릭하여 RANK.EQ 함수를 선택한다.

❷ Number에는 순위의 기준이 되는 합계 [E6]을 입력한다.

❸ Ref에는 합계의 전체 값인 [$E$6:$E$19]를 입력한 후, Order는 생략을 하거나 '0'을 입력하여 내림차순으로 지정하고 확인한다.

❹ [J6] 셀을 클릭하여 [J19] 셀까지 드래그 하여 수식을 복사한다.

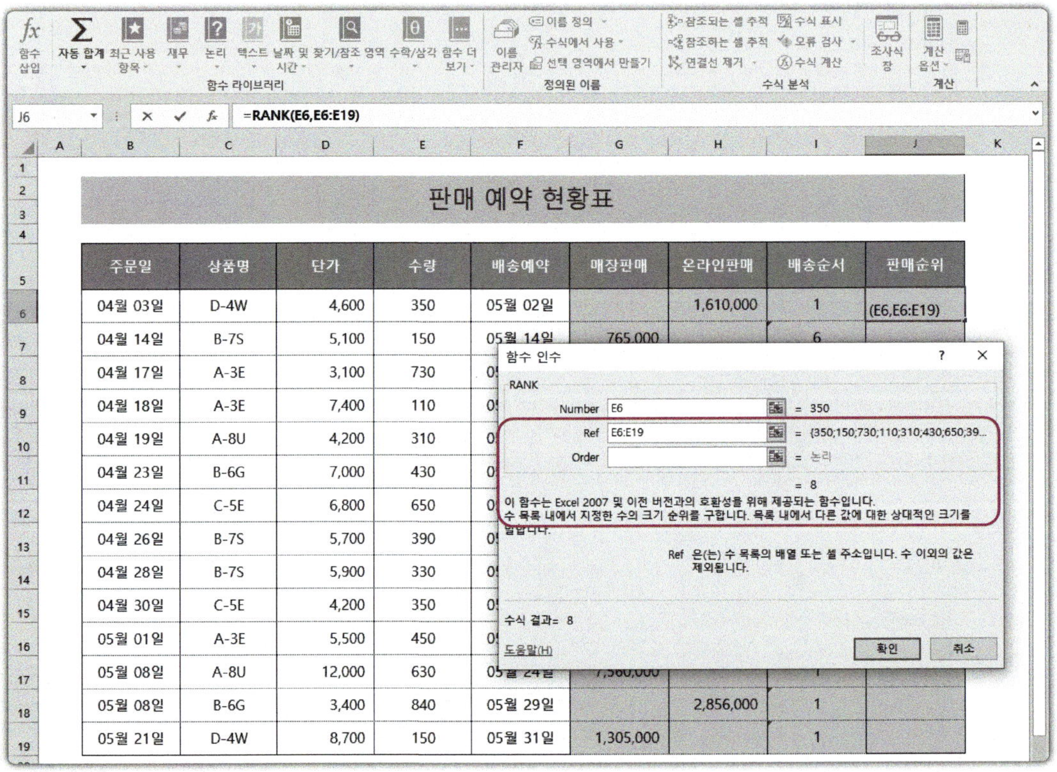

4.2 텍스트 함수

텍스트 함수는 셀의 내용에서 일부분을 원하는 길이만큼 추출하거나 특정 텍스트의 위치를 숫자로 반환하는 등의 기능을 하는 함수이다.

함수 이름 (범주)	함수의 형식과 사용 방법
MID (텍스트)	=MID(Text, Start_Num, Num_chars) • 시작 시점부터 지정한 문자 수만큼 문자를 표시한다.
LEFT (텍스트)	=LEFT(Text, Num_chars) • 셀의 왼쪽부터 지정한 문자 수만큼 문자를 표시한다.
RIGHT (텍스트)	=RIGHT(Text, Num_chars) • 셀의 오른쪽부터 지정한 문자 수만큼 문자를 표시한다.
LEN (텍스트)	=LEN(text) • LEN 함수는 텍스트 문자열의 문자 수를 반환

다음의 '수강생 개인 정보' 데이터를 이용해 텍스트 함수를 익혀보자.

	A	B	C	D	E	F	G	H
1								
2		K-대학 수강생 정보						
3								
4		등록번호	이 름	주민 번호	출생 년도	성 별	과목명	
5		3112001	김*영	980121-2******	98	여자	빅데이터	
6		3212002	이*만	950301-1******	95	남자	엑셀	
7		3112003	김*영	961124-1******	96	남자	빅데이터	
8		3312004	김*명	951205-1******	95	남자	파이썬	
9		3312005	이*스	920117-2******	92	여자	파이썬	
10		3112006	김*강	930523-2******	93	여자	빅데이터	
11		3212007	강*수	951428-2******	95	여자	엑셀	

1 LEFT 함수 이용하기

'주민번호'에서 LEFT 함수를 이용하여 '출생년도'를 구해보자.

❶ 출생년도를 구하기 위해 [E5] 셀을 선택한 후 LEFT 함수를 삽입한다.

❷ Text에는 주민번호가 있는 [D5] 셀을 선택한다.

❸ Num_chars 에는 주민번호 앞 두 자리 숫자(텍스트)를 지정하기 위해 "2"를 입력한다.

❹ 아래로 드래그하여 자동 채우기로 완성한다.

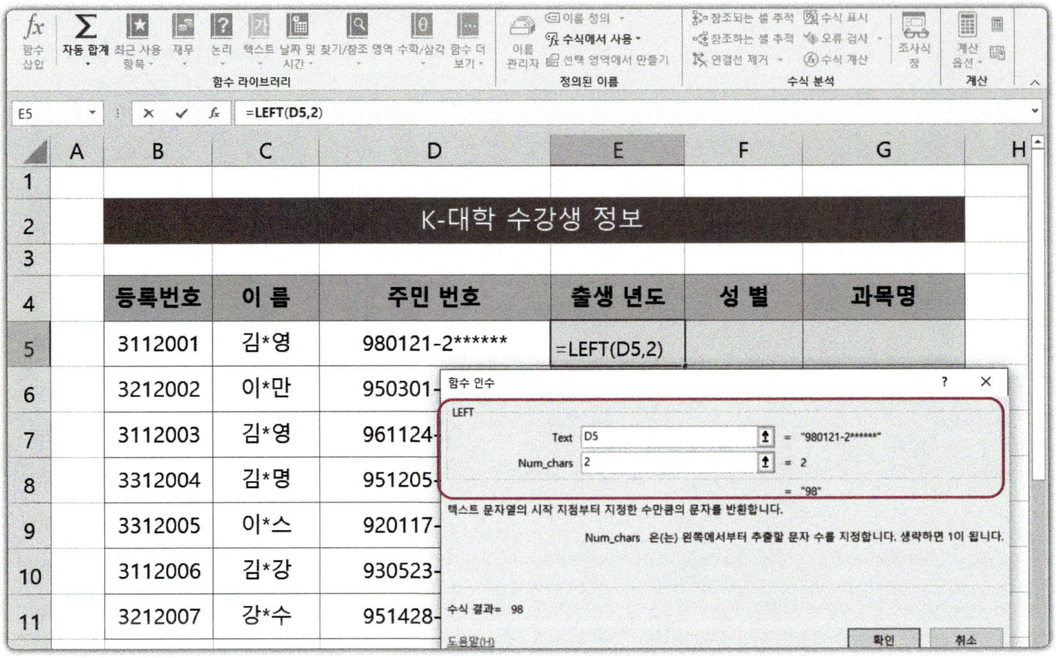

2 IF 조건식에서 MID 함수 이용하기

'주민번호'에서 'IF'와 'MID' 함수를 이용하여 '성별'을 구해보자.

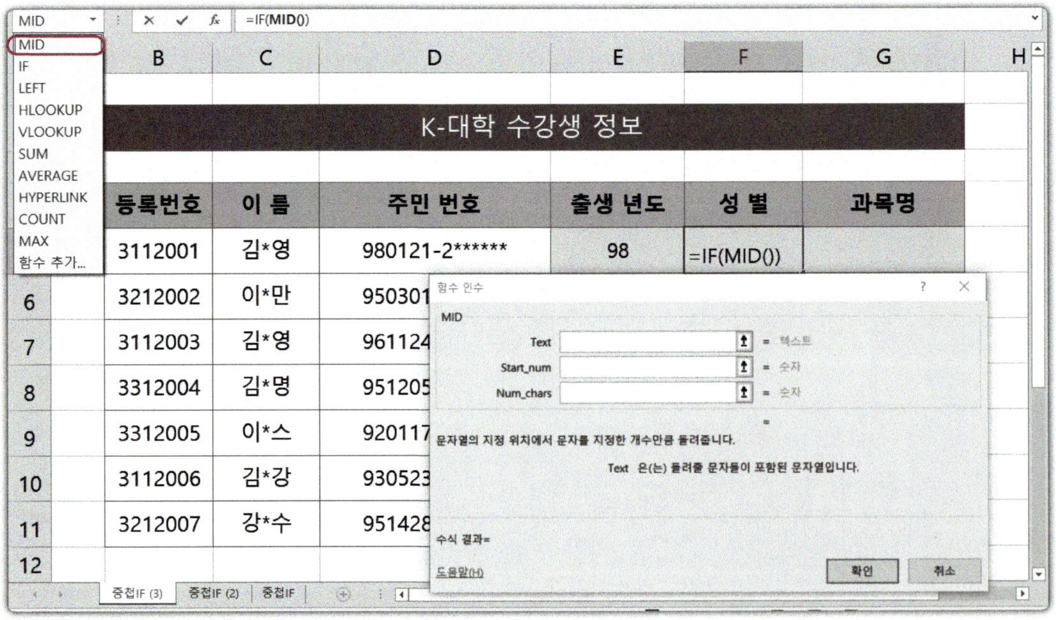

❶ 성별을 추출하기 위해 [F5] 셀을 선택한 후 IF 문을 삽입한다.

❷ IF 문의 조건식에 MID 함수를 삽입한다.

❸ Text에는 주민번호가 있는 [D5] 셀을 선택한다.

❹ Start_num에 성별을 가르는 8번째 자리를 지정하기 위해 "8"을 입력한다.

❺ Num_chars에 가져올 텍스트 자릿수인 "1"을 입력한다. 확인 클릭 후 MID 함수 창을 닫는다.

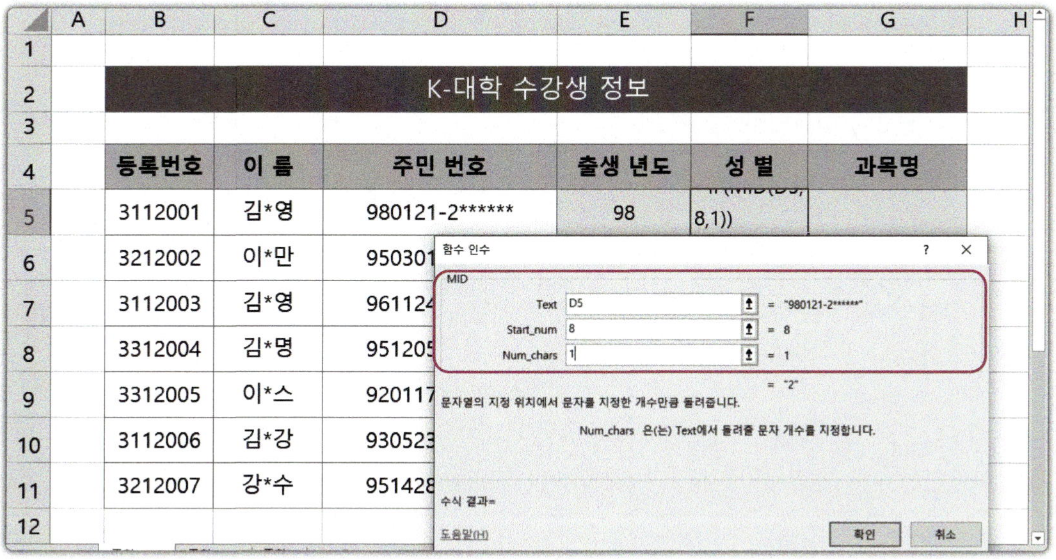

❻ 다시 IF 함수 창을 활성화시켜 Logical_test에 'MID(D5,8,1)=' 확인한 후, (MID(D5,8,1)=""1")을 입력한다.

❼ Value_if_true에는 "남자", Value_if_false에는 "여자"를 입력한다.

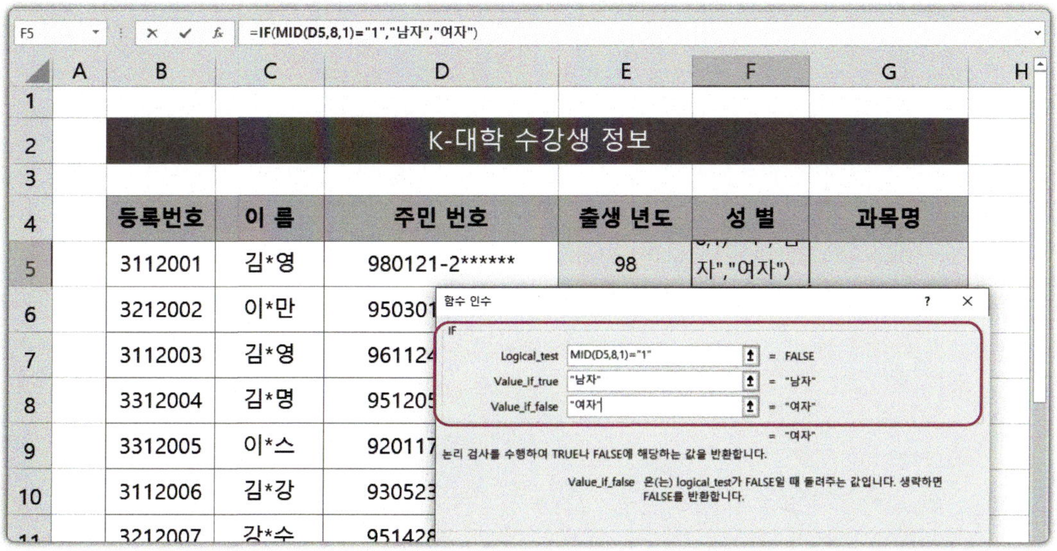

❽ 아래로 드래그하여 자동 채우기로 완성한다.

3 IF 조건식에서 LEFT 함수 이용하기

❶ 수강과목을 구하기 위해 [G5]셀을 선택한 후 IF 문을 삽입한다.

❷ IF 문의 조건식에서 LEFT 함수를 삽입한다.

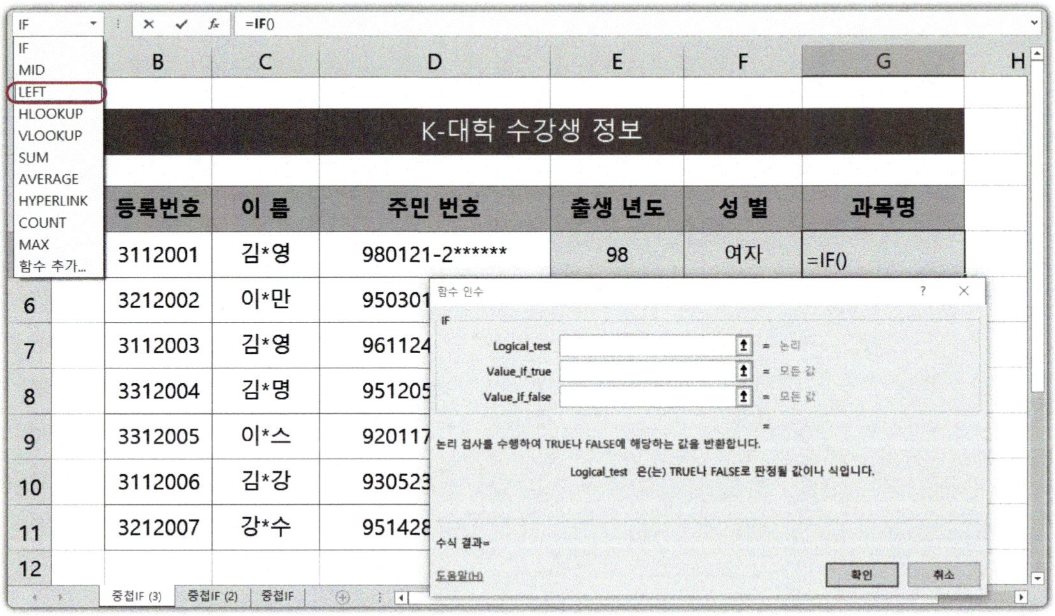

❸ Text 함수에는 등록번호가 있는 [B5] 셀을 선택한다.

❹ Num_chars에는 "2"를 입력하여 확인을 클릭한다.

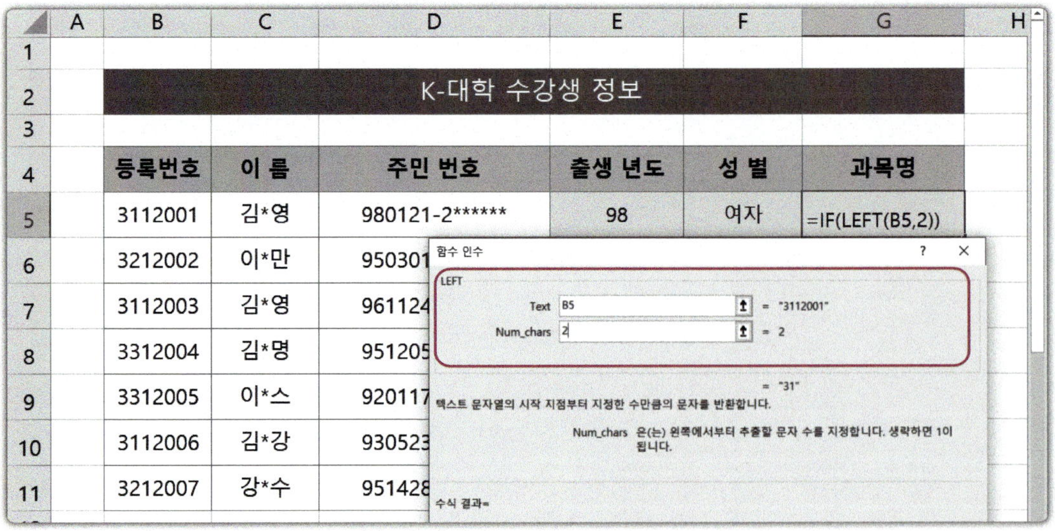

❺ 다시 IF 함수 창을 활성화시켜 Logical_test에 'LEFT(B5,2)='을 확인하고 "31"을 입력한다. Value_if_true에 "빅데이터"를 입력한다.

❻ Value_if_false에 IF 함수 창을 다시 활성화시켜 LEFT 함수를 삽입한다.

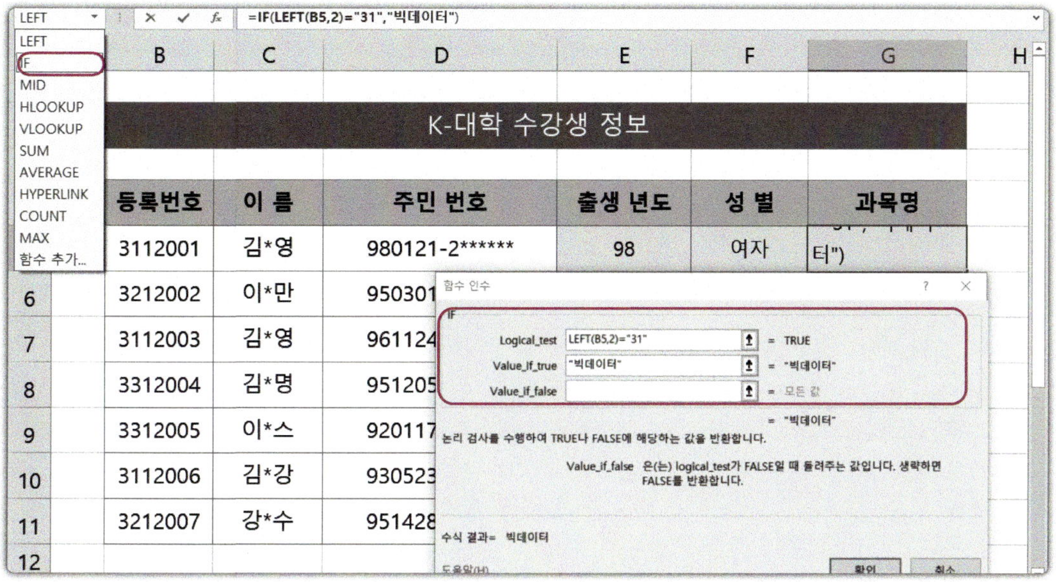

❼ 다시 IF 함수 창을 활성화시켜 Logical_test에 'LEFT(B5,2)='을 확인하고 "32"를 입력한다. Value_if_true에는 "엑셀"를 입력하고, Value_if_false에는 "파이썬"을 입력한다 (=IF(LEFT(B5,2)="31","빅데이터", IF(LEFT(B5,2)="32","엑셀", "파이썬")).

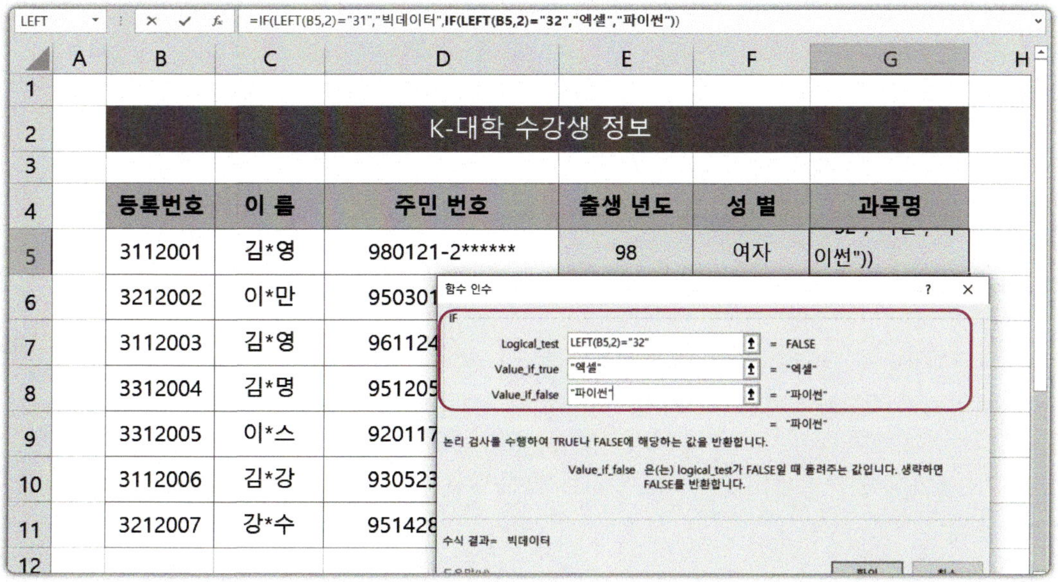

❽ 아래로 드래그하여 자동 채우기로 완성한다.

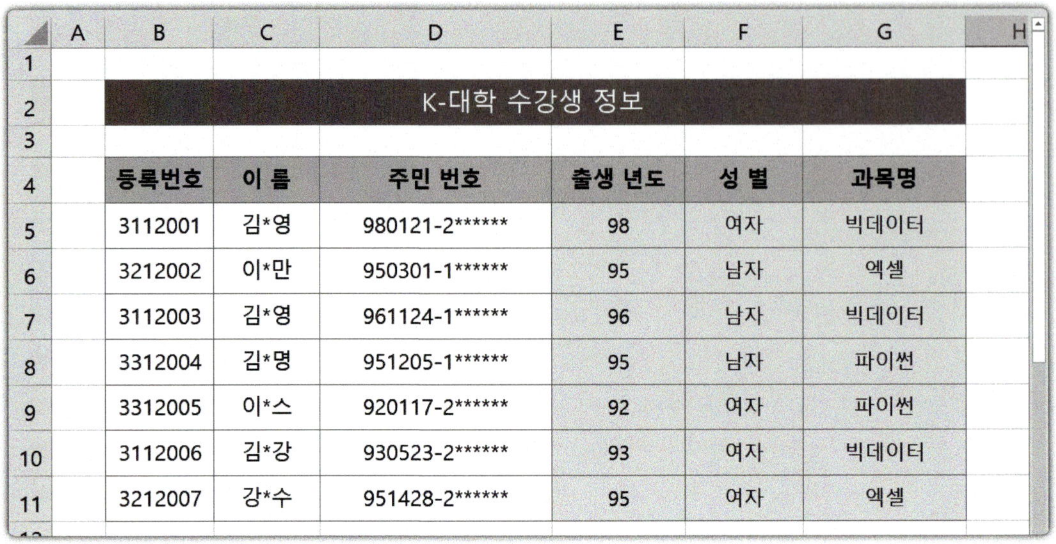

	A	B	C	D	E	F	G	H
1								
2		K-대학 수강생 정보						
3								
4		등록번호	이 름	주민 번호	출생 년도	성 별	과목명	
5		3112001	김*영	980121-2******	98	여자	빅데이터	
6		3212002	이*만	950301-1******	95	남자	엑셀	
7		3112003	김*영	961124-1******	96	남자	빅데이터	
8		3312004	김*명	951205-1******	95	남자	파이썬	
9		3312005	이*스	920117-2******	92	여자	파이썬	
10		3112006	김*강	930523-2******	93	여자	빅데이터	
11		3212007	강*수	951428-2******	95	여자	엑셀	

4.3 찾기/참조 함수

찾기/참조 함수에서 가장 많이 쓰이는 함수는 VLOOKUP, HLOOKUP 함수이다. 표나 배열의 방향에 따라 참조표가 세로 방향일 경우 VLOOKUP 함수, 가로 방향일 경우 HLOOKUP 함수를 사용해 원하는 값을 검색해 내어준다. 이 함수를 이용하기 위해서는 반드시 미리 제시된 참조표가 있어야 한다. 정확하게 조건에 일치하는 값을 찾기 위해서는 Range_lookup을 '0'으로 지정해야 한다. 근사값을 찾는 경우 Range_lookup을 '1'을 지정해도 되고 '생략'도 가능하다. 조건의 참조표는 반드시 절대 주소를 사용하거나 미리 설정된 이름표를 지정해야 한다.

함수 이름 (범주)	함수의 형식과 사용 방법
VLOOKUP (찾기/참조)	=VLOOKUP(Lookup_value, Table_array, Col_index_num, Range_lookup) • 표나 배열의 첫 번째 열에서 세로 방향으로 원하는 값을 추출하는 함수이다.
HLOOKUP (찾기/참조)	=HLOOKUP(Hookup_value, Table_array, Row_index_num, Range_lookup) • 표나 배열의 첫 번째 행에서 가로 방향으로 원하는 값을 추출하는 함수이다.

아래 '카오스북 판매 현황표'를 이용해 통해 찾기/참조 함수를 익혀보자.

카오스북 판매 현황표

주문일	상품명	단가	판매수량	판매금액	할인률	할인액	실판매액
04월 03일	D-4W	4,600	350	₩1,610,000	0.2	₩322,000	₩1,288,000
04월 14일	B-7S	5,100	150	₩765,000	0.1	₩76,500	₩688,500
04월 17일	A-3E	3,100	260	₩806,000	0.1	₩80,600	₩725,400
04월 19일	A-8U	4,200	310	₩1,302,000	0.2	₩260,400	₩1,041,600
04월 23일	B-6G	7,000	130	₩910,000	0.1	₩91,000	₩819,000
05월 08일	A-8U	12,000	330	₩3,960,000	0.2	₩792,000	₩3,168,000
05월 08일	B-6G	3,400	250	₩850,000	0.1	₩85,000	₩765,000
05월 21일	D-4W	8,700	150	₩1,305,000	0.1	₩130,500	₩1,174,500

판매수량	100	300	600
할인율	0.1	0.2	0.3

❶ 판매 수량으로 할인율을 구하기 위해 [G5] 셀을 선택하여 HLOOKUP 함수를 삽입한다.

❷ Lookup_value 필드에는 판매 수량 [E5]를 입력한다.

❸ Table_array 필드에는 [C17:E18]을 입력하고 '절대주소($C$17:$E$18)'를 설정한다.

❹ Row_index_num 필드에는 할인율을 가져오므로 "2"를 입력한다.

❺ Range_lookup 필드에는 비슷하게 일치하므로 TRUE나 "1"을 입력한다.

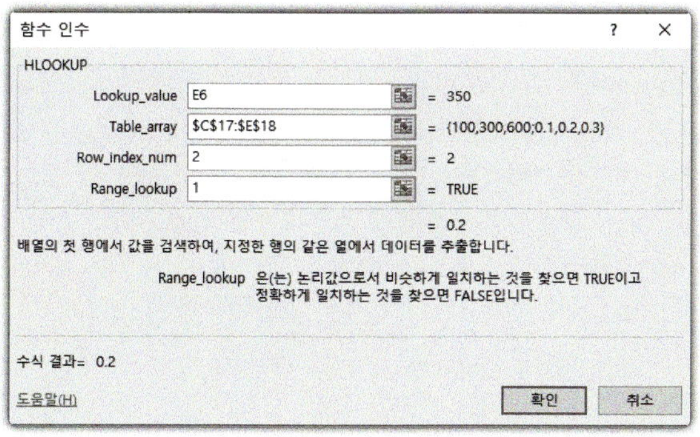

❻ 아래로 드래그하여 자동 채우기를 실행하여 완성한다.

❼ 할인액은 '판매 금액 * 할인율'로 계산되므로 수식 입력줄에 '=F6*G6'을 입력하여 계산 후 자동 채우기한다.

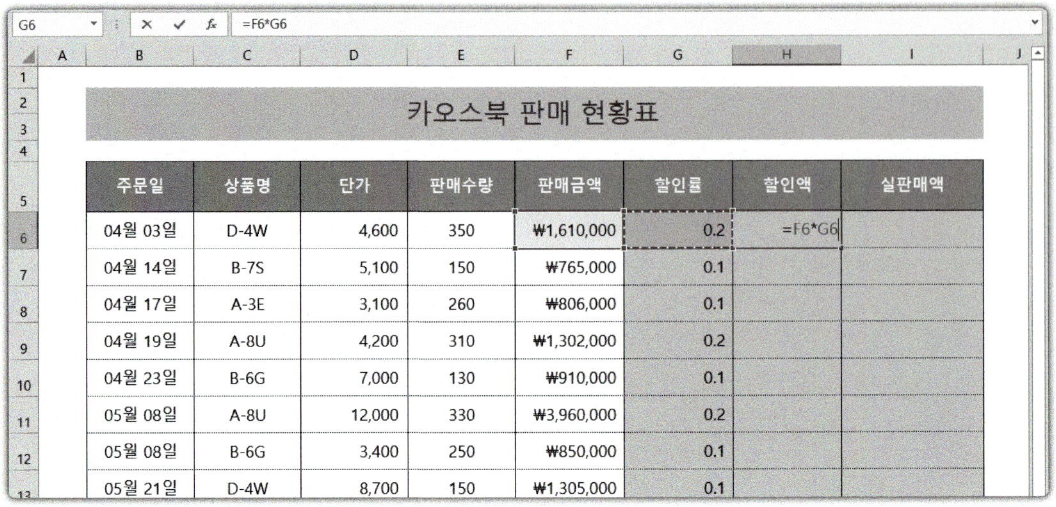

G6 | =F6*G6

카오스북 판매 현황표

주문일	상품명	단가	판매수량	판매금액	할인률	할인액	실판매액
04월 03일	D-4W	4,600	350	₩1,610,000	0.2	=F6*G6	
04월 14일	B-7S	5,100	150	₩765,000	0.1		
04월 17일	A-3E	3,100	260	₩806,000	0.1		
04월 19일	A-8U	4,200	310	₩1,302,000	0.2		
04월 23일	B-6G	7,000	130	₩910,000	0.1		
05월 08일	A-8U	12,000	330	₩3,960,000	0.2		
05월 08일	B-6G	3,400	250	₩850,000	0.1		
05월 21일	D-4W	8,700	150	₩1,305,000	0.1		

❽ 실판매액은 '판매 금액 – 할인액'이므로 수식 입력 줄에 '=F6–H6'을 입력하여 계산한 후 자동 채우기한다.

4.4 데이터베이스 함수

데이터베이스 함수는 데이터베이스 목록에서 각 필드의 조건에 맞는 합계, 평균, 개수, 최댓값, 최솟값 등을 계산하는 함수이다.

함수 이름 (범주)	함수의 형식과 사용방법
DSUM (데이터베이스)	=DSUM(Database, Field, Criteria) • 데이터베이스에서 조건에 맞는 값의 합계를 표시한다.
DAVERAGE (데이터베이스)	=DAVERAGE(Database, Field, Criteria) • 데이터베이스에서 조건에 맞는 값의 평균을 표시한다.
DCOUNT (데이터베이스)	=DCOUNT(Database, Field, Criteria) • 데이터베이스에서 조건에 맞는 항목의 개수를 표시한다.
DMAX (데이터베이스)	=DMAX(Database, Field, Criteria) • 데이터베이스에서 조건에 맞는 값 중 최댓값을 표시한다.
DMIN (데이터베이스)	=DMIX(Database, Field, Criteria) • 데이터베이스에서 조건에 맞는 값의 최솟값을 표시한다.

아래 '카오스북 판매 현황표'를 이용해 'DSUM', 'DAVERAGE', 'DMIN', 'DMAX' 등 데이터베이스 함수를 익혀보자.

B18 =DSUM($B$5:$I$13,$I$5,B16:B17)

카오스북 판매 현황표

주문일	상품명	단가	판매수량	판매금액	할인률	할인액	실판매액
04월 03일	D-4W	4,600	350	₩1,610,000	20%	₩322,000	₩1,288,000
04월 14일	B-6G	5,100	150	₩765,000	10%	₩76,500	₩688,500
04월 17일	A-3E	3,100	260	₩806,000	10%	₩80,600	₩725,400
04월 19일	D-4W	4,600	310	₩1,426,000	20%	₩285,200	₩1,140,800
04월 23일	B-6G	5,100	130	₩663,000	10%	₩66,300	₩596,700
05월 08일	A-3E	3,100	330	₩1,023,000	20%	₩204,600	₩818,400
05월 08일	B-6G	5,100	250	₩1,275,000	10%	₩127,500	₩1,147,500
05월 21일	D-4W	4,600	150	₩690,000	10%	₩69,000	₩621,000

상품별 실판매액 합계(DSUM)		
상품명	상품명	상품명
D-4W	B-6G	A-3E
3,049,800	2,432,700	1,543,800

상품별 최소판매금액(DMIN)		
상품명	상품명	상품명
D-4W	B-6G	A-3E
690,000	663,000	806,000

상품별 판매금액 평균(DAVERAGE)		
상품명	상품명	상품명
D-4W	B-6G	A-3E
1,242,000	901,000	914,500

상품별 최대판매금액(DMAX)		
상품명	상품명	상품명
D-4W	B-6G	A-3E
1,610,000	1,275,000	1,023,000

1 DSUM 함수

DSUM 함수는 데이터베이스의 레코드 필드에서 지정한 조건에 맞는 숫자의 합계를 계산한다.

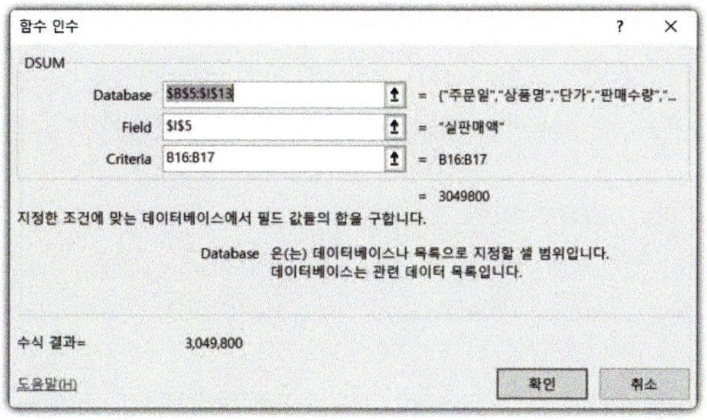

❶ 'D-4W'의 '상품별 실판매액 합계'를 구하기 위해 [B18] 셀을 선택, 'DSUM' 함수를 삽입한다.

❷ Database에는 [$B$5:$I$13] 자동 채우기를 위해 절대 주소를 설정한다.

❸ field에는 [$I$5] 자동 채우기를 위해 절대 주소를 설정한다.

❹ criteria에는 조건이 들어 있는 [B16:B17]을 지정한다.

❺ 조건만 바뀌므로 옆으로 드래그하여 자동 채우기로 완성한다.

2 DAVERAGE 함수

DAVERAGE 함수는 데이터베이스의 레코드 필드에서 지정한 조건에 맞는 숫자의 평균을 계산한다.

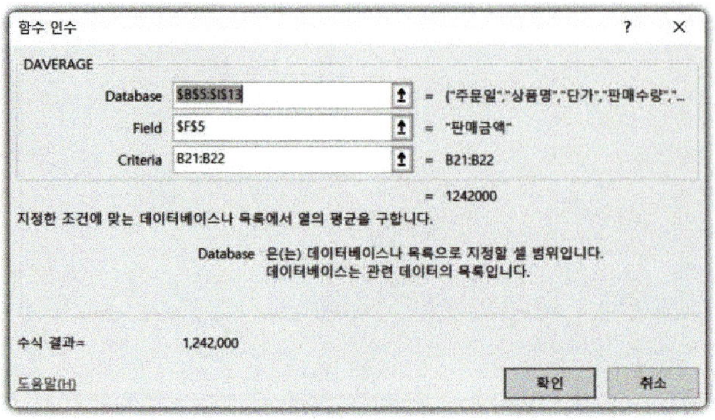

❶ 'D-4W'의 '상품별 판매 금액 평균'을 구하기 위해 [B23] 셀을 선택하여 'DAVERAGE' 함수를 삽입한다.
❷ Database에는 [$B$5:$I$13] 자동 채우기를 위해 절대 주소를 설정한다.
❸ field에는 [F5]를 선택하여 더할 항목을 지정한 후 자동 채우기를 위해 절대 주소를 설정한다.
❹ criteria에는 조건이 들어 있는 [B21:B22]를 지정한다.
❺ 조건만 바뀌므로 옆으로 드래그하여 자동 채우기로 완성한다.

3 DMIN 함수

데이터베이스의 레코드 필드에서 지정한 조건에 맞는 숫자의 최솟값을 계산한다.

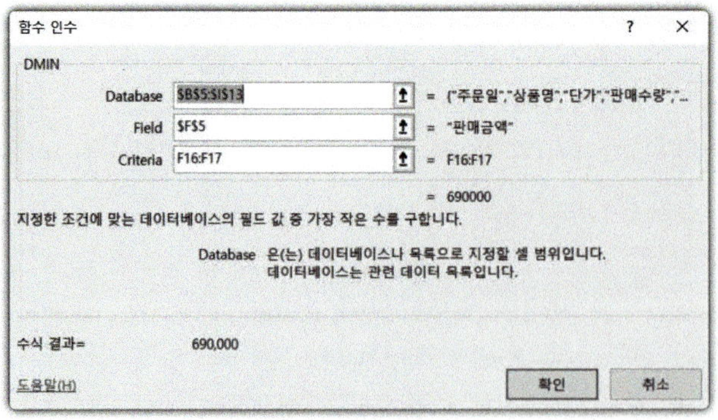

❶ 'D-4W'의 '상품별 최소 판매 금액'을 구하기 위해 [F18] 셀에 'DMIN' 함수를 삽입한다.
❷ Database에는 [$B$5:$I$13] 자동 채우기를 위해 절대 주소를 설정한다.

❸ field에는 [$F$5] 자동 채우기를 위해 절대 주소를 설정한다.

❹ criteria에는 조건이 들어 있는 [F16:F17]을 지정한다.

❺ 조건만 바뀌므로 옆으로 드래그하여 자동 채우기로 완성한다.

4 DMAX 함수

데이터베이스의 레코드 필드에서 지정한 조건에 맞는 숫자의 최댓값을 계산한다.

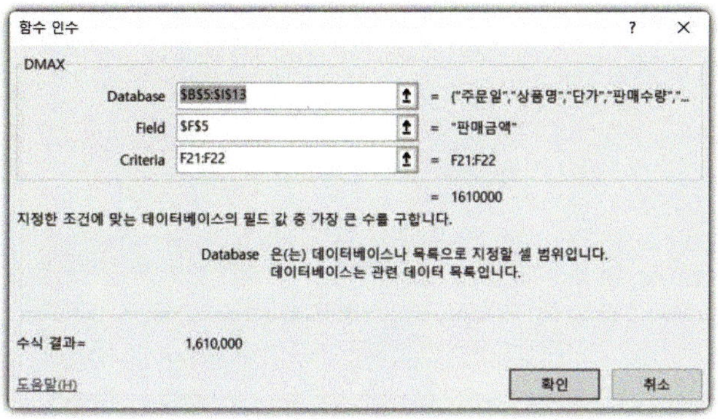

❶ 'D-4W'의 '상품별 최대 판매 금액'을 구하기 위해 [F23] 셀을 선택, 'DMAX' 함수를 삽입한다.

❷ Database에는 [$B$5:$I$13] 자동 채우기를 위해 절대 주소를 설정한다.

❸ field에는 [$F$5] 자동 채우기를 위해 절대 주소를 설정한다.

❹ criteria에는 조건이 들어 있는 [F21:F22]를 지정한다.

❺ 조건만 바뀌므로 옆으로 드래그하여 자동 채우기로 완성한다.

4.5 기타 함수

기타 함수로 SUMIF, COUNTIF, FV, PMT 함수를 소개한다. SUMIF는 수학 및 삼각함수이고 COUNTIF 함수는 통계함수, FV, PMT 함수는 재무 함수의 범주에 속한다. 함수 범주와 각각 함수의 사용 형식 및 방법을 표에 요약하였다.

아래 제시된 '카오스북 판매 현황표' 작성을 통해 SUMIF, COUNTIF, FV, PMT를 연습하면서 데이터베이스 관리이 개념과 실무를 익혀보자.

SUMIF (수학 및 삼각함수)	함수의 형식과 사용 방법
SUMIF (수학 및 삼각함수)	=SUMIF(range, criteria, sum_range) • 주어진 조건을 충족하는 셀의 합을 계산한다.
COUNTIF (통계 함수)	=COUNTIF(range, criteria) • 지정한 범위 내의 조건에 충족되는 셀의 개수를 계산한다.
FV (재무 함수)	=FV(rate, nper, pmt, pv, type) • 고정이자율을 기반으로 투자의 미래 가치나 일정 기간 정기 납입후의 기대금액을 계산한다.
PMT (재무 함수)	=PMT(rate, nper, pv, fv, type) • 일정 금액을 정기적으로 납입하고 고정 이자율이 적용되는 대출 상환금이나 할부금을 계산한다.

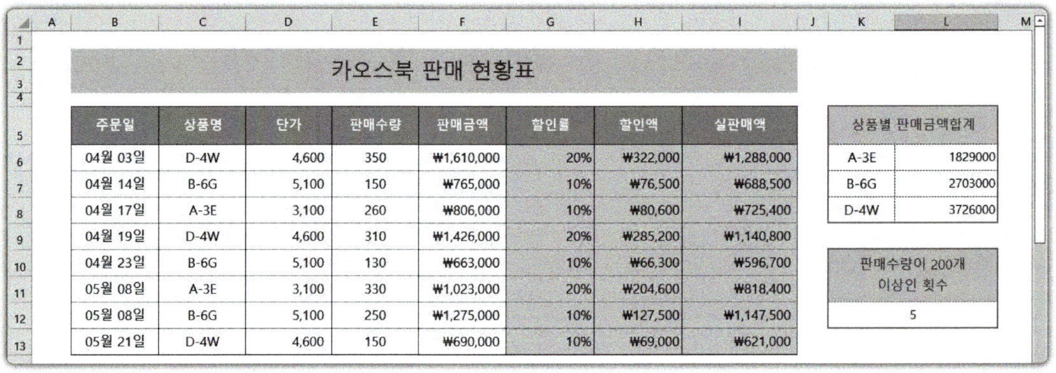

카오스북 판매 현황표

주문일	상품명	단가	판매수량	판매금액	할인률	할인액	실판매액
04월 03일	D-4W	4,600	350	₩1,610,000	20%	₩322,000	₩1,288,000
04월 14일	B-6G	5,100	150	₩765,000	10%	₩76,500	₩688,500
04월 17일	A-3E	3,100	260	₩806,000	10%	₩80,600	₩725,400
04월 19일	D-4W	4,600	310	₩1,426,000	20%	₩285,200	₩1,140,800
04월 23일	B-6G	5,100	130	₩663,000	10%	₩66,300	₩596,700
05월 08일	A-3E	3,100	330	₩1,023,000	20%	₩204,600	₩818,400
05월 08일	B-6G	5,100	250	₩1,275,000	10%	₩127,500	₩1,147,500
05월 21일	D-4W	4,600	150	₩690,000	10%	₩69,000	₩621,000

상품별 판매금액합계	
A-3E	1829000
B-6G	2703000
D-4W	3726000

판매수량이 200개 이상인 횟수
5

1 SUMIF 함수

'SUMIF' 함수를 이용해 '상품별 판매 금액'의 합계를 구해보자.

❶ [L6] 셀을 선택하여 'SUMIF' 함수를 삽입한다.

❷ range에는 '상품명' 필드인 [C6:C13] 범위를 선택하여 절대 주소로 수정 입력한다.

❸ criteria에는 조건이 있는 'A-3E'이 있는 [K6] 셀을 선택한다.

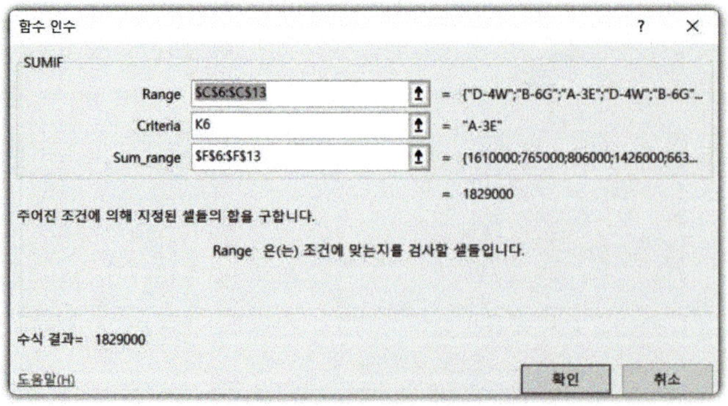

❹ sum_range에는 기본급인 [F6:F13]을 선택하여 절대 주소로 수정 입력한다.

❺ 아래로 드래그하여 자동 채우기로 완성한다.

2 COUNTIF 함수

COUNTIF 함수를 이용해 '판매 수량이 200개 이상인 횟수'를 구해보자.

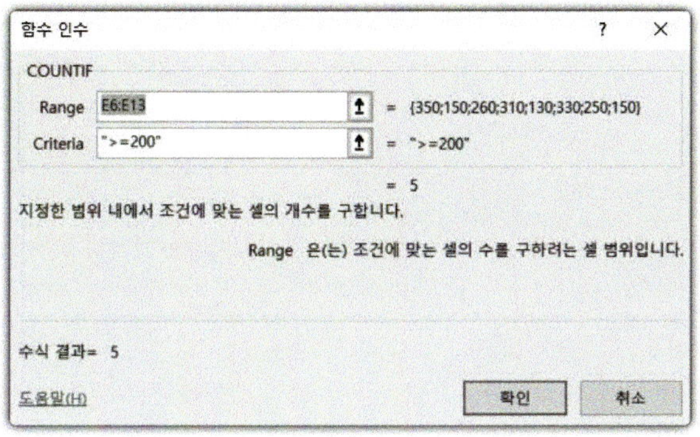

❶ '판매수량이 200개 이상인 횟수'를 구하기 위해 [K12] 셀을 선택한 후 'COUNTIF' 함수를 삽입한다.

❷ range에는 [E6:E13]을 선택한 후 절대 주소로 만든다.

❸ criteria에는 '>=200'을 입력한다.

❹ '확인'을 실행하여 완성한다.

3 FV 함수

연이율 3.5%로 3년간 600만 원씩 납입하는 적금의 경우, 만기에 찾을 수 있는 금액을 FV 함수를 이용하여 계산해보자.

❶ '재무함수' 시트를 선택한다.

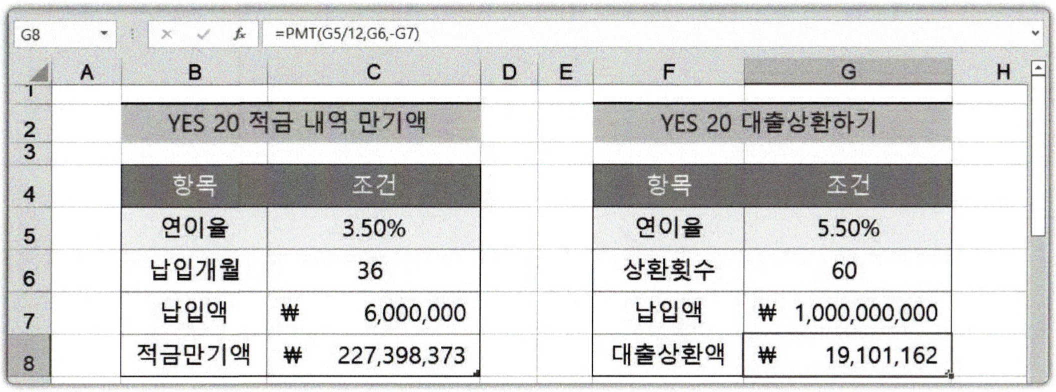

❷ [C5] 셀의 '연이율'은 '3.5%', [C6] 셀의 '납입 개월'은 '36', [C7] 셀의 '납입액'은 '6000000'을 입력한다.

❸ [C8] 셀을 선택하고 [수식]–[함수 라이브러리]–[재무] 목록에서 'FV'를 선택한다.

❹ [함수 인수] 대화 상자의 'Rate' 입력란에 'C5/12', 'Nper' 입력란에 'C6', 'Pmt' 입력란에 '–C7'을 입력하고 [확인]을 누른다.

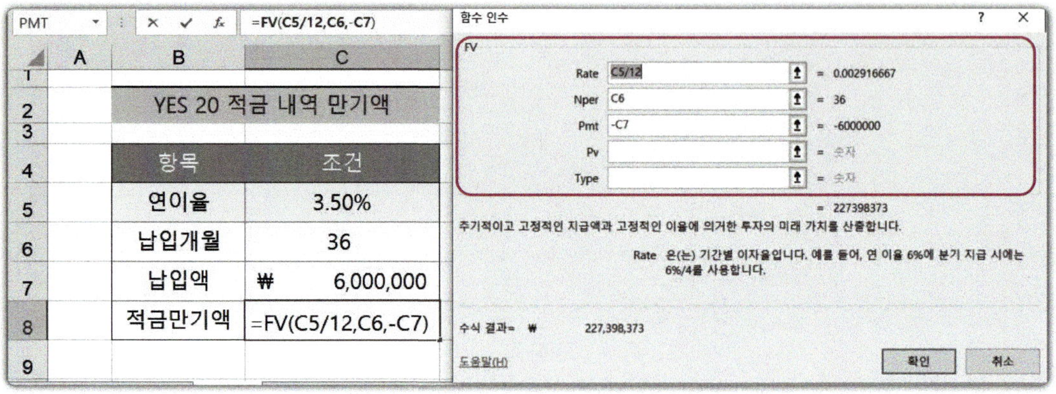

❺ 주어진 조건에 따른 '적금 만기액'이 표시된다.

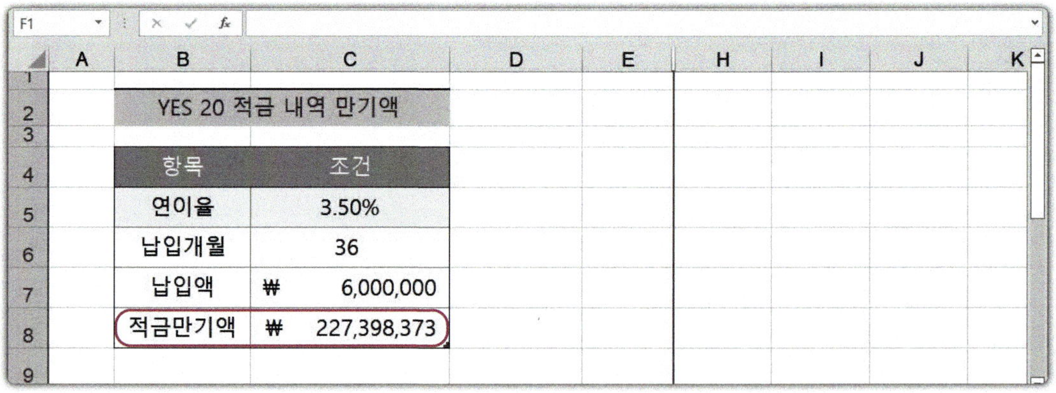

4 PMT 함수

연이율 '5.5%'로 '10억 원'을 대출받아 '5년'간 상환하는 경우의 매월 상환액을 PMT 함수로 계산해 보자.

❶ '재무 함수' 시트를 열고 [G5] 셀의 '대출 이율'에 '5.5%', [G6] 셀의 '상환 횟수'에는 '60', [G7] 셀의 대출금에는 '10억'을 입력한다.

❷ [C5] 셀을 선택하고 [수식]–[함수 라이브러리]–[재무] 목록에서 'PMT'를 선택한다.

❸ [함수 인수] 대화 상자의 'Rate' 입력란에 'G5/12', 'Nper' 입력란에 'G6', 'Pv' 입력란에 '−G7'을 입력하고 [확인]을 누른다.

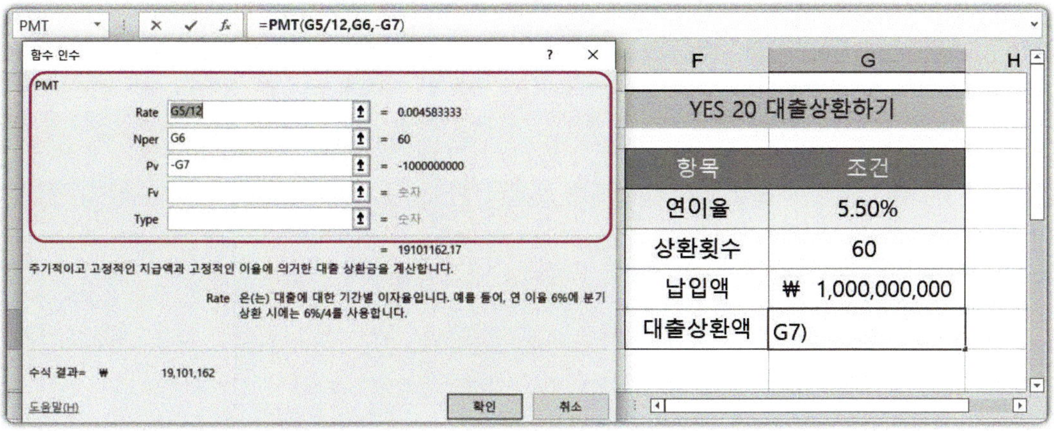

❹ 주어진 조건에 따라 계산된 결과가 '대출 상환액'으로 표시된다.

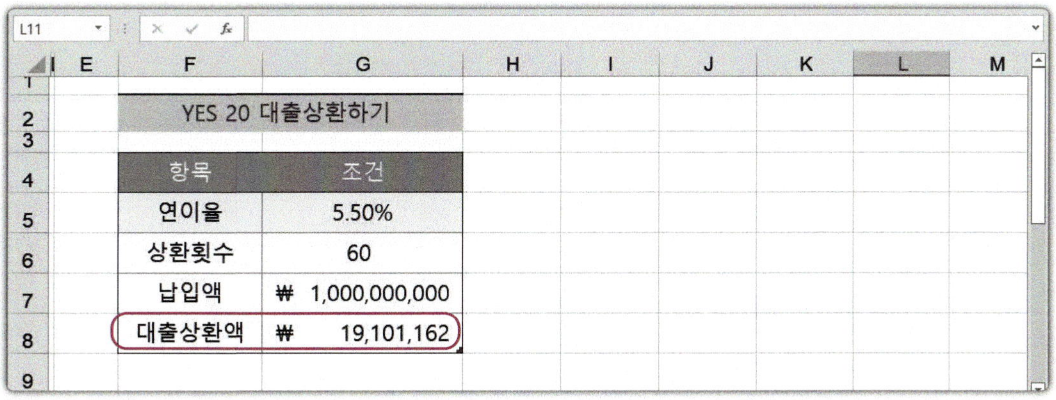

엑셀 데이터베이스 처리 과정에서 발생하는 오류 메세지를 잘 파악하면 수식을 수정할 수 있다.

종류	의미
#####	현재 값을 나타내기에 셀의 길이가 충분하지 않은 경우
#VALUE!	변수의 형식이 달라 값이 잘못되었을 경우
#DIV/0!	값이 포함되지 않은 셀이나 '0'으로 나누는 경우
#NAME?	범위 입력이나 수식 입력이 잘못된 경우
#N/A	수식에 이용될 수 없는 값이나 함수에서 사용한 인수가 부적절할 경우
#REF!	유효하지 않은 셀을 참조한 경우
#NUM!	수식이나 함수가 잘못되었거나, 결과가 너무 작거나 클 경우
#NULL!	존재하지 않는 값을 사용한 경우

연습 문제

문제 4.1

다음 "성적표" 에서 총점, 평균, 성취도, 석차를 구해보자.

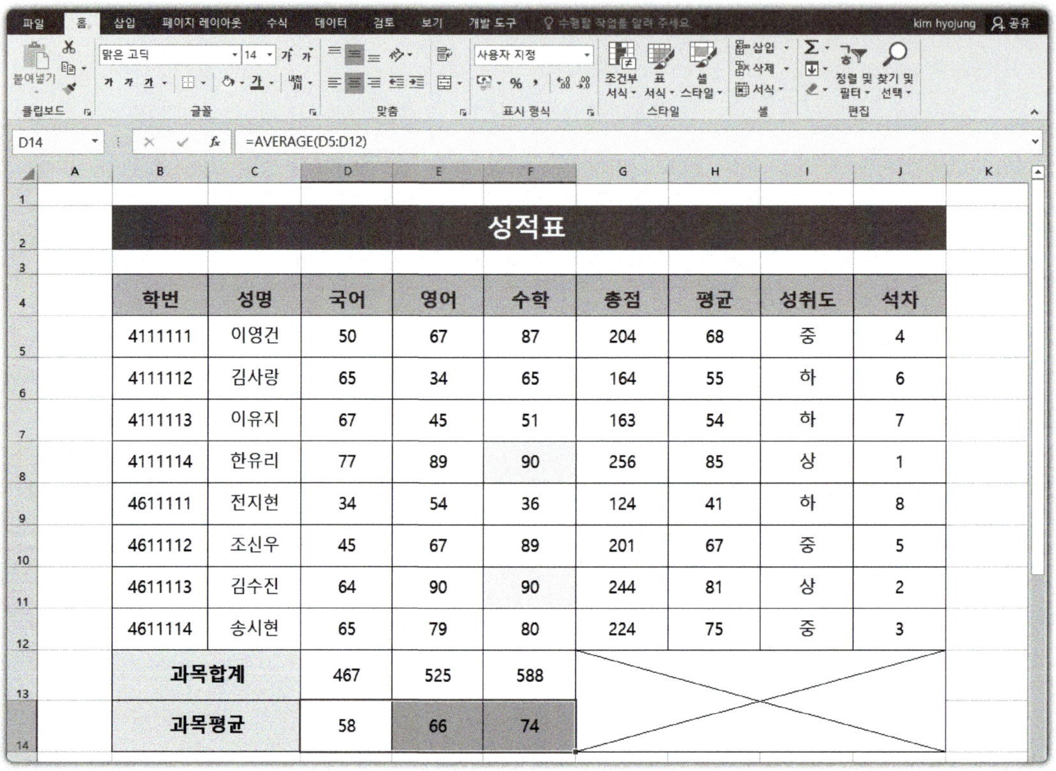

성적표								
학번	성명	국어	영어	수학	총점	평균	성취도	석차
4111111	이영건	50	67	87	204	68	중	4
4111112	김사랑	65	34	65	164	55	하	6
4111113	이유지	67	45	51	163	54	하	7
4111114	한유리	77	89	90	256	85	상	1
4611111	전지현	34	54	36	124	41	하	8
4611112	조신우	45	67	89	201	67	중	5
4611113	김수진	64	90	90	244	81	상	2
4611114	송시현	65	79	80	224	75	중	3
과목합계		467	525	588				
과목평균		58	66	74				

처리 조건

❶ [G5] 셀의 총점은 국어, 영어, 수학 점수를 한산다. (=SUM(D5:F5))

❷ [H5] 셀의 평균은 국어, 영어, 수학 세 과목의 평균을 구한다. (=AVERAGE(D5:F5))

❸ [J6] 셀을 선택하여 RANK.EQ를 삽입한 후, 다음 함수를 입력한다.
(=RANK.EQ(H5,$H$5:$H$12))

❹ 아래로 드래그하여 자동 계산을 완성한다.

❺ [I5] 셀의 성취도 평가는 평균이 80점 이상이면 "상", 60점 이상이면 "중", 60점 이하이면 "하"를 부여한다. (=IF(H5>=80, "상", IF(H5>=60, "중", "하")))

❻ 아래로 드래그하여 자동 계산으로 완성한다.

문제 4.2

다음 "직무교육 평가결과" 표에서 합계, 평균, 평가, 순위를 구해보자.

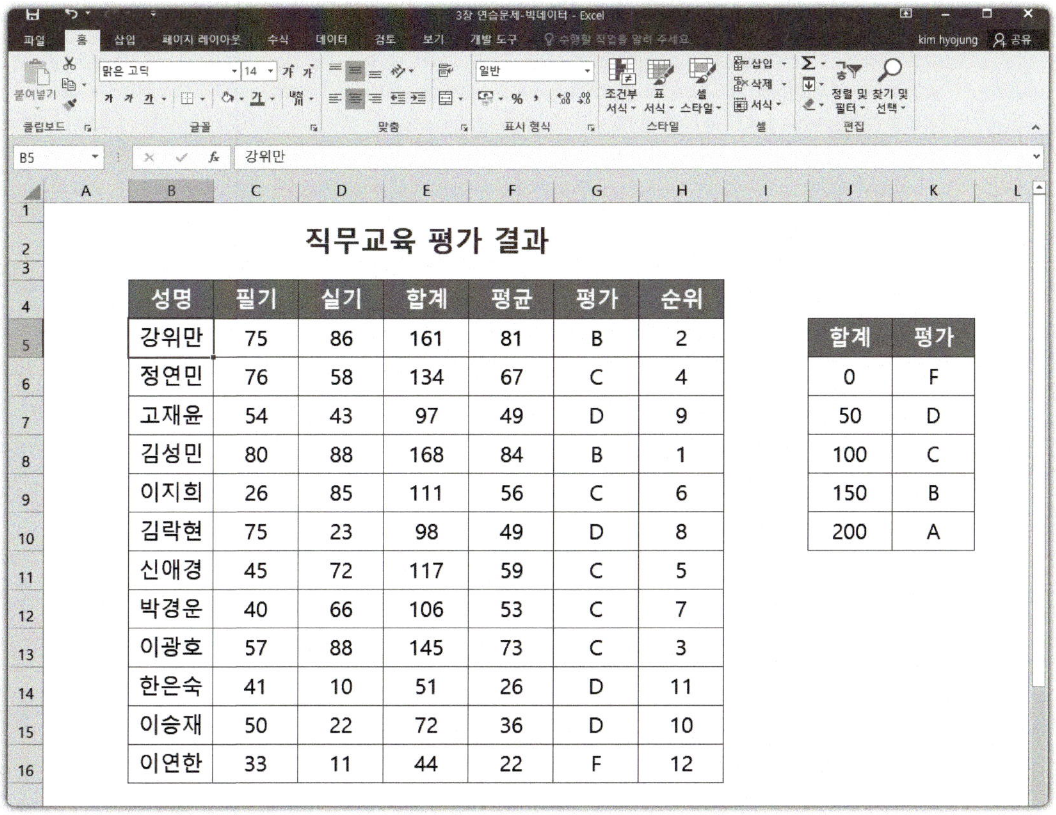

성명	필기	실기	합계	평균	평가	순위
강위만	75	86	161	81	B	2
정연민	76	58	134	67	C	4
고재윤	54	43	97	49	D	9
김성민	80	88	168	84	B	1
이지희	26	85	111	56	C	6
김락현	75	23	98	49	D	8
신애경	45	72	117	59	C	5
박경운	40	66	106	53	C	7
이광호	57	88	145	73	C	3
한은숙	41	10	51	26	D	11
이승재	50	22	72	36	D	10
이연한	33	11	44	22	F	12

합계	평가
0	F
50	D
100	C
150	B
200	A

처리 조건

❶ [E5] 셀의 합계는 실기와 필기 점수를 합산한다. (=SUM(C5:D5))

❷ [F5] 셀의 평균은 실기와 필기 점수의 평균을 구한다. (=AVERAGE(C5:D5))

❸ [H5] 셀을 선택한 후, RANK.EQ를 삽입하여 다음 수식을 입력한다.
(=RANK.EQ(F5,$F$5:$F$16))

❹ 아래로 드래그하여 자동 계산으로 완성한다.

❺ [G5] 셀을 선택, VLOOKUP 함수를 삽입하고 Lookup_value 필드에 합계 [E5]를 입력한다.

❻ Table_array 필드에는 기준표 [J6:K10]를 입력한 후 절대 주소로 설정한다.

❼ Row_index_num 필드에는 '평가'를 가져오므로 "2"를 입력한다.

❽ Range_lookup 필드에는 비슷하게 일치하므로 TRUE나 "1"을 입력한다.

❾ 아래로 드래그하여 자동 채우기로 완성한다.

문제 4.3

다음 “기업 재무 현황” 표에서 상반기 차입금, 순위, 비고를 구해보자.

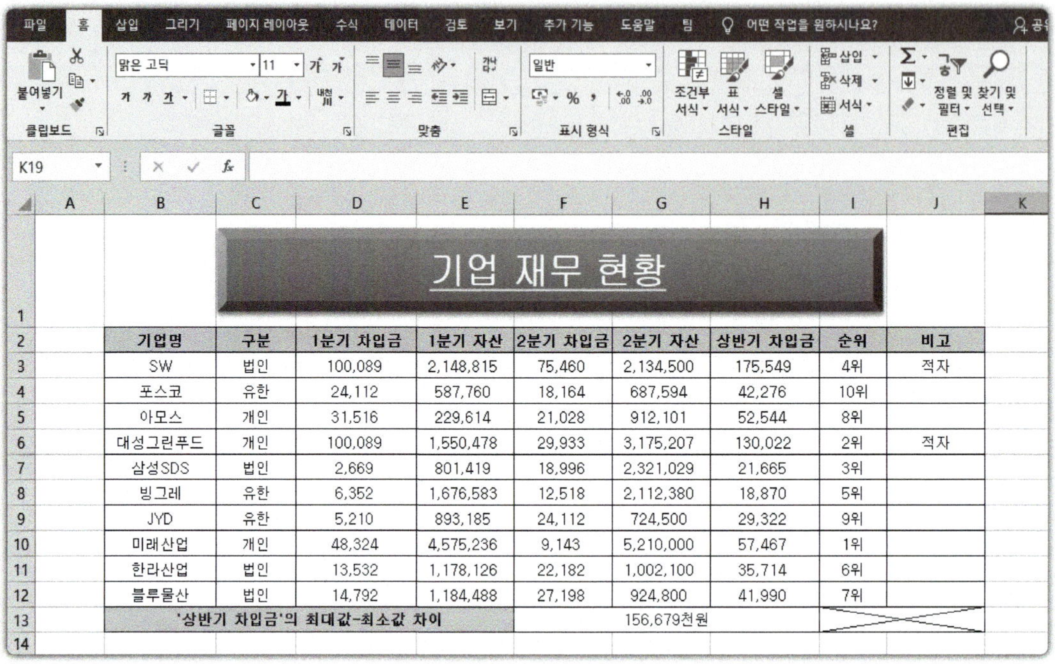

기업 재무 현황

기업명	구분	1분기 차입금	1분기 자산	2분기 차입금	2분기 자산	상반기 차입금	순위	비고
SW	법인	100,089	2,148,815	75,460	2,134,500	175,549	4위	적자
포스코	유한	24,112	587,760	18,164	687,594	42,276	10위	
아모스	개인	31,516	229,614	21,028	912,101	52,544	8위	
대성그린푸드	개인	100,089	1,550,478	29,933	3,175,207	130,022	2위	적자
삼성SDS	법인	2,669	801,419	18,996	2,321,029	21,665	3위	
빙그레	유한	6,352	1,676,583	12,518	2,112,380	18,870	5위	
JYD	유한	5,210	893,185	24,112	724,500	29,322	9위	
미래산업	개인	48,324	4,575,236	9,143	5,210,000	57,467	1위	
한라산업	법인	13,532	1,178,126	22,182	1,002,100	35,714	6위	
블루물산	법인	14,792	1,184,488	27,198	924,800	41,990	7위	
'상반기 차입금'의 최대값-최소값 차이				156,679천원				

처리 조건

❶ [H3] 셀의 상반기 차입금은 1분기 차입금과 2분기 차입금을 합산해서 구한다.

(=D3+F3)

❷ [I3] 셀의 순위는 ‘2분기 자산’을 기준으로 오름차순으로 도출한다.

(=RANK(G3,$G$3:$G$12)

❸ [J3] 셀의 비고는 ‘상반기 차입금’이 100000 이상이면 ”적자“, 그렇지 않으면 공백을 나타낸다.

(=IF(H3>=100000, “적자”, “ ”)

❹ 아래로 드래그하여 자동 계산으로 완성한다.

❺ [F13:H13] 셀은 ‘상반기 차입금’의 최댓값과 최솟값의 차이를 도출해 나타낸다.

(=MAX(H3:H12)−MIN(H3:H12)

SECTION 05

범주화 자료 시각화

정확하고 신속한 의사결정을 위해 상황에 따라 어떤 결과가 나올 것인지 미리 예측하는 방법을 알아보자. 이 장에서는 가상 분석 도구인 목표 값 찾기와 시나리오 분석을 배운다. 그리고 막대 그래프, 파이 차트, 콤보 차트, 히스토그램 차트, 파레토 차트 등으로 범주형 자료를 시각화하는 방법을 살펴본다. 범주형 변수는 빈도 수를 계산한 후 이를 이용하여 그래프 등을 이용하여 시각화한다. 피벗 테이블은 복잡한 데이터를 분석하여 행과 열 방향으로 그룹화된 항목을 정렬 및 요약하여 보여준다.

5.1 가상 분석

목표값 찾기와 시나리오 관리자는 목표 값을 충족하기 위해 필요한 변수 값을 예측하거나 다양한 변수에 따라 결과를 예측하는 가상 분석 도구이다. 엑셀에서 다루는 대부분의 작업은 측정된 데이터에 수식을 적용하여 계산하는 방식이 대부분이다. 그러나 가상 분석 도구를 이용하면 계산 결과를 먼저 설정하고 수식에 적용되는 데이터를 찾거나 데이터를 여러 값으로 가정한 뒤 수식에 적용할 때 발생할 수 있는 여러 개의 결과를 요약하고 보고서를 작성할 수 있다.

목표값 찾기

목표값 찾기는 계산 결과 값을 기준으로 입력 값을 탐색하는 방법이다. 만약 '총액'을 계산하기 위해 '기본급', '직책 수당', '가족 수당', '근속 수당', '상여금' 등이 계산에 포함된다. '총액'을 '연봉'으로 가정했을 때 '월 평균 수령액'은 '총액'을 12개월로 나누어 계산할 수 있다. 목표로 하는 '월 평균 수령액'을 받기 위해 여러 항목 중 기본급은 얼마가 되어야 하는지 계산하려면 수식을 역으로 탐색해야 한다. 목표 값 찾기 기능을 쓰면 간단히 계산할 수 있다.

'임금 산출 데이터'를 이용해 '김철수' 사원이 목표로 하는 '월 평균 수령액' '3500000원'을 받으려면 기본급은 얼마가 되어야 하는지 알아보자.

J5 =SUM(E5:H5)*12+SUM(E5:H5)*I5

YES 20 임금 산출

순번	이름	부서	기본급	직책수당	가족수당	근속수당	상여금	총액	월평균수령액
1	김희수	기획부	2,100,000	100,000	50,000	60,000	400%	36,960,000	
2	박아림	기획부	2,100,000	100,000	50,000	60,000	400%		
3	손이영	기획부	2,100,000	100,000	50,000	60,000	400%		
4	김철수	기획부	2,900,769	200,000	50,000	80,000	400%		
5	박동규	기획부	3,000,000	250,000	70,000	100,000	400%		
6	이청희	기획부	3,000,000	250,000	70,000	100,000	400%		
7	김관우	기획부	3,000,000	250,000	50,000	100,000	400%		
8	이유비	영업부	2,100,000	100,000	30,000	60,000	400%		
9	박유빈	영업부	2,100,000	100,000	30,000	60,000	400%		
10	이동희	영업부	2,500,000	200,000	50,000	80,000	400%		
11	김희철	영업부	2,500,000	200,000	50,000	80,000	400%		
12	유영희	영업부	2,500,000	200,000	50,000	80,000	400%		
13	유진수	인사부	2,100,000	100,000	30,000	60,000	400%		
14	박아림	인사부	2,100,000	100,000	30,000	60,000	400%		
15	박상호	인사부	2,500,000	200,000	50,000	80,000	400%		
16	이상호	해외전략부	2,500,000	200,000	50,000	80,000	400%		
17	김은주	해외전략부	2,500,000	200,000	50,000	80,000	400%		
18	이은주	해외전략부	2,500,000	200,000	50,000	80,000	400%		

❶ '목표값' 시트에서 [J5] 셀에 '=SUM(E5:H5)*12+SUM(E5:H5)*I5' 수식을 입력하여 '총액'을 계산한다.

❷ [J5:J22] 범위를 선택하고 채우기 핸들을 드래그하여 '총액'을 표시한다.

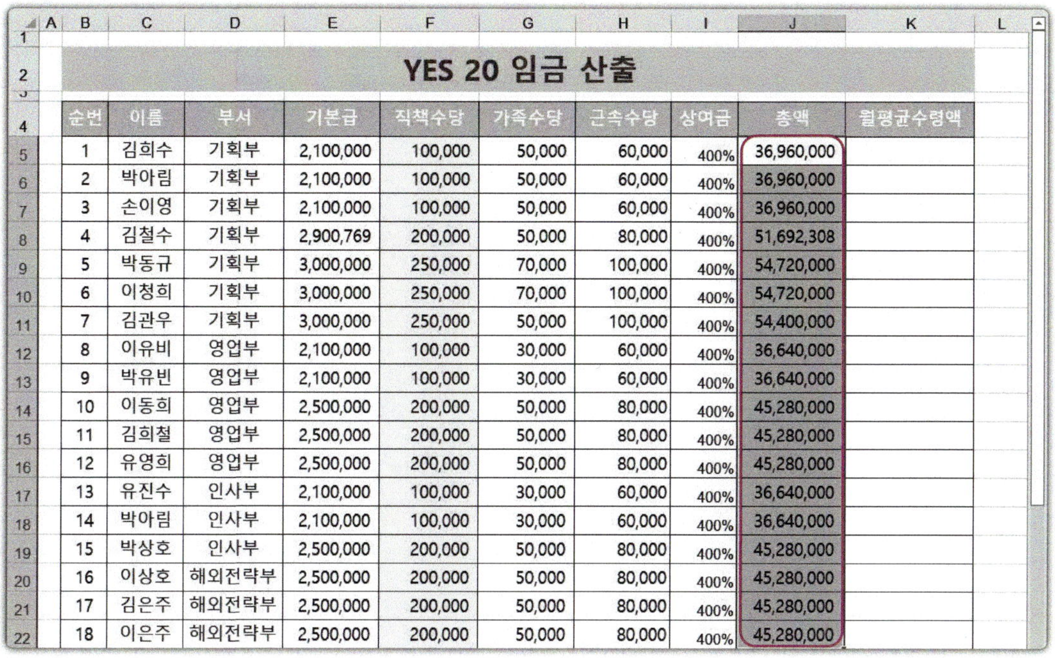

YES 20 임금 산출									
순번	이름	부서	기본급	직책수당	가족수당	근속수당	상여금	총액	월평균수령액
1	김희수	기획부	2,100,000	100,000	50,000	60,000	400%	36,960,000	
2	박아림	기획부	2,100,000	100,000	50,000	60,000	400%	36,960,000	
3	손이영	기획부	2,100,000	100,000	50,000	60,000	400%	36,960,000	
4	김철수	기획부	2,900,769	200,000	50,000	80,000	400%	51,692,308	
5	박동규	기획부	3,000,000	250,000	70,000	100,000	400%	54,720,000	
6	이청희	기획부	3,000,000	250,000	70,000	100,000	400%	54,720,000	
7	김관우	기획부	3,000,000	250,000	50,000	100,000	400%	54,400,000	
8	이유비	영업부	2,100,000	100,000	30,000	60,000	400%	36,640,000	
9	박유빈	영업부	2,100,000	100,000	30,000	60,000	400%	36,640,000	
10	이동희	영업부	2,500,000	200,000	50,000	80,000	400%	45,280,000	
11	김희철	영업부	2,500,000	200,000	50,000	80,000	400%	45,280,000	
12	유영희	영업부	2,500,000	200,000	50,000	80,000	400%	45,280,000	
13	유진수	인사부	2,100,000	100,000	30,000	60,000	400%	36,640,000	
14	박아림	인사부	2,100,000	100,000	30,000	60,000	400%	36,640,000	
15	박상호	인사부	2,500,000	200,000	50,000	80,000	400%	45,280,000	
16	이상호	해외전략부	2,500,000	200,000	50,000	80,000	400%	45,280,000	
17	김은주	해외전략부	2,500,000	200,000	50,000	80,000	400%	45,280,000	
18	이은주	해외전략부	2,500,000	200,000	50,000	80,000	400%	45,280,000	

109

❸ [K5] 셀에 '=J5/12' 수식을 입력하여 '월 평균 수령액'을 계산한다.

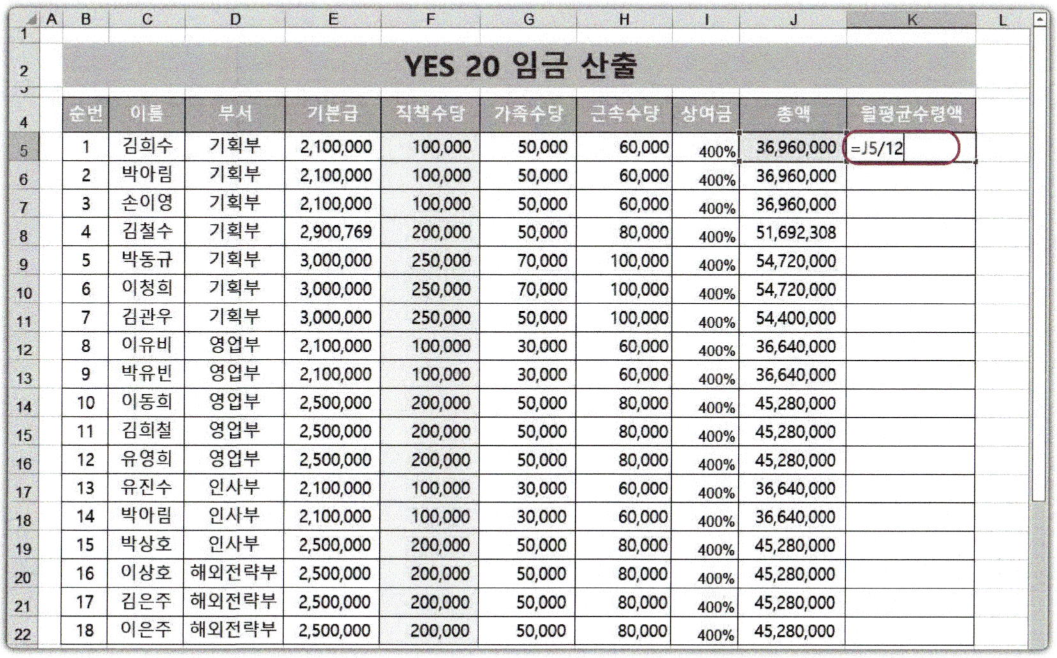

YES 20 임금 산출									
순번	이름	부서	기본급	직책수당	가족수당	근속수당	상여금	총액	월평균수령액
1	김희수	기획부	2,100,000	100,000	50,000	60,000	400%	36,960,000	=J5/12
2	박아림	기획부	2,100,000	100,000	50,000	60,000	400%	36,960,000	
3	손이영	기획부	2,100,000	100,000	50,000	60,000	400%	36,960,000	
4	김철수	기획부	2,900,769	200,000	50,000	80,000	400%	51,692,308	
5	박동규	기획부	3,000,000	250,000	70,000	100,000	400%	54,720,000	
6	이청희	기획부	3,000,000	250,000	70,000	100,000	400%	54,720,000	
7	김관우	기획부	3,000,000	250,000	50,000	100,000	400%	54,400,000	
8	이유비	영업부	2,100,000	100,000	30,000	60,000	400%	36,640,000	
9	박유빈	영업부	2,100,000	100,000	30,000	60,000	400%	36,640,000	
10	이동희	영업부	2,500,000	200,000	50,000	80,000	400%	45,280,000	
11	김희철	영업부	2,500,000	200,000	50,000	80,000	400%	45,280,000	
12	유영희	영업부	2,500,000	200,000	50,000	80,000	400%	45,280,000	
13	유진수	인사부	2,100,000	100,000	30,000	60,000	400%	36,640,000	
14	박아림	인사부	2,100,000	100,000	30,000	60,000	400%	36,640,000	
15	박상호	인사부	2,500,000	200,000	50,000	80,000	400%	45,280,000	
16	이상호	해외전략부	2,500,000	200,000	50,000	80,000	400%	45,280,000	
17	김은주	해외전략부	2,500,000	200,000	50,000	80,000	400%	45,280,000	
18	이은주	해외전략부	2,500,000	200,000	50,000	80,000	400%	45,280,000	

❹ [K5:K22] 범위를 선택하고 채우기 핸들을 드래그하여 '월 평균 수령액'을 표시한다.

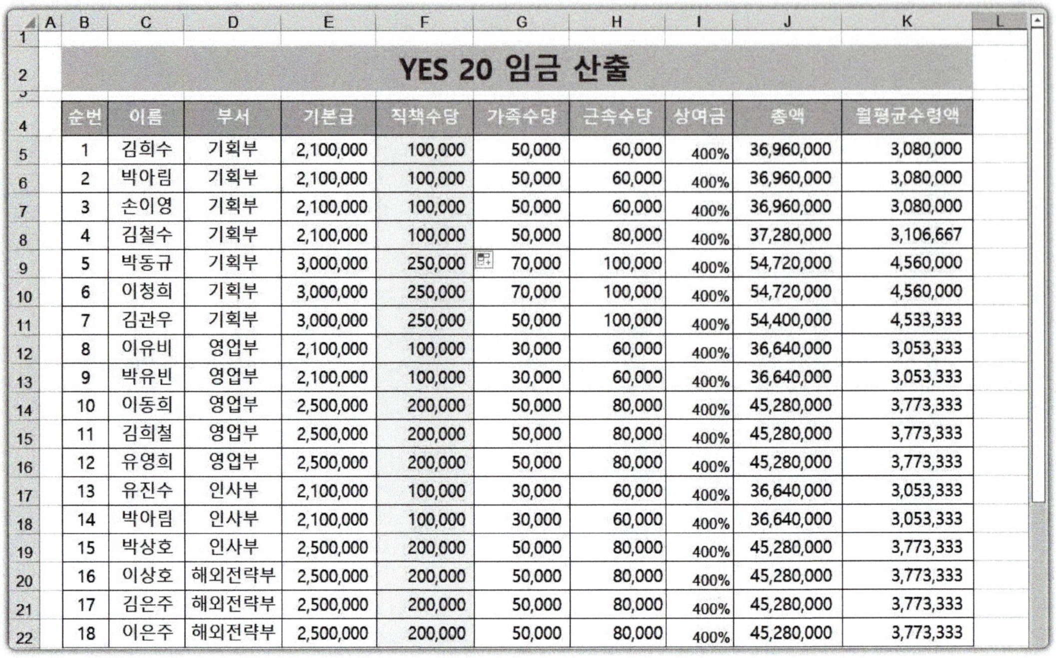

YES 20 임금 산출

순번	이름	부서	기본급	직책수당	가족수당	근속수당	상여금	총액	월평균수령액
1	김희수	기획부	2,100,000	100,000	50,000	60,000	400%	36,960,000	3,080,000
2	박아림	기획부	2,100,000	100,000	50,000	60,000	400%	36,960,000	3,080,000
3	손이영	기획부	2,100,000	100,000	50,000	60,000	400%	36,960,000	3,080,000
4	김철수	기획부	2,100,000	100,000	50,000	80,000	400%	37,280,000	3,106,667
5	박동규	기획부	3,000,000	250,000	70,000	100,000	400%	54,720,000	4,560,000
6	이청희	기획부	3,000,000	250,000	70,000	100,000	400%	54,720,000	4,560,000
7	김관우	기획부	3,000,000	250,000	50,000	100,000	400%	54,400,000	4,533,333
8	이유비	영업부	2,100,000	100,000	30,000	60,000	400%	36,640,000	3,053,333
9	박유빈	영업부	2,100,000	100,000	30,000	60,000	400%	36,640,000	3,053,333
10	이동희	영업부	2,500,000	200,000	50,000	80,000	400%	45,280,000	3,773,333
11	김희철	영업부	2,500,000	200,000	50,000	80,000	400%	45,280,000	3,773,333
12	유영희	영업부	2,500,000	200,000	50,000	80,000	400%	45,280,000	3,773,333
13	유진수	인사부	2,100,000	100,000	30,000	60,000	400%	36,640,000	3,053,333
14	박아림	인사부	2,100,000	100,000	30,000	60,000	400%	36,640,000	3,053,333
15	박상호	인사부	2,500,000	200,000	50,000	80,000	400%	45,280,000	3,773,333
16	이상호	해외전략부	2,500,000	200,000	50,000	80,000	400%	45,280,000	3,773,333
17	김은주	해외전략부	2,500,000	200,000	50,000	80,000	400%	45,280,000	3,773,333
18	이은주	해외전략부	2,500,000	200,000	50,000	80,000	400%	45,280,000	3,773,333

❺ 목표 값을 구할 [K8] 셀을 선택하고 [데이터]–[예측] 그룹에서 [가상 분석]–[목표값 찾기]를 선택한다.

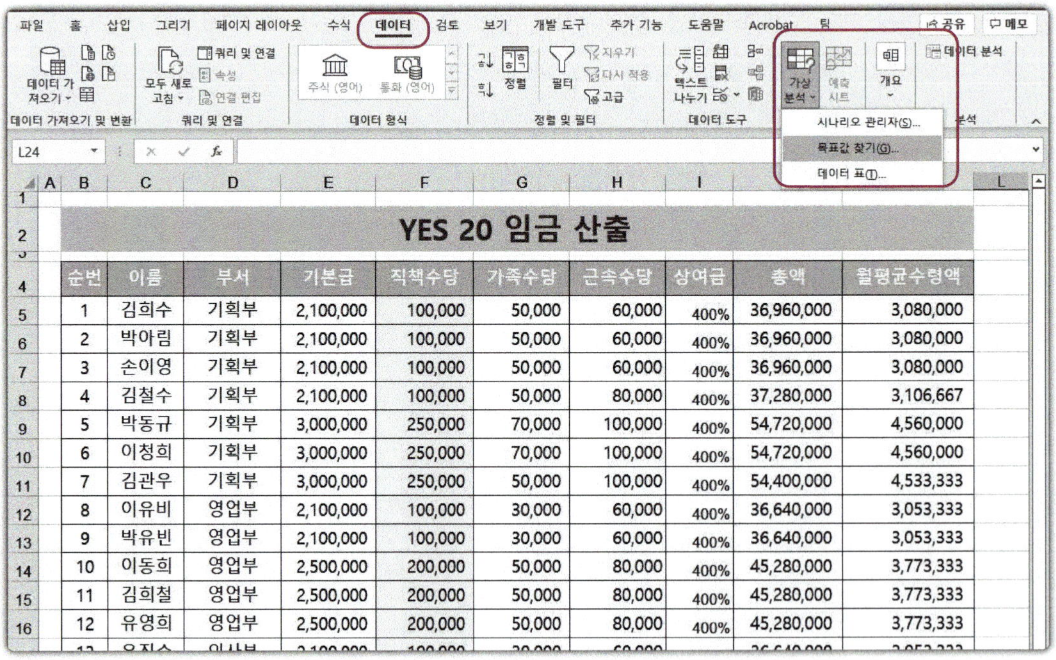

YES 20 임금 산출

순번	이름	부서	기본급	직책수당	가족수당	근속수당	상여금	총액	월평균수령액
1	김희수	기획부	2,100,000	100,000	50,000	60,000	400%	36,960,000	3,080,000
2	박아림	기획부	2,100,000	100,000	50,000	60,000	400%	36,960,000	3,080,000
3	손이영	기획부	2,100,000	100,000	50,000	60,000	400%	36,960,000	3,080,000
4	김철수	기획부	2,100,000	100,000	50,000	80,000	400%	37,280,000	3,106,667
5	박동규	기획부	3,000,000	250,000	70,000	100,000	400%	54,720,000	4,560,000
6	이청희	기획부	3,000,000	250,000	70,000	100,000	400%	54,720,000	4,560,000
7	김관우	기획부	3,000,000	250,000	50,000	100,000	400%	54,400,000	4,533,333
8	이유비	영업부	2,100,000	100,000	30,000	60,000	400%	36,640,000	3,053,333
9	박유빈	영업부	2,100,000	100,000	30,000	60,000	400%	36,640,000	3,053,333
10	이동희	영업부	2,500,000	200,000	50,000	80,000	400%	45,280,000	3,773,333
11	김희철	영업부	2,500,000	200,000	50,000	80,000	400%	45,280,000	3,773,333
12	유영희	영업부	2,500,000	200,000	50,000	80,000	400%	45,280,000	3,773,333

❻ [목표값 찾기] 대화 상자에서 '찾는 값'은 '3500000', '값을 바꿀 셀'은 '$E$8'로 설정하고 '확인'을 눌러 대화 상자를 닫는다.

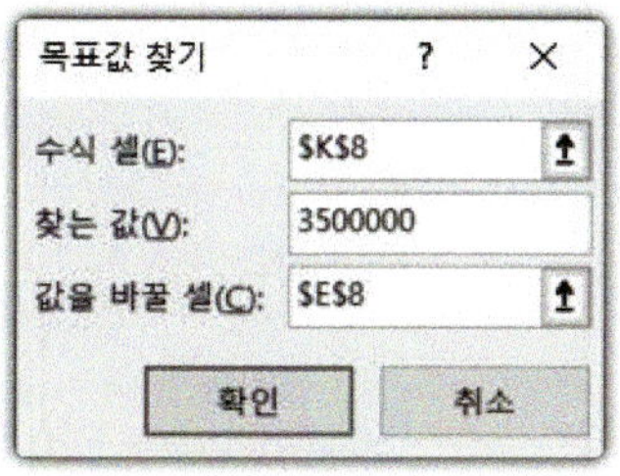

❼ [목표값 찾기 상태] 대화 상자에 답을 찾았다는 메시지가 표시되고, 워크시트에는 [E8] 셀의 값과 [K8] 셀의 값이 변경된 것을 확인할 수 있다.

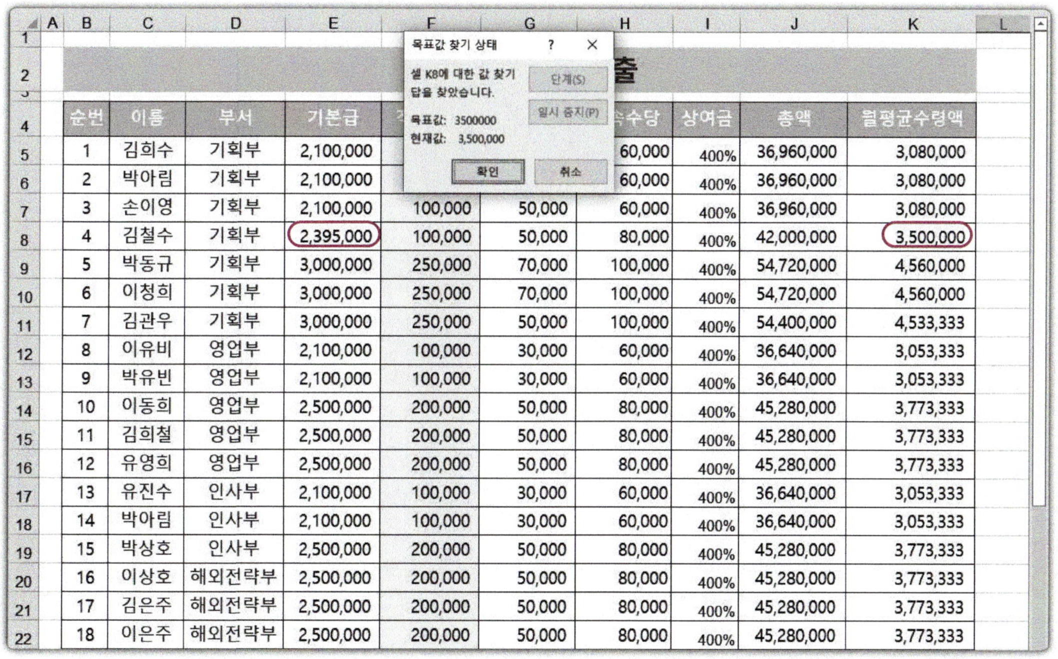

순번	이름	부서	기본금			속수당	상여금	총액	월평균수령액
1	김희수	기획부	2,100,000			60,000	400%	36,960,000	3,080,000
2	박아림	기획부	2,100,000			60,000	400%	36,960,000	3,080,000
3	손이영	기획부	2,100,000	100,000	50,000	60,000	400%	36,960,000	3,080,000
4	김철수	기획부	2,395,000	100,000	50,000	80,000	400%	42,000,000	3,500,000
5	박동규	기획부	3,000,000	250,000	70,000	100,000	400%	54,720,000	4,560,000
6	이청희	기획부	3,000,000	250,000	70,000	100,000	400%	54,720,000	4,560,000
7	김관우	기획부	3,000,000	250,000	50,000	100,000	400%	54,400,000	4,533,333
8	이유비	영업부	2,100,000	100,000	30,000	60,000	400%	36,640,000	3,053,333
9	박유빈	영업부	2,100,000	100,000	30,000	60,000	400%	36,640,000	3,053,333
10	이동희	영업부	2,500,000	200,000	50,000	80,000	400%	45,280,000	3,773,333
11	김희철	영업부	2,500,000	200,000	50,000	80,000	400%	45,280,000	3,773,333
12	유영희	영업부	2,500,000	200,000	50,000	80,000	400%	45,280,000	3,773,333
13	유진수	인사부	2,100,000	100,000	30,000	60,000	400%	36,640,000	3,053,333
14	박아림	인사부	2,100,000	100,000	30,000	60,000	400%	36,640,000	3,053,333
15	박상호	인사부	2,500,000	200,000	50,000	80,000	400%	45,280,000	3,773,333
16	이상호	해외전략부	2,500,000	200,000	50,000	80,000	400%	45,280,000	3,773,333
17	김은주	해외전략부	2,500,000	200,000	50,000	80,000	400%	45,280,000	3,773,333
18	이은주	해외전략부	2,500,000	200,000	50,000	80,000	400%	45,280,000	3,773,333

시나리오 작성

수입과 지출 데이터를 이용해 순이익을 계산하는 예산 관리의 경우, 값이 고정적이지 않은 항목이 있다면 변동되는 값을 고려한 여러 가지 시나리오를 작성할 수 있다. 이와 같이 고정적이지 않은 변수의 값을 정해놓고 결과 값이 어떻게 달라지는지 분석하여 요약 보고서나 피벗 테이블 형태로 보여주는 것이 엑셀의 시나리오 작성 도구이다.

'3년간 재테크 계획'을 통해 목표 금액 합계가 '150,000,000'이 되는 시나리오를 작성해보자.

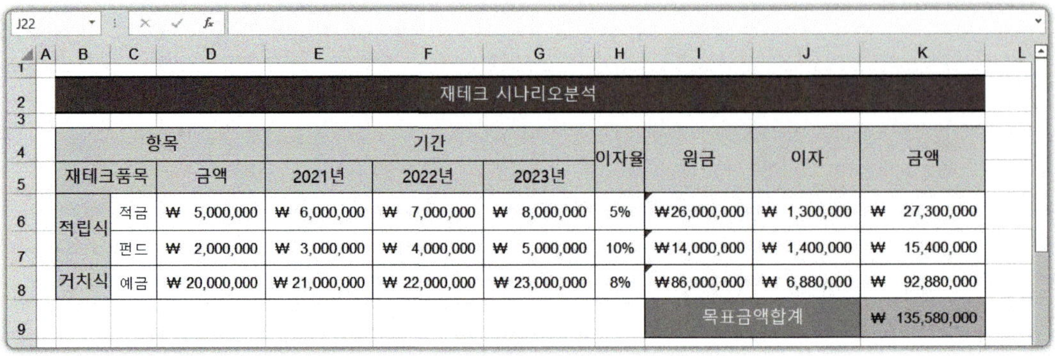

재테크 시나리오분석									
항목			기간			이자율	원금	이자	금액
재테크품목		금액	2021년	2022년	2023년				
적립식	적금	₩ 5,000,000	₩ 6,000,000	₩ 7,000,000	₩ 8,000,000	5%	₩26,000,000	₩ 1,300,000	₩ 27,300,000
	펀드	₩ 2,000,000	₩ 3,000,000	₩ 4,000,000	₩ 5,000,000	10%	₩14,000,000	₩ 1,400,000	₩ 15,400,000
거치식	예금	₩ 20,000,000	₩ 21,000,000	₩ 22,000,000	₩ 23,000,000	8%	₩86,000,000	₩ 6,880,000	₩ 92,880,000
							목표금액합계		₩ 135,580,000

❶ '재테크 시나리오 분석 데이터' 시트에서 [데이터]–[예측]–[가상 분석] 목록에서 [시나리오 관리자]를 선택한다.

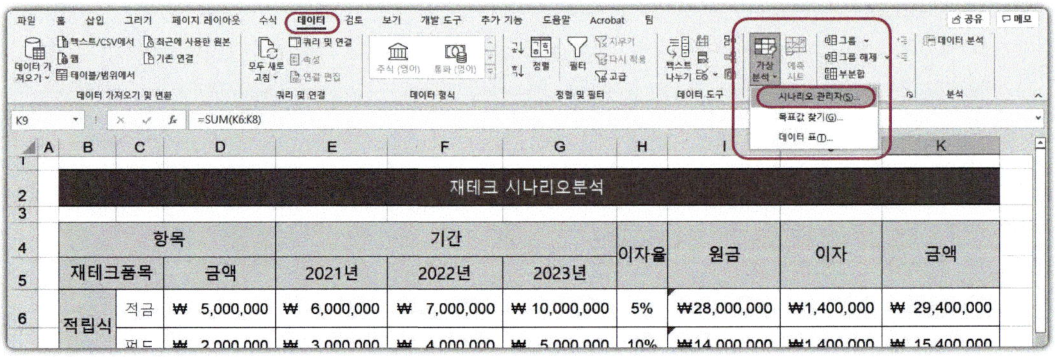

❷ [시나리오 관리자] 대화 상자에서 [추가]를 누른다.

❸ [시나리오 추가] 대화 상자의 [시나리오 이름]에 '목표값1'을 입력하고, [변경 셀]은 $D$6:$D$8로 설정하여 [확인]을 누른다.

❹ [시나리오 값] 대화 상자의 [$D$6] 셀에 '10000000', [$D$7] 셀에 '5000000', [$D$8] 셀에 '30000000'을 각 셀에 입력하고 [확인]을 누른다.

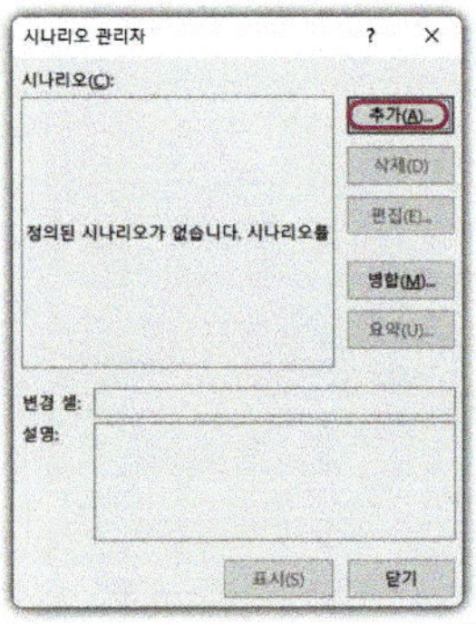

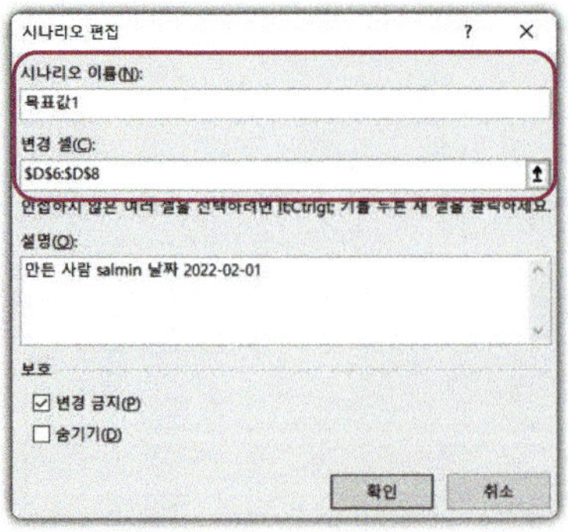

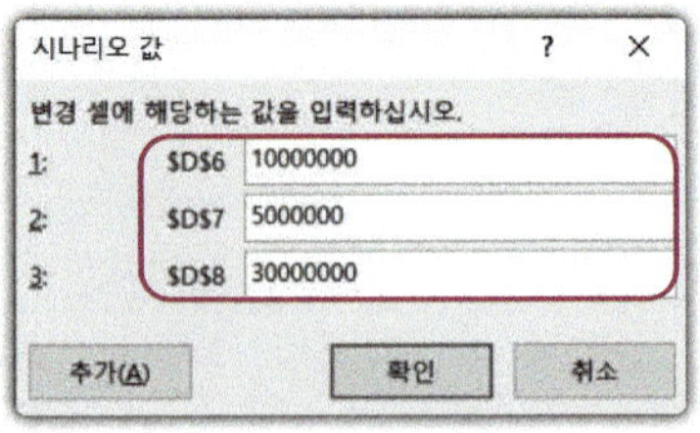

❺ [시나리오 관리자] 대화 상자의 [시나리오] 목록에 '목표값1'이 표시된다. '목표값2'를 작성하기 위해 [추가]를 누른다.

❻ [시나리오 추가] 대화 상자의 [시나리오 이름]에 '목표값2'를 입력하고, [변경 셀]의 값이 [$H$6:$H$8]인 것을 확인한 다음 [확인]을 누른다.

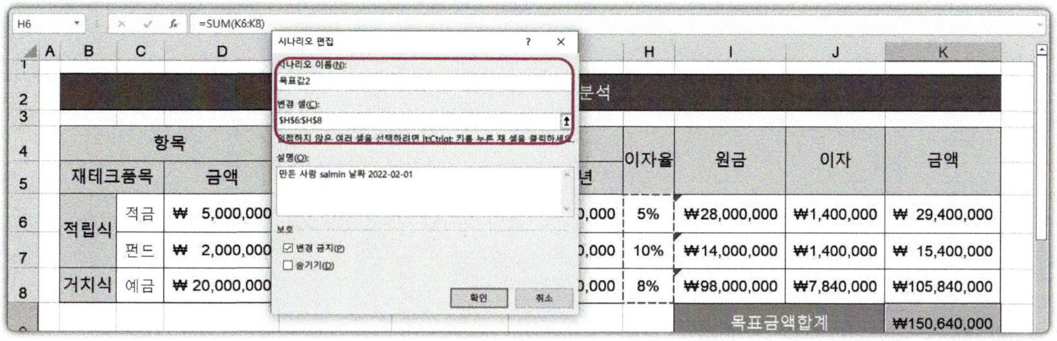

❼ [시나리오 값] 대화 상자에 [$H$6] 셀에는 '0.1', [$H$7] 셀에는 '0.15', [$H$8] 셀에는 '0.2'을 각 셀에 입력하고 [확인]을 누른다.

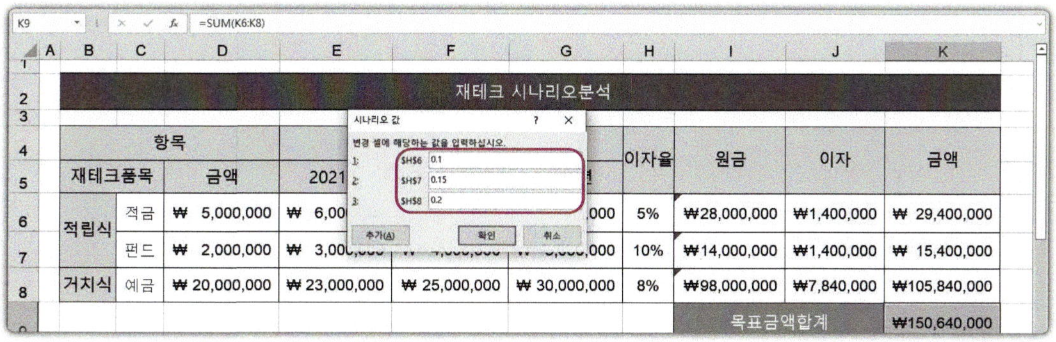

❽ [시나리오 관리자] 대화 상자에 [시나리오] 목록에 '목표값1', '목표값2'가 추가된 것을 확인할 수 있다. 추가한 시나리오에 대한 요약 보고서를 작성하기 위해 [요약]을 선택한다.

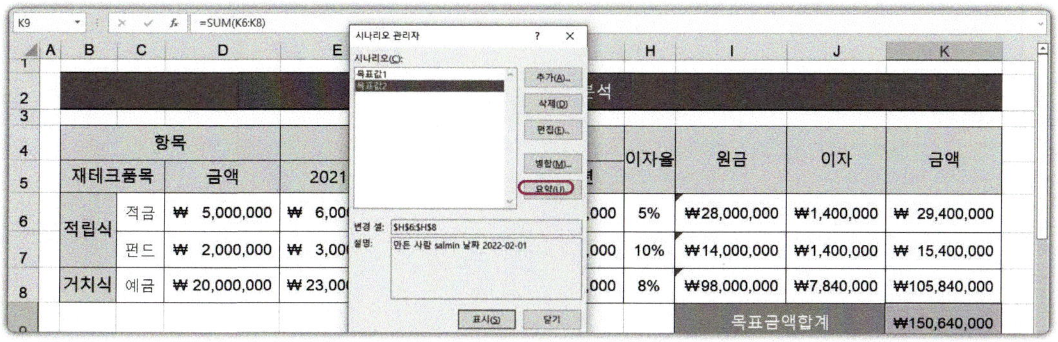

❾ [시나리오 요약] 대화 상자에서 '보고서 종류'는 '시나리오 요약'을, '결과 셀'은 '목표 금액 합계'가 표시되는 [K9] 셀로 설정하고 [확인]을 누른다.

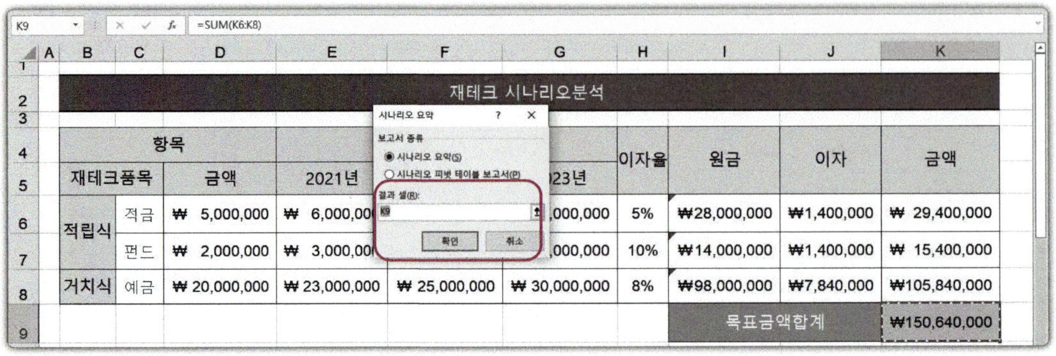

❿ 시나리오 요약 결과가 표시된 '시나리오 요약' 워크시트가 추가된다. '변경 셀'과 '결과 셀'에 표기된 셀 번호 대신 다음과 같이 내용을 입력하여 이해하기 쉽게 수정한다.

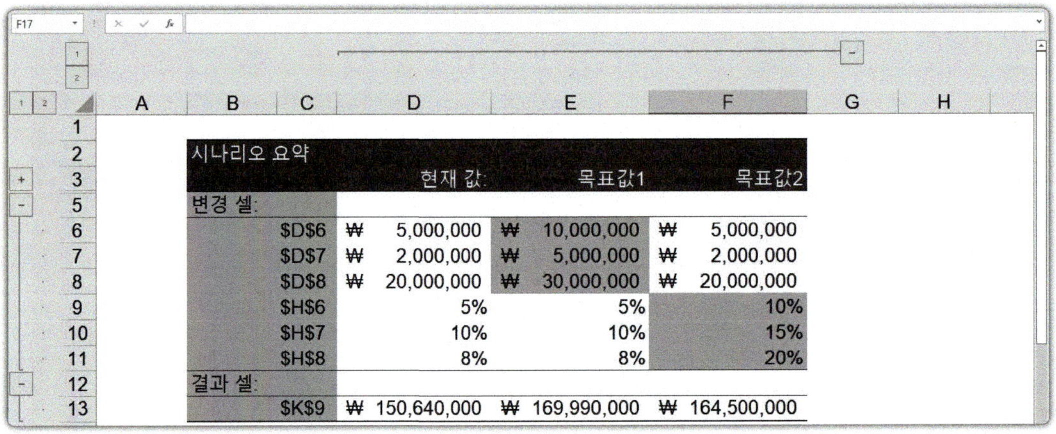

5.2 차트 시각화

숫자와 문자 데이터를 시각적으로 표현하기 위해 막대, 꺾은선, 원 등의 형태로 표현하는 것을 '차트'라고 한다. 데이터 값을 비교할 때 '막대형 차트', 항목별 변화량을 쉽게 파악하고 다음 값을 예측할 때 '꺾은선 차트', 항목별 비율을 나타낼 때 '원형 차트', 도수 분포를 비교할 때 '분산형 차트', 기타 혼합형, 주식형, 영역형, 방사형 등 다양한 차트를 삽입하고 편집하는 방법에 대해 알아보자.

차트 구성 요소

아래는 '학과별 성적 관리' 데이터를 시각화한 예제 차트이다. 차트의 구성 요소를 살펴보자.

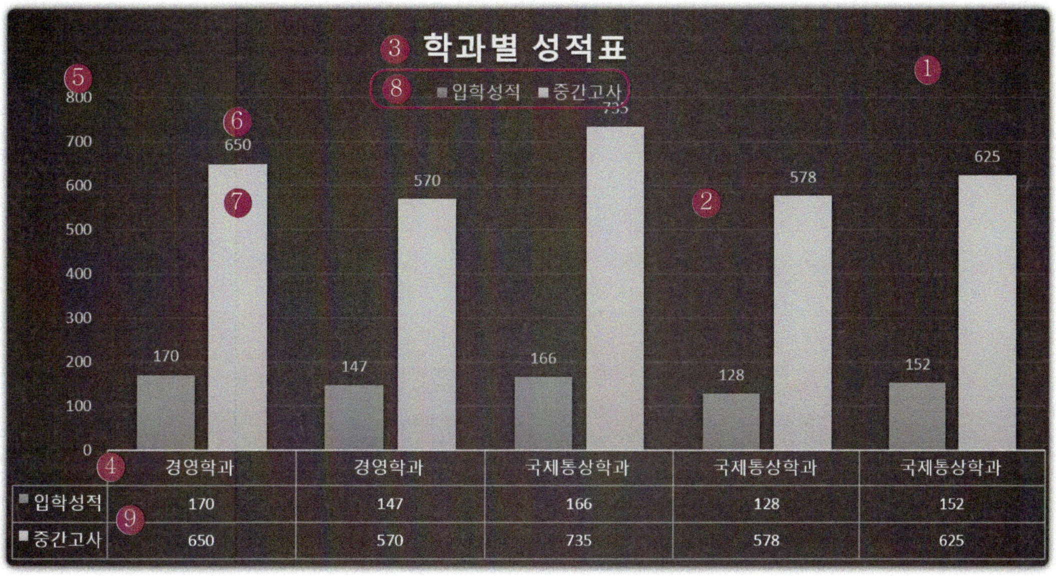

❶ **차트 영역:** 차트 전체 영역, 모든 구성 요소가 포함되어 있으며 크기 조절이 가능하다.

❷ **그림 영역:** X축과 Y축으로 이루어진 사각형 영역 안에 눈금선, 항목, 항목 이름, 데이터 계열, 데이터 레이블 등을 포함하며 크기 조절 가능하다.

❸ **차트 제목:** 차트 제목을 표시한다.

❹ **가로(항목) 축:** X축 데이터 계열의 이름을 표시한다.

❺ **세로(값) 축:** Y축 데이터 계열의 값을 표시한다.

❻ **데이터 레이블:** 원본 데이터 값을 표시한다.

❼ **데이터 계열:** 차트에 그려지는 데이터를 고유한 색과 형태로 표시한다.

❽ **범례:** 각 데이터의 요소별 색과 이름을 표시한다. 위치와 크기 조절이 가능하다.

❾ **데이터 표:** 원본의 데이터 표를 나타낸다.

차트 도구

'차트'를 클릭하면 나타나는 [차트] 탭은 초록색 탭으로 표시되며, [차트 디자인], [서식] 탭으로 구성된다. [차트] 탭을 이용하여 다양한 서식을 적용할 수 있다.

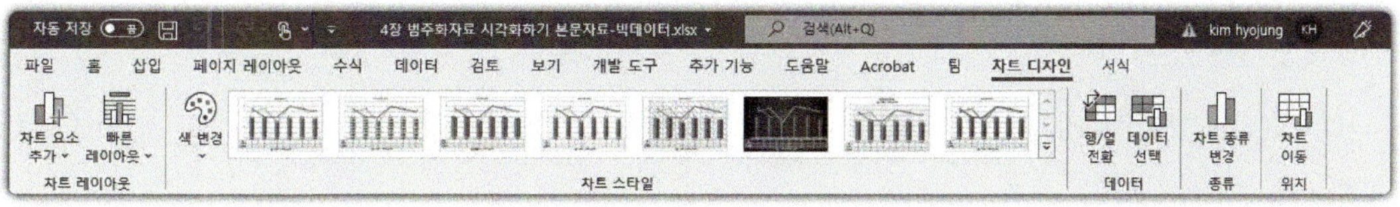

차트 편집하기

데이터의 셀을 지정하고, [삽입]-[차트] 그룹을 이용하여 차트 종류를 선택하면 워크시트에 차트가 생성된다. 이때 원하는 차트 구성 요소를 [차트 디자인], [서식] 탭을 이용하여 편집할 수 있다.

1 차트 만들고 스타일 설정하기

'전공별 학생 성적 관리' 데이터를 이용해 차트를 만들어 시각화해보자.

	A	B	C	D	E	F	G	H	I	J
1										
2		전공별 학생 성적 관리								
3										
4		전공	이름	성별	출석점수	중간고사	기말고사	과제점수	총점	순위
5		경영학과	이재훈	남자	20	25	28	19	92	4
6		경영학과	김효진	여자	20	28	20	19	87	5
7		경영학과	이계명	남자	17	15	20	15	67	11
8		행정학과	박하늬	여자	15	15	17	15	62	12
9		행정학과	김수영	남자	18	23	28	18	87	5
10		행정학과	서다은	여자	17	20	23	16	76	9
11		통계학과	이영희	여자	20	30	30	19	99	1
12		통계학과	김교안	남자	20	27	28	19	94	3
13		통계학과	황인수	남자	18	25	25	18	86	7
14		컴퓨터공학과	김민수	남자	20	20	25	20	85	8
15		컴퓨터공학과	이연호	남자	15	17	25	16	73	10
16		컴퓨터공학과	이연재	여자	20	30	28	20	98	2

❶ [차트 데이터 자료] 시트에서 [B4:B16] 범위를 선택한 후 Ctrl 키를 누른 상태에서 [E4:H16] 범위를 선택한다.

	A	B	C	D	E	F	G	H	I	J
1										
2		전공별 학생 성적 관리								
3										
4		전공	이름	성별	출석점수	중간고사	기말고사	과제점수	총점	순위
5		경영학과	이재훈	남자	20	25	28	19	92	4
6		경영학과	김효진	여자	20	28	20	19	87	5
7		경영학과	이계명	남자	17	15	20	15	67	11
8		행정학과	박하늬	여자	15	15	17	15	62	12
9		행정학과	김수영	남자	18	23	28	18	87	5
10		행정학과	서다은	여자	17	20	23	16	76	9
11		통계학과	이영희	여자	20	30	30	19	99	1
12		통계학과	김교안	남자	20	27	28	19	94	3
13		통계학과	황인수	남자	18	25	25	18	86	7
14		컴퓨터공학과	김민수	남자	20	20	25	20	85	8
15		컴퓨터공학과	이연호	남자	15	17	25	16	73	10
16		컴퓨터공학과	이연재	여자	20	30	28	20	98	2

❷ [삽입]-[추천 차트] 그룹에서 [묶은 세로 막대형]을 클릭한다.

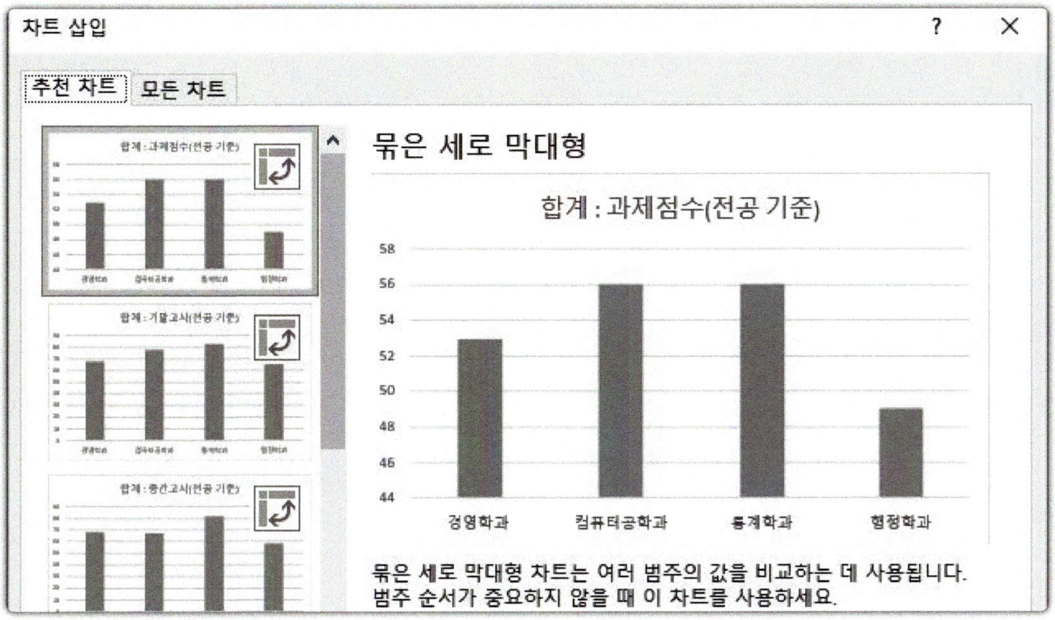

❸ 가장 기본 차트인 묶은 세로 막대형 차트가 완성되었다. 삽입된 차트에 마우스 포인터를 올려놓고 모양으로 표시되면 드래그해서 원하는 위치로 차트를 이동할 수 있다.

❹ 차트에 표시된 막대의 색상을 바꾸기 위해 [차트 디자인]-[차트 스타일] 그룹에서 [색 변경]을 클릭하여 '색상형-다양한 색상표 3'을 클릭한다.

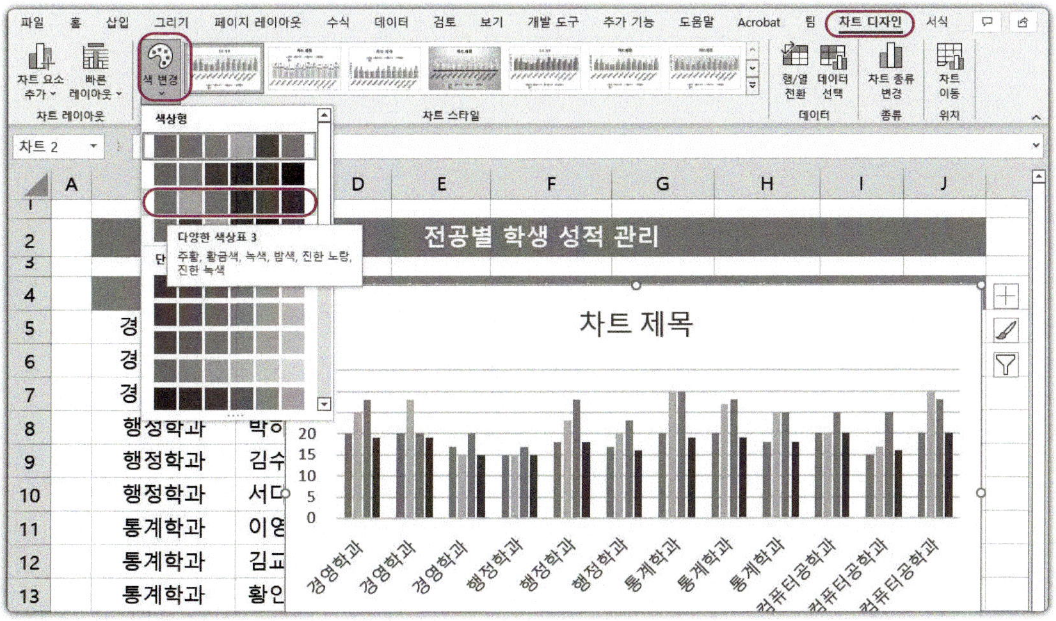

❺ 전체적인 스타일을 쉽게 적용하기 위해 [차트 디자인]-[차트 스타일] 그룹에서 '스타일 3'을 지정한다.

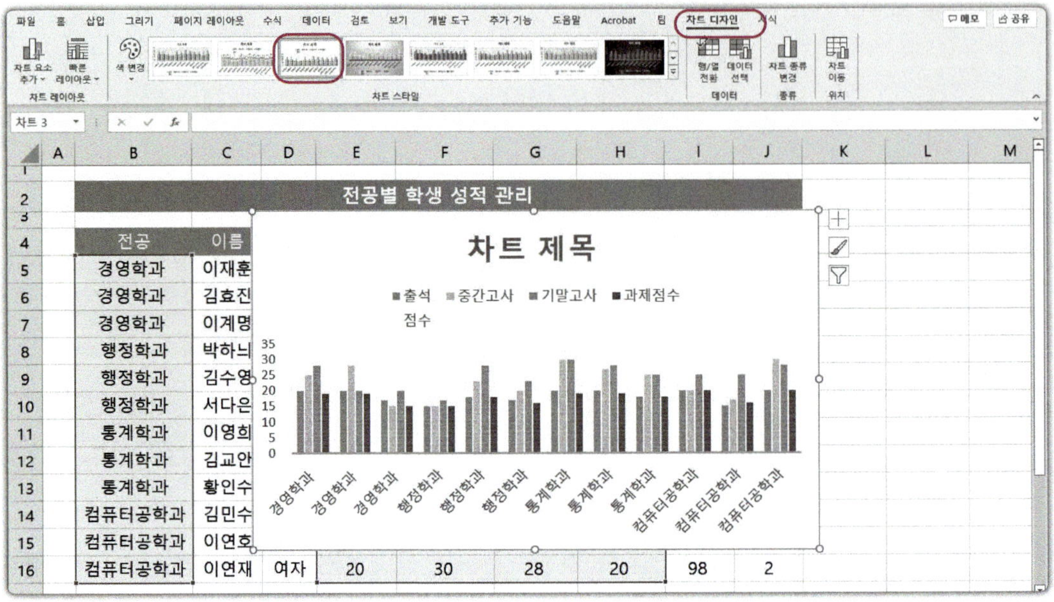

2 차트 시트로 이동하고 차트 요소 설정하기

앞에서 만들어진 차트를 새로운 시트로 이동하여 다양한 요소를 새롭게 적용해보자.

❶ [데이터] 시트에서 차트를 선택하여 [차트 디자인]-[위치] 그룹에서 [차트 이동]을 클릭한다.

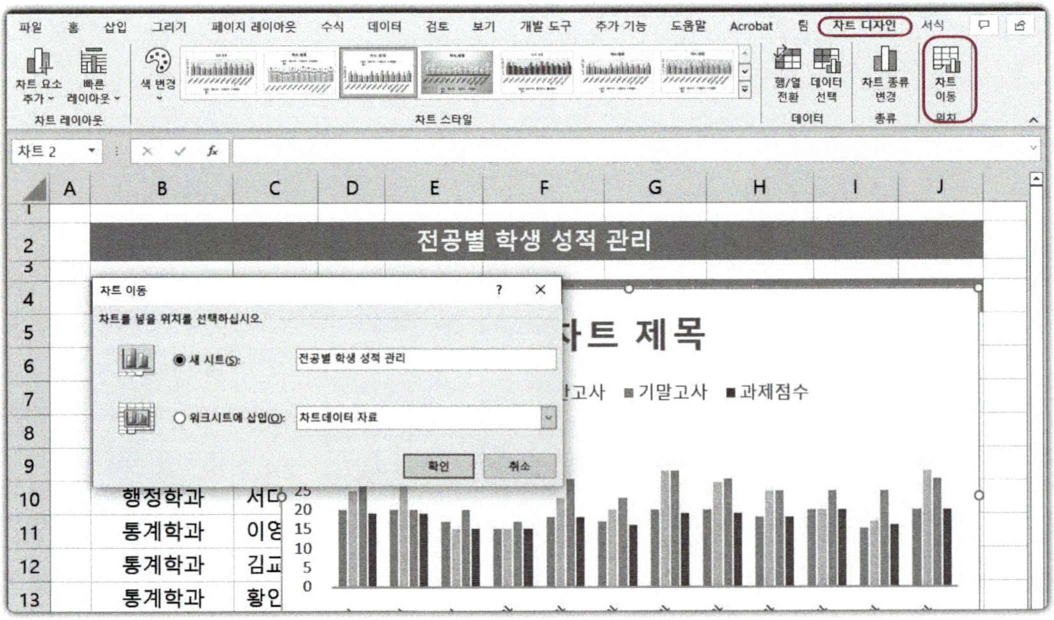

❷ [차트 이동] 대화 상자가 열리면 [새 시트]를 선택하고 입력 상자에 새로 추가할 차트 시트의 이름을 "전공별 학생 성적관리'로 입력한 후 **확인**을 클릭한다.

❸ '전공별 학생 성적관리' 시트가 만들어지고 차트가 이동되었다. '차트 제목'을 '전공별 학생 성적표'로 입력한다.

❹ 차트에 다양한 요소 설정과 차트 스타일 변경을 위해 차트 오른쪽 위에 표시된 **[차트 스타일]** 단추를 클릭한다. 표시된 스타일 목록 위에 마우스 포인터를 올려놓고 디자인을 확인한 후 원하는 스타일에서 '스타일 9'를 선택한다.

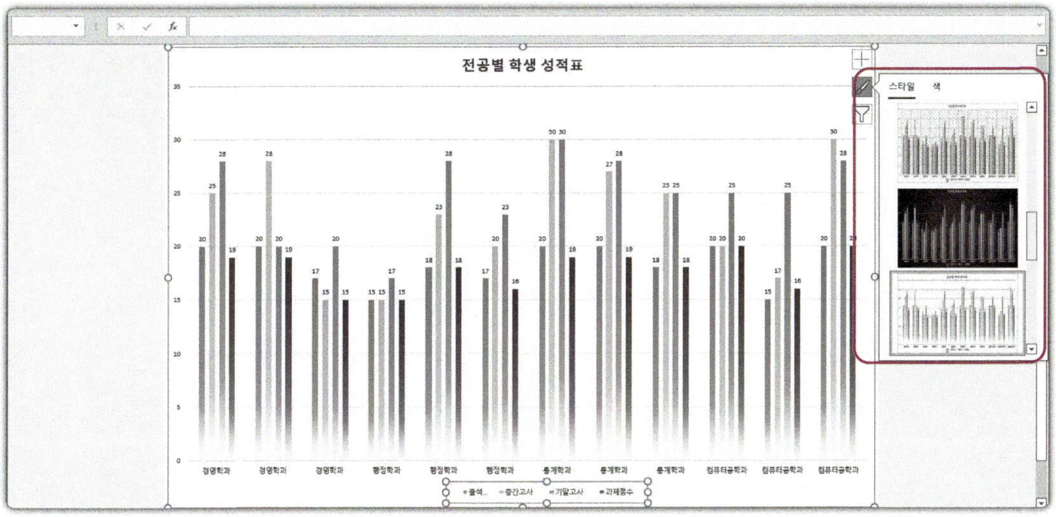

❺ 차트 오른쪽 위에 표시된 **[차트 요소]** 단추를 클릭하여 각 막대의 실제 값을 표시하기 위해 **[데이터 레이블]-[바깥쪽 끝에]**를 선택한다.

❻ 차트에 표시된 막대의 실제 값이 데이터 설명선으로 표시되면 **[차트 요소]** 단추를 클릭하고 **[범례]-[아래쪽]**을 선택한다.

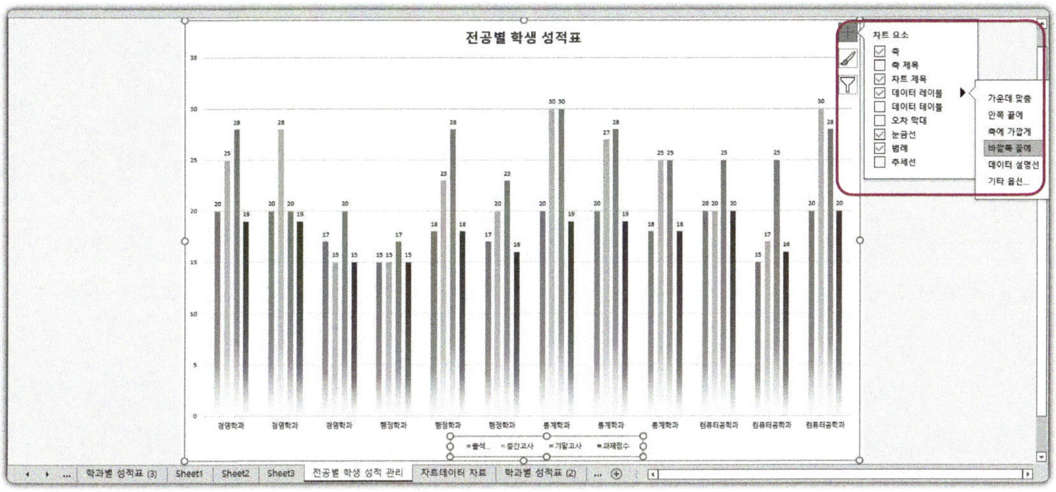

❼ 차트에 표시할 막대와 숨길 막대를 선택하기 위해 차트 오른쪽 위에 표시된 [차트 필터] 단추를 클릭합니다. '범주'에서 '모두 선택'의 체크를 해제하고 '경영학과', '통계학과'만 체크한 후 [적용]을 클릭한다.

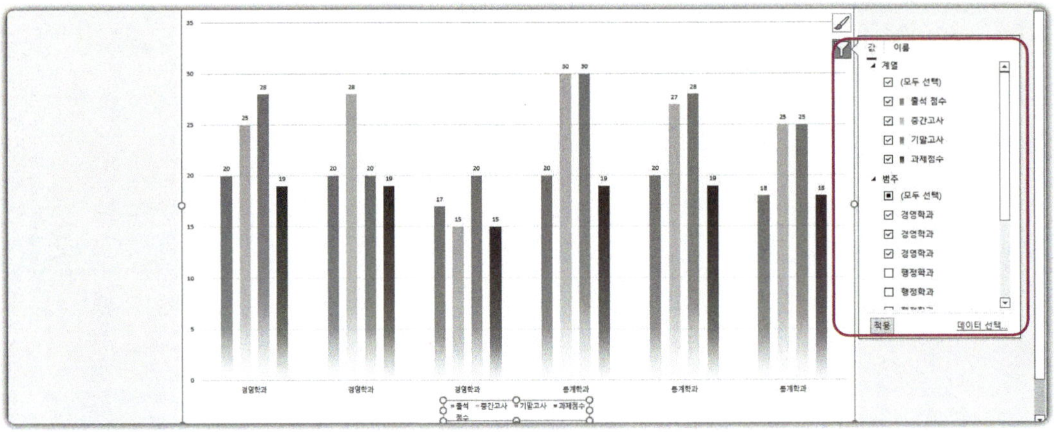

3 차트의 종류 변경하고 원본 데이터 표시하기

현재 완성된 차트에 지정한 서식은 그대로 유지하면서 다른 종류의 차트로 변경해보자.

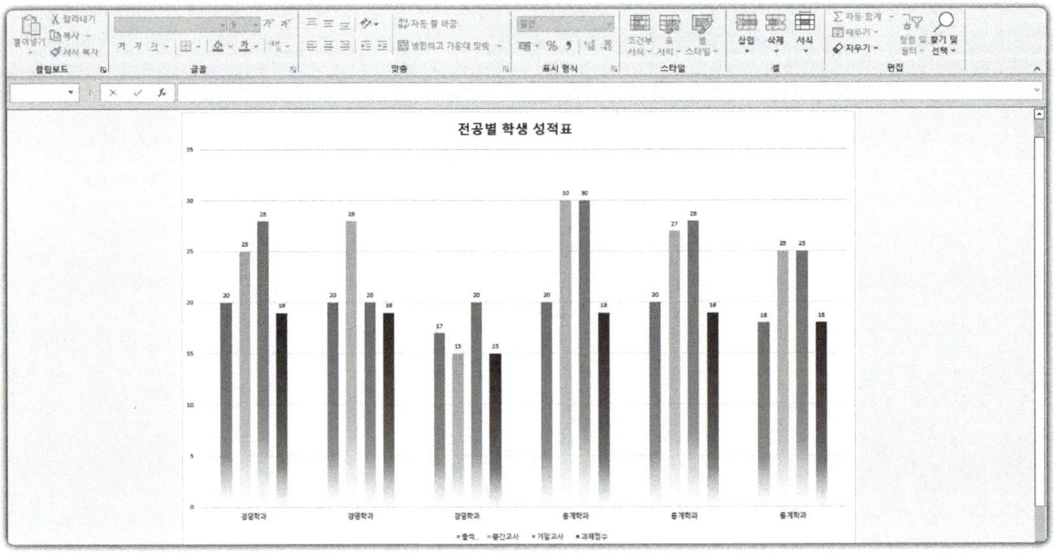

❶ '전공별 학생 성적관리' 시트에서 이미 만들어진 차트를 클릭하고 [차트 디자인]-[종류] 그룹에서 [차트 종류 변경]을 클릭한다.

❷ [차트 종류 변경] 대화 상자가 열리면 [모든 차트]-[혼합형] 범주에서 '출석 점수', '과제 점수'에는 [묶은 세로 막대형]을 '중간고사', '기말고사'에는 [꺾은선형]을 선택하고 [확인]을 클릭한다.

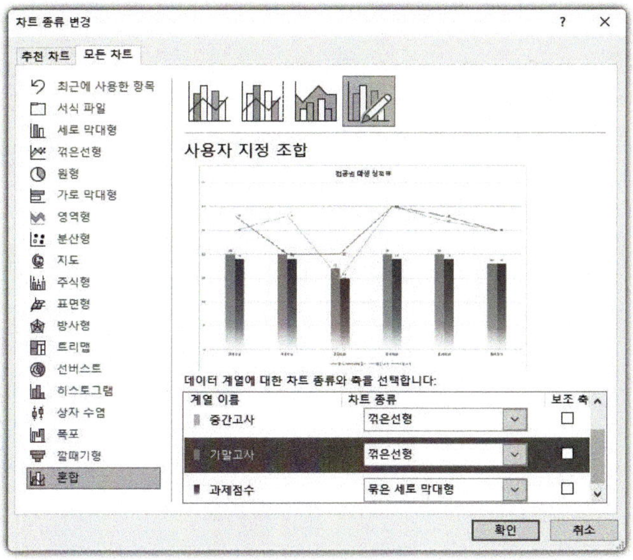

❸ [차트 디자인]–[차트 레이아웃] 그룹에서 [빠른 레이아웃]을 클릭하고 '레이아웃 2'를 선택한다.

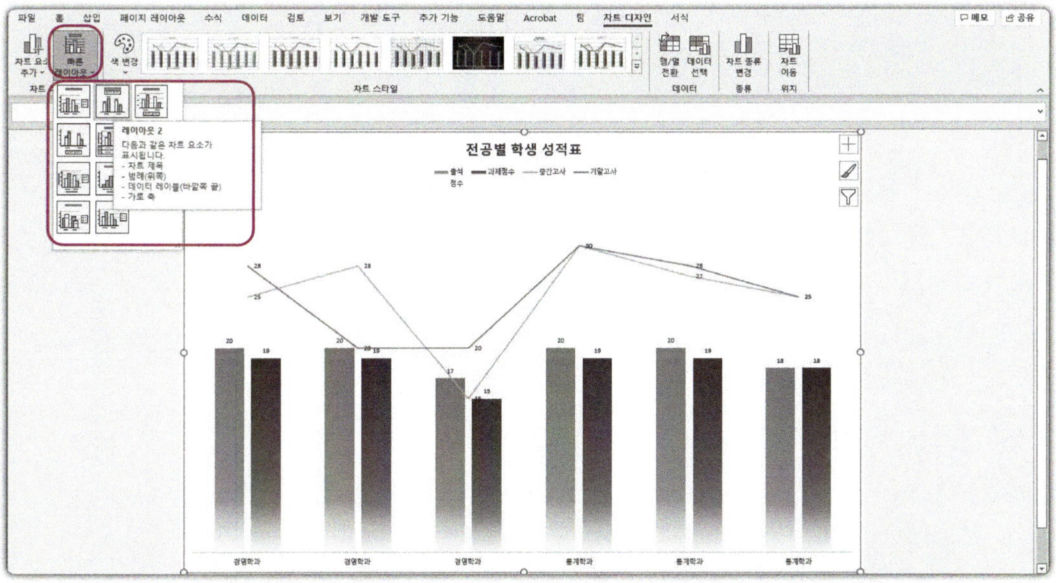

❹ 차트의 레이아웃이 변경된 것을 확인 후 [차트 디자인]–[차트 스타일] 그룹에서 [색 변경]을 클릭하고 '색상형'에서 '다양한 색상표 3'을 선택하고 막대에 표시할 색상을 변경한다.

❺ [차트 디자인]–[차트 레이아웃]–[차트 요소 추가] 그룹에서 [데이터 레이블]–[바깥쪽 끝에]를 선택한다.

❻ [차트 디자인]–[차트 레이아웃]–[차트 요소 추가] 그룹에서 [데이터 테이블]–[범례 표지 포함]을 선택하면, 차트의 아래쪽에 실제 데이터가 표로 표시되고 데이터 표의 왼쪽에 범례가 나타난다.

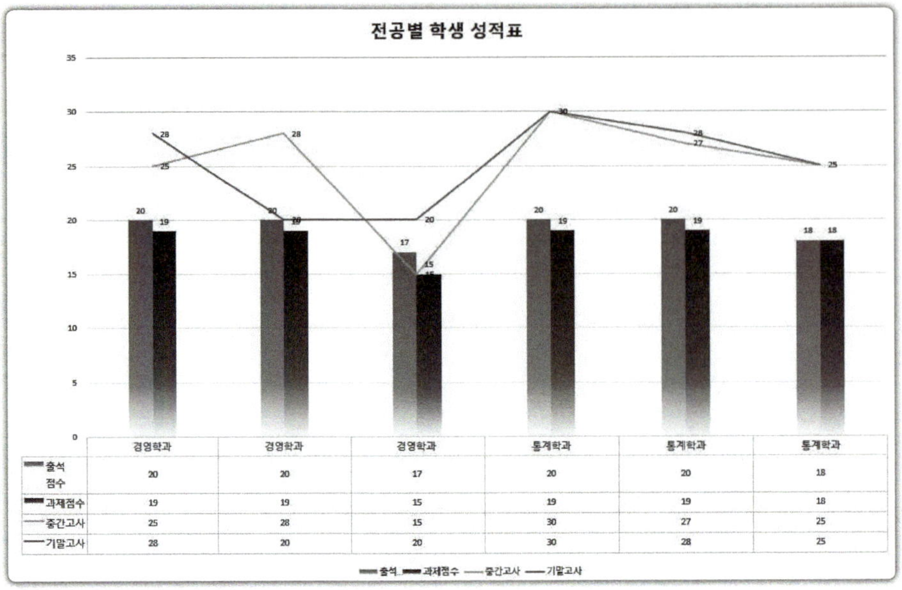

5.3 히스토그램 시각화

연속형 자료는 보통 측정된 수치로 어떤 구간 내의 연속적인 값을 갖는 자료이다. 히스토그램histogram은 데이터의 분포 상태를 일목요연하게 표현하는 방법으로 데이터의 중심 위치, 흩어진 정도, 분포의 모양을 나타내준다. 연속형 데이터에 있는 특정한 습관패턴을 기술하거나 요약하거나 탐색하기 위해 히스토그램과 같은 그래프적 방법을 사용할 수 있다.

히스토그램 만들기

전공별 학생 성적표를 이용하여 히스트그램을 만들어보자.

	A	B	C	D	E	F	G	H	I	J	K	L	M
1													
2		전공별 학생 성적 관리											
3													
4		전공	이름	성별	출석점수	중간고사	기말고사	과제점수	총점	순위		계급구간	
5		경영학과	이재훈	남자	20	25	28	19	92	4		60	
6		경영학과	김효진	여자	20	28	20	19	87	5		65	
7		경영학과	이계명	남자	17	15	20	15	67	11		70	
8		행정학과	박하늬	여자	15	15	17	15	62	12		75	
9		행정학과	김수영	남자	18	23	28	18	87	5		80	
10		행정학과	서다은	여자	17	20	23	16	76	9		85	
11		통계학과	이영희	여자	20	30	30	19	99	1		90	
12		통계학과	김교안	남자	20	27	28	19	94	3		95	
13		통계학과	황인수	남자	18	25	25	18	86	7		100	
14		컴퓨터공학과	김민수	남자	20	20	25	20	85	8			
15		컴퓨터공학과	이연호	남자	15	17	25	16	73	10			
16		컴퓨터공학과	이연재	여자	20	30	28	20	98	2			

❶ 엑셀에서 히스토그램을 만들려면 먼저 계급 구간을 설정해야 한다. '총점' 데이터는 '60 ~ 100' 사이의 값을 가지고 있다. 계급 구간을 '5'씩 등간격으로 구성해보자. [L5:L13] 셀에 계급 구간을 입력한다.

계급 구간	범위	의미
60	X <= 100	60 이하의 값
65	60 < X <= 65	60보다 크고 65 이하의 값
70	65 < X <= 70	65보다 크고 70 이하의 값
75	70 < X <= 75	70보다 크고 75 이하의 값
80	75 < X <= 80	75보다 크고 80 이하의 값
85	80 < X <= 85	80보다 크고 85 이하의 값
90	85 < X <= 90	85보다 크고 90 이하의 값
95	90 < X <= 95	90보다 크고 95 이하의 값
100	95 < X <= 100	95보다 크고 100 이하의 값

❷ [데이터]–[데이터 분석]을 클릭하여 '통계 데이터 분석' 창에서 '히스토그램'을 선택한다.

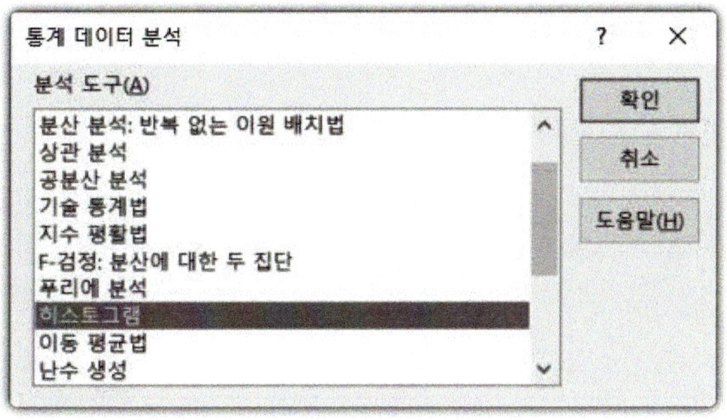

❸ 히스토그램 창이 열리면 입력 범위에 '$I$5:$I$16', 계급 구간에 '$L$5:$L$13'을 입력한다.

❹ 출력 옵션에 '새로운 워크시트'를 선택하고, '차트 출력'을 선택한다.

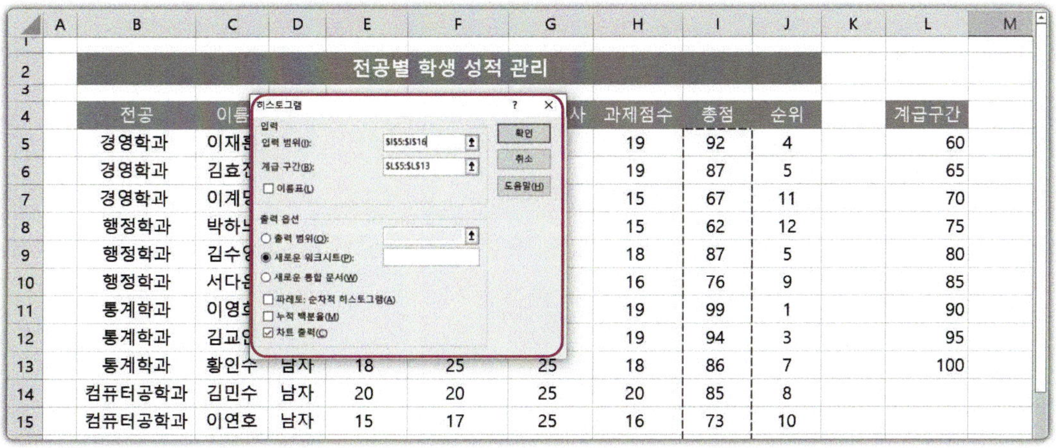

❺ 각 계급 구간의 빈도수와 히스토그램 차트가 나타난다.

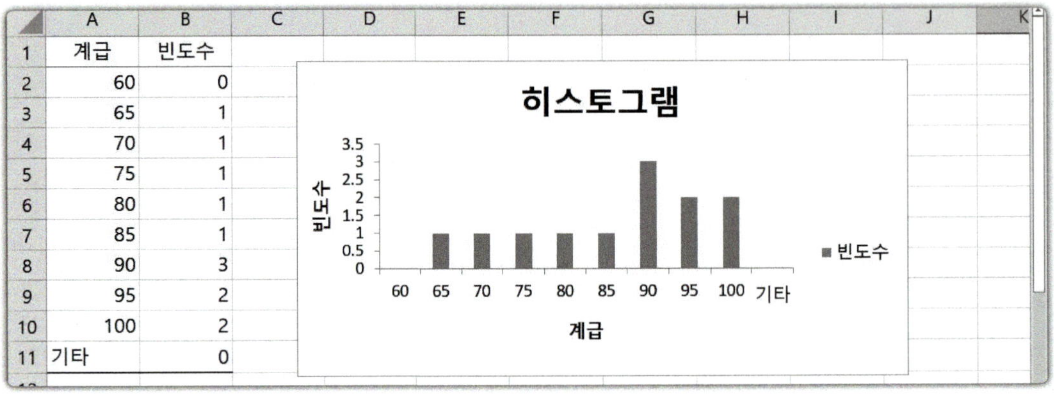

5.4 피벗 테이블 시각화

범주형 자료의 시각화를 위해서는 먼저 피벗 테이블과 피벗 차트를 만들면 쉽게 표현할 수 있다. 데이터 분석을 위한 최적의 기능을 제공하는 피벗 테이블은 행 방향과 열 방향으로 자유롭게 필요 항목을 배치하면 해당 항목에 맞춰 자동으로 함수가 적용되므로 편리하게 요약 자료 및 차트를 만들 수 있다. 피벗 테이블이 제공하는 다양한 기능에 대해 알아보자.

피벗 테이블 만들기

'중간고사'와 '기말고사' 성적을 이용하여 학생들의 학업 성취도 향상을 요약한 피벗 테이블을 만들어보자.

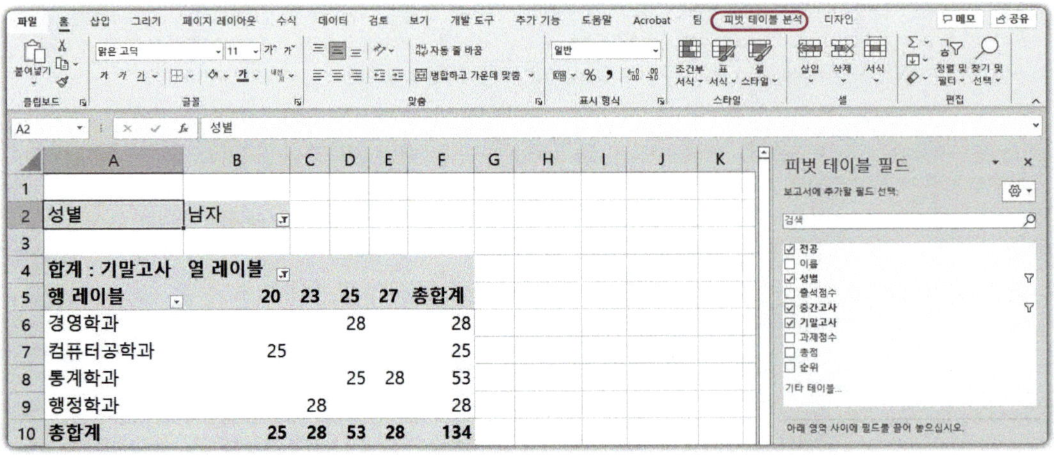

❶ '전공별 학생 성적 데이터' 시트에서 데이터 영역에 있는 하나의 셀을 클릭하여 [삽입]–[표] 그룹에서 [피벗 테이블]을 클릭한다.

❷ [피벗 테이블 만들기] 대화 상자가 열리면 분석할 데이터를 선택한다. '표/범위'에 데이터 영역이 자동으로 지정되었는지 확인한 후, '피벗 테이블 보고서'를 넣을 위치에 '새 워크시트'를 선택하고 [확인]을 클릭한다.

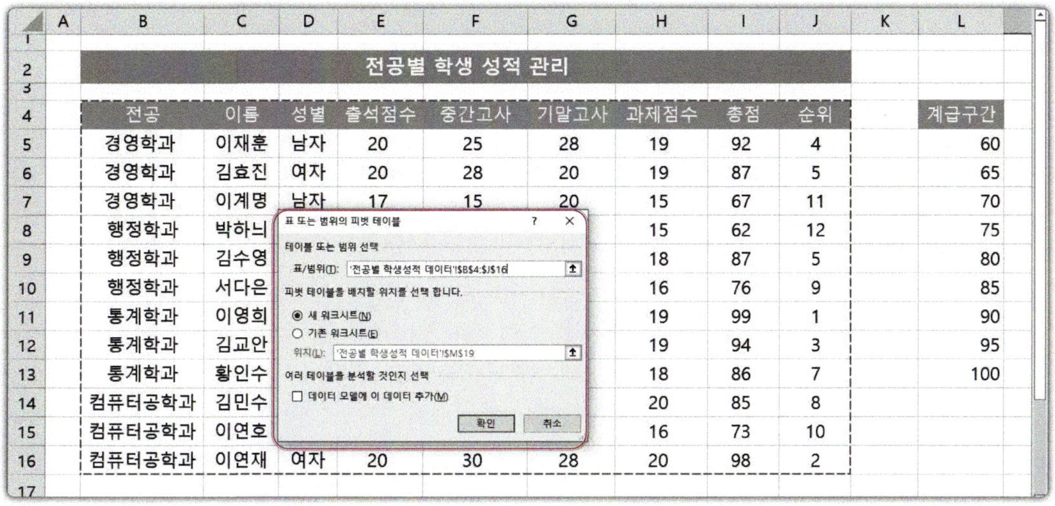

❸ 새로운 [Sheet1] 시트가 삽입되면서 화면의 오른쪽에 [피벗 테이블 필드] 창이 열리면 '보고서에 추가할 필드 선택'에서 '성별' 필드를 '필터' 영역으로 드래그한다.

❹ [피벗 테이블 필드] 창에 '보고서에 추가할 필드 선택'에서 '중간고사' 필드는 '열' 영역, '전공' 필드는 '행' 영역, '기말고사' 필드는 '값' 영역으로 드래그한다.

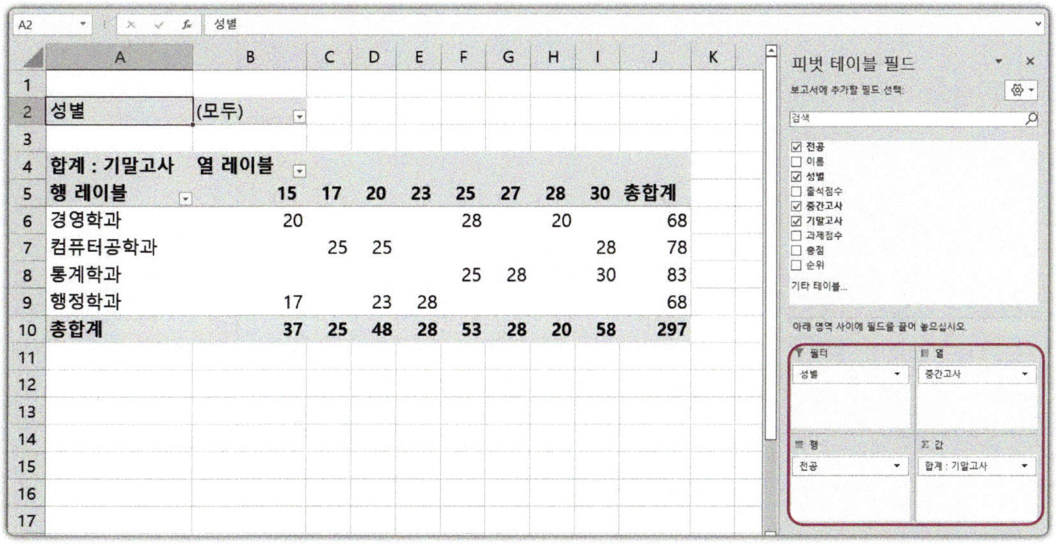

❺ 각 영역에 드래그한 필드에 맞게 워크시트에 자동으로 데이터가 완성되었으면 워크시트에서 '성별'의 내림 단추를 눌러 '남자'를 선택하고 [확인]을 클릭한다.

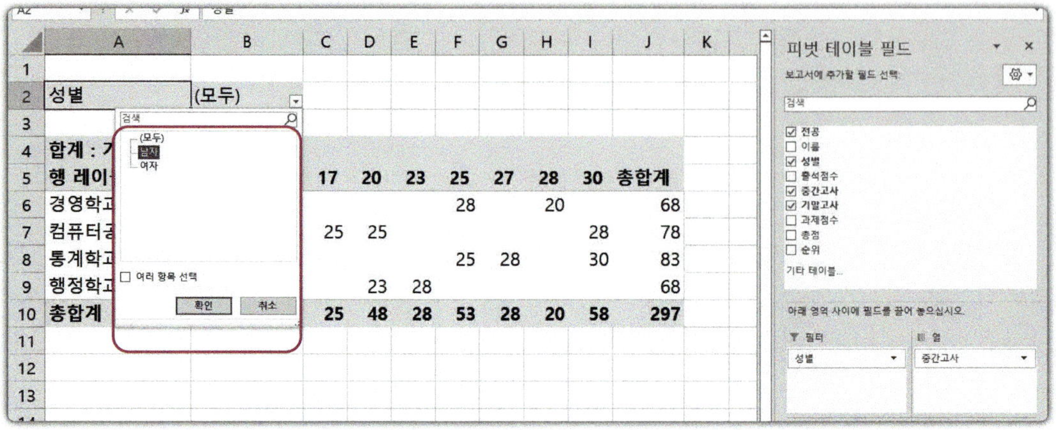

❻ 남자 데이터만 필터링되어 피벗 테이블 표시 값이 재계산되면 다시 '기말고사'의 내림 단추를 눌러 '모두 선택'의 체크를 해제하고 '20점' 이상 값만 선택하여 [확인]을 클릭한다.

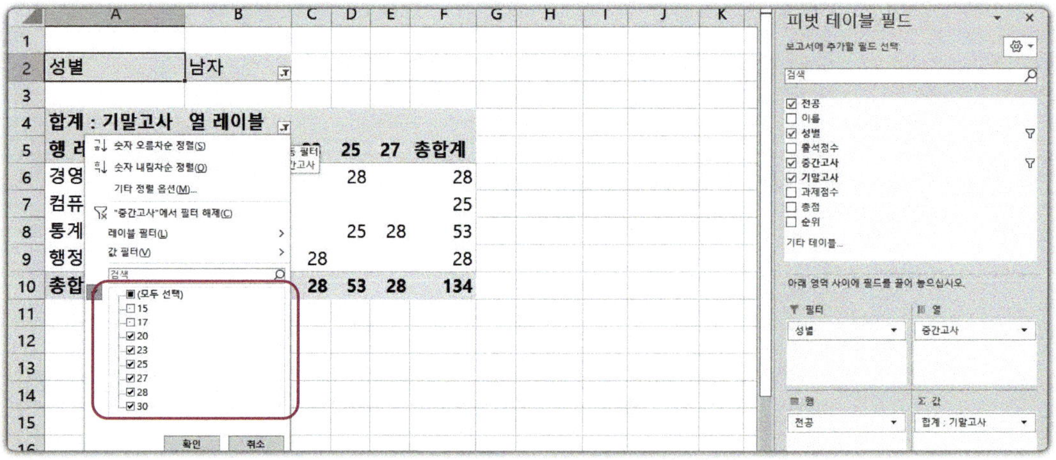

❼ 입학 성적 '20점' 이상인 '남자' 데이터와 해당 조건의 데이터만 필터링되어 합산되었는지 확인한다.

TIP

- 피벗 테이블 안에 커서를 위치시키면 피벗 테이블 필드가 자동으로 생성된다.
- [피벗 테이블 도구]-[옵션]-[표시]에서 피벗 테이블 필드 목록을 숨길 수도 있다.

피벗 테이블 디자인 변경하기

피벗 테이블의 디자인을 다양하게 변경해보자.

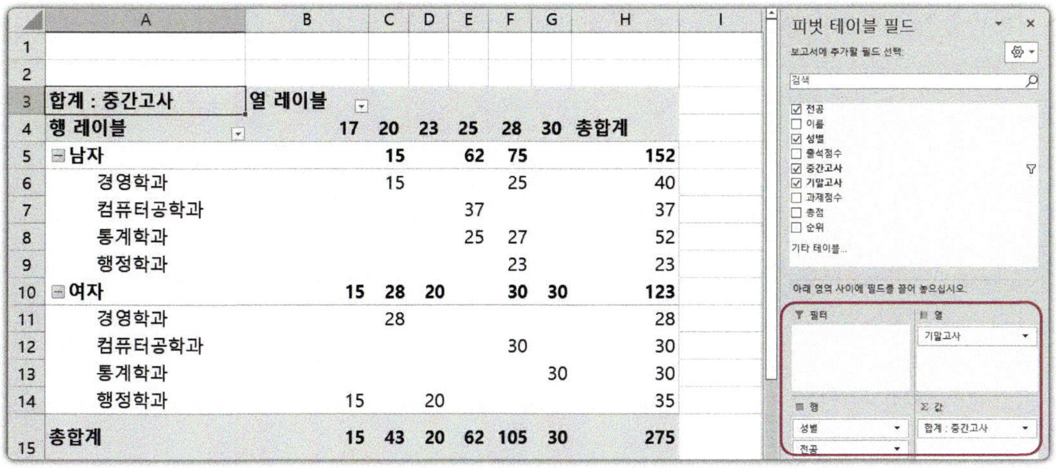

합계 : 중간고사	열 레이블						
행 레이블	17	20	23	25	28	30	총합계
남자		15		62	75		152
경영학과		15			25		40
컴퓨터공학과				37			37
통계학과				25	27		52
행정학과					23		23
여자	15	28	20		30	30	123
경영학과		28					28
컴퓨터공학과					30		30
통계학과						30	30
행정학과	15		20				35
총합계	15	43	20	62	105	30	275

❶ '열' 영역에 배치된 '중간고사' 필드를 '값' 영역으로 이동한다. '필터' 영역에 배치된 '성별'을 '행' 영역의 '전공' 아래로 드래그하고, '열' 영역에는 '기말고사' 필드를 배치한다.

❷ '피벗 테이블'을 클릭한 후 [디자인]–[피벗 테이블 스타일] 그룹에서 [자세히]를 클릭하여 '중간'–'연한 주황, 피벗 스타일 보통 3'을 선택한다.

❸ 피벗 테이블에 새로운 디자인이 적용되었으면 [디자인]–[피벗 테이블 스타일 옵션] 그룹에서 '행 머리글'과 '열 머리글'에 체크하여 피벗 테이블을 완성한다.

❹ [B4:M15] 셀을 선택하고 [홈]–[표시 형식]에서 '숫자'를 선택하여 피벗 테이블을 완성한다.

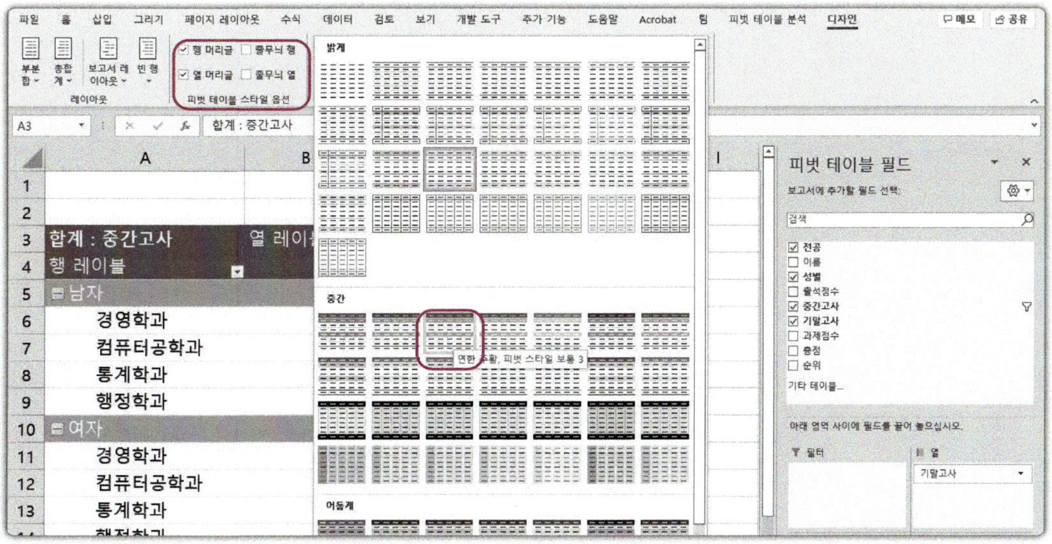

피벗 차트 만들기

피벗 테이블의 '총점'을 그룹으로 묶고 '피벗 테이블'과 연동하는 '피벗 차트'를 만들어보자.

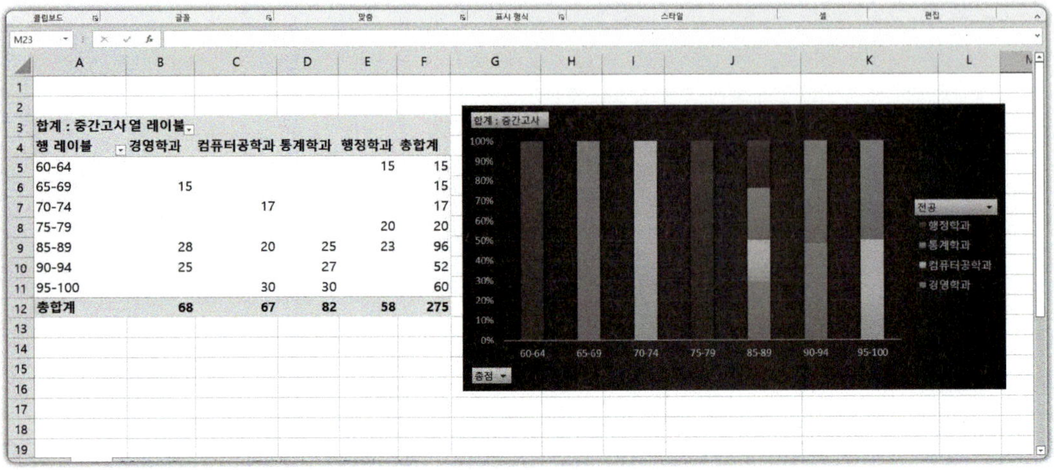

❶ [Sheet1] 시트에서 피벗 테이블의 '행' 영역에서 배치된 '총점' 데이터를 묶어 표시해보자. 피벗 테이블의 '총점' 데이터 영역에 있는 하나의 셀에서 마우스 오른쪽 단추를 눌러 [그룹]을 선택한다.

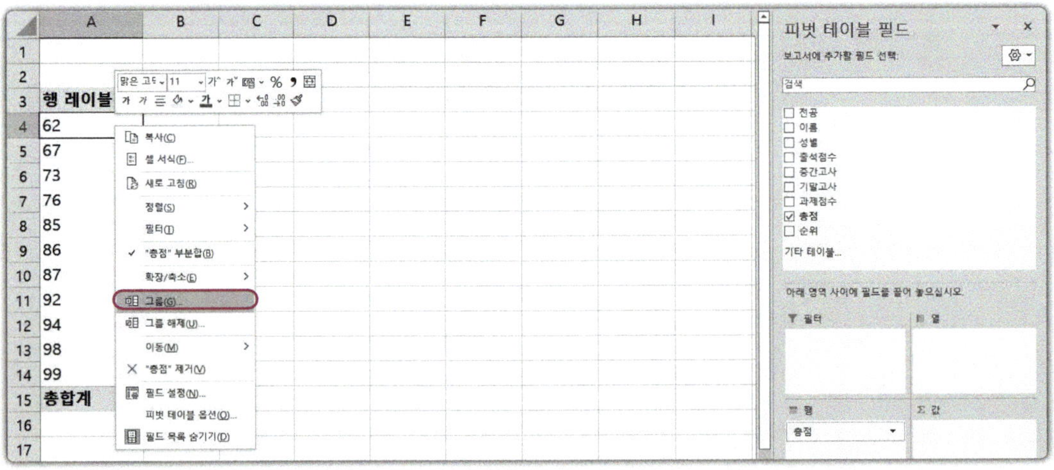

❷ [그룹화] 대화 상자가 열리면 '시작'에는 '60', '끝'에는 '100'을 입력하고 '단위'에 '5'를 설정한 상태에서 [확인]을 클릭한다.

❸ '총점'이 '60'부터 '5'씩 묶어 표시되었으면, '피벗 테이블 필드'의 '열' 영역에 '전공', '값' 영역에는 '중간고사'를 선택한다.

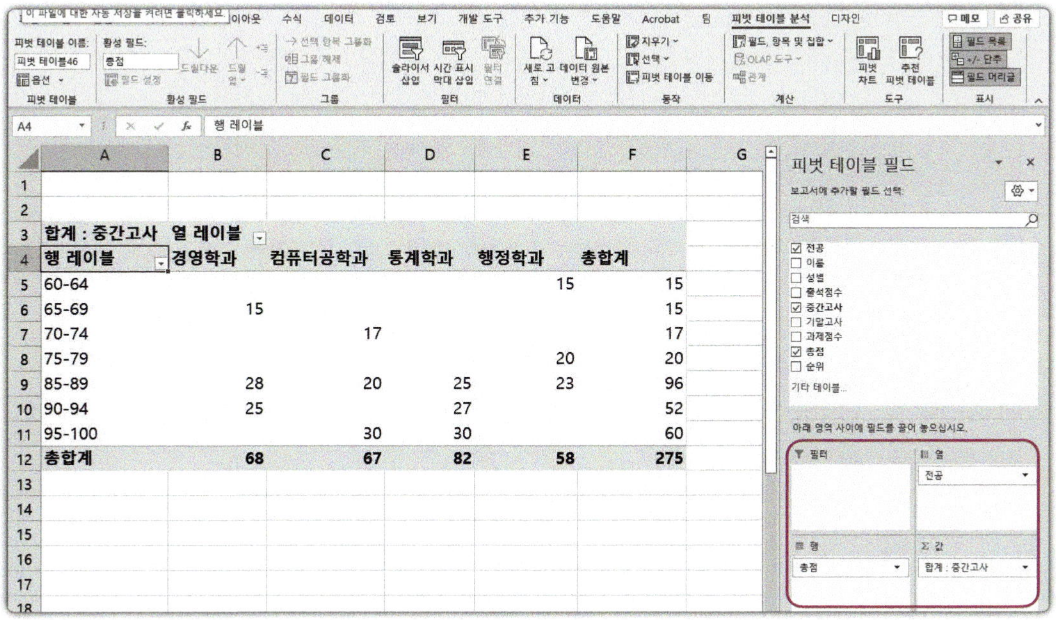

❺ [차트 삽입] 대화 상자가 열리면 [모든 차트]–[세로 막대형] 범주를 선택하여 오른쪽에 표시된 유형에서 '100% 기준 누적 세로 막대형'을 선택하고 [확인]을 클릭한다.

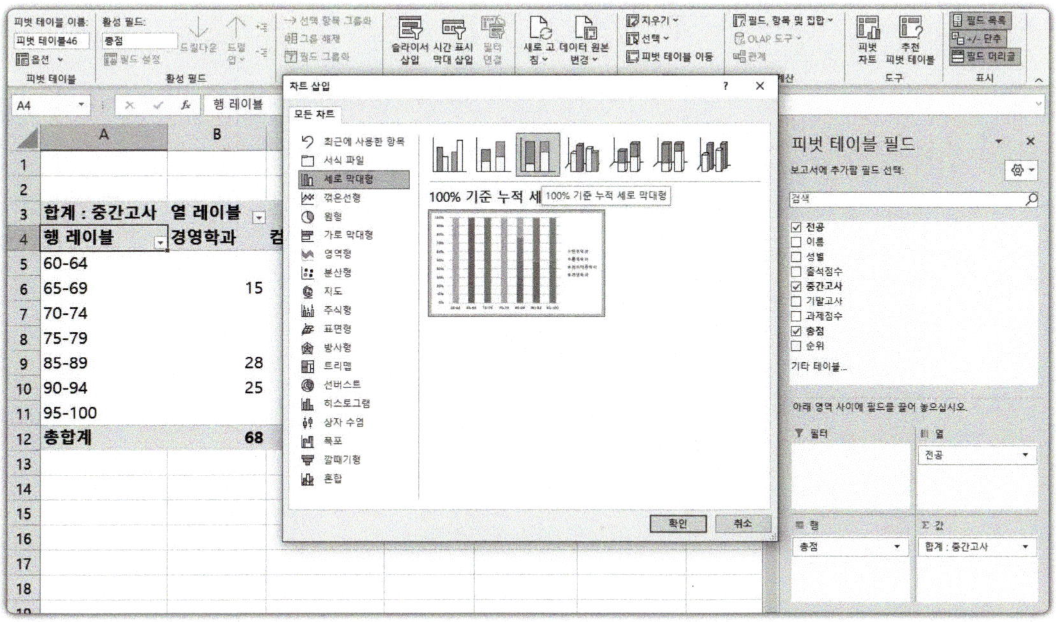

❻ [디자인]–[차트 스타일]에서 '색 변경'을 클릭하고 '다양한 색상표 3'을 선택하여 차트에 표시된 막대 그래프의 색상을 변경한다.

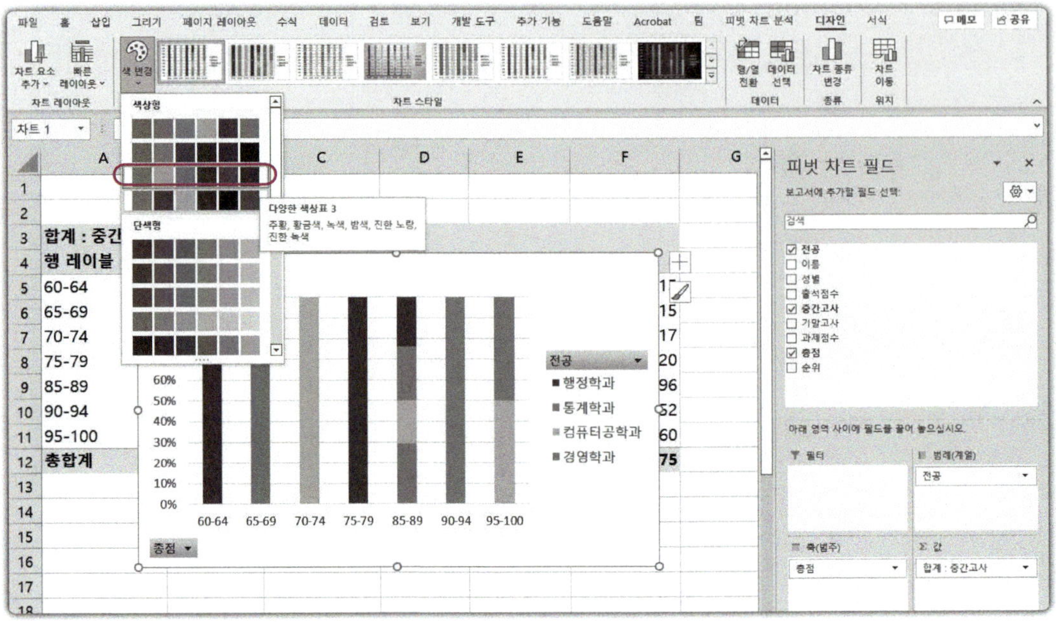

❼ 피벗 차트가 선택된 상태에서 [디자인]–[차트 스타일]에서 '스타일 8'을 선택하여 '피벗 차트'를 완성한다.

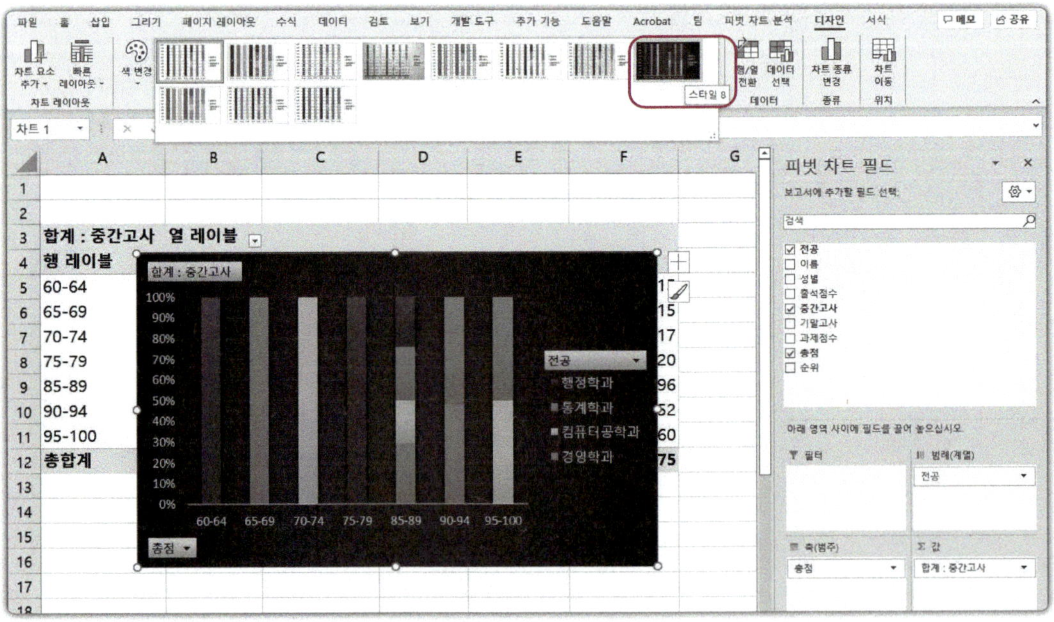

연습 문제

문제 5.1

다음 '시나리오' 시트에서 '구분'이 '문구류'인 경우, '생산량'이 변동할 때 '보유량'이 변동하는 가상 분석(시나리오)을 작성하시오.

데이터

	A	B	C	D	E	F	G	H
1								
2	상품코드	거래처	구분	이월재고	생산량	출고량	보유량	
3	531-2049	수민상사	컴퓨터용품	521	1,851	733	1,639	
4	372-2613	YES 20	문구류	265	1,550	662	1,153	
5	890-1647	메모유통	사무용품	236	1,251	821	666	
6	372-2049	일공상사	컴퓨터용품	162	1,466	887	741	
7	531-1647	상현미디어	사무용품	89	1,620	526	1,183	
8	372-2613	YES 20	문구류	255	1,502	621	1,136	
9	890-1647	메모유통	사무용품	236	896	689	443	
10	531-2613	수민상사	문구류	132	1,545	630	1,047	
11	890-2613	YES 20	컴퓨터용품	125	2,179	591	1,713	
12	372-1647	메모유통	주변기기	186	1,894	538	1,542	

결과 화면

	A	B	C	D	E	F	G
1							
2		시나리오 요약					
3				현재 값:	생산량 197 증가	생산량 89 감소	
5		변경 셀:					
6			$E$4	1,550	1,747	1,461	
7			$E$8	1,502	1,699	1,413	
8			$E$10	1,545	1,742	1,456	
9		결과 셀:					
10			$G$4	1,153	1,350	1,064	
11			$G$8	1,136	1,333	1,047	
12			$G$10	1,047	1,244	958	
13							

처리 조건

❶ '시나리오' 시트에서 [데이터]–[예측]–[가상 분석] 목록에서 [시나리오 관리자]를 선택한다.

❷ [시나리오 관리자] 대화 상자에서 [추가]를 누른다.

❸ [시나리오 추가] 대화 상자에서 [시나리오 이름]은 '생산량 197 증가'를 입력하고 [변경 셀]은 E4,

E8, E10으로 설정한 후 [확인]을 클릭한다.

❹ [시나리오 값] 대화 상자에서 E4, E8, E10에 197씩 증가시킨 값을 각 셀에 입력하고 [확인]을 클릭한다.

❺ [시나리오 관리자] 대화 상자의 [시나리오] 목록에 '생산량 197 증가'가 표시된다. [추가]를 선택해 다음 시나리오를 만들어준다.

❻ [시나리오 추가] 대화 상자에서 [시나리오 이름]에 '생산량 89 감소'를 입력하고 [변경 셀]의 값을 E4, E8, E10으로 설정한 다음 [확인]을 클릭한다.

❼ [시나리오 값] 대화 상자에 E4, E8, E10에 '89씩 감소시킨 값'을 각 셀에 입력하고 [확인]을 클릭한다.

❽ [시나리오 관리자] 대화 상자의 [시나리오] 목록에 '생산량 89 감소'이 추가된다. 추가한 시나리오에 대한 요약 보고서 작성을 [요약]을 선택한다.

▶ 지시사항이 없는 경우는 [결과 화면]과 동일하게 작성하시오.

문제 5.2

"차트" 시트에 주어진 표를 이용하여 '묶은 세로 막대형' 차트를 작성하시오.

결과 화면

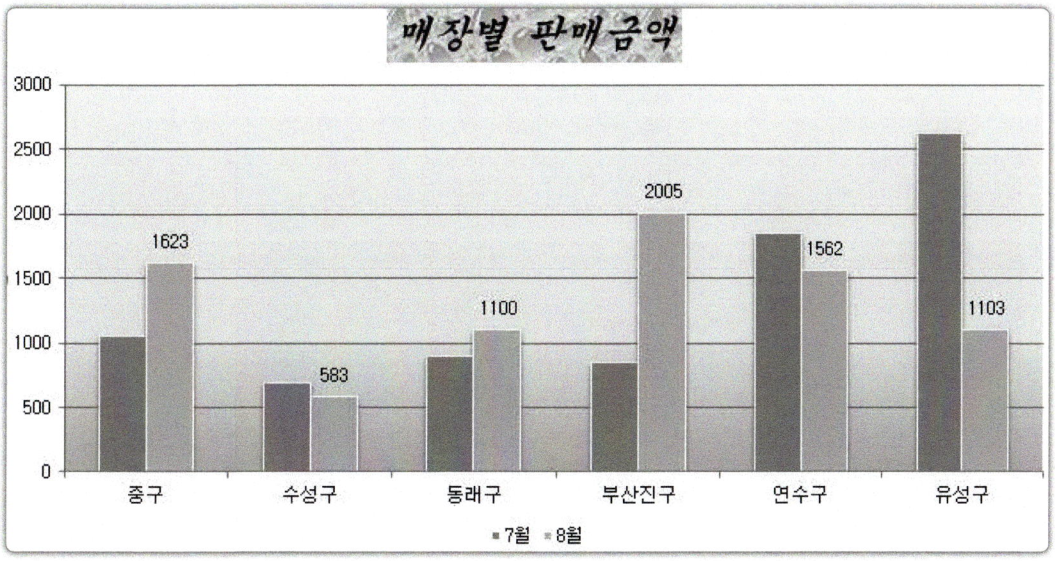

데이터

소재지	지역	6월	7월	8월
중구	대구	689	1050	1623
수성구	대구	568	693	583
동래구	부산	1569	893	1100
부산진구	부산	3016	854	2005
연수구	인천	156	1852	1562
유성구	대전	1862	2623	1103

처리 조건

❶ 데이터 범위는 현재 시트 [A2:A8], [D2:E8]의 데이터를 이용하여 작성하고, 행/열 전환은 '열'로 지정한다.

❷ 차트 제목으로 "매장별 판매 금액"을 입력한 후, 차트 제목 서식은 '글꼴-궁서체, 18pt, 기울임꼴', '채우기-그림 또는 질감 채우기, 질감-작은 물방울'을 선택한다.

❸ 범례 위치는 아래쪽을 선택한다.

❹ 차트 스타일은 '스타일 13'을 선택한다.

❺ 차트 영역 서식은 '글꼴–돋움체, 9pt', '테두리 색–실선, 색–빨강, 강조 2', '테두리 스타일–너비: 2.5pt, 겹선 종류: 이중, 대시 종류: 긴 파선, 둥근 모서리'를 선택한다.

❻ 그림 영역 서식은 '채우기–그라데이션 채우기, 그라데이션 미리 설정, 색–밝은그라데이션, 강조 6'을 선택한다.

❼데이터 레이블 추가는 '8월' 계열에 "값"을 표시한다.

▶ 지시 사항이 없는 경우는 [출력 형태]와 동일하게 작성하시오.

문제 5.3

피벗 테이블을 만들어보자.

결과 화면

	A	B	C	D
1				
2				
3			구분	
4	회사명	값	전기차	하이브리드
5	기아	평균 : 20대	947	**
6		평균 : 30대	746	**
7	대우 GM	평균 : 20대	1,061	**
8		평균 : 30대	461	**
9	현대	평균 : 20대	894	732
10		평균 : 30대	881	873
11	**전체 평균 : 20대**		**940**	**732**
12	**전체 평균 : 30대**		**766**	**873**
13				

처리 조건

❶ "피벗 테이블" 시트의 [A2:G12]를 이용하여 새로운 시트에 [결과 화면]과 같이 피벗 테이블을 작성한 후 시트명을 '피벗 테이블 정답'으로 수정하시오.

❷ 종류(행)와 구분(열)을 기준으로 [결과 화면]과 같이 구하시오.

❸ '20대', '30대'의 평균을 구하시오.

❹ 피벗 테이블 옵션을 이용하여 레이블이 있는 셀 병합 및 가운데 맞춤하고, 빈 셀을 "**"로 표시한 후 행의 총 합계를 감추기 하시오.

❺ 피벗 테이블 디자인에서 보고서 레이아웃은 '테이블 형식으로 표시', 피벗 테이블 스타일은 '피벗 스타일 보통 9'로 표시하시오.

❻ 회사명(행)은 "현대", "기아", "대우GM"만 출력되도록 표시하시오.

❼ [C5:D12] 데이터는 셀 서식의 표시 형식-숫자를 이용하여 1000단위 구분 기호를 표시하고, 오른쪽 맞춤하시오.

▶ 지시 사항이 없는 경우는 [출력 형태]와 동일하게 작성하시오.

문제 5.4

처리 조건에 따라 결과 화면과 같은 피벗 테이블을 만들어보자.

결과 화면

	A	B	C	D	E
2					
3			팀명		
4	팀코드	값	물류팀	전략팀	홍보팀
5	HT-01	평균 : 보너스	***	***	840,000
6		평균 : 세금	***	***	680,000
7	HT-02	평균 : 보너스	***	***	1,140,000
8		평균 : 세금	***	***	445,000
9	HT-03	평균 : 보너스	***	***	1,630,000
10		평균 : 세금	***	***	720,000
11	LT-01	평균 : 보너스	1,120,000	***	***
12		평균 : 세금	510,000	***	***
13	LT-02	평균 : 보너스	1,290,000	***	***
14		평균 : 세금	360,000	***	***
15	ST-01	평균 : 보너스	***	1,260,000	***
16		평균 : 세금	***	480,000	***
17	ST-02	평균 : 보너스	***	1,020,000	***
18		평균 : 세금	***	620,000	***
19	전체 평균 : 보너스		1,205,000	1,140,000	1,203,333
20	전체 평균 : 세금		435,000	550,000	615,000

처리 조건

❶ "피벗 테이블" 시트의 [A2:G12]를 이용하여 새로운 시트에 [결과 화면]과 같이 피벗 테이블을 작성하고 시트명을 "피벗 테이블 정답"으로 수정하시오.

❷ 팀코드(행)와 팀명(열)을 기준으로 하여 출력형태와 같이 구하시오.

❸ '보너스', '세금'의 평균을 구하시오.

❹ 피벗 테이블 옵션을 이용하여 레이블이 있는 셀 병합 및 가운데 맞춤하고 빈 셀을 "***"로 표시하고 행의 총합계는 드러나지 않게 감추시오.

❺ 피벗 테이블 디자인에서 보고서 레이아웃은 '테이블 형식으로 표시', 피벗 테이블 스타일은 '중간-연보라 피벗 스타일 보통19'로 표시하시오.

❻ 팀명(열)은 "전략팀", "물류팀", "홍보팀"만 출력되도록 표시하시오.

❼ [C5:E20] 데이터는 셀 서식의 표시 형식-숫자를 이용하여 1000단위 구분 기호 표시하고 오른쪽 맞춤 하시오.

❽ 팀코드의 순서는 [출력 형태]와 다를 수 있음

▶ 지시 사항이 없는 경우는 [결과 화면]과 동일하게 작성하시오.

문제 5.5

"차트" 시트에 주어진 표를 이용하여 '묶은 세로 막대형' 차트를 작성하시오.

결과 화면

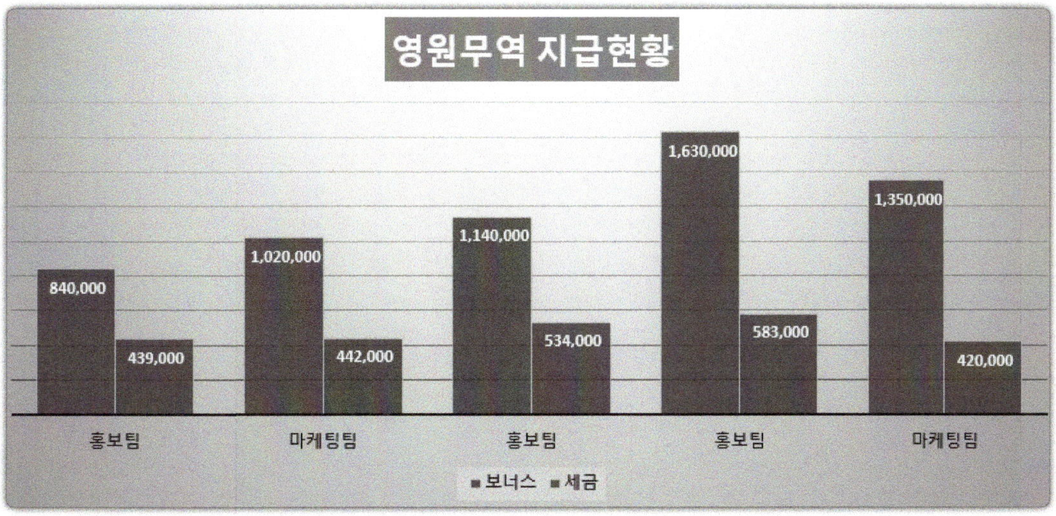

팀명	팀코드	기본급	보너스	세금	지급액
홍보팀	HT-01	3,550,000	840,000	439,000	3,951,000
마케팅팀	HT-01	3,400,000	1,020,000	442,000	3,978,000
홍보팀	HT-02	4,200,000	1,140,000	534,000	4,806,000
홍보팀	HT-03	4,200,000	1,630,000	583,000	5,247,000
마케팅팀	HT-02	2,850,000	1,350,000	420,000	3,780,000

처리 조건

❶ 데이터 범위: 현재 시트 [A2:A7], [D2:E7]의 데이터를 이용하여 작성하고, 행/열 전환은 '열'로 지정한다.

❷ 차트 제목: '영원무역 지급 현황'을 '글꼴–맑은고딕, 20pt'로 입력한 후, [차트 도구]–[서식]–[도형 스타일]에서 '색 채우기–주황 강조6, 윤곽선 없음'을 선택한다.

❸ 범례 위치: 아래쪽을 선택한다.

❹ 차트 스타일: '스타일 4'를 선택한다.

❺ 색 변경: '색상형 3'을 선택한다.

❻ 차트 위치: 현재 시트에 [A10:H25] 크기에 정확하게 맞추시오.

▶지시 사항이 없는 경우 [결과 화면]과 동일하게 작성하시오.

SECTION **06**

통계 검증

데이터 통계 분석은 실생활에 많은 영향을 끼치고 있으며, 미래 예측 도구로 활용되고 있다. 이 장에서는 모집단과 표본 측정을 통해 두 변수의 관계에 대해 검증할 것이다. 통계 분석은 단순히 수집한 자료를 요약 정리하여 기술하는 기술통계(Descriptive Statistics)와 표본집단에서 얻어진 통계치를 통해 모집단의 특성을 파악하는 추리 통계(Inferential Statistics)로 구분된다. 자료의 특성과 목적에 따른 자료 분석 방법이 중요하다. 표본집단 사이의 함수적 관계는 통계량을 사용해 밝힐 수 있으며, 표본 집단을 이용해 모집단에 대한 결론을 유도할 수 있다. 이 장에서는 엑셀의 데이터 분석 도구를 사용하여 기술통계(Descriptive Analysis), 분산분석(Analysis of Variance), 상관분석(Correlation Analysis), 회귀분석(Regression Analysis)을 해볼 것이다. 그리고 산포도 차트를 이용하여 데이터의 특성을 살펴본다.

6.1 기술 통계

범주형 자료의 관측 값은 보통 도수$_{Frequnecy}$로 표현한다. 범주형 변수는 도수 분포표$_{Frequency\ Distribution}$ 또는 빈도표로 나타낸다. 빈도 분석은 데이터가 사람 수, 횟수 등의 셀 수 있는 단위인 경우에 사용하며 집단 간 빈도의 차이를 비교할 수 있다.

다음에 제시된 학생들의 '키'와 '체중'을 이용하여 기술 통계를 수행해보자.

이름	성별	나이	키	체중
이재훈	남자	14	169	55
김효진	여자	13	162	48
이계명	여자	13	157	46
박하늬	여자	14	162	49
김수영	남자	12	162	52
서다은	여자	12	157	48
이영희	여자	15	159	52
김교안	남자	13	162	51
황인수	여자	12	159	42
김민수	여자	11	152	43
이연호	여자	14	151	46
이연재	남자	12	164	55
김연주	남자	15	156	51
박시훈	남자	16	175	62
이재숙	여자	12	164	52
김성렬	남자	15	167	53
사공진	여자	11	157	42
윤시후	남자	15	168	60
방시영	남자	16	176	65
이건희	여자	13	151	52
석준수	여자	14	159	55

❶ [데이터]–[데이터 분석]을 선택하여 '기술 통계법'을 선택한다.

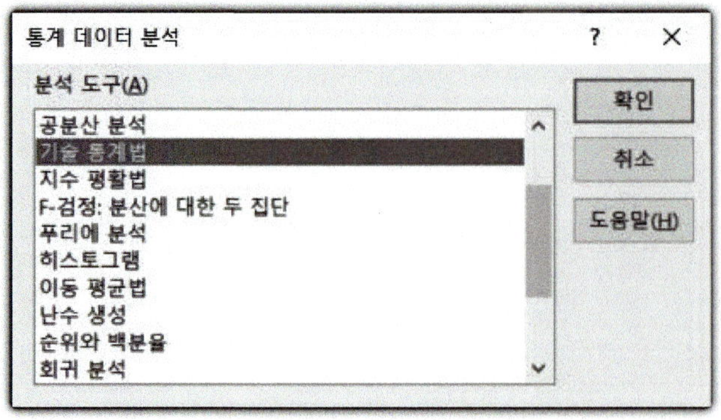

❷ 입력 범위 '$E$2:$F$23', 출력 옵션 '$H$3, '요약 통계량'을 선택한다.

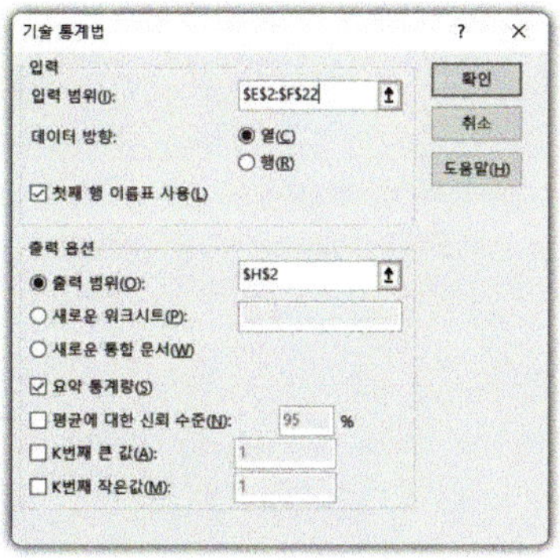

❸ 기술 통계량 데이터가 'H3' 셀부터 나타난다.

	G	H	I	J	K
1					
2					
3		키		체중	
4					
5		평균	161.3809524	평균	51.38095238
6		표준 오차	1.507878027	표준 오차	1.33537259
7		중앙값	162	중앙값	52
8		최빈값	162	최빈값	52
9		표준 편차	6.909965199	표준 편차	6.119445976
10		분산	47.74761905	분산	37.44761905
11		첨도	0.030674843	첨도	0.130218837
12		왜도	0.516807397	왜도	0.450696223
13		범위	25	범위	23
14		최소값	151	최소값	42
15		최대값	176	최대값	65
16		합	3389	합	1079
17		관측수	21	관측수	21
18					

빈도분석데이터 | 기술통계 ...

기술 통계량의 결과는 '키'의 경우 평균 161.38, 표준오차 1.507, 중앙값 162, 최빈값 162, 표준편차 6.909, 분산 47.747, 첨도 0.031, 왜도 0.516, 범위 25, 최솟값 151, 최댓값 176, 합 3389, 관측 수 21개로 나타났다.

'체중'의 경우 평균 51.381, 표준오차 1.335, 중앙값 52, 최빈값 52, 표준편차 6.119, 분산 37.448, 첨도 0.130, 왜도 0.451, 범위 23, 최소값 42, 최대값 65, 합 1079, 관측 수 21개로 나타났다.

1 연속된 데이터 요약 통계량

수집된 자료가 어떤 값을 중심으로 분포되어 있는지, 어떠한 모양이나 특성을 나타내는 지표가 되는 데이터를 요약 통계량summary statistics이라고 한다.

• 평균(average, mean)

평균은 연속된 데이터의 중심 위치를 나타내는 측도로 대표치 중 가장 많이 이용된다. 평균은 변수의 값들을 모두 합한 후 변수의 수로 나누어 구한다. 산술 평균arithmetic mean이라고도 한다.

• 중앙치(median)

중앙치는 서열 자료와 양적 자료의 중심을 나타내는 중심 경향 측정치의 하나이다. 중앙치는 여러 변수 값 중 하나 또는 두 개의 매우 큰 수치 또는 매우 작은 수치가 있을 때 그 자료의 대표치로 사용된다. 변수의 값들이 크기의 순서로 배열되었을 때 정확히 정중앙에 위치하는 관측치를 말한다.

• 최빈값(mode)

최빈값은 발생하는 도수가 가장 많은 관측치를 말한다. 일반적으로 범주형 데이터에서 주로 사용한다.

• 표준편차(stand deviation)

표준편차는 데이터의 산포도를 나타내는 값으로 널리 사용된다. 각 관측치들이 평균으로부터 얼마나 떨어져 있는지를 평균적으로 나타냄으로써 변동을 측정한다. 관측치들이 평균적으로 평균에 근접해 있으면 변동의 수준이 낮고 표준편차도 작은 값을 갖는다. 만일 데이터들이 동일하여 변동이 없는 경우, 분산과 표준편차의 값은 0이 된다. 표준편차는 아주 큰 관측치에 영향을 받는 결점을 갖는다. 표준편차를 구하기 위해서는 먼저 데이터의 변동variation을 계산해야 한다.

• 분산(variance)

분산은 데이터들이 불규칙하게 분포하는 정도를 나타내는 통계량으로, 데이터들이 평균값으로부터 얼마나 퍼져 있는지 측정하는 지표이다. 분산이 클수록 자료 집단에 변화가 크다는 것을 의미한다.

• 자유도(degrees of freedom)

자유도는 데이터 중 모집단에 대한 정보를 주는 독립적인 자료의 수를 말한다.

• 왜도(skewness)

왜도는 분포의 왜곡도를 설명하는 개념으로 평균에 대한 분포의 비대칭 정도를 말한다. 데이터의 분포 모양이 좌우 대칭을 벗어나 어느 한쪽으로 기울어진 정도를 나타내는 것으로 0에 가까울수록 좌우 대칭으로 분포한 모양을 취한다.

• 첨도(kurtosis)

첨도는 정규분포의 모양에 비해 평균값이 얼마나 집중적 데이터로 분포되어 있는지를 나타내는 척도이다. 즉 첨도는 자료 분포의 뾰족함peakedness의 정도를 측정한다. 정규분포의 경우 첨도는 0이며, 첨도가 양수를 가지면 정규분포에 비해 상대적으로 가운데가 뾰족한 모양을 나타낸다. 반대로 첨도가 음수이면 정규분포보다 더 평평한 분포의 모양을 나타낸다.

일반적으로 간략하고 적절하게 요약된 데이터 분포 특성을 조사하기 위해 요약 통계량을 사용한다. 요약 통계량 관련 개념과 내용을 다음의 표로 정리하였다.

통계량	요약
평균 (average, mean)	전체 변수의 값들을 모두 합한 후 변수의 수로 나눈 값
중앙치 (median)	변수의 값들이 배열되었을 때 가운데에 위치하는 값
최빈값 (mode)	분포에서 가장 많은 도수를 갖는 변수 값
표준편차 (stand deviation)	평균과 각 변수 값의 차이인 편차들의 평균
분산 (variance)	데이터들이 평균값으로부터 얼마나 퍼져 있는가를 측정, 표준편차의 제곱 값
자유도 (degrees of freedom)	모집단에 대한 정보를 주는 독립적인 자료의 수
왜도 (skewness)	분포의 왜곡도를 설명하는 것으로 평균에 대한 분포의 비대칭 정도를 나타내는 값
첨도 (kurtosis)	정규분포의 모양에 비해 평균값이 얼마나 집중적으로 분포되어 있는지 나타내는 값

6.2 분산 분석

분산 분석Analysis of Variance; ANOVA 또는 변량 분석은 종속 변수의 분산variance, 변량을 설명하는 독립 변수의 유의성을 알아보는 방법 중 하나이다.

여러 종류의 제품에 대한 함량 및 효능 비교와 같이 두 집단 이상의 평균 비교는 통계학의 응용이라는 차원에서 다양하게 이용된다. 검증 요인이 하나인 분산 분석을 일원 배치 분산 분석one-way ANOVA 또는 일원 분산 분석, 검증 요인이 여러 가지인 분산 분석을 이원 배치 분산 분석two-way ANOVA이라고 한다.

일원 배치 분산 분석

일원 배치 분산 분석$_{\text{One-Way ANOVA}}$은 세개 이상 집단 간의 평균을 비교하는 통계 검정 방법이다. 독립 변수가 세 집단 이상으로 구성된 범주형 자료나 종속 변수가 연속형 자료인 경우 활용한다.

아래 표의 A, B, C, D 4개 제품의 콜레스테롤 함유량에 유의미한 차이가 있는지 분석해보자.

❶ [데이터]–[데이터 분석]을 선택하여 '분산 분석:일원 배치법'을 선택한다.

식품내 콜레스테롤 함유량

A제품	B제품	C제품	D제품
3.6	3.1	3.3	3.5
4.1	3.2	3.5	3.6
4.2	3.9	4.2	2.8

❷ 입력 범위 '$B$4:$E$7', 출력 옵션 '새로운 워크시트'를 선택한다.

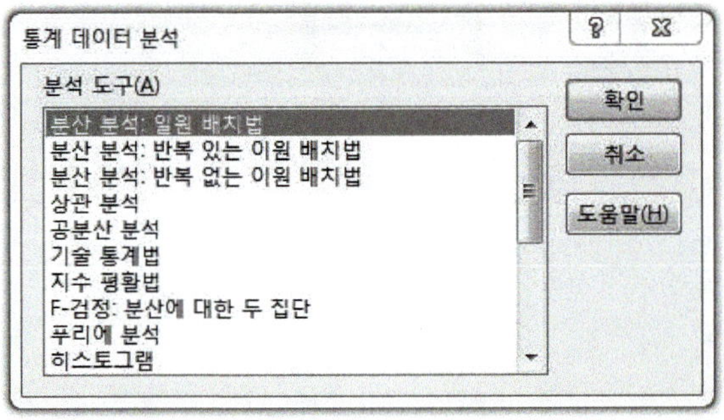

❸ 다음의 일원 배치 분산 분석표가 나타난다.

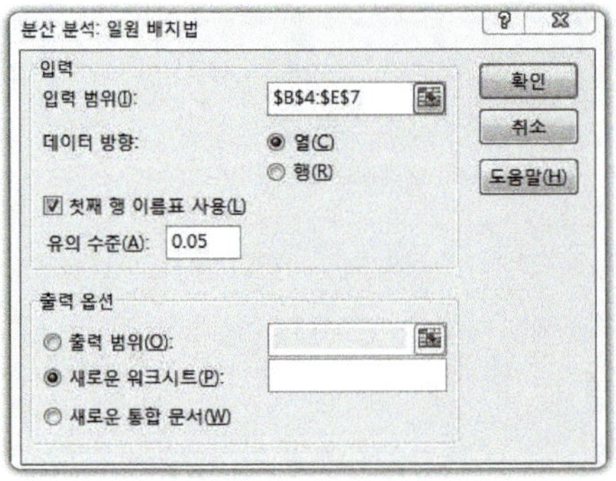

분석 결과 요약표에 평균, 분산, 합, 관측 수 등이 도출된다.

분산 분석: 일원 배치법

요약표

인자의 수준	관측수	합	평균	분산
A제품	3	11.9	3.96667	0.10333
B제품	3	10.2	3.4	0.19
C제품	3	11	3.66667	0.22333
D제품	3	9.9	3.3	0.19

분산 분석

변동의 요인	제곱합	자유도	제곱 평균	F 비	P-값	F 기각치
처리	0.803333333	3	0.26778	1.51572	0.28318	4.06618
잔차	1.413333333	8	0.17667			
계	2.216666667	11				

분산 분석표에 도출된 결과를 보면, F 비 1.515, 대응되는 P-값 0.283이므로 유의 수준에서 모집단의 분산은 동일하다고 볼 수 있다. 결과적으로 네 개 식품 내 콜레스테롤 함유량에 유의미한 차이는 없다고 분석할 수 있다.

반복 없는 이원 배치 분산 분석

반복이 없는 이원 배치 분산 분석은 인자의 수준을 조합한 모든 처리 조건에서 반복 실험 없이 한 번씩만 반응 변수의 값을 측정하는 방법이다.

다음 데이터를 이용해 4개 제품의 식품 내 콜레스테롤 함유량에 유의미한 차이가 있는지 분석해 보자.

식품내 콜래스테롤 함유량

온도 \ 제품	A제품	B제품	C제품	D제품
15도	3.6	4.5	3.8	4.9
35도	3.1	3.6	3.5	3.9
50도	2.1	2.6	2.3	2.9

❶ [데이터]–[데이터 분석]에서 '분산 분석: 반복 없는 이원 배치법'을 선택한다.

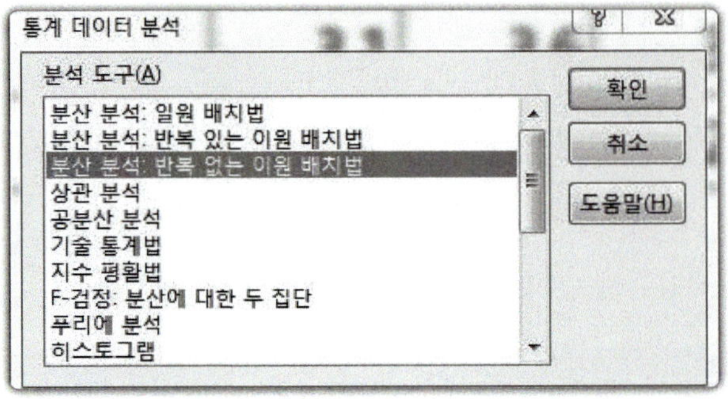

❷ 입력 범위를 '$B$4:$F$7'로 지정하고 이름표에 체크한 후 유의 수준을 0.05로 입력한다. 출력 옵션을 '출력 범위: $I$2'로 지정한를 선택한다.

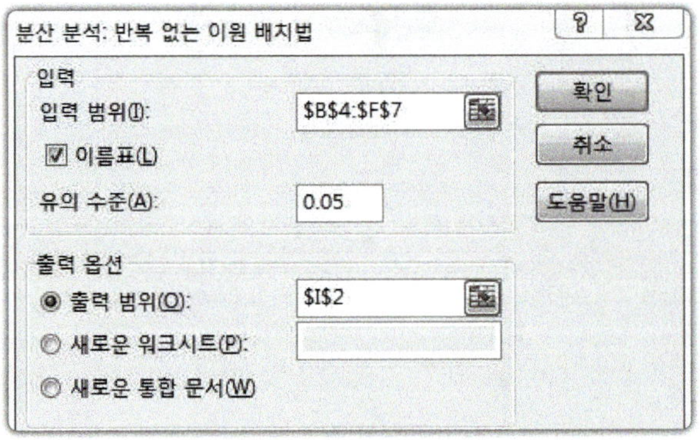

❸ 다음과 같이 반복 없는 이원 배치 분산 분석 결과를 확인할 수 있다.

	A	B	C	D	E	F	G	H	I
1									
2		분산 분석: 반복 없는 이원 배치법							
3									
4		요약표	관측수	합	평균	분산			
5		15도	4	16.8	4.2	0.36667			
6		35도	4	14.1	3.525	0.10917			
7		50도	4	9.9	2.475	0.1225			
8									
9		A제품	3	8.8	2.93333	0.58333			
10		B제품	3	10.7	3.56667	0.90333			
11		C제품	3	9.6	3.2	0.63			
12		D제품	3	11.7	3.9	1			
13									
14					분산 분석				
15		변동의 요인	제곱합	자유도	제곱 평균	F 비	P-값	F 기각치	
16		인자 A(행)	6.045	2	3.0225	96.292	2.8E-05	5.14325	
17		인자 B(열)	1.60667	3	0.53556	17.0619	0.00243	4.75706	
18		잔차	0.18833	6	0.03139				
19									
20		계	7.84	11					

분석 결과의 요약표에 평균, 분산, 합, 관측 수 등이 도출되어 있다. 분산 분석표에서 인자 A(행)의 F 비는 96.292, 대응되는 P-값은 0.000이므로 유의 수준 α=0.05로 하더라도 제품과 온도에 따라 제품 내 콜레스테롤의 함유량은 차이가 있다고 볼 수 있다. B(열)의 F값이 17.06이고 대응되는 P값이 0.002으로 유의수준을 α=0.05로 하더라도 제품 내 콜레스테롤의 함유량은 차이가 있다고 볼 수 있다. 그러므로 각 제품별 온도에 따라 콜레스테롤의 밀도는 유의미한 차이를 보인다고 판단할 수 있다.

반복 있는 이원 배치 분산 분석

반복이 있는 이원 배치 분석은 요인 조합에 다른 교호 작용을 판단할 수 있는 통계 분석이다. 교호 작용$_{\text{interaction}}$은 '상호 작용'이라고도 하는데, 각 요인들 간 미치는 영향을 분석하는 것이다. 반복이 있는 이원 분산 분석은 교호 작용을 분리해 분석함으로써 각 요인의 효과를 보다 정확히 분석한다. 다음의 데이터 실습을 통해 4개 제품의 온도 차이에 따른 식품 내 콜레스테롤 차이 여부를 분석해보자.

식품내 콜래스테롤 함유량

온도 \ 제품	A제품	B제품	C제품	D제품
15도	55	58	56	53
15도	58	61	59	56
35도	63	62	61	59
35도	62	65	62	61
50도	65	66	65	63
50도	68	67	69	65

❶ [데이터]-[데이터 분석]에서 '분산 분석: 반복 있는 이원 배치법'을 선택하여 입력 범위 '$B$4:$F$10', 표본당 행수 '2', 유의 수준 '0.05', 출력 옵션 '새로운 워크시트'를 선택한다.

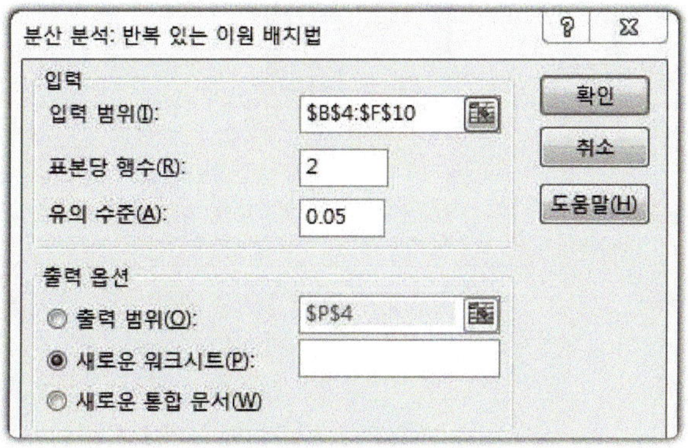

❷ 다음의 반복 있는 이원 배치 분산 분석표가 나타난다.

분산 분석: 반복 있는 이원 배치법

요약표	A제품	B제품	C제품	D제품	계
15도					
관측수	2	2	2	2	8
합	113	119	115	109	456
평균	56.5	59.5	57.5	54.5	57
분산	4.5	4.5	4.5	4.5	6.28571429
35도					
관측수	2	2	2	2	8
합	125	127	123	120	495
평균	62.5	63.5	61.5	60	61.875
분산	0.5	4.5	0.5	2	2.98214286
50도					
관측수	2	2	2	2	8
합	133	133	134	128	528
평균	66.5	66.5	67	64	66
분산	4.5	0.5	8	2	3.71428571
계					
관측수	6	6	6	6	
합	371	379	372	357	
평균	61.83333333	63.16666667	62	59.5	
분산	22.16666667	11.76666667	20.8	19.9	

새로운 워크시트에 분석 결과가 표시된다. 분석 결과의 요약표에서 각 요인 수준에서의 평균, 분산, 합, 관측 수 등을 확인할 수 있다.

분산 분석

변동의 요인	제곱합	자유도	제곱 평균	F 비	P-값	F 기각치
인자 A(행)	324.75	2	162.375	48.11111111	1.8586E-06	3.885293835
인자 B(열)	42.45833333	3	14.15277778	4.193415638	0.03023867	3.490294819
교호작용	7.916666667	6	1.319444444	0.390946502	0.87101454	2.996120378
잔차	40.5	12	3.375			
계	415.625	23				

- 분산 분석(analysis of variance, ANOVA, 변량 분석)은 통계학에서 두 개 이상 다수의 집단을 비교하고자 할 때 집단 내의 분산, 총평균과 각 집단의 평균의 차이에 의해 생긴 집단 간 분산의 비교로 만들어진 F 분포를 이용한 가설 검정 방법이다.

분산 분석표 A(행)의 F 비 48.1, 대응되는 P-값이 0.000으로 유의 수준 α=0.05로 했을 때, 온도에 따른 제품 내 콜레스테롤 함유량의 차이는 있다고 판단할 수 있다.

B(열)의 F 비 4.19, 대응되는 P-값이 0.03으로 유의 수준 α=0.05로 했을 때, 제품 내 콜레스테롤 함유량의 차이는 있다고 판단할 수 있다. 따라서 각 제품별 온도에 따른 콜레스테롤 밀도는 유의미한 차이를 가진다고 할 수 있다.

6.3 상관 분석

상관 분석correlation analysis은 두 변수 간 밀접성 강도와 방향성의 요약 데이터를 분석하는 방법이다. 분석하고자 하는 변수가 구간 척도와 비율 척도로 측정된 양적 자료의 경우, 두 변수의 연관성을 분석하므로 연관성 분석association analysis이라고도 한다. 상관 관계 분석은 두 변수 사이의 관계의 정도만 확인 가능할 뿐 변수 간의 관계를 규명하지는 못한다. 상관 분석의 핵심은 상관계수coefficient of correlation를 구하는 데 있다.

상관계수는 두 변수 간 상관관계의 정도를 나타낸다. 두 변수가 직선 관계이고 완전한 비례 관계이면 +1, 완전한 반비례이면 -1의 값을 갖는다. 상관계수는 +1과 -1 사이의 값을 가지며 절댓값이 1에 가까울수록 서로 밀접하고, 0에 가까우면 관계성이 적다고 해석한다. 다음 데이터는 학생들의 '키'와 '체중' 데이터이다. 데이터를 이용해 각 요인 간 상관 관계를 분석해보자.

	A	B	C	D	E	F	G
1							
2		이름	성별	나이	키	체중	
3		이재훈	남자	14	169	55	
4		김효진	여자	13	162	48	
5		이계명	여자	13	157	46	
6		박하늬	여자	14	162	49	
7		김수영	남자	12	162	52	
8		서다은	여자	12	157	48	
9		이영희	여자	15	159	52	
10		김교안	남자	13	162	51	
11		황인수	여자	12	159	42	
12		김민수	여자	11	152	43	
13		이연호	여자	14	151	46	
14		이연재	남자	12	164	55	
15		김연주	남자	15	156	51	
16		박시훈	남자	16	175	62	
17		이재숙	여자	12	164	52	
18		김성렬	남자	15	167	53	
19		사공진	여자	11	157	42	
20		윤시후	남자	15	168	60	
21		방시영	남자	16	176	65	
22		이건희	여자	13	151	52	
23		석준수	여자	14	159	55	

❶ [데이터]–[데이터 분석]을 선택하여 '상관 분석'을 해보자

❷ 통계 데이터 분석 창에서 '상관 분석'을 선택하여 확인을 클릭한다.

❸ 입력 범위 '$E$2:$F$23', 출력 옵션 '출력 범위'에 '$H$20'을 설정한다.

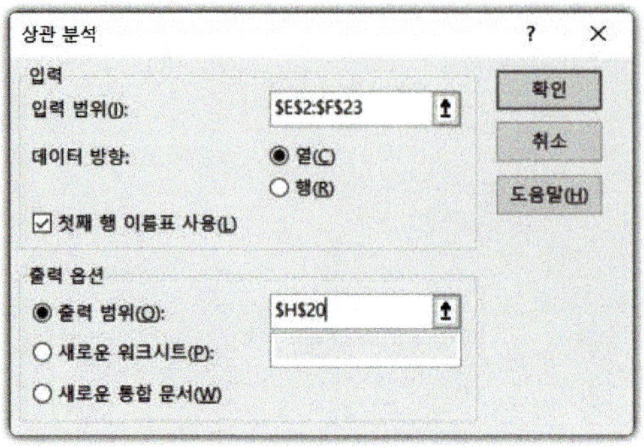

❹ 다음의 상관 관계 분석표를 얻을 수 있다.

	G	H	I	J	K
19					
20			키	체중	
21		키	1		
22		체중	0.788636487	1	
23					

분석 결과 0.788로 '키'와 '체중'은 매우 강한 상관 관계를 가진다고 평가할 수 있다.

- 상관계수에는 Pearson 상관계수, Spearman 상관계수, Kendall 상관계수가 있다. Pearson 상관계수는 두 변수의 관계가 얼마나 선형적인지를 반영한다. Pearson 상관계수의 절대값이 1에 가까울수록 두 변수는 강한 선형 관계이다. Spearman 상관계수와 Kendall 상관계수는 두 변수 관계의 단조로움 정도를 나타낸다. Spearman 또는 Kendall 상관계수의 절대값이 1에 가까울수록 두 변수는 강한 단조관계이다.

6.4. 산포도 차트

회귀 분석이나 상관 분석을 할 때, 먼저 두 변수 사이의 관계를 대략적으로 알아보기 위해 산포도 scatter diagram를 그리게 된다. 산포도는 보통 X축에 독립 변수, Y축에 종속 변수를 설정하고 두 변수의 짝을 나타내는 점을 차트로 나타낸 것이다.

앞서 제시된 학생들의 '키'와 '체중'에 관한 데이터를 이용하여 선형관계의 가정이 타당한지 산포도를 만들어보자.

❶ [차트데이터 자료] 시트에서 [E2:F23] 범위를 선택한다.
❷ [삽입]-[추천 차트] 그룹에서 [분산형]을 클릭한다.
❸ 분산형 차트가 완성되었다. 삽입된 차트에 마우스 포인터를 올려 차트 모양이 표시되면 드래그하여 원하는 위치로 차트를 이동할 수 있다.

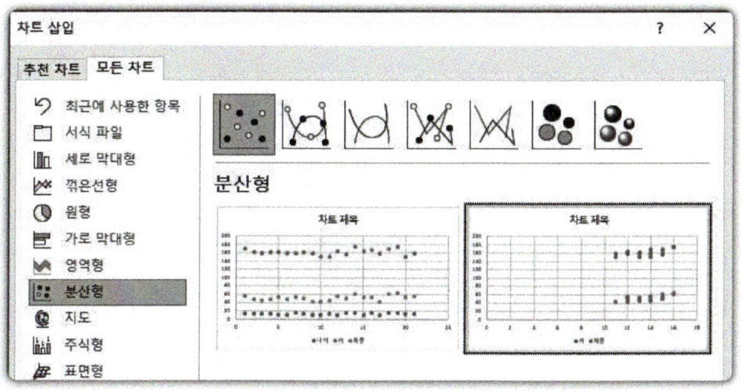

❹ [차트 도구]-[디자인]-[차트 스타일] 그룹에서 [색 변경]을 클릭하고 '색상형'에서 '색4'를 클릭하여 막대 색상을 변경한다.

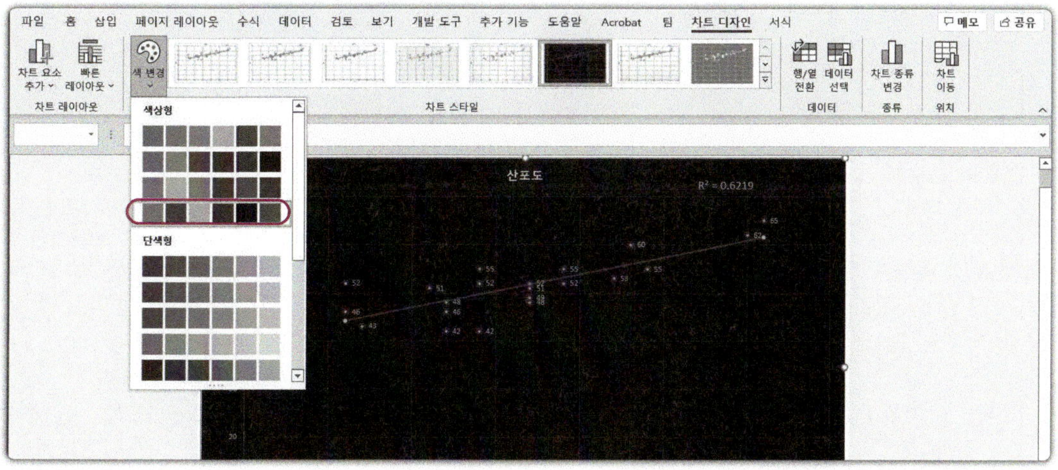

❺ [차트 도구]–[디자인]–[차트 스타일] 그룹에서 '스타일 6'으로 전체 스타일을 변경한다.

❻ [차트 요소 추가]–[축 제목]–[기본 가로]에서 '키'를 입력하고 [기본 세로]에서 '체중'을 입력한다.

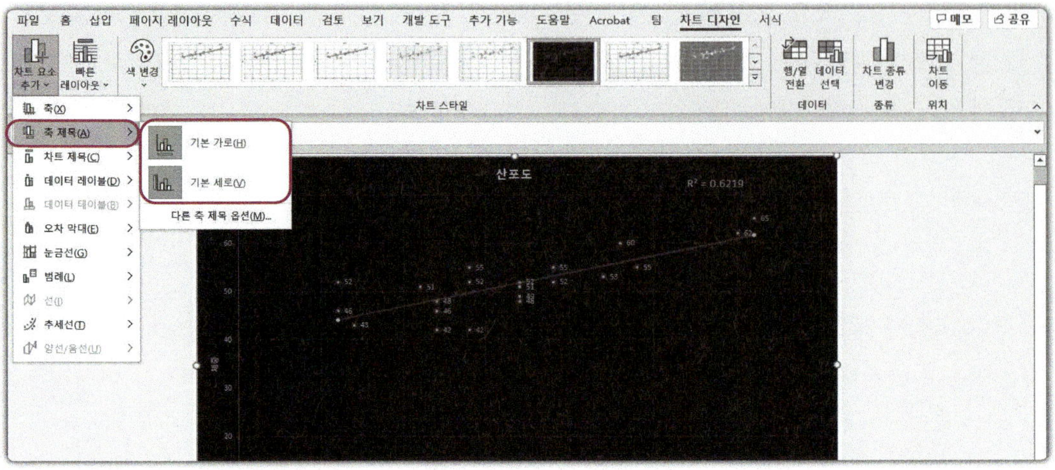

❼ [차트 요소 추가]–[데이터 레이블]에서 '오른쪽'을 선택하면 다음과 같은 산포도 차트가 나타난다.

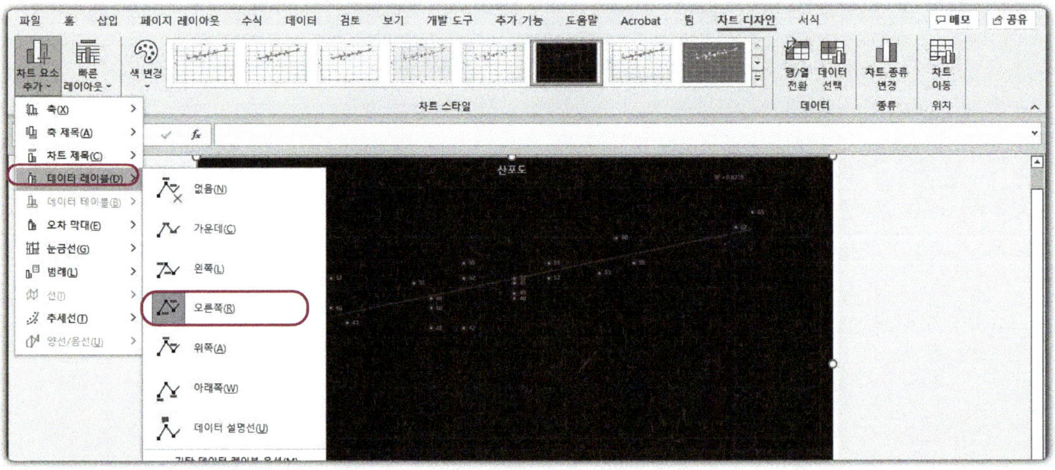

- 산포도 차트를 확인하면 두 변수 간 연관성을 예측할 수 있다. 그러므로 회귀분석이나 상관관계 분석을 실시하기 전에 산포도(scatter diagram)를 먼저 그려 상관관계 분석이나 회귀분석이 필요한지 예측해 볼 수 있다.

❽ 그림 영역의 한점에서 마우스 우클릭으로 '추세선 추가'를 선택하여 추세선을 생성한다.

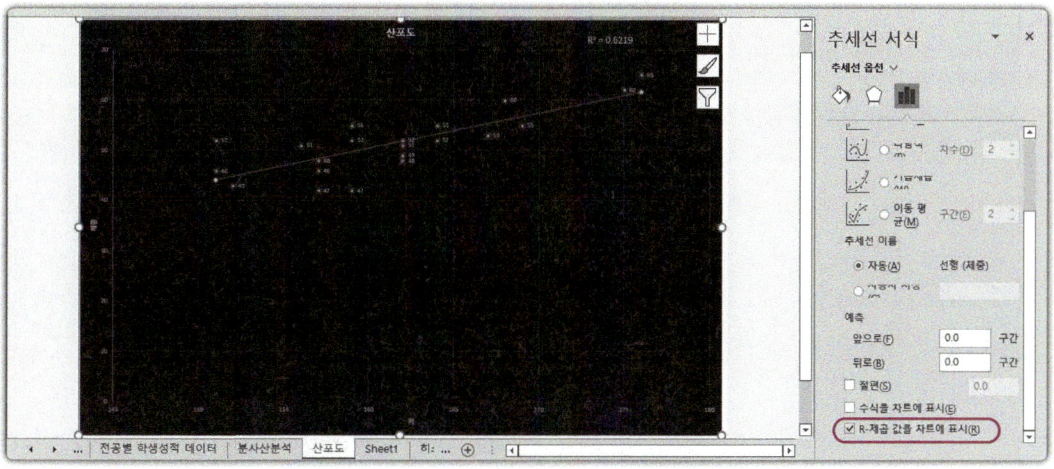

❾ '추세선 서식' 대화 상자의 '수식을 차트에 표시'와 'R-제곱 값을 차트에 표시'를 체크한다.

❿ 다음과 같은 산포도 차트를 확인할 수 있다.

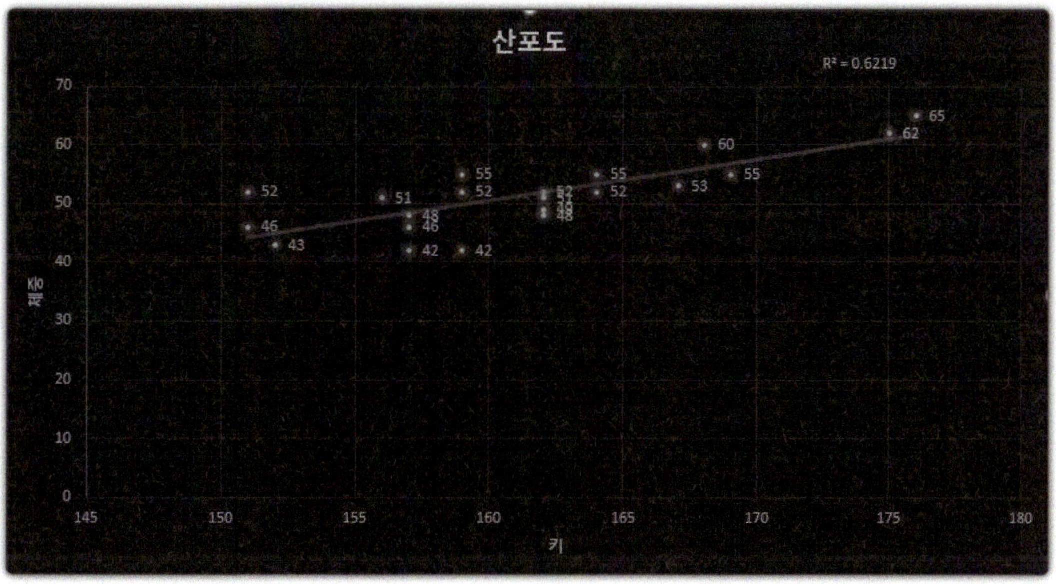

완성된 산포도 차트를 보면 선형 관계의 가정에 별 무리가 없다고 가정할 수 있다. 결과적으로 '키'와 '체중'은 정의(+) 선형 관계를 가진다고 판단할 수 있다.

6.5 회귀 분석

회귀분석은 두 변수 사이의 함수적 관계를 나타내는 수학적 회귀 방정식을 구하고 독립 변수의 특정 값에 따른 종속 변수의 값을 예측하는 분석 방법이다. 서로 영향을 주고받으며 변화하는 두 변수의 인과 관계를 분석한다.

회귀 분석의 핵심은 결정계수Coefficient of Determination를 구하는 데 있다. 결정계수는 독립 변수와 종속 변수로 구한 상관계수의 제곱 값으로 독립 변수를 통해 얼마만큼 의미 있게 종속변수를 예측할 수 있는지 판별할 때 사용된다.

범주 레이블을 예측하는 데 분류를 사용하는 것과 마찬가지로 회귀 분석은 연속 값을 예측하는 데 사용한다. 함수 적합을 이용해 독립 변수의 변화에 따른 종속 변수의 값을 예측할 수 있다. 선형 회귀는 종속 변수Dependent Variable와 독립 변수Independent Variable 간 관계 강도를 결정하는 통계적 측정 방법으로 독립 변수로써 종속변수를 설명한다. 이때 독립 변수의 개수에 따라 단순 선형 회귀Simple Linear Regression와 다중 선형 회귀Multiple Linear Regression 분석으로 나뉜다. 한 개의 독립 변수가 종속 변수를 설명하는 것을 단순 선형 회귀 분석, 두 개 이상의 독립 변수로 종속 변수를 설명하는 것은 다중 선형 회귀 분석이라고 한다(David A. Freedman (2009). 《Statistical Models: Theory and Practice》.

예컨대, 아버지와 어머니의 키를 알면 자녀의 키를 예측할 수 있다. 이 경우 우리가 예측하고자 하는 자녀의 키가 종속 변수(y)이고 아버지의 키(x_1)와 어머니의 키(x_2)는 종속 변수를 설명하기 위한 독립 변수이다.

독립 변수와 종속 변수 관계를 다음 함수식으로 표현할 수 있다. 이 식에서 회귀 계수를 알면 자녀의 키를 예측할 수 있다.

$$y = \beta_0 + \beta_1 x_1 + \beta_2 x_2$$

β_i: 회귀 계수

TIP

평균으로의 회귀

- 프랜시스 골턴(Francis Galton)은 평균으로의 회귀 현상을 설명한 최초의 학자이다. 골턴은 부모의 키가 양극단에 있는 경우 그 자녀의 키가 계속 양극단에 있는 것이 아니라 오히려 자녀의 키는 평균으로 회귀하는 것을 측정했다(Galton, F. (1886). "Regression towards mediocrity in hereditary stature". The Journal of the Anthropological Institute of Great Britain and Ireland. 15: 246-263.).

산포도 차트 데이터인 '키'와 '체중'에 관한 데이터를 이용해 회귀 분석을 해보자. '키'를 독립 변수로 '체중'을 종속 변수로 입력하자.

❶ [데이터]–[데이터 분석]에서 '회귀 분석'을 선택한다.

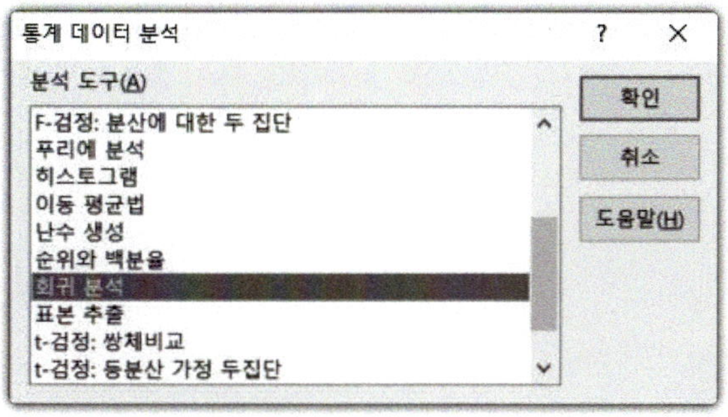

❷ 히스토그램 창의 Y축 입력 범위에 '$F$2:$F$23', X축 입력 범위에 '$E$2:$E$23'을 입력한다.
❸ 이름표를 선택하여 출력 옵션에 '출력 범위'를 선택하고 '$H$25'을 지정한다.

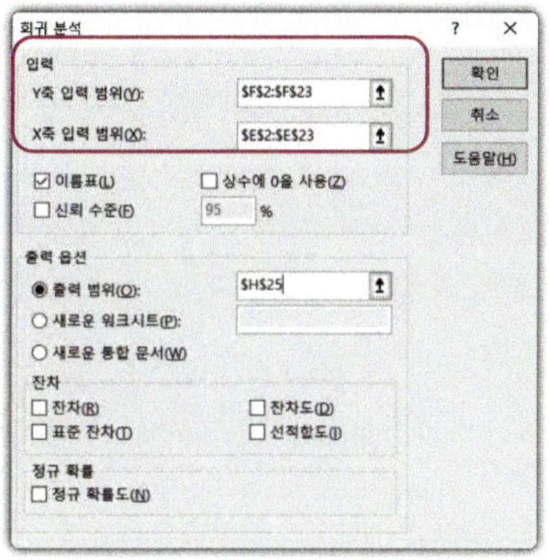

❹ 회귀 분석 결과는 다음 표와 같다. '회귀 분석 통계량'에 상관계수 0.787, 결정계수 0.619, 조정

회귀분석 통계량	
다중 상관계수	0.786953679
결정계수	0.619296093
조정된 결정계수	0.598145876
표준 오차	3.94330313
관측수	20

된 결정계수 0.598과 표준오차 3.943으로 나타났다.

❺ 다음은 분산 분석 표에 'F 비' 29.280, '유의한 F' 값 0.000으로 나타났다.

분산 분석					
	자유도	제곱합	제곱 평균	F 비	유의한 F
회귀	1	455.3064877	455.3064877	29.28083867	3.84662E-05
잔차	18	279.8935123	15.54963957		
계	19	735.2			

❻ 회귀계수 즉, 체계적 구성에 대한 계수 β에 대한 가설 검정 P-값 0.000, t 통계량 5.411로 유의한 수준으로 나타났다. 따라서 체계적 구성이 만족도에 영향을 준다고 판단할 수 있다.

	계수	표준 오차	t 통계량	P-값	하위 95%	상위 95%	하위 95.0%	상위 95.0%
Y절편	-63.69709172	21.25158966	-2.99728598	0.007730901	-108.3450248	-19.04915862	-108.3450248	-19.04915862
169	0.713646532	0.131883785	5.411177198	3.84662E-05	0.436568981	0.990724084	0.436568981	0.990724084

'회귀 분석 통계량'에서는 '키'를 독립 변수로 '체중'을 종속 변수로 보고 회귀 분석을 실시했다. 분산 분석표를 보면 'F 값' 29.280, 대응되는 'P 값' 0.000이므로 유의 수준 α=0.05에서 회귀 직선은 상당히 유의함을 알 수 있다. 회귀 분석 결과 't 통계량'은 5.411, 'P-값'은 0.000으로 나타났다. 이를 토대로 '키'가 '체중'에 영향을 미친다는 것을 알 수 있다. '키'와 '체중'의 다중 상관계수 또한 0.787로 매우 강한 상관 관계를 가지고 있음을 알 수 있다.

TIP

- 두 변수 사이의 선형 관계를 분석하는 회귀 분석과 상관 분석은 수학적으로 밀접하게 관련되어 있다. 두 변수 간 관계의 밀접한 정도는 상관 관계 분석으로 알아볼 수 있으며, 두 변수 사이의 관계는 회귀 분석을 통해 알 수 있다. 그러므로 상관 분석과 회귀 분석을 함께 사용하면 변수들 사이의 다양한 정보를 추론할 수 있다.

연습 문제

문제 6.1

다음의 데이터를 이용해 산포도 차트를 만들어보자.

데이터 및 결과 화면

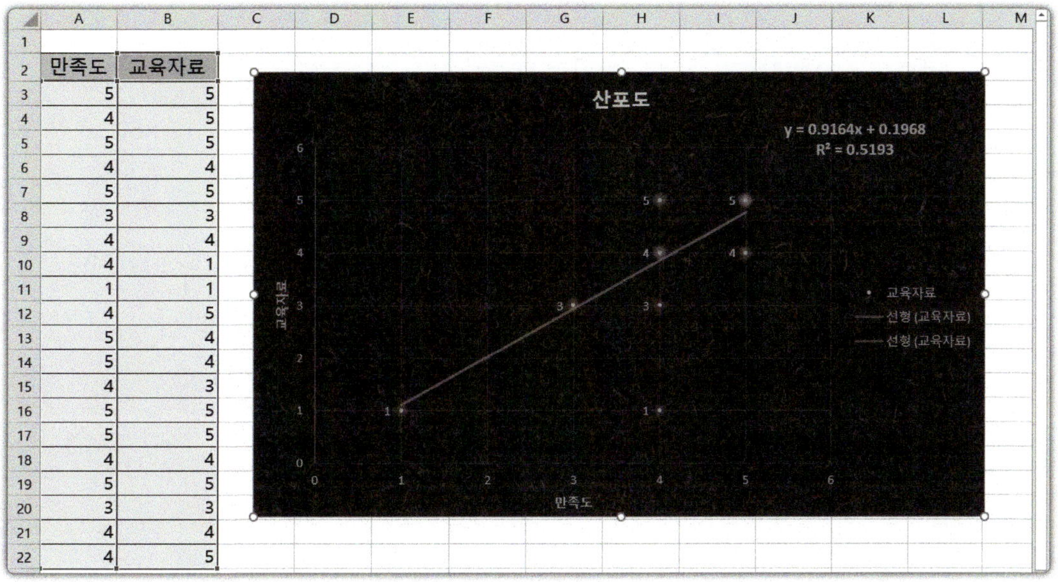

만족도	교육자료
5	5
4	5
5	5
4	4
5	5
3	3
4	4
4	1
1	1
4	5
5	4
5	4
4	3
5	5
5	5
4	4
5	5
3	3
4	4
4	5

❶ [차트 데이터 자료] 시트에서 [A2:B22] 범위를 선택한다.

❷ [삽입]–[추천 차트] 그룹에서 [분산형]을 클릭하여 분산형 차트를 완성한다.

❸ [차트 도구]–[디자인]–[차트 스타일] 그룹에서 '스타일 4'를 선택한다.

❹ [차트 도구]–[디자인]–[차트 스타일] 그룹의 [색 변경]에서 '색상형–색3'을 선택한다.

❺ [차트 도구]–[디자인]–[차트 스타일] 그룹에서 '스타일 3'을 지정한다.

❻ [차트 요소 추가]–[데이터 레이블]에서 '왼쪽'을 선택한다.

❼ [차트 요소 추가]–[차트 제목]–[차트 위]를 선택해 '산포도'로 고친다.

❽ [차트 요소]–[축 제목]에서 '기본 가로', '만족도'를 '기본 세로'로 선택해 '교육 자료'로 바꿔준다.

❾ 그림 영역의 한 점에 커서를 놓고 우클릭하여 '추세선 추가'를 선택한다.

❿ '추세선 서식' 대화 상자에 '수식을 차트에 표시'와 'R–제곱 값을 차트에 표시'를 체크한다.

문제 6.2

다음 데이터를 이용해 상관 관계를 분석해보자.

데이터 및 결과 화면

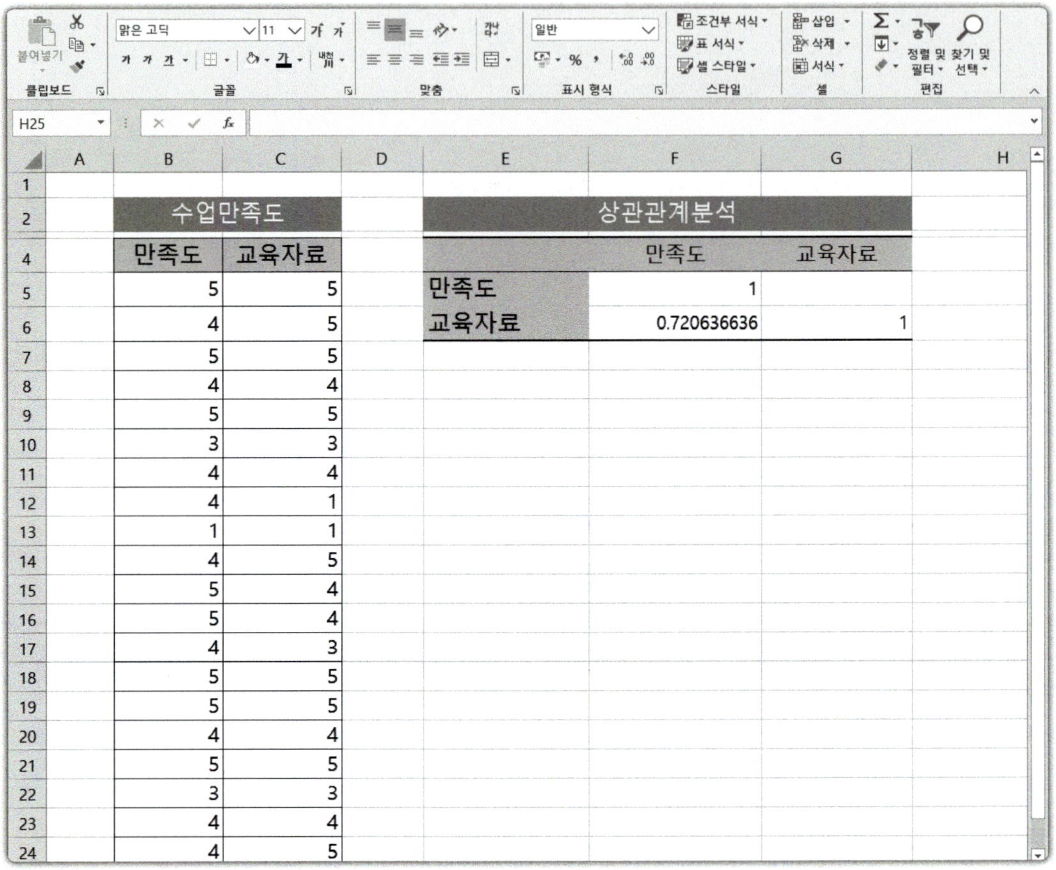

수업만족도	
만족도	교육자료
5	5
4	5
5	5
4	4
5	5
3	3
4	4
4	1
1	1
4	5
5	4
5	4
4	3
5	5
5	5
4	4
5	5
3	3
4	4
4	5

상관관계분석		
	만족도	교육자료
만족도	1	
교육자료	0.720636636	1

❶ 자료를 이용해 [데이터]–[데이터 분석]–[상관 분석]을 선택하여 확인을 클릭한다.

❷ 상관 관계 분석 대화 상자의 입력 범위에 '$B$4:$C$24', 출력 옵션의 출력 범위에 '$E$2를 선택한다.

❸ 도출된 상관 관계 분석표를 분석해보자.

문제 6.3

다음 데이터를 이용해 회귀 분석을 해보자.

데이터 및 결과 화면

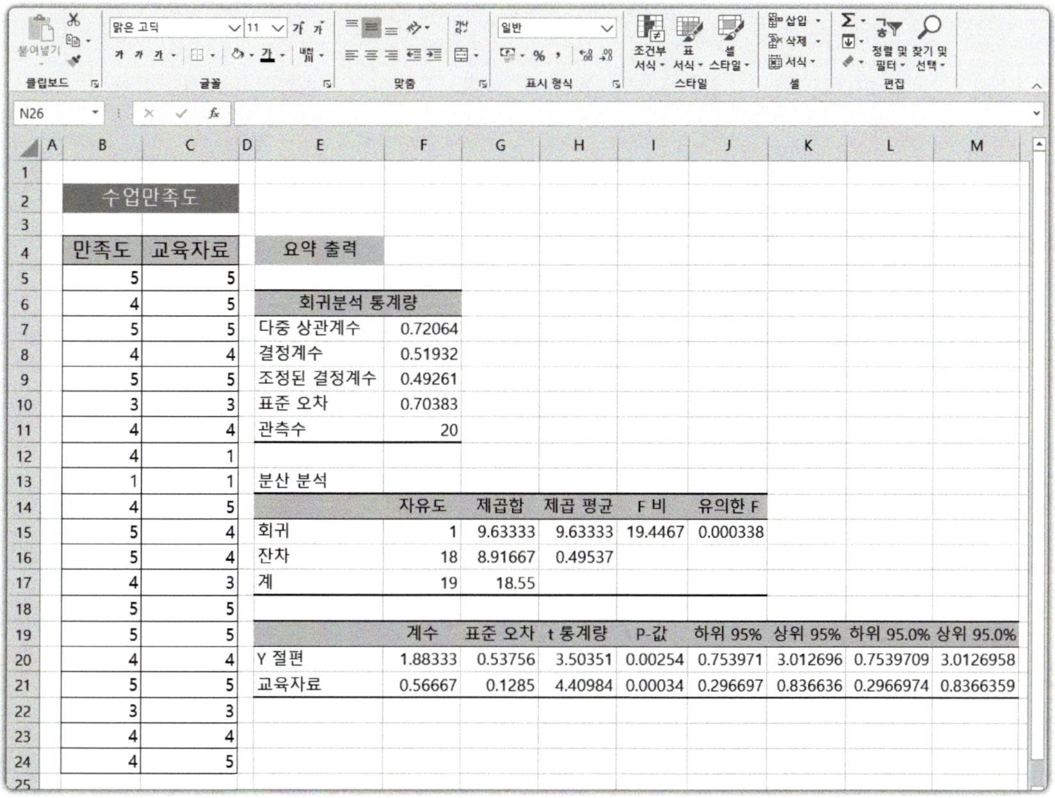

수업만족도

만족도	교육자료
5	5
4	5
5	5
4	4
5	5
3	3
4	4
4	1
1	1
4	5
5	4
5	4
4	3
5	5
5	5
4	4
5	5
3	3
4	4
4	5

요약 출력

회귀분석 통계량	
다중 상관계수	0.72064
결정계수	0.51932
조정된 결정계수	0.49261
표준 오차	0.70383
관측수	20

분산 분석

	자유도	제곱합	제곱 평균	F 비	유의한 F
회귀	1	9.63333	9.63333	19.4467	0.000338
잔차	18	8.91667	0.49537		
계	19	18.55			

	계수	표준 오차	t 통계량	P-값	하위 95%	상위 95%	하위 95.0%	상위 95.0%
Y 절편	1.88333	0.53756	3.50351	0.00254	0.753971	3.012696	0.7539709	3.0126958
교육자료	0.56667	0.1285	4.40984	0.00034	0.296697	0.836636	0.2966974	0.8366359

❶ [데이터]–[데이터 분석]에서 '회귀 분석'을 선택한다.

❷ 히스토그램 창에 Y축 입력 범위 '$B$4:$B$24', X축 입력 범위 '$C$4:$C$24'를 입력한다.

❸ 이름표를 선택하여 출력 옵션의 '출력 범위'에 '$E$4'를 지정한다.

❹ 도출된 상관 관계 분석표를 분석해보자.

문제 6.4

다음 데이터를 이용해 상관 분석을 해보자

데이터 및 결과 화면

수업만족도

만족도	체계적인 구성	이해도	교육자료	참여도	지식습득	교육환경	수강인원	평가
5	5	5	5	5	5	5	5	5
4	4	4	5	5	4	5	4	4
5	5	5	5	5	4	5	5	5
4	4	4	4	4	3	4	5	4
5	5	5	5	5	5	5	5	5
3	3	3	3	3	3	3	3	3
4	3	2	4	2	3	3	3	3
4	4	2	1	1	3	1	3	3
1	1	1	1	1	1	1	1	1
4	3	4	5	3	5	5	4	5
5	5	3	4	3	4	4	4	4
5	5	3	4	4	4	3	4	4
4	3	2	3	3	4	3	3	3
5	4	5	5	3	2	5	2	4
5	5	5	5	5	5	5	5	5
4	4	4	4	3	3	5	4	4

	만족도	체계적인 구성	이해도	교육자료	참여도	지식습득	교육환경	수강인원	평가
만족도	1								
체계적인 구성	0.920688	1							
이해도	0.697429	0.721688	1						
교육자료	0.720637	0.638215	0.854233	1					
참여도	0.616218	0.709552	0.823494	0.82885	1				
지식습득	0.684962	0.68163	0.591843	0.658737	0.726345	1			
교육환경	0.65324	0.607073	0.901497	0.954186	0.809128	0.617465	1		
수강인원	0.677127	0.787083	0.715781	0.700112	0.838715	0.818147	0.697922	1	
평가	0.850517	0.829778	0.895868	0.86164	0.792651	0.829928	0.857401	0.848171	1

❶ [데이터]–[데이터 분석]을 선택하여 상관 분석을 해보자

❷ 통계 데이터 분석 창이 열리면 상관 분석을 선택하여 확인을 클릭한다.

❸ 입력 범위 '$B$4:$J$24', 출력 옵션의 '출력 범위'에 '$L$4'를 지정한다.

❹ 결과 화면의 상관 관계 분석표를 보고 분석 결과를 설명해보자.

SECTION 07

공공 데이터의 활용

공공 데이터 활용하기에서는 공공 데이터를 이용해 모집단과 표본의 측정을 통해 두 변수의 관계에 대해 검증할 것이다. 두 변수 사이의 함수적 관계는 차트 또는 통계량을 사용하여 밝힐 수 있다. 표본 자료를 이용해 모집단에 대한 결론을 유도할 수 있다.

7.1 공공 데이터의 추출

공공 데이터 포털(https://www.data.go.kr)에 무료로 사용할 수 있는 다양한 공공 데이터들이 등록되어 있다. 국가에서 보유하고 있는 다양한 데이터가 공개되어 있으며, 공공 데이터 포털에 실린 모든 데이터는 누구나 무료로 사용할 수 있을 뿐만 아니라 필요한 데이터를 요청할 수도 있다.

공공 데이터 포털은 국가 기관, 지방자치단체, 공공 기관 등이 법령 등에서 정하는 목적을 위하여 생성 또는 취득하여 관리하고 있는 데이터베이스, 전자화된 파일 등 광(光) 또는 전자적 방식으로 처리된 공공 데이터를 민간에 제공하는 서비스이다.

공공 데이터 포털에서 데이터를 찾아 활용해보자.

❶ 공공 데이터 포털(https://www.data.go.kr)에 접속하여 회원 가입을 한다.

❷ [검색창]에 '미세먼지'를 입력한다.

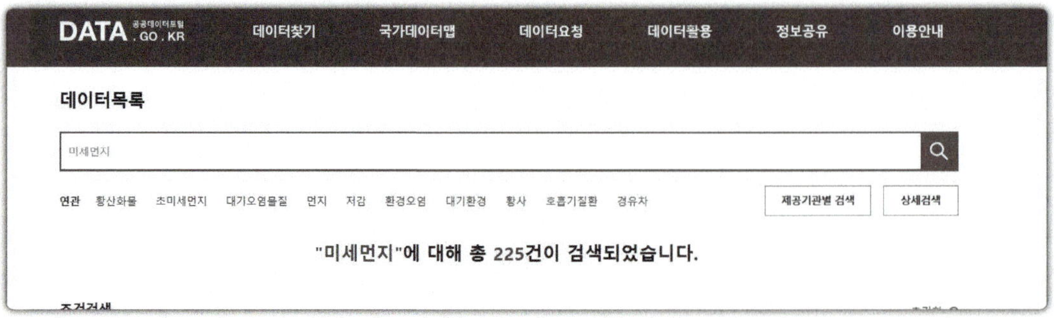

❸ '미세먼지' 관련 225건의 공공 데이터가 검색된 것을 확인할 수 있다.

❹ 전체 데이터에서 '서울특별시 미세먼지대피소'에서 '바로가기'를 클릭한다.

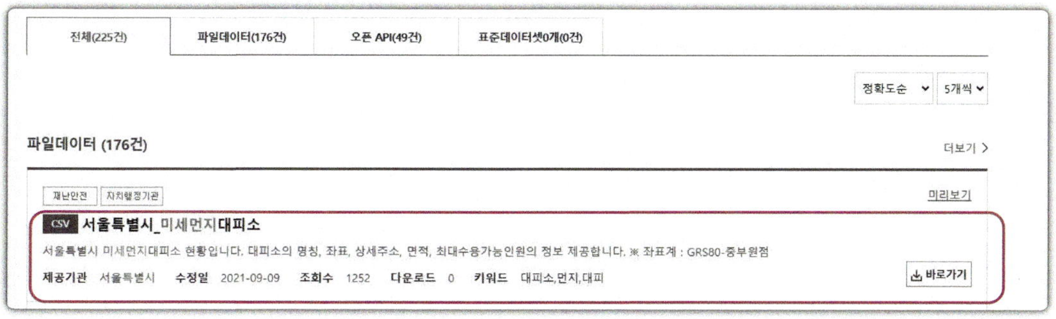

❺ '서울특별시 미세먼지대피소' 관련 데이터 상세 페이지에서 CGV 파일을 확인하고 엑셀 파일 변환을 위해 '내려받기'를 클릭한다.

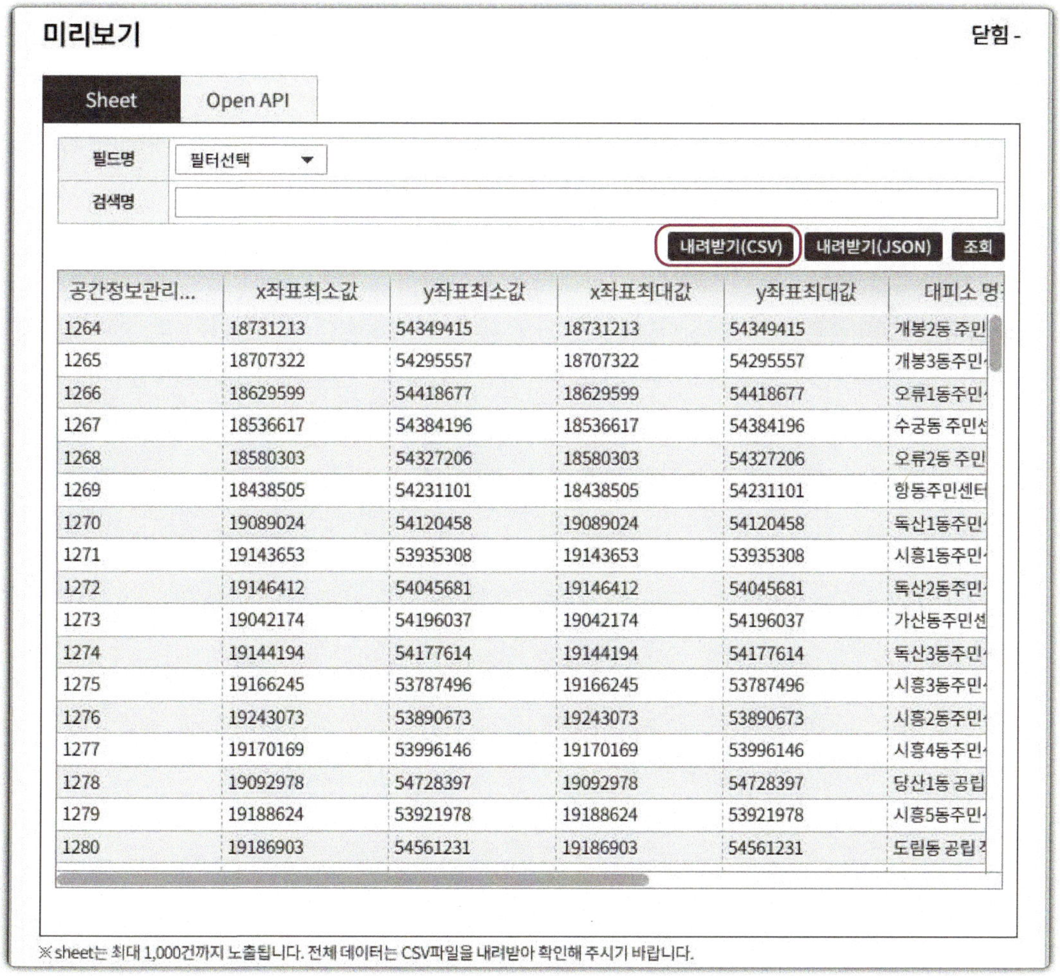

공간정보관리...	x좌표최소값	y좌표최소값	x좌표최대값	y좌표최대값	대피소 명
1264	18731213	54349415	18731213	54349415	개봉2동 주민
1265	18707322	54295557	18707322	54295557	개봉3동주민
1266	18629599	54418677	18629599	54418677	오류1동주민
1267	18536617	54384196	18536617	54384196	수궁동 주민센
1268	18580303	54327206	18580303	54327206	오류2동 주민
1269	18438505	54231101	18438505	54231101	항동주민센터
1270	19089024	54120458	19089024	54120458	독산1동주민
1271	19143653	53935308	19143653	53935308	시흥1동주민
1272	19146412	54045681	19146412	54045681	독산2동주민
1273	19042174	54196037	19042174	54196037	가산동주민센
1274	19144194	54177614	19144194	54177614	독산3동주민
1275	19166245	53787496	19166245	53787496	시흥3동주민
1276	19243073	53890673	19243073	53890673	시흥2동주민
1277	19170169	53996146	19170169	53996146	시흥4동주민
1278	19092978	54728397	19092978	54728397	당산1동 공립
1279	19188624	53921978	19188624	53921978	시흥5동주민
1280	19186903	54561231	19186903	54561231	도림동 공립

❻ 다운로드 받은 엑셀 파일을 확인할 수 있다.

공간정보관리번호

관리번호	x좌표최소값	y좌표최소값	x좌표최대값	y좌표최대값	대피소 명칭	대피소 상세주소	면적	최대수용가능인원
1264	18731213	54349415	18731213	54349415	개봉2동 주민센터	서울특별시 구로구 개봉로17가길 26 (개봉2동)	785	10
1265	18707322	54295557	18707322	54295557	개봉3동주민센터	서울특별시 구로구 개봉로3길 47 (개봉3동)	572	20
1266	18629599	54418677	18629599	54418677	오류1동주민센터	서울특별시 구로구 경인로27길 10 (오류1동)	1287	20
1267	18536617	54384196	18536617	54384196	수궁동 주민센터	서울특별시 구로구 오리로15길 32 (수궁동)	769	20
1268	18580303	54327206	18580303	54327206	오류2동 주민센터	서울특별시 구로구 오류로 45 (오류2동)	458	20
1269	18438505	54231101	18438505	54231101	항동주민센터	서울특별시 구로구 서해안로 2102 (항동)	160	10
1270	19089024	54120458	19089024	54120458	독산1동주민센터	서울특별시 금천구 시흥대로123길 11 (독산1동)	108	10
1271	19143653	53935308	19143653	53935308	시흥1동주민센터	서울특별시 금천구 시흥대로 58길 36 (시흥1동)	308	10
1272	19146412	54045681	19146412	54045681	독산2동주민센터	서울특별시 금천구 독산로 179 (독산2동)	83	10
1273	19042174	54196037	19042174	54196037	가산동주민센터	서울특별시 금천구 가산로 129 (가산동)	163.1	10
1274	19144194	54177614	19144194	54177614	독산3동주민센터	서울특별시 금천구 독산로 317 (독산3동)	195378	10
1275	19166245	53787496	19166245	53787496	시흥3동주민센터	서울특별시 금천구 시흥대로18길 40 (시흥3동)	129.87	10
1276	19243073	53890673	19243073	53890673	시흥2동주민센터	서울특별시 금천구 금하로 764 (시흥2동)	377.38	10
1277	19170169	53996146	19170169	53996146	시흥4동주민센터	서울특별시 금천구 독산로36길 14 (시흥4동)	202.78	10
1278	19092978	54728397	19092978	54728397	당산1동 공립 작은도서관	서울특별시 영등포구 양산로23길 11 (당산1동)	132	22
1279	19188624	53921978	19188624	53921978	시흥5동주민센터	서울특별시 금천구 금하로21길 20 (시흥5동)	264.37	10
1280	19186903	54561231	19186903	54561231	도림동 공립 작은도서관	서울특별시 영등포구 도신로33길 4 (도림동)	74	30
1281	19166990	54399864	19166990	54399864	대림1동 공립 작은도서관	서울특별시 영등포구 디지털로 441 (대림1동)	130	28
1282	19134154	54091665	19134154	54091665	독산4동주민센터	서울특별시 금천구 독산로 232 (독산4동)	69.95	10
1283	19372397	54457508	19372397	54457508	동작노인종합복지관	서울특별시 동작구 상도로11길 7 (대방동)	2020	30
1284	19039535	54622420	19039535	54622420	문래동 공립 작은도서관	서울특별시 영등포구 도림로141가길 16 (문래동)	80	50
1285	20236238	54135532	20236238	54135532	양재1동주민센터	서울특별시 서초구 바우뫼로 41 (양재1동)	972.33	30
1286	19618826	54569567	19618826	54569567	본동종합사회복지관	서울특별시 동작구 노량진로32길 79 (노량진1동)	1011.45	0
1287	19290672	54060574	19290672	54060574	신림종합사회복지관	서울특별시 관악구 난곡로 110 (난향동)	2847	300
1288	19570237	54524352	19570237	54524352	상도은빛어르신복지관	서울특별시 동작구 매봉로 36 (상도1동)	40	0
1289	19821715	54197293	19821715	54197293	사당어르신종합복지관	서울특별시 동작구 남부순환로 2081 (사당1동)	255.84	0
1290	19656986	54165413	19656986	54165413	신본경로당	서울특별시 관악구 남부순환로200다길 7 (서원동)	353.21	80
1126	19482706	54342472	19482706	54342472	국지경로당	서울특별시 관악구 국회단지21길 14 (은천동)	423.81	80
1127	20252248	54577831	20252248	54577831	논현1동주민센터	서울특별시 강남구 학동로20길 25 (논현1동)	549.75	30
1128	20406473	54269618	20406473	54269618	도곡2동주민센터	서울특별시 강남구 남부순환로378길 34 (도곡2동)	264	20

서울시 미세먼지대피소

❼ 위치 정보 서비스를 이용하기 위해 [데이터 활용]–[위치 정보 시각화]를 클릭한다.

❽ 행정구역에서 '서울특별시, '강동구'를 선택하고, '위치 정보 서비스 목록'에서 '공공시설개방정보'를 클릭한다.

❾ 지도에 나타난 '공공시설개방정보'를 클릭하면 상세 정보를 확인할 수 있다.

❿ '공공시설개방정보'의 엑셀 파일 변환을 위해 '다운로드'를 클릭하면 다음과 같은 엑셀 파일을 얻을 수 있다.

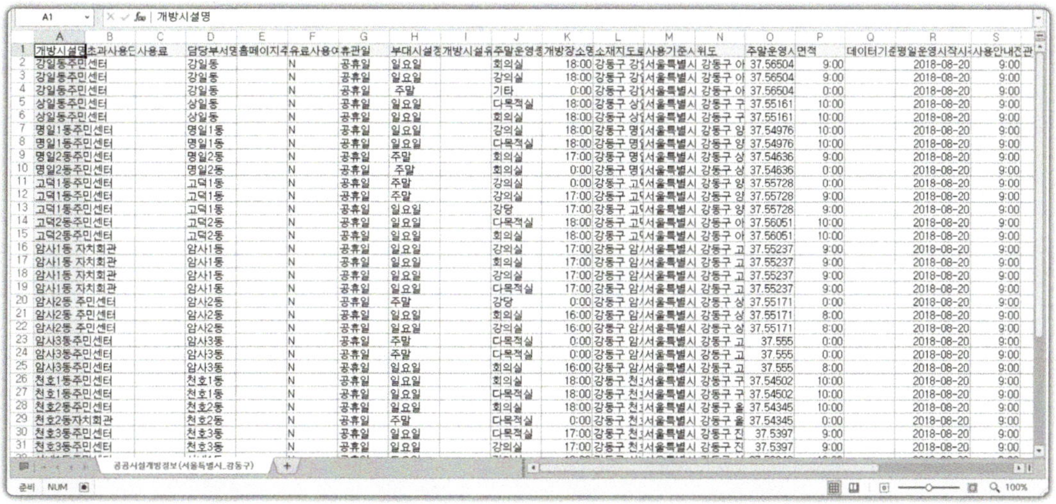

	A	B	C	D	E	F	G	H	I	J	K	L	M	N	O	P	Q	R	S
1	개방시설명	초과사용단	사용료	담당부서명	홈페이지주	유료사용여	휴관일	부대시설정	개방시설유	주말운영종	개방장소명	소재지도로	사용기준시	위도	주말운영시	면적	데이터기준	평일운영시작시	사용안내전
2	강일동주민센터			강일동		N	공휴일	일요일		회의실	18:00	강동구 강	서울특별시 강동구 아		37.56504	9:00		2018-08-20	9:00
3	강일동주민센터			강일동		N	공휴일	일요일		강의실	18:00	강동구 강	서울특별시 강동구 아		37.56504	9:00		2018-08-20	9:00
4	강일동주민센터			강일동		N	공휴일	주말		기타	0:00	강동구 강	서울특별시 강동구 아		37.56504	0:00		2018-08-20	9:00
5	상일동주민센터			상일동		N	공휴일	일요일		다목적실	18:00	강동구 상	서울특별시 강동구 구		37.55161	10:00		2018-08-20	9:00
6	상일동주민센터			상일동		N	공휴일	일요일		회의실	18:00	강동구 상	서울특별시 강동구 구		37.55161	10:00		2018-08-20	9:00
7	명일1동주민센터			명일1동		N	공휴일	일요일		강의실	18:00	강동구 명	서울특별시 강동구 양		37.54976	10:00		2018-08-20	9:00
8	명일1동주민센터			명일1동		N	공휴일	일요일		다목적실	18:00	강동구 명	서울특별시 강동구 양		37.54976	10:00		2018-08-20	9:00
9	명일2동주민센터			명일2동		N	공휴일	주말		회의실	17:00	강동구 명	서울특별시 강동구 상		37.54636	9:00		2018-08-20	9:00
10	명일2동주민센터			명일2동		N	공휴일	주말		회의실	0:00	강동구 명	서울특별시 강동구 상		37.54636	0:00		2018-08-20	9:00
11	고덕1동주민센터			고덕1동		N	공휴일	주말		강의실	0:00	강동구 고	서울특별시 강동구 양		37.55728	0:00		2018-08-20	9:00
12	고덕1동주민센터			고덕1동		N	공휴일	주말		강의실	17:00	강동구 고	서울특별시 강동구 양		37.55728	9:00		2018-08-20	9:00
13	고덕1동주민센터			고덕1동		N	공휴일	일요일		강당	17:00	강동구 고	서울특별시 강동구 양		37.55728	9:00		2018-08-20	9:00
14	고덕2동주민센터			고덕2동		N	공휴일	일요일		다목적실	18:00	강동구 고	서울특별시 강동구 아		37.56051	10:00		2018-08-20	9:00
15	고덕2동주민센터			고덕2동		N	공휴일	일요일		회의실	18:00	강동구 고	서울특별시 강동구 아		37.56051	10:00		2018-08-20	9:00
16	암사1동 자치회관			암사1동		N	공휴일	일요일		강의실	17:00	강동구 암	서울특별시 강동구 고		37.55237	9:00		2018-08-20	9:00
17	암사1동 자치회관			암사1동		N	공휴일	일요일		회의실	17:00	강동구 암	서울특별시 강동구 고		37.55237	9:00		2018-08-20	9:00
18	암사1동 자치회관			암사1동		N	공휴일	일요일		강의실	17:00	강동구 암	서울특별시 강동구 고		37.55237	9:00		2018-08-20	9:00
19	암사1동 자치회관			암사1동		N	공휴일	일요일		다목적실	17:00	강동구 암	서울특별시 강동구 고		37.55237	9:00		2018-08-20	9:00
20	암사2동 주민센터			암사2동		N	공휴일	주말		강당	0:00	강동구 암	서울특별시 강동구 상		37.55171	0:00		2018-08-20	9:00
21	암사2동 주민센터			암사2동		N	공휴일	일요일		회의실	16:00	강동구 암	서울특별시 강동구 상		37.55171	8:00		2018-08-20	9:00
22	암사2동 주민센터			암사2동		N	공휴일	일요일		강의실	16:00	강동구 암	서울특별시 강동구 상		37.55171	8:00		2018-08-20	9:00
23	암사3동주민센터			암사3동		N	공휴일	주말		다목적실	0:00	강동구 암	서울특별시 강동구 고		37.555	0:00		2018-08-20	9:00
24	암사3동주민센터			암사3동		N	공휴일	주말		다목적실	0:00	강동구 암	서울특별시 강동구 고		37.555	0:00		2018-08-20	9:00
25	암사3동주민센터			암사3동		N	공휴일	일요일		회의실	16:00	강동구 암	서울특별시 강동구 고		37.555	8:00		2018-08-20	9:00
26	천호1동주민센터			천호1동		N	공휴일	일요일		회의실	18:00	강동구 천	서울특별시 강동구 구		37.54502	10:00		2018-08-20	9:00
27	천호1동주민센터			천호1동		N	공휴일	일요일		다목적실	18:00	강동구 천	서울특별시 강동구 구		37.54502	10:00		2018-08-20	9:00
28	천호2동주민센터			천호2동		N	공휴일	일요일		회의실	18:00	강동구 천	서울특별시 강동구 올		37.54345	10:00		2018-08-20	9:00
29	천호2동자치회관			천호2동		N	공휴일	주말		다목적실	0:00	강동구 천	서울특별시 강동구 올		37.54345	0:00		2018-08-20	9:00
30	천호3동주민센터			천호3동		N	공휴일	일요일		다목적실	17:00	강동구 천	서울특별시 강동구 진		37.5397	9:00		2018-08-20	9:00
31	천호3동주민센터			천호3동		N	공휴일	일요일		강의실	17:00	강동구 천	서울특별시 강동구 진		37.5397	9:00		2018-08-20	9:00

네이버의 네이버 데이터랩(https://datalab.naver.com)과 구글의 구글 트렌드 분석(https://trends.google.co.kr/trends/?geo=KR)을 이용하여 실시간 데이터를 이용해 분석에 활용할 수 있다.

네이버 데이터랩에서 자료를 검색하고 엑셀로 가져오는 작업을 위해 네이버 데이터랩에서 주제어 '예술의전당', '세종문화회관', '샤롯데씨어터', '엘지아트센터'를 입력해 검색해보자.

❶ 기간을 2021년 5월 14일부터 2022년 5월 14일까지 1년으로 설정한다.

❷ '범위'와 '성별', '연령'을 전체로 선택해준다.

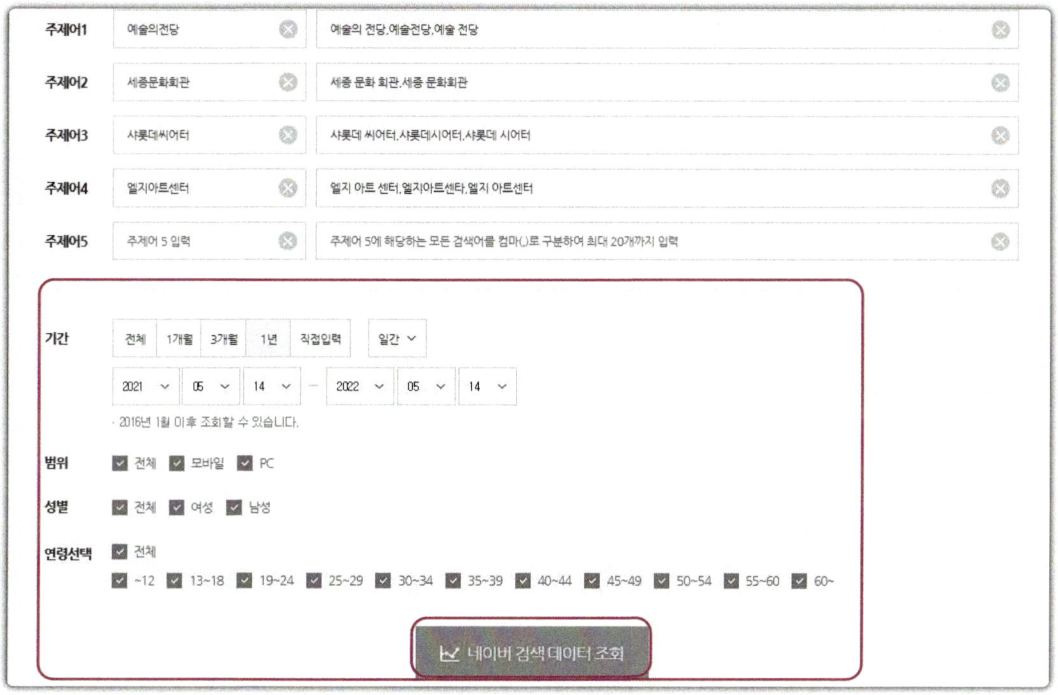

❸ [네이버 검색 데이터 조회]를 클릭하여 나오는 차트 아래 다운로드 버튼을 클릭하여 엑셀 자료를 다운로드한다.

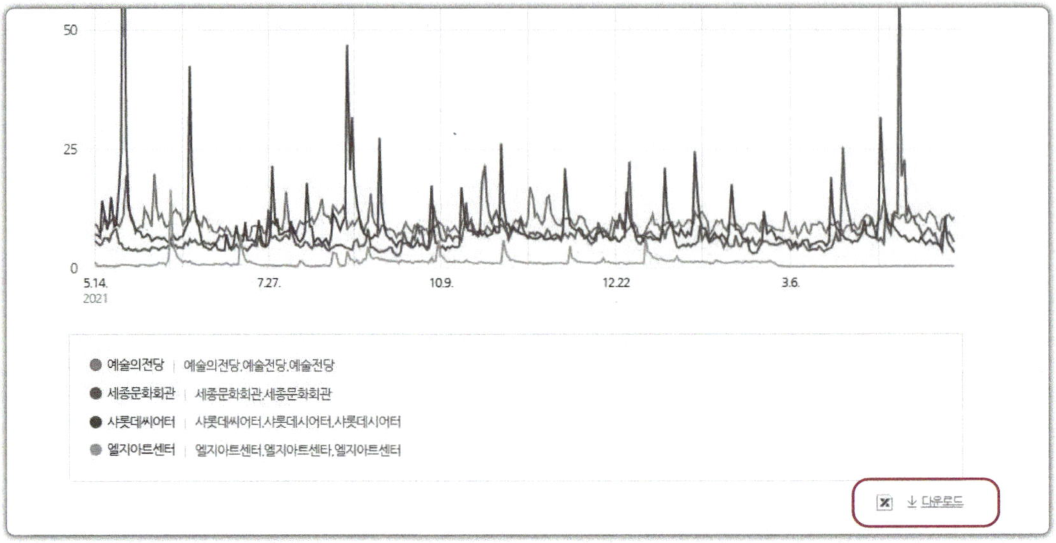

❹ 아래 화면은 다운로드 받은 엑셀 파일이다.

	A	B	C	D	E	F	G	H	I	J	K	L
1	url	http://datalab.naver.com/keyword/trendResult.naver?hashKey=N_1d4d57ad152bb9f4cea5602c315a0dd8										
2	주제	통검										
3	범위	합계										
4	기간	일간 : 2021-05-14 ~ 2022-05-14										
5	성별	전체(여성,남성)										
6	연령대	전체										
7	날짜	예술의전	날짜	세종문화	날짜	샤롯데씨	날짜	엘지아트센터				
8	2021-05-1	9.13717	2021-05-1	5.64272	2021-05-1	6.8904	2021-05-1	1.16325				
9	2021-05-1	8.73613	2021-05-1	5.10096	2021-05-1	6.88806	2021-05-1	0.36351				
10	2021-05-1	7.3618	2021-05-1	4.70461	2021-05-1	6.26421	2021-05-1	0.30957				
11	2021-05-1	7.98799	2021-05-1	5.04467	2021-05-1	14.01533	2021-05-1	0.35648				
12	2021-05-1	10.45287	2021-05-1	6.12584	2021-05-1	11.77325	2021-05-1	0.46201				
13	2021-05-1	9.51007	2021-05-1	6.18916	2021-05-1	7.92701	2021-05-1	0.2228				
14	2021-05-2	9.20049	2021-05-2	5.48324	2021-05-2	9.65547	2021-05-2	0.31192				
15	2021-05-2	9.80088	2021-05-2	6.82708	2021-05-2	14.81038	2021-05-2	0.29315				
16	2021-05-2	10.61235	2021-05-2	7.89652	2021-05-2	8.55085	2021-05-2	0.27205				
17	2021-05-2	9.35997	2021-05-2	8.01144	2021-05-2	8.90733	2021-05-2	0.25563				
18	2021-05-2	8.61887	2021-05-2	4.96962	2021-05-2	17.44881	2021-05-2	0.38696				
19	2021-05-2	9.54759	2021-05-2	5.05171	2021-05-2	24.43303	2021-05-2	0.60507				

❺ 모든 데이터 셀의 왼쪽 위에 초록색 표시가 나타나는데, 느낌표(!)를 눌러 '텍스트 형식으로 저장된 숫자'를 '숫자로 변환'을 클릭한다. 이렇게 텍스트 형식을 숫자로 변환해주어야 통계 처리가 가능하다.

❻ [홈]-[셀 서식]-[표시 형식]에서 '날짜'를 선택해 날짜 형식을 지정해준다.

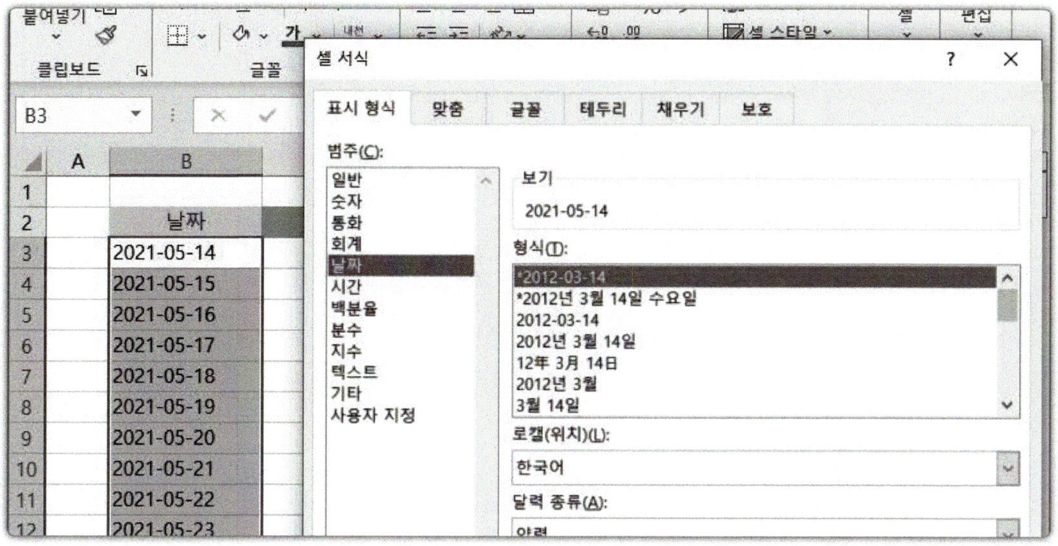

❼ 다음 그림은 숫자로 변환된 파일이다. 통계 처리에 불필요한 부분은 제거해준다.

	A	B	C	D	E	F	G
1							
2		날짜	예술의전당	세종문화회관	샤롯데씨어터	엘지아트센터	
3		2021-05-14	9.13717	5.64272	6.8904	1.16325	
4		2021-05-15	9.13718	5.10096	6.88806	0.36351	
5		2021-05-16	9.13719	4.70461	6.26421	0.30957	
6		2021-05-17	9.1372	5.04467	14.01533	0.35648	
7		2021-05-18	9.13721	6.12584	11.77325	0.46201	
8		2021-05-19	9.13722	6.18916	7.92701	0.2228	
9		2021-05-20	9.13723	5.48324	9.65547	0.31192	
10		2021-05-21	9.13724	6.82708	14.81038	0.29315	
11		2021-05-22	9.13725	7.89652	8.55085	0.27205	
12		2021-05-23	9.13726	8.01144	8.90733	0.25563	
13		2021-05-24	9.13727	4.96962	17.44881	0.38696	
14		2021-05-25	9.13728	5.05171	24.43303	0.60507	
15		2021-05-26	9.13729	4.01979	100	0.55582	
16		2021-05-27	9.1373	3.69614	27.16761	0.53941	

7.2 공공 데이터의 통계 검증

공공 데이터를 기반으로 기술 분석 및 기초적인 통계 분석을 해보자. 공공 데이터 포털, 네이버 데이터랩, 구글 트렌드 분석의 실시간 데이터를 이용하여 관심 있는 사회 현상을 분석해보자.

공공 데이터 통계 분석 _ 1

네이버 데이터랩에서 주제어를 '예술의전당', '세종문화회관', '샤롯데씨어터', '엘지아트센터'를 검색한 앞의 데이터를 이용해 기술 통계 분석을 해보자.

❶ [데이터]–[데이터 분석]에서 '기술 통계법'을 선택한다.

❷ 입력 범위 '$C$2:$F$368', '첫째 행 이름표 사용(L)'을 선택한다. 출력 옵션의 출력 범위는 '$H$2', '요약 통계량(S)'을 선택한다.

❸ 다음의 기술 통계 분석 결과를 얻을 수 있다.

검색량 평균에서 '예술의전당'이 평균값 9.175로 '세종문화회관' 6.475, '샤롯데씨어터' 8.014, '엘지아트센터' 0.962에 비해 가장 높게 나타났다. 이제 분산 분석으로 검증해 보자.

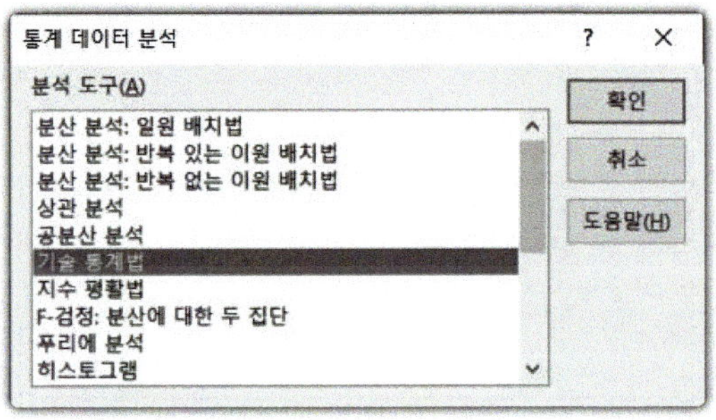

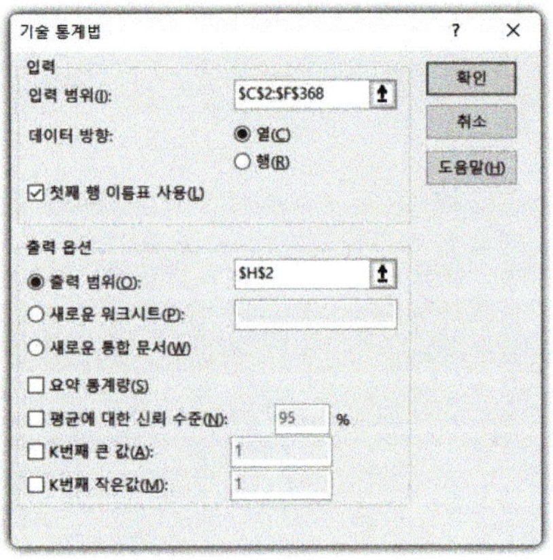

G	H	I	J	K	L	M	N	O	P
	예술의전당		세종문화회관		샤롯데씨어터		엘지아트센터		
	평균	9.174706	평균	6.4748455	평균	8.014375	평균	0.962312	
	표준 오차	0.08712	표준 오차	0.2235618	표준 오차	0.362313	표준 오차	0.062697	
	중앙값	8.98473	중앙값	5.602845	중앙값	6.415485	중앙값	0.845465	
	최빈값	8.70799	최빈값	6.82708	최빈값	6.26421	최빈값	0.13133	
	표준 편차	1.666711	표준 편차	4.2769886	표준 편차	6.931459	표준 편차	1.199465	
	분산	2.777925	분산	18.292631	분산	48.04512	분산	1.438716	
	첨도	6.728867	첨도	106.45419	첨도	89.47722	첨도	76.99889	
	왜도	1.765367	왜도	8.3783701	왜도	7.8467	왜도	6.989682	
	범위	13.44309	범위	63.73273	범위	97.12001	범위	16.25742	
	최소값	6.29939	최소값	2.52351	최소값	2.87999	최소값	0.07035	
	최대값	19.74248	최대값	66.25624	최대값	100	최대값	16.32777	
	합	3357.942	합	2369.7934	합	2933.261	합	352.2062	
	관측수	366	관측수	366	관측수	366	관측수	366	

❶ [데이터]–[데이터 분석]을 선택하여 '분산 분석:일원배치법'을 선택한다.

❷ 입력 범위 '$C$2:$F$368', '첫째 행 이름표 사용(L)'을 체크하고 유의 수준(A) '0.05', 출력 옵션의 출력 범위 '$Q$2'를 지정한다.

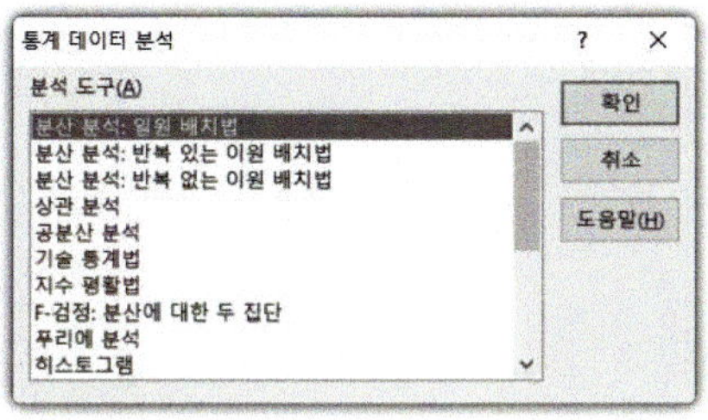

❸ 다음의 분산 분석 결과를 얻을 수 있다.

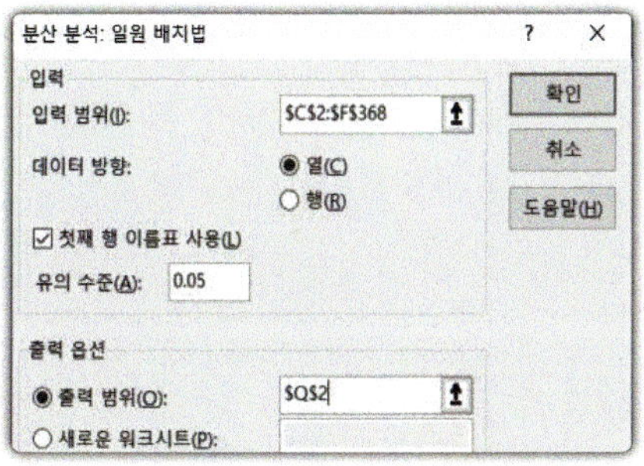

분산 분석은 세 개 이상의 모집단 평균 사이에 통계적으로 유의한 차이가 있는지를 검증하는 분

분산 분석: 일원 배치법

요약표

인자의 수준	관측수	합	평균	분산
예술의전당	366	3357.942	9.174706	2.777925
세종문화회관	366	2369.793	6.474845	18.29263
샤롯데씨어터	366	2933.261	8.014375	48.04512
엘지아트센터	366	352.2062	0.962312	1.438716

분산 분석

변동의 요인	제곱합	자유도	제곱 평균	F 비	P-값	F 기각치
처리	14509.04	3	4836.348	274.1912	3.9E-141	2.610997
잔차	25752.35	1460	17.6386			
계	40261.4	1463				

석 방법이다. '예술의전당', '세종문화회관', '샤롯데씨어터', '엘지아트센터' 네 개의 각각 다른 기업의 분산 분석 결과 요약표에서 평균, 분산, 합, 관측 수 등을 확인할 수 있다. 분산 분석표를 보면 'F 비' 274.1912, 대응되는 P-값이 0.000이므로 유의 수준 α=0.05에서 '예술의전당', '세종문화회관', '샤롯데씨어터', '엘지아트센터'는 유의한 차이를 보인다고 할 수 있다.

네이버 데이터랩(https://datalab.naver.com)에서 대표적인 문화예술 공연업체인 '예술의전당', '세종문화회관', '샤롯데씨어터', '엘지아트센터'를 검색해보았다.

기간은 2021년 5월 14일부터 2022년 5월 14일까지 1년, '범위'와 '성별', '연령'을 전체로 선택했다.

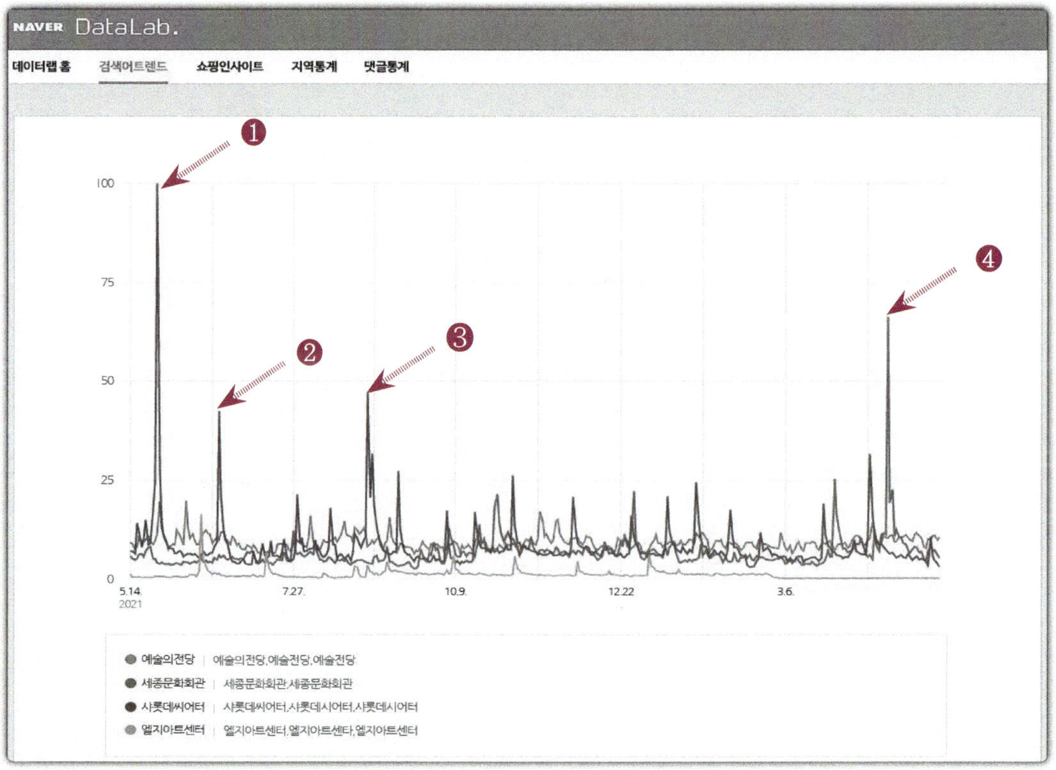

차트에서 보듯 이 기간 동안 최대 검색량은 '샤롯데씨어터'가 차지했는데 2021년 5월 26일 검색량이었다(❶). 이 시기에 샤롯데씨어터에서는 뮤지컬 '마리앙투아네트'의 공연이 있었다. 2021년 6월 27일 이후의 검색량 증가는 뮤지컬 '팬텀'의 마지막 공연과 관계된 것이었다(❷). 8월 30일의 검색량은 뮤지컬 '지킬앤 하이드'의 공연 시작에 관계된다(❸). '세종문화회관'의 2022년 4월 21일 이후의 검색량 증가는 이 시기에 개최된 K-클래식 대표들의 '슈베르트 축제' 공연과 연관지어 생각할 수 있다.

공공 데이터 통계 분석 _ 2

아래는 네이버 데이터랩에서 2020년 2월 1일부터 2022년 1월 1일까지 넷플릭스, CGV, 롯데시네마, 메가박스를 검색한 데이터이다. 데이터의 '범위'와 '성별', '연령'은 전체로 선택하여 엑셀 데이터로 변환한 자료이다. 이 자료를 이용해 데이터를 분석해보자.

	A	B	C	D	E	F	G
1							
2		날짜	넷플릭스	CGV	롯데시네마	메가박스	
3		2020-02-01	40.10892	19.91517	19.99249	11.44215	
4		2020-02-02	43.48775	15.93411	15.19429	8.90433	
5		2020-02-03	37.80495	13.43457	11.65174	7.9318	
6		2020-02-04	35.61734	13.06125	12.24753	12.51966	
7		2020-02-05	35.6071	14.8024	14.20433	10.1198	
8		2020-02-06	35.00449	13.89355	13.43192	8.89182	
9		2020-02-07	38.70243	15.27805	14.55339	9.32199	
10		2020-02-08	42.05208	18.7539	17.83595	11.66273	
11		2020-02-09	46.53343	17.01844	16.0607	10.5621	
12		2020-02-10	41.42483	17.36409	14.492	9.23444	
13		2020-02-11	40.15933	19.90759	17.14427	10.59621	
14		2020-02-12	46.79494	24.40031	22.68683	13.82608	
15		2020-02-13	40.18396	23.77799	22.18276	13.91439	
16		2020-02-14	37.56239	25.23261	23.63965	14.84599	
17		2020-02-15	45.74207	27.66317	28.24001	17.35007	
18		2020-02-16	50.13246	23.54869	23.97242	14.79255	

1 기술 통계 분석

❶ [데이터]–[데이터 분석]을 선택하여 '기술 통계법'을 선택한다.

❷ 입력 범위 '$C$2:$F$703', '첫째 행 이름표 사용(L)'을 체크하고 출력 범위 '$H$2'를 지정한다.

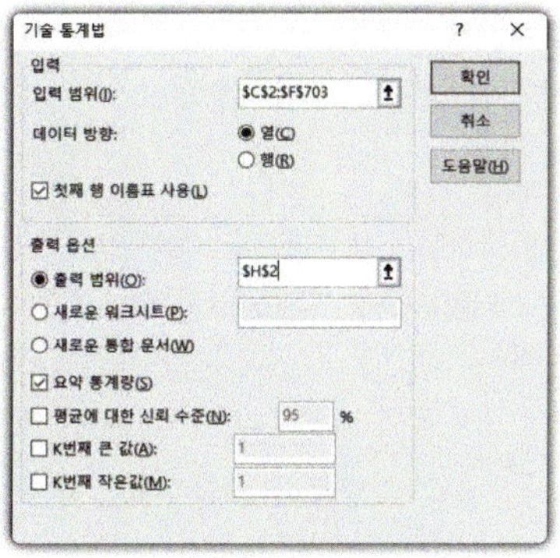

❸ 다음과 같은 기술 통계 분석 결과를 얻을 수 있다.

넷플릭스		CGV		롯데시네마		메가박스	
평균	45.96129	평균	12.15045	평균	10.94915	평균	7.233798
표준 오차	0.448186	표준 오차	0.197089	표준 오차	0.232303	표준 오차	0.128707
중앙값	43.06175	중앙값	11.1488	중앙값	9.65514	중앙값	6.59013
최빈값	41.85234	최빈값	8.97596	최빈값	9.87875	최빈값	4.44155
표준 편차	11.86634	표준 편차	5.218216	표준 편차	6.150554	표준 편차	3.407695
분산	140.8101	분산	27.22978	분산	37.82931	분산	11.61238
첨도	1.381099	첨도	3.817733	첨도	2.768586	첨도	3.374544
왜도	1.100591	왜도	1.490943	왜도	1.308633	왜도	1.371634
범위	72.258	범위	35.46688	범위	40.3314	범위	26.16345
최소값	27.742	최소값	3.88782	최소값	2.3358	최소값	2.09324
최대값	100	최대값	39.3547	최대값	42.6672	최대값	28.25669
합	32218.86	합	8517.463	합	7675.354	합	5070.892
관측수	701	관측수	701	관측수	701	관측수	701

기술 통계 분석 결과, '넷플릭스'의 평균 값이 45.961로 가장 높게 나타났다. '넷플릭스'의 검색량이 가장 많이 나타난 기간은 2020년 2월 1일부터 2022년 1월 1일까지로 코로나19의 확산에 따른 사회적 거리 두기 단계가 이러한 결과에 영향을 미친 것으로 판단할 수 있다.

2 분산 분석

다음은 분산 분석으로 검증해 보자.

❶ [데이터]-[데이터 분석]에서 '분산 분석:일원 배치법'을 선택한다.

❷ 입력 범위 '$C$2:$F$703', '첫째 행 이름표'를 체크하고 유의수준(A)에 0.05를 입력한다. 출력 옵션의 출력 범위는 '$H$18'을 지정한다.

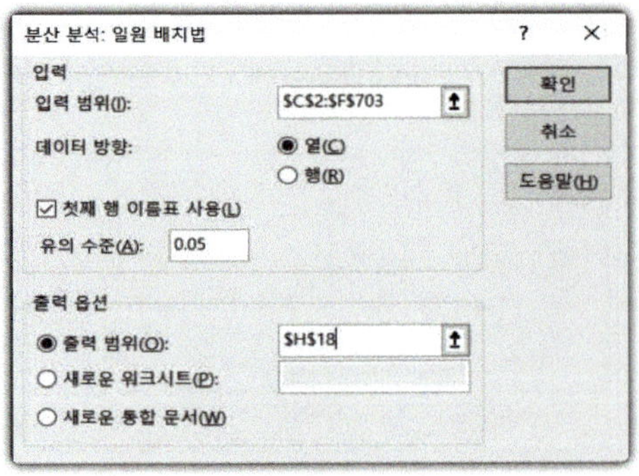

❸ 다음의 결과를 얻을 수 있다.

분산 분석: 일원 배치법

요약표

인자의 수준	관측수	합	평균	분산
넷플릭스	701	32218.86	45.96129	140.8101
CGV	701	8517.463	12.15045	27.22978
롯데시네마	701	7675.354	10.94915	37.82931
메가박스	701	5070.892	7.233798	11.61238

분산 분석

변동의 요인	제곱합	자유도	제곱 평균	F 비	P-값	F 기각치
처리	684922.9	3	228307.6	4199.117	0	2.608082
잔차	152237.1	2800	54.37039			
계	837160	2803				

앞서 설명했듯 분산 분석은 세 개 이상의 모집단 평균 사이에 통계적으로 유의한 차이가 있는지를 검증하는 분석 방법이다. '넷플릭스', 'CGV', '롯데시네마', '메가박스' 등 각기 다른 네 개 기업의 분산 분석 결과를 검토하면 각각의 평균, 분산, 합, 관측 수 등을 확인할 수 있다.

분산 분석표에서 'F 비' 4199.117, 대응되는 'P-값' 0.000이므로 유의 수준 α=0.05에서 '넷플릭스', 'CGV', '롯데시네마', '메가박스'는 유의한 차이를 보인다고 평가할 수 있다.

4 상관 분석

이번에는 동일한 데이터를 가지고 상관 관계를 분석해보자.

❶ [데이터]-[데이터 분석]의 '상관 분석'을 선택하여 입력 범위 '$C$2:$F$703', 출력 옵션의 '새로운 워크시트'를 선택한다.

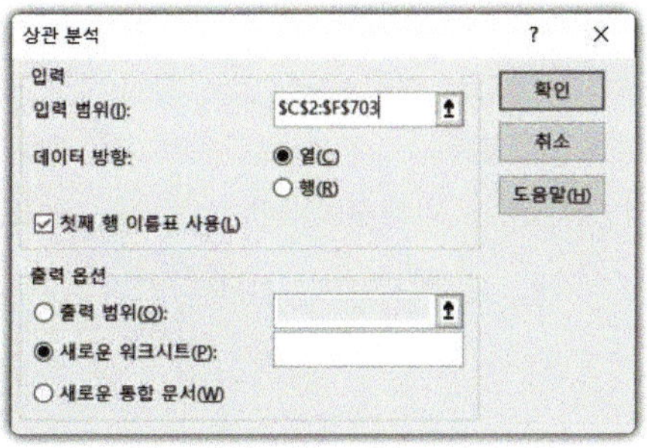

	A	B	C	D	E	F	G
1							
2			넷플릭스	CGV	롯데시네마	메가박스	
3		넷플릭스	1				
4		CGV	-0.23555006	1			
5		롯데시네마	-0.278536754	0.943174981	1		
6		메가박스	-0.201490632	0.954429798	0.966859307	1	
7							

❷ 다음의 상관 관계 분석표가 나타난다.

넷플릭스와 CGV의 관계는 상관계수 −0.2356으로 음의 상관관계를 갖는다. 넷플릭스와 롯데시네마, 메가박스의 상관 관계는 상관계수가 각각 −0.2785, −0.2015로 음의 상관 관계로 나타났다. CGV와 롯데시네마, 메가박스의 상관 관계는 상관계수가 각각 0.94 이상으로 높은 양의 상관 관계를 가지는 것으로 나타났다.

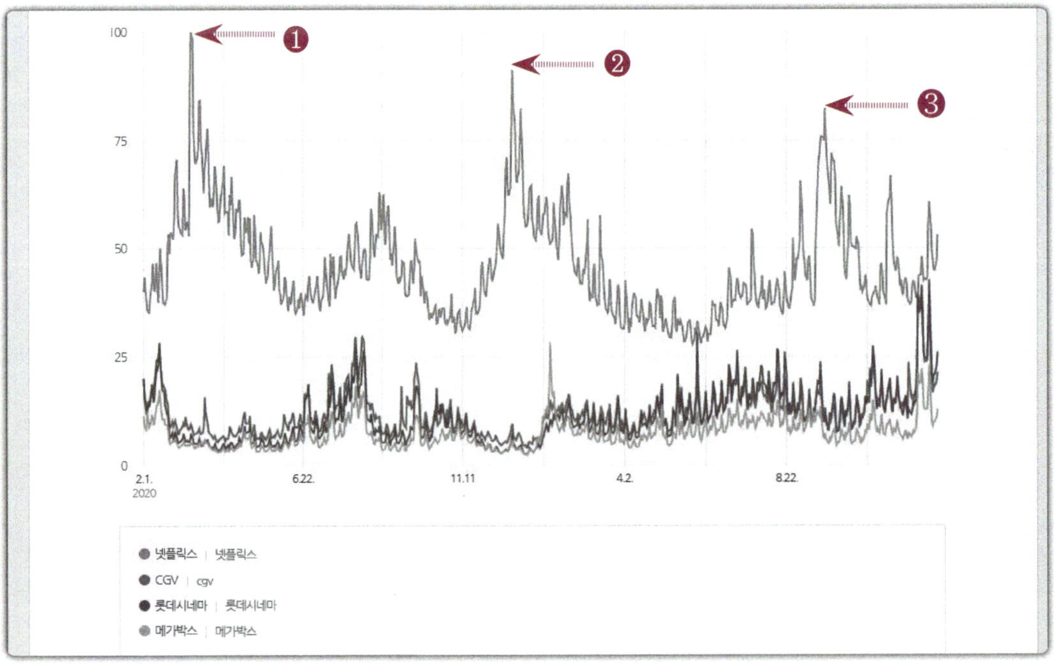

네이버 데이터랩에서 넷플릭스, CGV, 롯데시네마, 메가박스를 검색해보았다.

2020년 2월 1일부터 2022년 1월 1일까지의 기간을 설정하고 검색 범위에서 성별은 남녀 모두, 연령은 전 연령으로 선택했다. 이 기간의 최고 검색량은 '넷플릿스'가 차지했는데, 검색량이 증가한

세 개의 지점 중 두 개의 지점(❶, ❸)을 분석해보면, 2020년 3월 14일은 '킹덤 시즌 2', '아이엠 낫 오케이', '메시아' 등의 드라마가 시작된 시기이고(❶). 2021년 9월 25일은 '오징어 게임' 등 새로운 인기 드라마가 시작된 시기였다(❸). '넷플릭스' 검색량과 국내의 대표적 영화관 'CGV', '롯데시네마', '메가박스' 검색량의 움직임은 서로 상대적 경향을 보인다고 분석할 수 있다.

공공 데이터 통계 분석 _ 3

다음 데이터는 구글 트렌드에서 2019년 10월 20일부터 1년간 코로나 바이러스 관련 검색 데이터를 엑셀 파일로 변환하여 받은 자료이다. 자료를 이용해 통계 분석을 실습해보자.

	A	B	C	D	E
1					
2		코로나 바이러스 관련 검색			
3					
4		날짜	코로나 바이러스	손씻기	
5		2019-10-20	1	19	
6		2019-10-27	1	38	
7		2019-11-03	1	19	
8		2019-11-10	1	9	
9		2019-11-17	1	0	
10		2019-11-24	1	0	
11		2019-12-01	1	0	
12		2019-12-08	1	27	
13		2019-12-15	1	26	

1 기술 통계 분석

코로나 바이러스 검색 데이터를 이용해 기술 통계 분석을 해보자.

❶ [데이터]–[데이터 분석]에서 '기술 통계법'을 선택하여 입력 범위 '$C$4:$D$56', '첫째 행 이름표 사용(L)'을 체크한다. 출력 옵션의 '새로운 워크시트', '요약 통계량(S)'을 체크하고 '평균에 대한 신뢰 수준(N)'을 체크하여 '95%'를 지정한다.

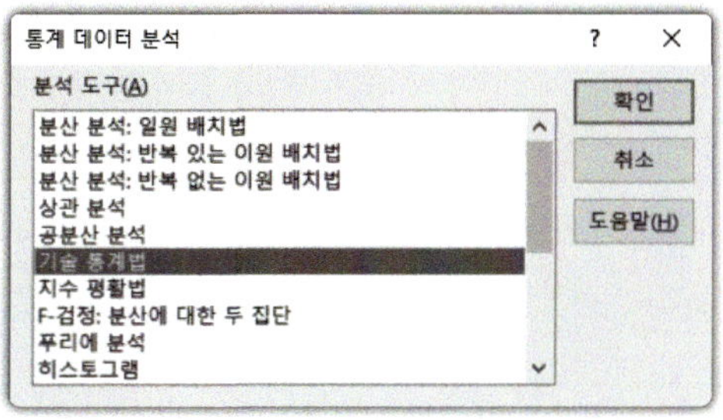

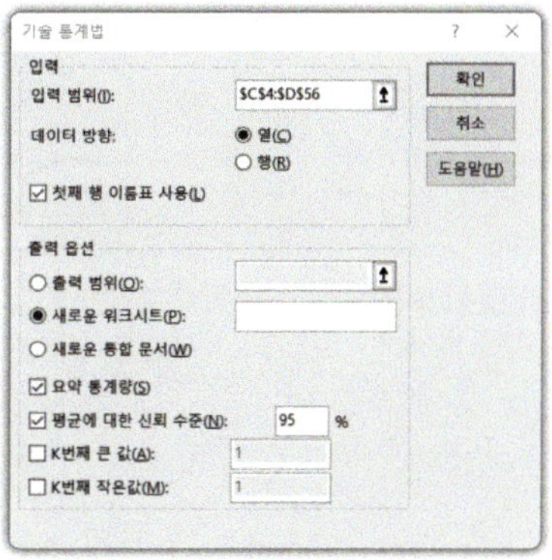

❷ 다음의 기술 통계 분석 결과를 얻을 수 있다.

기술통계

코로나 바이러스		손씻기	
평균	18.76923077	평균	29.92307692
표준 오차	3.218139503	표준 오차	3.313536175
중앙값	11	중앙값	25.5
최빈값	1	최빈값	0
표준 편차	23.20633398	표준 편차	23.89424917
분산	538.5339367	분산	570.9351433
첨도	3.602370208	첨도	1.401358739
왜도	2.015701393	왜도	1.227741005
범위	99	범위	100
최소값	1	최소값	0
최대값	100	최대값	100
합	976	합	1556
관측수	52	관측수	52
신뢰 수준(	6.460684636	신뢰 수준(	6.652201448

2 상관 분석

이번에는 같은 데이터를 이용해 상관 관계 분석을 해보자.

❶ [데이터]–[데이터 분석]의 '상관 분석' 선택해 입력 범위 '$C$4:$D$56', 출력 옵션의 '새로운 워크시트'를 선택한다.

❷ 다음의 상관 관계 분석표가 도출된다.

상관관계분석

	코로나 바이러스	손씻기
코로나 바이러스	1	
손씻기	0.576146603	1

'코로나 바이러스'와 '손씻기'의 관계는 상관계수 0.576으로 비교적 높은 양의 상관 관계를 갖는 것으로 나타났다.

4 회귀 분석

'Y축 입력 범위'에 '손씻기', 'X축 입력 범위'에 '코로나바이러스'를 입력해 회귀 분석을 해보자.

❶ [데이터]–[데이터 분석]에서 '회귀 분석'을 선택하여 창이 열리면 Y축 입력 범위에 '$D$4:$D$56', X축 입력 범위에 '$C$4:$C$56'을 입력하고 이름표를 체크한다.

❷ 출력 옵션의 '새로운 워크시트'를 선택하고 '잔차'를 체크한다.

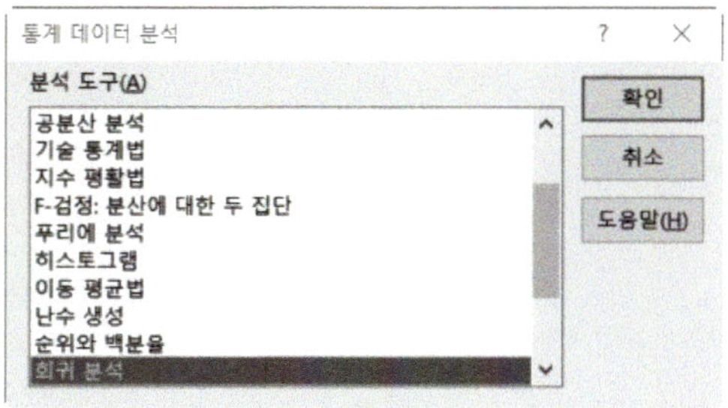

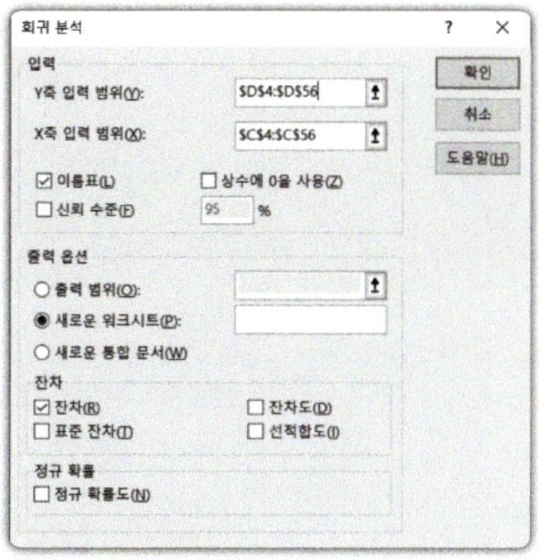

❸ 회귀 분석 결과는 다음 표와 같다.

	A	B	C	D	E	F	G	H	I	J
1										
2		코로나 바이러스, 손씻기 회귀분석 요약출력								
3										
4		회귀분석 통계량								
5		다중 상관계	0.576146603							
6		결정계수	0.331944908							
7		조정된 결정	0.318583806							
8		표준 오차	19.7242098							
9		관측수	52							
10										
11		분산 분석								
12			자유도	제곱합	제곱 평균	F 비	유의한 F			
13		회귀	1	9665.47	9665.469693	24.84412677	7.8448E-06			
14		잔차	50	19452.22	389.0444523					
15		계	51	29117.69						
16										
17			계수	표준 오차	t 통계량	P-값	하위 95%	상위 95%	하위 95.0%	상위 95.0%
18		Y 절편	18.78868948	3.531532	5.320265517	2.43791E-06	11.69539811	25.8819808	11.69539811	25.88198084
19		코로나 바이러스	0.593225561	0.119017	4.984388305	7.8448E-06	0.354173438	0.83227768	0.354173438	0.832277684
20										
21		잔차 출력								
22										
23		관측수	예측치 손씻기	잔차						
24		1	19.38191504	-0.38192						
25		2	19.38191504	18.61808						

'코로나 바이러스'를 독립 변수로 '손씻기'를 종속 변수로 회귀 분석을 실시했다. 분산 분석표를 확

인하면 F 비 24.844, 대응되는 P-값이 0.000이므로 유의 수준 α=0.05에서 회귀 직선은 상당히 유의함을 알 수 있다. 회귀 분석 결과, t 통계량은 4.984, P-값은 0.000으로 나타났다. 이는 '코로나 바이러스'로 '손씻기'에 더 관심을 가지고 자주 씻는 결과로 나타난 것으로 분석할 수 있다.

7.3 공공 데이터의 시각화

앞의 코로나 바이러스와 손씻기 데이터를 차트로 시각화해보자.

❶ [차트 데이터 자료] 시트에서 [B5:D56] 범위를 선택한다.
❷ [삽입]-[추천 차트] 그룹에서 [꺾은 선형]을 선택한다.

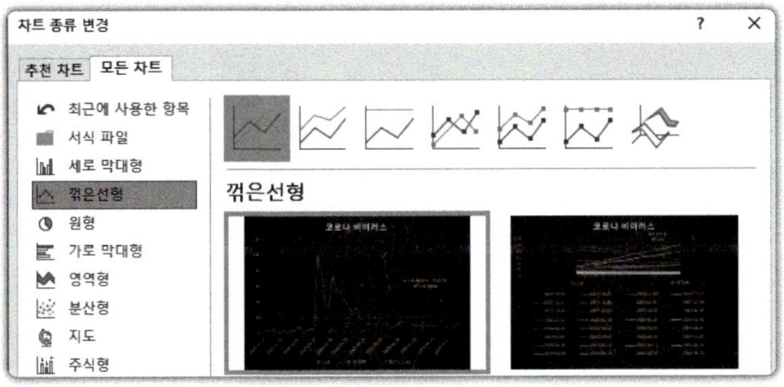

❸ 꺾은 선형 차트가 완성되었다. 삽입된 차트에 마우스 포인터를 올려 모양이 표시되면 드래그하여 원하는 위치로 차트를 이동할 수 있다.
❹ [차트 도구]-[디자인]-[차트 스타일] 그룹의 [색 변경]에서 '색상형-색3'을 선택하여 차트의 막대 색상을 변경한다.
❺ [차트 도구]-[디자인]-[차트 스타일] 그룹에서 '스타일 6'을 지정하여 전체 스타일을 적용한다.
❻ [차트 제목]에 커서를 놓고 클릭하여 차트 제목을 '코로나 바이러스'로 수정한다.

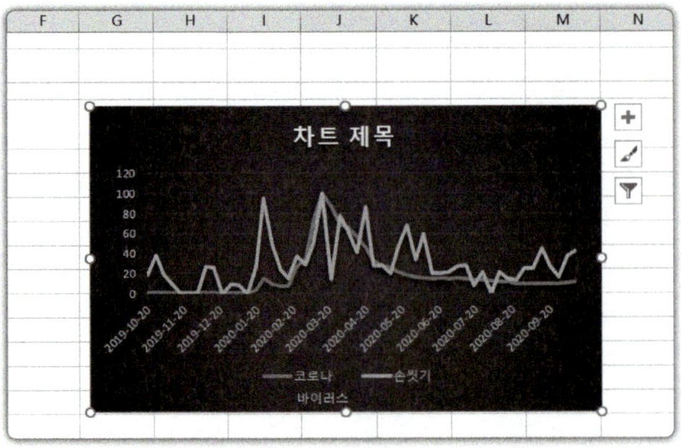

❼ 차트 오른쪽 십자형 [차트 요소]를 클릭하여 '눈금선'의 체크를 지운다.

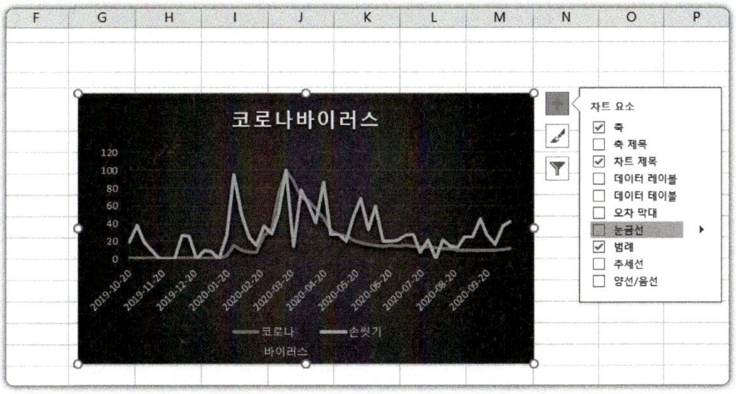

❽ 차트 요소의 한 점에 커서를 놓고 우클릭하여 '추세선'을 선택해 생성한다.

❾ [추세선 서식] 대화 상자에서 '수식을 차트에 표시', 'R-제곱값을 차트에 표시'를 체크한다.

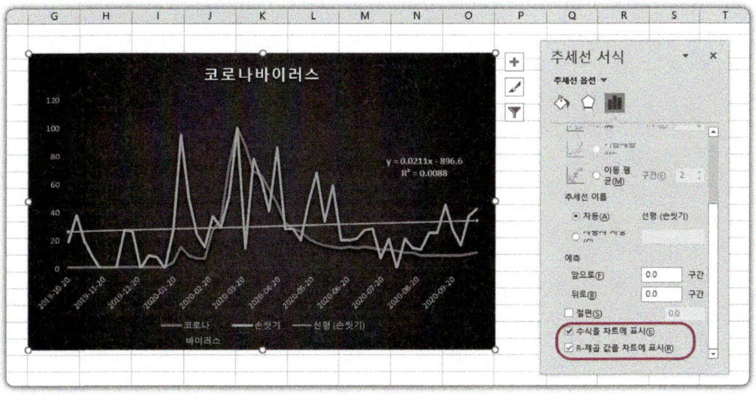

❿ 시각화 자료로서 차트가 완성되었다.

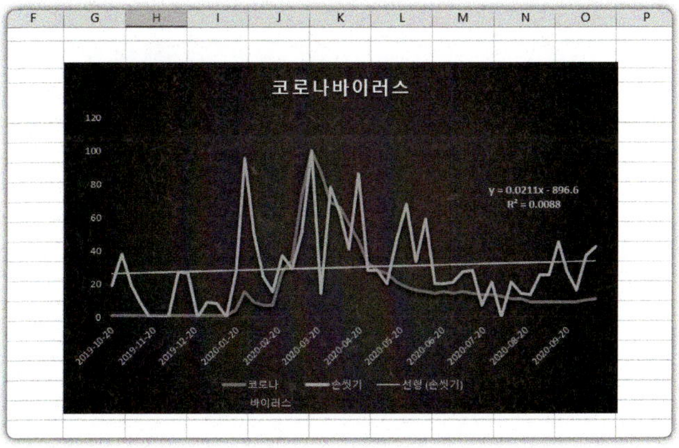

연습 문제

문제 7.1

다음 데이터를 검색하여 아래 조건에 따라 통계 처리를 해보자.

	A	B	C	D	E	F	G	H
1								
2		날짜	커뮤니티	인스타그램	블로그	뉴스	트위터	
3		2021.01.01	29	99	304	164	5234	
4		2021.01.02	36	55	204	81	41653	
5		2021.01.03	30	58	214	71	6360	
6		2021.01.04	62	75	231	237	5936	
7		2021.01.05	42	69	222	208	5319	
8		2021.01.06	45	69	261	258	6046	
9		2021.01.07	63	64	269	153	5561	
10		2021.01.08	60	57	207	153	5397	
11		2021.01.09	66	94	222	185	6886	
12		2021.01.10	65	92	246	235	6900	
13		2021.01.11	52	81	277	219	6945	
14		2021.01.12	29	79	193	81	5274	
15		2021.01.13	69	80	233	236	12078	
16		2021.01.14	63	72	200	113	10098	
17		2021.01.15	49	110	210	104	6060	
18		2021.01.16	31	74	118	73	8331	
19		2021.01.17	21	55	149	32	6610	
20		2021.01.18	35	129	226	75	8550	
21		2021.01.19	35	82	196	73	8458	

Sheet2 | Sheet3 | 언급량 (2) | 언급량

처리 조건

❶ https://some.co.kr에서 '방탄소년단' 주제어로 2021년 1월 1일~2021년 6월 30일 기간 검색 자료이다.

❷ [데이터]–[데이터 분석]을 선택하여 '기술 통계법'을 선택한다.

❸ 입력 범위 '$C$2:$G$183', '첫째 행 이름표 선택'을 선택한다. 출력 옵션의 '새로운 워크시트'를 체크한다.

❹ [결과 화면 1]과 같은 결과를 얻을 수 있다.

❺ [데이터]–[데이터 분석]에서 '상관 분석'을 선택한다.

❻ 입력 범위 '$C$2:$G$183', '첫째 행 이름표 선택'을 선택한다. 출력 옵션의 '새로운 워크시트'를

체크한다.

❼ [결과 화면 2]와 같은 결과를 얻을 수 있다.

결과 화면 1

커뮤니티		인스타그램		블로그		뉴스		트위터	
평균	51.9558	평균	90.442	평균	260.232	평균	140.519	평균	12092.4
표준 오차	2.20244	표준 오차	2.75397	표준 오차	9.33697	표준 오차	5.83507	표준 오차	718.875
중앙값	44	중앙값	80	중앙값	220	중앙값	127	중앙값	8656
최빈값	34	최빈값	69	최빈값	196	최빈값	75	최빈값	9000
표준 편차	29.6308	표준 편차	37.0509	표준 편차	125.616	표준 편차	78.5028	표준 편차	9671.47
분산	877.987	분산	1372.77	분산	15779.4	분산	6162.7	분산	9.4E+07
첨도	18.0836	첨도	5.83223	첨도	14.0013	첨도	6.46657	첨도	7.43843
왜도	3.52576	왜도	2.04358	왜도	3.08652	왜도	1.92075	왜도	2.73642
범위	235	범위	231	범위	1003	범위	535	범위	48432
최소값	20	최소값	44	최소값	118	최소값	32	최소값	5234
최대값	255	최대값	275	최대값	1121	최대값	567	최대값	53666
합	9404	합	16370	합	47102	합	25434	합	2188717
관측수	181	관측수	181	관측수	181	관측수	181	관측수	181

Sheet2 | Sheet3 | 언급량 (2) | 언급량

결과 화면 2

	커뮤니티	인스타그램	블로그	뉴스	트위터
커뮤니티	1				
인스타그램	0.6828223	1			
블로그	0.5955848	0.6416361	1		
뉴스	0.7303413	0.55987276	0.5313796	1	
트위터	0.1962723	0.11779146	0.3536219	0.1506897	1

Sheet2 | Sheet3 | 언급량 (2) | 언급량

문제 7.2

네이버 데이터랩에서 다음 데이터를 검색하여 통계 처리를 해보자.

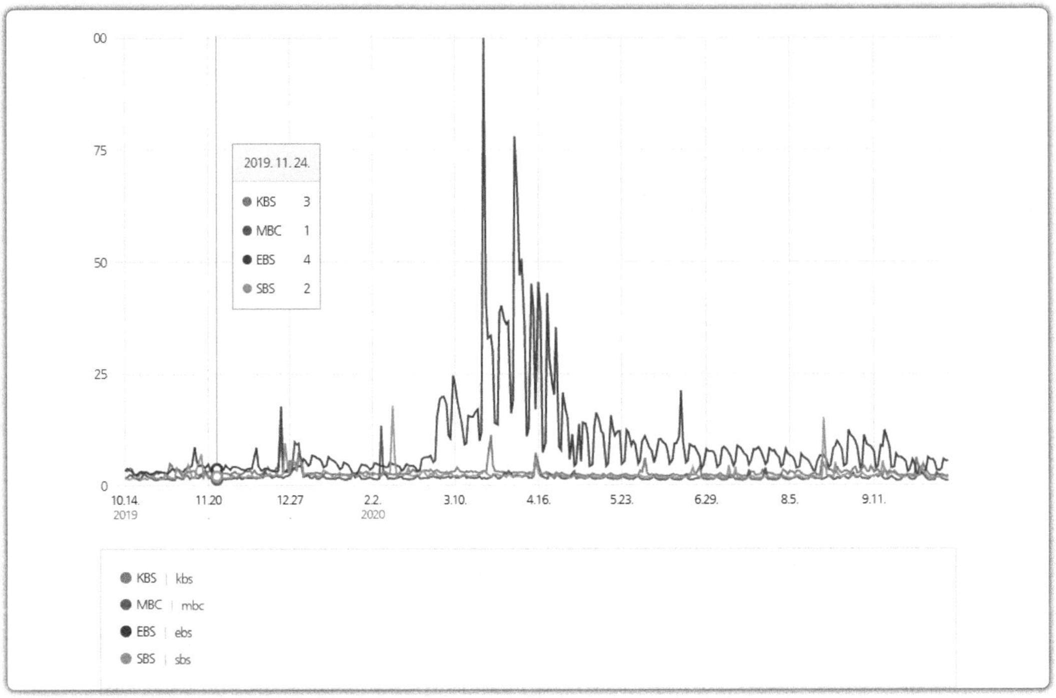

	A	B	C	D	E	F	G	H	I	J
1	url	http://datalab.naver.com/keyword/trendResult.naver?hashKey=N_242ed6cbcb216bab4778fc50a8716ee9								
2	주제	통검								
3	범위	합계								
4	기간	일간 : 2019-10-14 ~ 2020-10-14								
5	성별	전체(여성,남성)								
6	연령대	전체								
7	날짜	KBS	MBC	EBS	SBS					
8	2019-10-14	3.50772	1.56754	3.19479	1.5933					
9	2019-10-15	3.17625	1.81235	3.81054	1.48305					
10	2019-10-16	3.90996	2.36744	3.37484	1.30227					
11	2019-10-17	3.70655	2.25046	3.20153	1.58463					
12	2019-10-18	2.7095	1.56658	2.40139	1.59667					
13	2019-10-19	2.16693	1.5259	2.33302	1.65564					
14	2019-10-20	2.22277	1.28903	2.74705	1.70018					
15	2019-10-21	2.67821	1.26159	3.07852	1.43587					
16	2019-10-22	2.78437	2.50008	2.95648	1.43033					
17	2019-10-23	2.91869	2.37563	2.97862	1.59547					
18	2019-10-24	2.99909	2.00733	2.77546	1.33044					
19	2019-10-25	2.48732	1.67659	2.39681	1.85279					
20	2019-10-26	2.65775	1.57958	2.44231	1.93512					
21	2019-10-27	2.24757	1.28109	2.78148	1.80417					
22	2019-10-28	2.95215	1.19949	3.1582	1.52951					
23	2019-10-29	2.59155	1.31094	3.00679	1.48955					

처리 조건

❶ https://datalab.naver.com에서 주제어를 KBS, MBC, EBS, SBS로 입력하여 검색한다.

❷ 기간은 2019년 11월 14일~2020년 11월 14일로 설정한다.

❸ 범위와 성별, 연령을 전체로 선택한다.

❹ [네이버 검색 데이터 조회]를 누르면 위의 차트가 생성된다.

❺ 엑셀 변환 데이터를 다운로드한다.

❻ 데이터 분석을 위해 텍스트를 숫자로 변환한다.

❼ [데이터]–[데이터 분석]에서 '기술 통계법'을 선택한다.

❽ 입력 범위 '$B$7:$E$374', '첫째 행 이름표 선택'을 선택한다. 출력 옵션 '$J$7', '요약 통계량(S)'을 지정한다.

❾ [결과 화면]의 데이터를 얻을 수 있다.

결과 화면

G	H	I	J	K	L	M	N	O	P
	KBS		MBC		EBS		SBS		
	평균	2.818529	평균	1.7616854	평균	9.1521141	평균	2.2642194	
	표준 오차	0.051369	표준 오차	0.0557447	표준 오차	0.5533885	표준 오차	0.0722035	
	중앙값	2.62477	중앙값	1.56658	중앙값	5.65588	중앙값	1.95799	
	최빈값	2.16284	최빈값	1.57958	최빈값	4.76571	최빈값	1.52951	
	표준 편차	0.984087	표준 편차	1.0679149	표준 편차	10.601398	표준 편차	1.3832201	
	분산	0.968427	분산	1.1404422	분산	112.38964	분산	1.9132977	
	첨도	31.02939	첨도	60.02605	첨도	22.831825	첨도	66.528435	
	왜도	4.624935	왜도	6.9647557	왜도	4.0971831	왜도	7.0830623	
	범위	9.41587	범위	12.43543	범위	98.26468	범위	16.54976	
	최소값	1.86435	최소값	0.97562	최소값	1.73532	최소값	1.30227	
	최대값	11.28022	최대값	13.41105	최대값	100	최대값	17.85203	
	합	1034.4	합	646.53856	합	3358.8259	합	830.96852	
	관측수	367	관측수	367	관측수	367	관측수	367	

문제 7.3

다음 데이터를 이용해 통계 처리를 해보자.

코로나 바이러스 관련 검색

날짜	코로나 바이러스	마스크	손씻기	손 세정제
2019-10-20	1	3	19	4
2019-10-27	1	3	38	3
2019-11-03	1	3	19	3
2019-11-10	1	4	9	3
2019-11-17	1	4	0	0
2019-11-24	1	3	0	4
2019-12-01	1	4	0	0
2019-12-08	1	4	27	3
2019-12-15	1	4	26	3
2019-12-22	1	6	0	10
2019-12-29	1	4	9	0
2020-01-05	1	4	8	3
2020-01-12	1	4	0	5
2020-01-19	4	4	27	7
2020-01-26	15	32	95	100

개인 위생 (2) | 코로나 바이러스 검 ...

처리 조건

❶ [데이터]–[데이터 분석]을 선택하여 '기술 통계법'을 선택한다.

❷ 입력 범위 '$C$4:$F$56', '첫째 행 이름표 선택'. 출력 옵션 '$J$5', '요약 통계량(S)'을 체크한다.

❸ 결과 화면의 자료를 얻을 수 있다.

결과 화면

코로나 바이러스		마스크		손씻기		손 세정제	
평균	18.7692	평균	19.9808	평균	29.9231	평균	17.6154
표준 오차	3.21814	표준 오차	2.89725	표준 오차	3.31354	표준 오차	2.90279
중앙값	11	중앙값	17	중앙값	25.5	중앙값	10
최빈값	1	최빈값	4	최빈값	0	최빈값	8
표준 편차	23.2063	표준 편차	20.8923	표준 편차	23.8942	표준 편차	20.9323
분산	538.534	분산	436.49	분산	570.935	분산	438.163
첨도	3.60237	첨도	7.59491	첨도	1.40136	첨도	5.3338
왜도	2.0157	왜도	2.66126	왜도	1.22774	왜도	2.28109
범위	99	범위	97	범위	100	범위	100
최소값	1	최소값	3	최소값	0	최소값	0
최대값	100	최대값	100	최대값	100	최대값	100
합	976	합	1039	합	1556	합	916
관측수	52	관측수	52	관측수	52	관측수	52

문제 7.4

연습 문제 7.3의 데이터를 이용해 상관 관계 분석을 해보자.

결과 화면

코로나 바이러스 관련 검색 상관관계분석

	코로나 바이러스	마스크	손씻기	손 세정제
코로나 바이러스	1			
마스크	0.556841	1		
손씻기	0.576147	0.359509	1	
손 세정제	0.414363	0.716683	0.541254	1

처리 조건

❶ [데이터]–[데이터 분석]에서 '상관 분석'을 선택한다.

❷ 입력 범위 '$C$4:$F$56', '첫째 행 이름표 선택', 출력 옵션 '새로운 워크시트'를 체크한다.

❸ 결과 화면의 자료를 얻을 수 있다.

문제 7.5

연습 문제 7.3의 데이터를 이용해 회귀 분석을 해보자.

결과 화면

회귀분석 요약 출력

회귀분석 통계량	
다중 상관계수	0.716683088
결정계수	0.513634649
조정된 결정계수	0.503907342
표준 오차	14.71527759
관측수	52

분산 분석

	자유도	제곱합	제곱 평균	F 비	유의한 F
회귀	1	11434.01	11434.01	52.8033759	2.29844E-09
잔차	50	10826.97	216.5394		
계	51	22260.98			

	계수	표준 오차	t 통계량	P-값	하위 95%	상위 95%	하위 95.0%	상위 95.0%
Y 절편	7.380246952	2.67789	2.755993	0.00814391	2.001546788	12.75894712	2.001546788	12.7589471
손 세정제	0.715313492	0.098439	7.266593	2.2984E-09	0.51759368	0.913033304	0.51759368	0.9130333

잔차 출력

관측수	예측치 마스크	잔차
1	10.24150092	-7.2415
2	9.526187427	-6.52619
3	9.526187427	-6.52619
4	9.526187427	-5.52619
5	7.380246952	-3.38025
6	10.24150092	-7.2415
7	7.380246952	-3.38025
8	9.526187427	-5.52619
9	9.526187427	-5.52619

처리 조건

❶ 'Y축 입력 범위'에 '마스크', 'X축 입력 범위에 '손세정제'를 입력한다.

❷ [데이터]–[데이터 분석]에서 '회귀 분석'을 선택한다.

❸ 회귀 분석 창에 Y축 입력 범위 '$D$4:$D$56', X축 입력 범위 '$F$4:$F$56'을 입력한다.

❹ '이름표'를 체크하고, 신뢰 수준에 '95%'를 지정한다. 출력 옵션의 '새로운 워크시트'를 선택하고 '잔차'를 체크한다.

❺ 결과와 같은 회귀분석표가 나타난다.

문제 7.6

연습 문제 7.3의 데이터를 이용해 시각화 자료를 만들어보자.

결과 화면

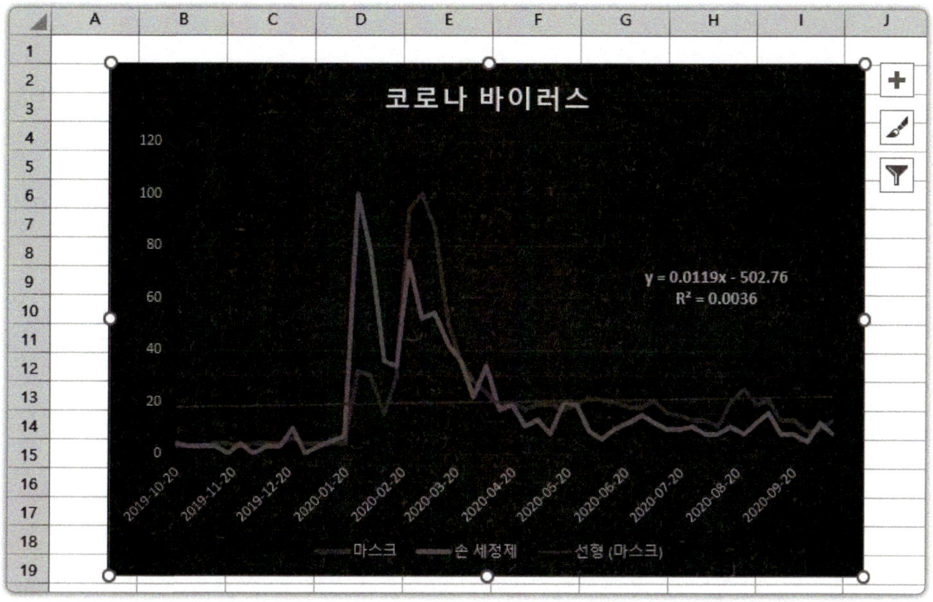

처리 조건

❶ [차트 데이터 자료] 시트에서 컨트롤 키를 이용해 [D5:D56]와 [F5:F56] 범위를 선택한다.

❷ [삽입]–[추천 차트] 그룹에서 [꺾은 선형]을 클릭한다.

❸ 꺾은선형 차트가 완성되었다. 삽입된 차트에 마우스 포인터를 올려 모양 표시되면 드래그하여 원하는 위치로 차트를 이동할 수 있다.

❹ [차트 도구]–[디자인]–[차트 스타일] 그룹의 [색 변경]에서 '색상형–색1'을 선택한다.

❺ [차트 도구]–[디자인]–[차트 스타일] 그룹에서 '스타일 6'을 지정해 전체 스타일을 적용한다.

❻ [차트 제목]에 커서를 놓고 클릭하여 차트 제목을 '코로나 바이러스'로 수정한다.

❼ 차트 요소의 한 점에 커서를 놓고 우클릭하여 '추세선'을 선택한다.

❽ [추세선 서식] 대화 상자에서 '수식을 차트에 표시', 'R–제곱값을 차트에 표시'를 체크한다.

❾ 결과 화면과 같이 차트를 완성한다.

PART Ⅱ

R을 이용한 빅데이터 분석

SECTION **08**

R 프로그램

R은 오픈 소스 프로그램으로 통계/데이터 마이닝 및 그래프를 위한 언어이다. R은 주로 연구 및 산업별 응용 프로그램에 많이 사용되며 최근 들어 기업에서도 많이 사용하는 추세이다. 특히, 빅데이터 분석에서 각광받고 있으며, 5,000개가 넘는 패키지(일종의 애플리케이션)들이 다양한 기능을 지원하며 수시로 업데이트되고 있다(네이버 지식백과). 오픈 소스 프로젝트로 진행되는 R은 통계 프로그래밍 언어인 S 언어 기반으로 만들어진, 통계 계산 및 결과 그래픽 생성에 최적화된 프로그래밍 언어이다. 다른 프로그래밍 언어와 연계 및 호환 가능하고, 웹과 연동하여 실시간 처리가 가능하다. R은 비용 절감에 따른 경제적 이익이 수반되는 새로운 애플리케이션 개발이나 웹 서비스 제공에 유용하다.

8.1 R 프로그램 설치

이미 설치된 오픈 소스 프로그램인 R을 실행하는 경우 종종 알 수 없는 이유로 에러가 발생하기도 한다. 이를 해결하기 위한 방법으로 우선 프로그램을 다시 실행해본다. 이렇게 프로그램을 재실행했을 때 알 수 없는 에러가 해결되는 경우가 많다. 이러한 오류를 방지하거나 해결하기 위해서는 최초 프로그램 설치 시 관리자 권한으로 설치하기를 권장한다. 이 책에서는 다운로드 받은 R 프로그램을 관리자 권한으로 설치하여 실행하는 과정을 다룬다.

R 프로그램 다운로드

❶ https://www.r-project.org/에 접속하여 [download R]을 클릭한다.

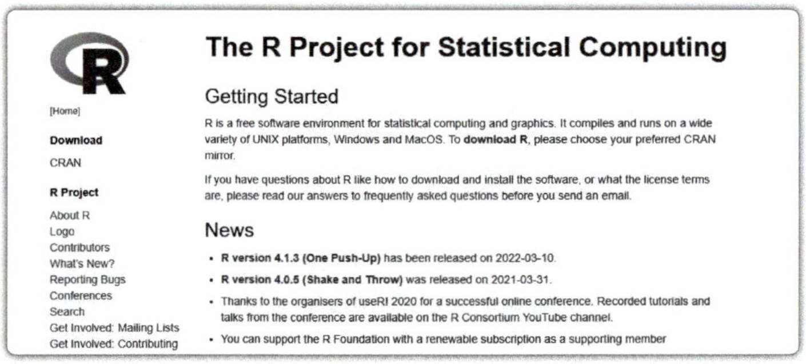

❷ 전 세계에서 운용되는 서버 목록에서 Korea를 찾아 해당 서버 중 하나를 선택한다. 여기서는 [cran.seoul.go.kr] 서버를 선택한다.

❸ 운영체제에 맞는 파일을 선택한다. 여기서는 [Download R for Windows]를 선택하기로 한다.

❹ R for Windows에서 [install R for the first time]을 클릭한다.

❺ 2022년 3월 기준 최신 버전인 [Download R 4.1.3 for Windows] 버전으로 클릭한다.

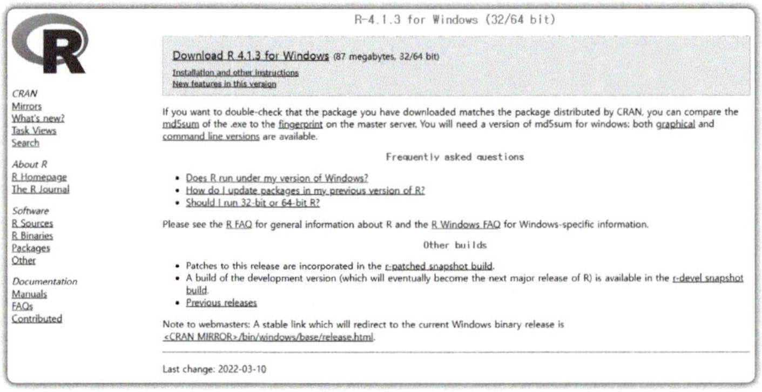

❻ [실행]이 아닌 [저장]-[다른 이름으로 저장]으로 다운로드하여 저장한다.

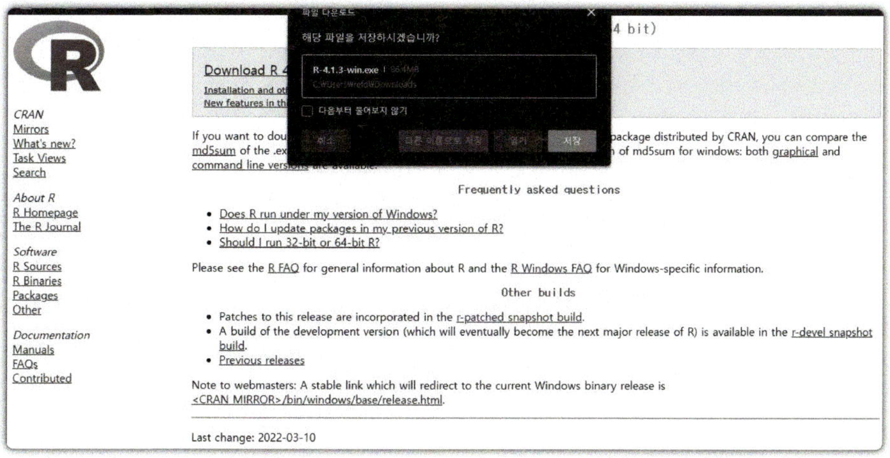

R 프로그램 설치

❶ 다운로드한 실행 파일을 마우스 오른쪽 클릭하여 [관리자 권한으로 실행]을 선택한다.

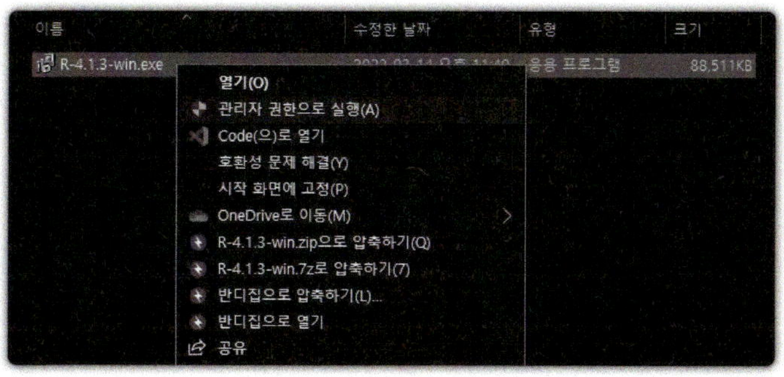

❷ 설치 언어를 [한국어]로 선택하여 [다음]을 클릭한다. 정보를 확인하고 [다음]을 클릭한다.

❸ 설치 위치 확인하여 [다음]을 클릭한다. 컴퓨터 사양과 동일하게 구성 요소를 선택하여 [다음]을

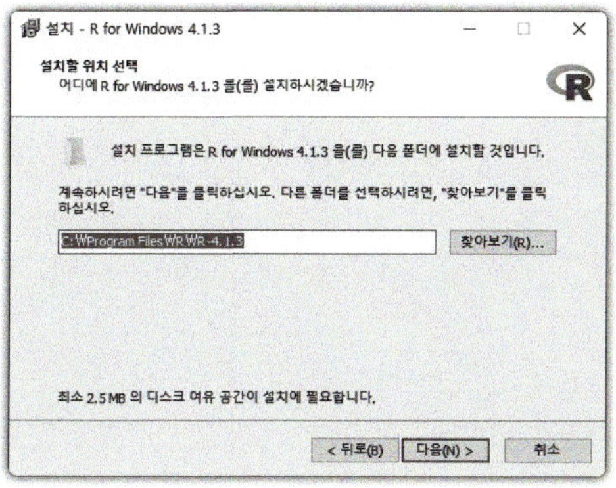

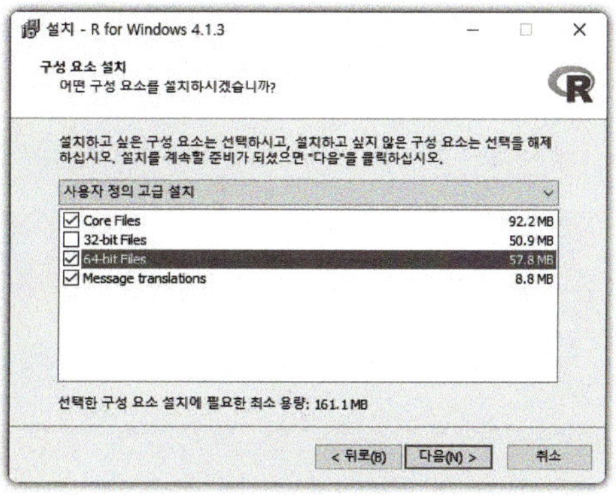

클릭한다(32-bit, 64-bit 중 반드시 본인의 컴퓨터 사양을 확인하여 맞게 설치한다. 여기서는 64-bit를 기준으로 한다).

❹ 스타트업 옵션에서 [기본 값]을 선택하여 [다음]을 클릭한다. 시작 메뉴 폴더를 선택해 [다음]을 클릭한다.

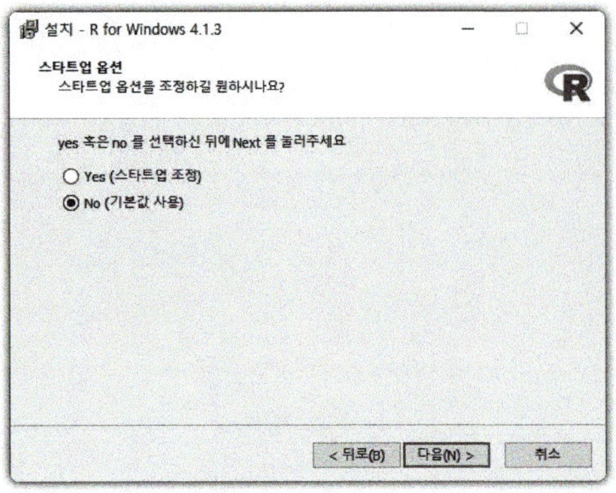

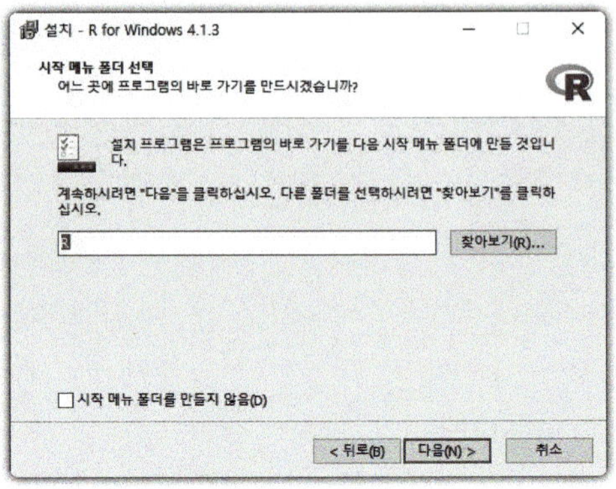

❺ 추가 사항 적용을 확인하고 [다음]을 클릭한다. 설치가 끝나면 [완료]를 클릭한다.

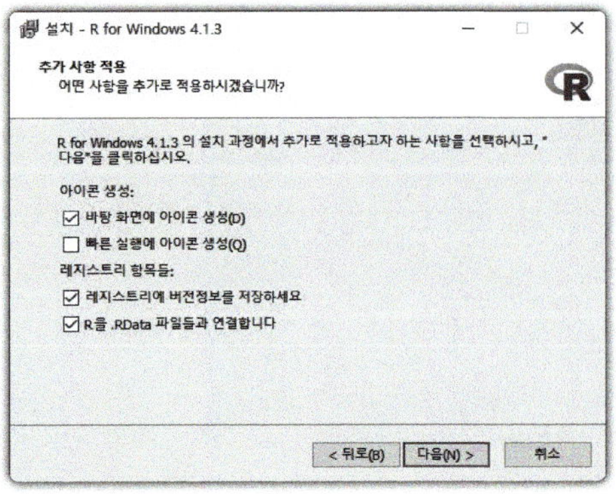

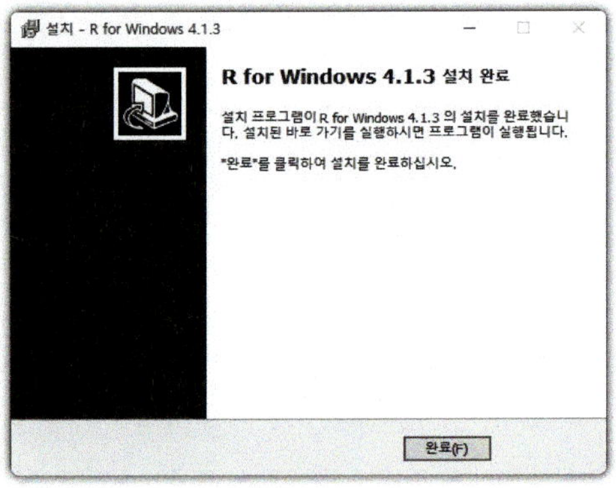

8.2 JDK

JDK$_{\text{Java Development Kit}}$는 자바 개발 도구로 썬 마이크로시스템즈에서 만든 자바 소프트웨어 개발 환경이다. 여기에는 자바 가상머신$_{\text{JVM}}$과 컴파일러, 디버거, 자바 애플릿 및 응용 프로그램 개발을 위한 도구들이 포함된다(네이버 지식백과).

R 프로그래밍 시 Java 프로그램의 기능을 빌려 쓰는 경우가 많기 때문에 R 설치 후 Java를 설치하도록 한다.

JDK 설치

❶ https://www.java.com/ko/에 접속해 [무료 Java 다운로드]를 클릭한다.

❷ 스크롤바를 하단으로 움직여 [모든 Java 다운로드 보기]를 클릭한다.

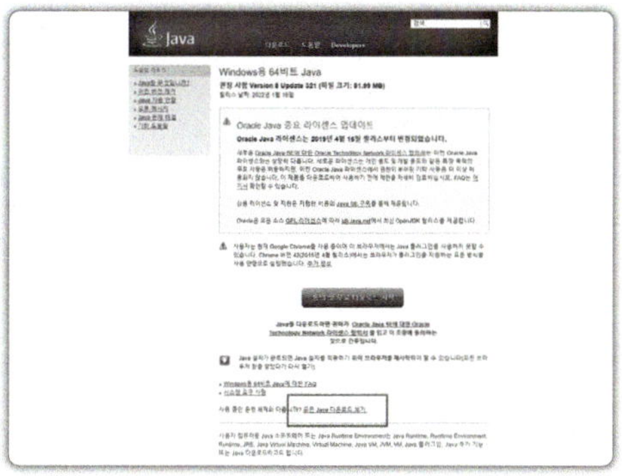

❸ 스크롤바를 하단으로 움직여 [Windows 오프라인 (64비트)]를 클릭한다.

❹ 다운로드 시 [실행]이 아닌 [저장]–[다른 이름으로 저장]으로 한다.

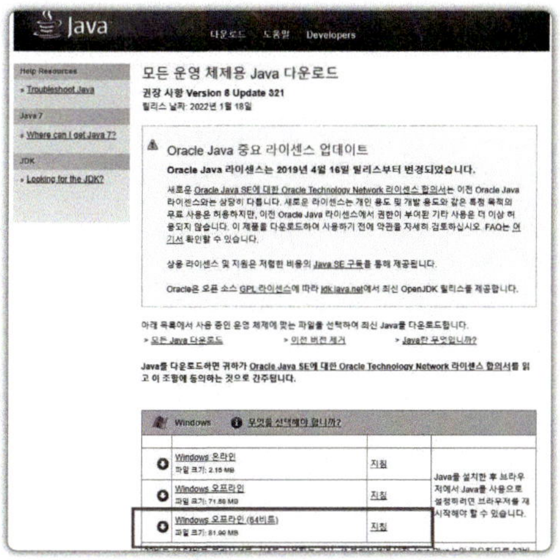

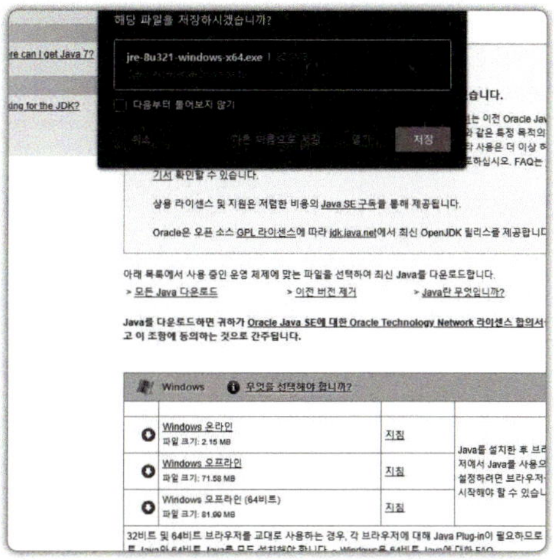

❺ 다운로드 파일을 마우스 오른쪽 클릭하여 [관리자 권한으로 실행]을 선택하고 [설치]를 클릭한다.

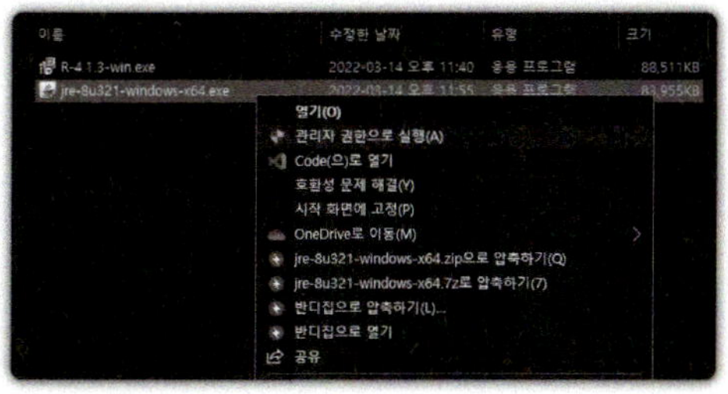

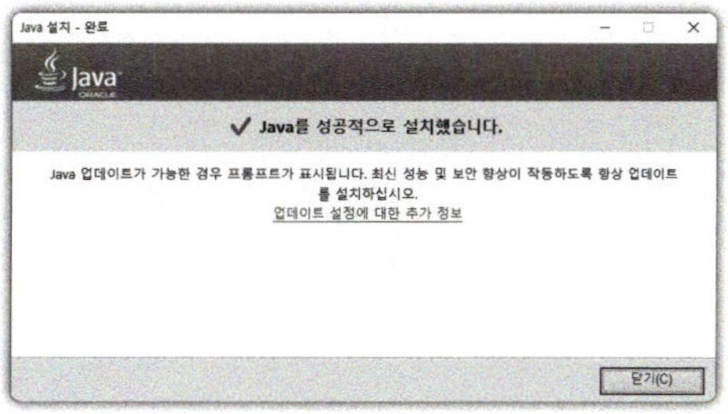

❻ 설치가 진행되고 [Java를 성공적으로 설치했습니다.]가 나타나면 [닫기]를 클릭한다.

8.3 RStudio 설치 및 실행

RStudio는 통계 컴퓨팅, 그래픽스를 위한 프로그래밍 언어인 R을 위한 자유-오픈 소스 통합 개발 환경(IDE)이다. 프로그래밍 언어 콜드 퓨전의 개발자 J. J. Allaire에 의해 개발된 RStudio는 프로그램이 일반 데스크톱 애플리케이션으로 실행되는 RStudio Desktop과 원격 리눅스 서버에서 실행되는 동안 웹 브라우저를 사용하여 RStudio에 접근을 허용하는 RStudio Server, 두 가지 에디션으로 사용할 수 있다. 미리 패키징된 RStudio Desktop 배포판들은 윈도우, macOS, 리눅스용으로 이용할 수 있다(위키백과).

RStudio는 일반 R 환경에 비해 명령 콘솔 외에 파일 편집, 데이터 보기, 명령 히스토리, 차트 작정에 보다 편리하게 접근할 수 있으며, 특히 메모리의 변수 목록과 타입 확인이 훨씬 용이하다. 이 책에서는 R을 먼저 설치한 후 RStudio를 설치하여 RStudio를 기준으로 설명을 진행한다.

RStudio 설치하기

❶ https://www.rstudio.com/에 접속해 [Products]-[RStudio]를 클릭한다.

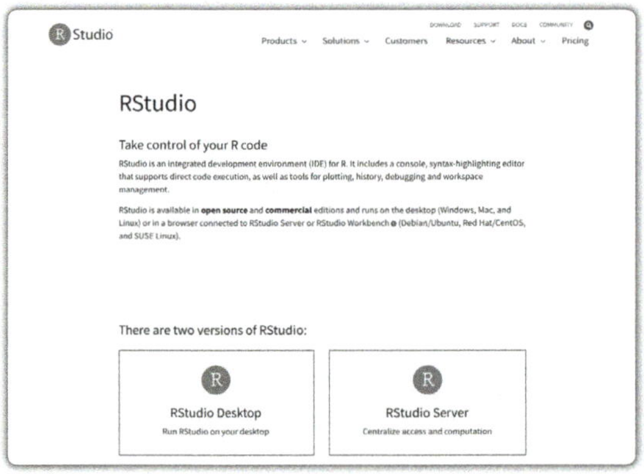

❷ [desktop]을 클릭한다.

❸ [download rstudio desktop] 클릭한다.

❹ Free [DOWNLOAD]를 클릭한다.

❺ [RStudio Desktop 2022.02.0+443 – Windows 10/11 64-bit]를 다운로드한다(2022년 03월 기준).

❻ 다운로드 파일을 마우스 우클릭으로 [관리자 권한으로 실행]을 선택한 후 [다음]을 클릭한다.

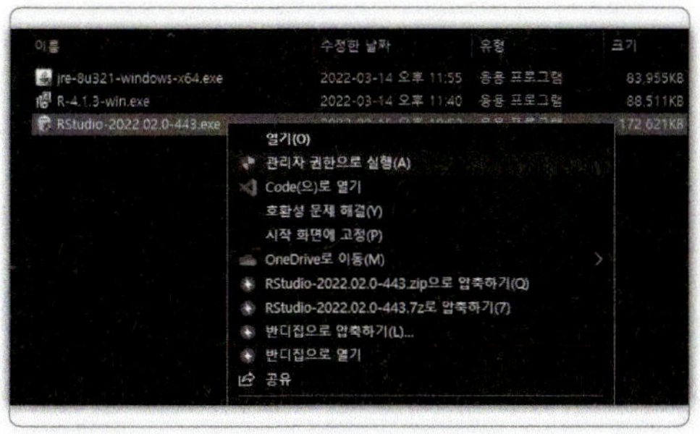

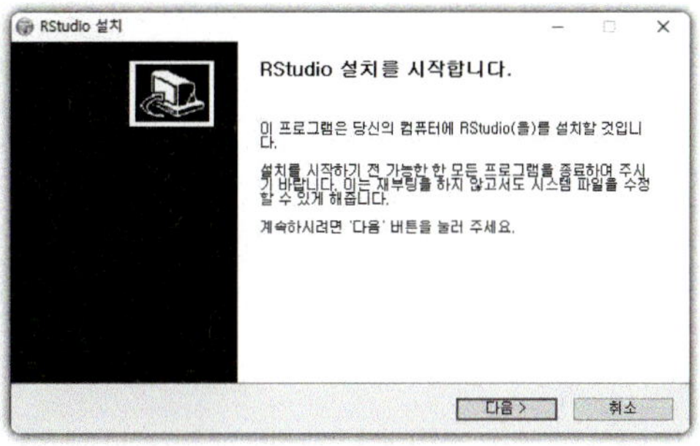

❼ [설치 폴더 선택]에서 [다음]을 클릭한 후, [시작 메뉴 폴더 선택]에서 [설치]를 클릭한다.

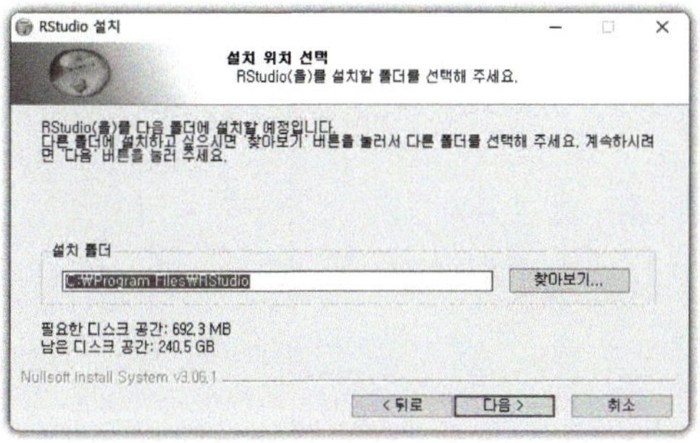

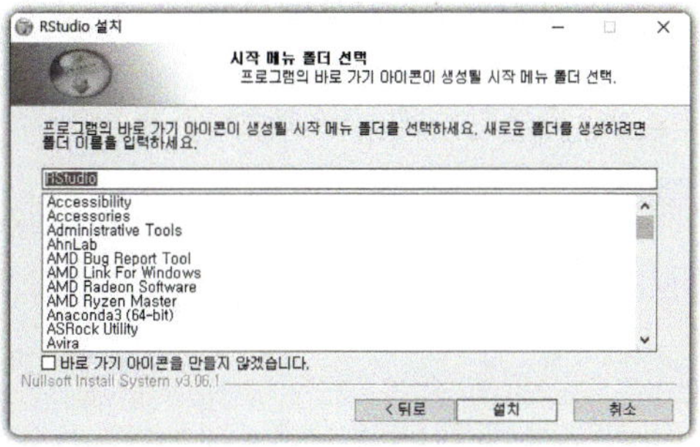

❽ [설치 완료]가 뜨면 [마침]을 클릭하여 설치를 완료한다.

RStudio 실행 및 기본 설정

1 RStudio 실행

❶ [시작]–[RStudio]–[마우스 오른쪽 클릭]–[자세히]–[관리자 권한으로 실행]을 클릭한다.

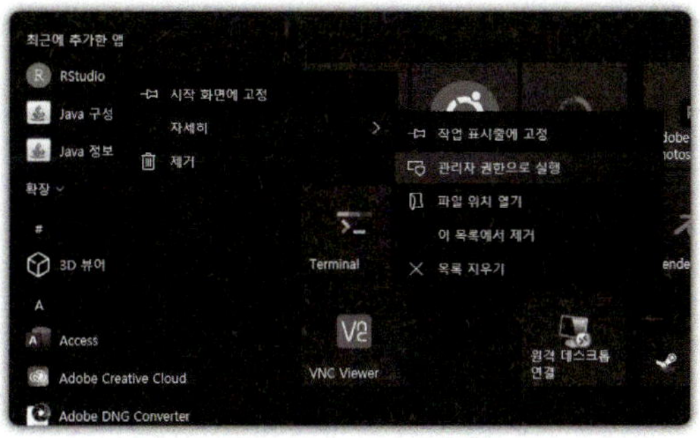

❷ RStudio 가 실행되면 아래와 같은 화면이 나타난다.

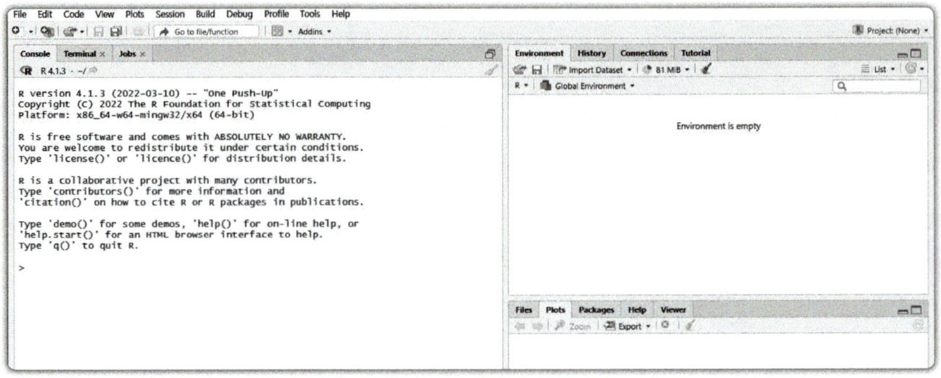

2 RStudio 한글 주석 깨짐 방지 설정

❶ RStudio 기본 설정을 위해 [Tools]–[Global Options]을 클릭한다.

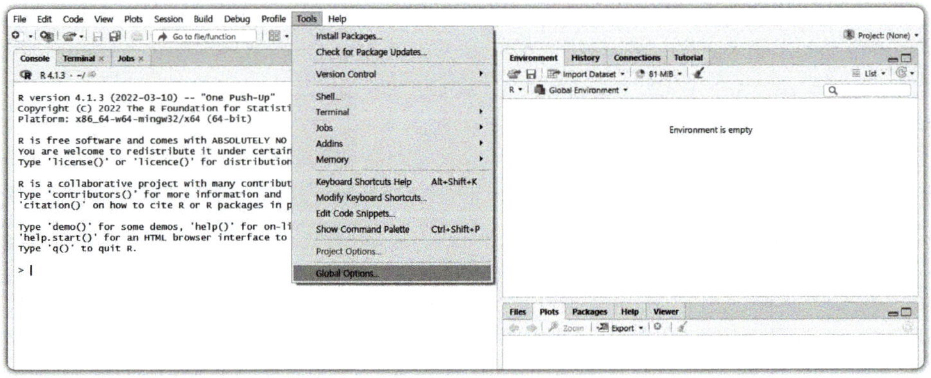

❷ [Code]–[Saving]–[Default text encoding]–[Change...]–[UTF–8]을 선택하고 [OK] 버튼을 클릭한다.

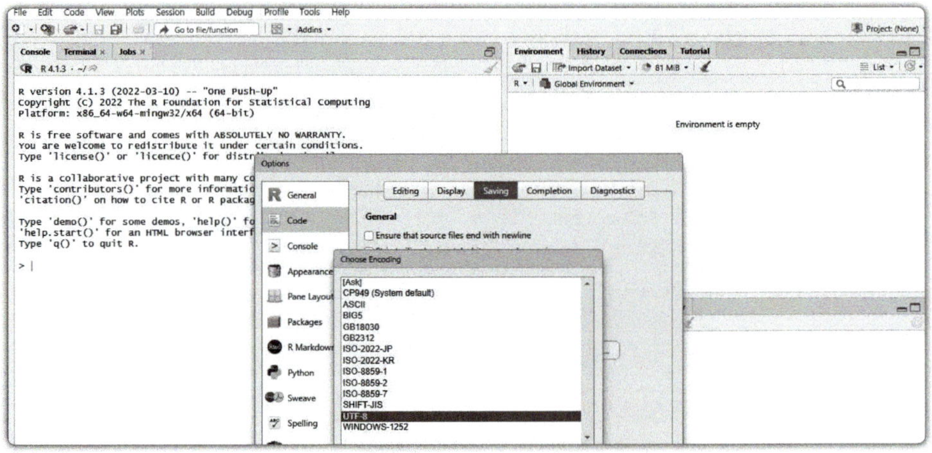

❸ [Global Options]–[OK] 버튼을 클릭한다.

❹ R Studio를 종료한 후 다시 시작하면 한글 주석 깨짐 방지가 해결된다.

3 RStudio 창 레이아웃 변경

❶ RStudio에서 [Tools]–[Global Options]을 클릭한다.

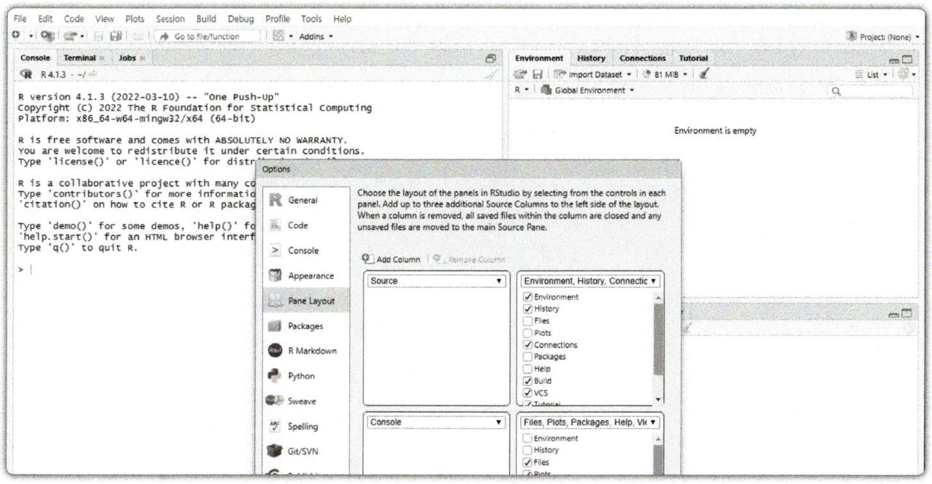

❷ [Global Options]–[Pane Layout]을 클릭한다.

❸ 원하는 위치에 원하는 창을 위치시키고 [OK]를 클릭한다.

4 RStudio 테마/글꼴/폰트 사이즈 변경

❶ RStudio에서 [Tools]–[Global Options]을 클릭한다.

❷ [Global Options]–[Appearance]를 클릭한다.

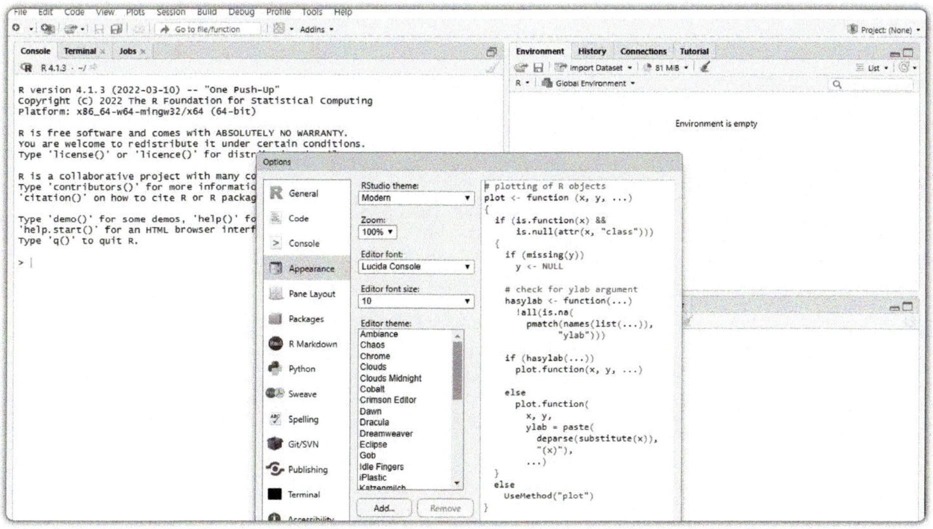

③ [Editor font]에서 글꼴, [Editor Font size]에서 폰트 크기, [Editor theme]에서 테마를 변경할 수 있다.

5 RStudio 기본 단축키

R Studio를 사용할 때 단축키를 이용하면 유용하다. 많은 단축키 중 자주 사용하는 것들은 기억하여 사용하면 편리하다.

① RStudio Source 창에서의 단축키

기능	설명
코드 실행	해당 라인에 커서를 두고 Ctrl + Enter
코드 여러 줄 실행	여러 라인을 드래그 후 Ctrl + Enter
소스 저장	Ctrl + S
주석 처리/해제	해당 라인에 커서를 두고 Ctrl + Shift + C
소스 파일의 내용 보기	확인하려는 함수 또는 R 소스 파일에 커서를 올리고 F2
%>% 입력	Shift + Ctrl +M

② RStudio Console 창에서의 단축키

기능	설명
코드 실행	Enter
Console 창 지우기	Ctrl + L

③ RStudio 단축 키는 [Help]-[Keyboard Shortcut Quick Reference]를 선택해 확인할 수 있다.

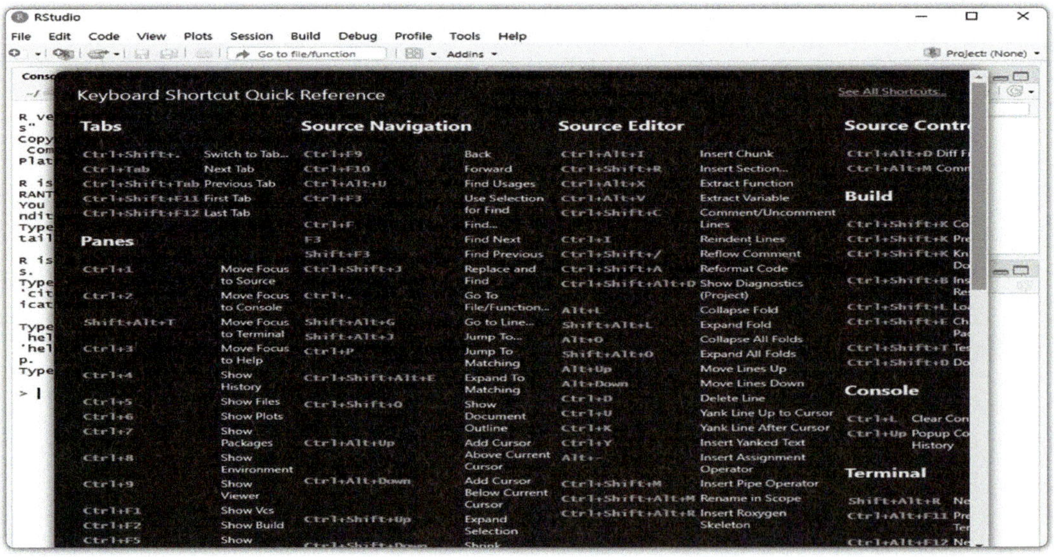

연습 문제

문제 8.1

R 프로그램 이용 시 JDK를 설치하는 이유는 무엇인가?

문제 8.2

통계 컴퓨팅 및 그래픽스에 최적화된 프로그래밍 언어 R을 위한 자유-오픈 소스 통합 개발 환경(IDE)은 무엇인가?

문제 8.3

R Studio를 사용할 때 단축키를 이용하면 유용하다. "코드 실행" 단축키는 무엇인가?

문제 8.4

R Studio를 사용할 때 단축키를 이용하면 유용하다. "Console 창 지우기" 단축키는 무엇인가?

SECTION **09**

R 기초 문법

R은 통계와 데이터 분석에 특화된 프로그래밍 언어이다. 빅데이터 분석에 대한 사회적 관심과 더불어 주목 받으며 그 효용성으로 인해 널리 사용되고 있다. 새로운 언어를 공부하는 가장 좋은 방법은 해당 언어의 공식 매뉴얼을 앞에서부터 따라가며 익히거나 관련 책 한 권을 선택해 직접 코딩하며 실습해보는 것이다. 이 장에서는 R의 기본 문법을 중심으로 설명한다.

9.1 기초 명령어

R 기초 명령어는 주석 처리, 작업용 기본 디렉터리 설정, 현재 설정된 작업 디렉터리 확인, print 안에 출력하고 싶은 내용 입력, 숫자와 문자 여러 개를 동시 출력 등 다양한 기능을 제공한다.

명령어	설명
#	주석 처리
setwd()	작업용 기본 디렉터리 설정
getwd()	현재 설정된 작업 디렉터리 확인
print()	print 안에 출력하고 싶은 내용 입력
cat()	숫자와 문자 여러 개를 한꺼번에 출력

[파일]–[New File]–[R Script]를 실행하여 [Source] 창을 실행한다.

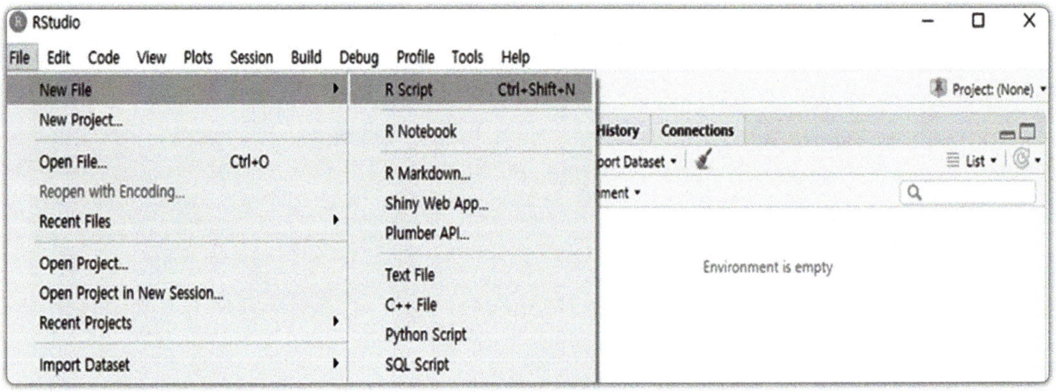

1 setwd(): 기본 디렉터리 설정

작업용 기본 디렉터리 설정 명령어로 디렉터리를 지정하여 파일을 저장하고 불러오는 기능을 한다. '#'을 앞에 붙여 주석으로 처리하여 설명을 추가한다. 주석은 프로그램 코드 및 실행에 영향을 주지 않으면서 필요한 내용을 입력해 코드를 설명한다. 경로 설정 전에 내 컴퓨터에 디렉터리를 생성해 설정해야 한다. 사용법은 다음과 같다.

```
> setwd("c:\r")   # 에러 발생
Error in setwd("c:\r") : cannot change working directory
> setwd("c:/r")   # 가능
> setwd("c:\\r")   # 가능
```

2 getwd(): 현재 설정된 작업 디렉터리 확인

현재 설정된 작업 디렉터리를 확인하기 위해 사용하는 명령어이다. 사용법은 다음과 같다.

```
> getwd()
[1] "c:/r"
```

3 print(): print 안에 출력하고 싶은 내용 입력

print 안에 출력하고 싶은 내용을 입력하면 숫자는 숫자로 문자는 문자로 출력된다. 연산 기호 사용 시 그 결과 값이 출력된다. 문자를 출력하고 싶을 때는 ' ', " "를 이용하여 문자를 감싸주어야 한다. 사용법은 다음과 같다.

```
> print(1)      # 숫자 1
[1] 1
> print('1')    # 문자 1
[1] "1"
> print(1+2)    # 1+2=3
[1] 3
> print(1-2)    # 1-2=-1
[1] -1
> print('1+2')  # 문자이므로 1+2로 출력됨
[1] "1+2"
> print(love)   # 에러 발생
Error in print(love) : object 'love' not found
> print('love') # 문자는 ' ' 처리
[1] "love"
> print(1)      # 숫자 1
[1] 1
> print('1')    # 문자 1
[1] "1"
> print(1+2)    # 1+2=3
[1] 3
> print(1-2)    # 1-2=-1
[1] -1
```

```
> print('1+2')   # 문자이므로 1+2로 출력됨
[1] "1+2"
> print(love)    # 에러 발생
Error in print(love) : object 'love' not found
> print('love')  # 문자는 ' ' 처리
[1] "love"
> print("love")  # 문자는 " " 처리
[1] "love"
```

4 cat(): 숫자와 문자 여러 개를 한꺼번에 출력

숫자와 문자 여러 개를 한꺼번에 출력하고 싶을 때 사용하는 명령어이다. 줄을 바꾸고 싶을 때는 개행 문자인 '₩n'을 사용한다. 문자를 출력하고자 할 때는 ' ', " "를 이용하여 문자를 감싸주어야 한다. 사용법은 다음과 같다.

```
> print(1,2)        # 앞의 것만 출력됨
[1] 1
> cat(1,2)          # 모두 출력됨
1 2
> cat(1,'\n',2)     # '\n'으로 줄 바꿈 가능
1
2
> print('a', 'b')   # 에러 발생
Error in print.default("a", "b") : invalid 'digits' argument
In addition: Warning message:
In print.default("a", "b") : NAs introduced by coercion
> cat('a', 'b')
a b
```

5 help : 객체의 정보를 알아보기

help 함수는 객체의 정보를 알아보기 위해 사용하는 명령어이다. 사용법은 다음과 같다.

```
> help("mean")      #mean에 대해 궁금할 때
> help.search("mean")
> apropos("mean")   # mean이 포함된 함수를 모두 출력
 [1] ".colMeans"     ".rowMeans"     "colMeans"
 [4] "kmeans"        "mean"          "mean.Date"
 [7] "mean.default"  "mean.difftime" "mean.POSIXct"
[10] "mean.POSIXlt"  "rowMeans"      "weighted.mean"
```

9.2 기본 연산자와 기초 연산

R 기본 연산자와 기초 연산으로 산술 연산자, 논리 연산자, 연속 숫자 생성, seq() 함수를 사용한 숫자 생성 등이 가능하다.

명령어	설명
+, −, *, /, ^, **, %%, %/%	산술 연산자
>, <, >=, <=, ==, !=, x|y, x&y, isTRUE(x)	논리 연산자
:	연속 숫자 생성
seq()	seq() 함수를 사용한 숫자 생성
rep()	rep() 함수로 반복적인 숫자 생성

[파일]–[New File]–[R Script]를 실행하여 [Source] 창을 실행한다.

1 +, -, *, / : 산술 연산자

+, −, *, /, ,^또는 **, %%, %/%를 이용하여 더하기, 빼기, 곱하기, 나누기, 거듭 제곱, 나눗셈의 나머지, 나눗셈의 몫 등의 산술 연산을 할 수 있다. 사용법은 다음과 같다.

```
> 3+2
[1] 5
> 3-2
[1] 1
```

```
> 3*2
[1] 6
> 3/2
[1] 1.5
> 3^2   # 3의 거듭제곱
[1] 9
> 3**2   # 3의 거듭제곱
[1] 9
> 5%%2   # 5를 2로 나눈 나머지
[1] 1
> 5%/%2   # 5를 2로 나눈 몫
[1] 2
```

2 〉, 〈, 〉=, 〈=, ==, !=, x|y, x&y, isTRUE(x): 논리 연산자

〉, 〈, 〉=, 〈=, ==, !=, x|y, x&y, isTRUE(x)를 이용하여 크다, 작다, 크거나 같다, 작거나 같다, 같다, 같지 않다, x가 아님(Not x), 논리합(x OR y), 논리곱(x and y), x가 참인지 진단(test if x is true) 등의 논리 연산을 구현할 수 있다. 사용법은 다음과 같다.

```
> 3>2
[1] TRUE
> 3<2
[1] FALSE
> 3>=2
[1] TRUE
> 3<=2
[1] FALSE
> 3==2
[1] FALSE
> 3!=2          # 2는 3이 아님(Not x)
[1] TRUE
> 1|1; 1|0; 0|0    # 논리합(x OR y) : 하나라도 1이면 참
[1] TRUE
[1] TRUE
```

```
[1] FALSE
> 1&1; 1&0; 0&0    # 논리곱(x and y): 둘 다 1이면 참
[1] TRUE
[1] FALSE
[1] FALSE
> isTRUE(1|0); isTRUE(1&0)   # x가 참인지 진단
[1] TRUE
[1] FALSE
```

3 특수 기호(:): 연속 숫자 생성

특수 기호(:)를 이용해 연속 숫자를 생성할 수 있다. 사용법은 다음과 같다.

```
> 0:1     # 0에서 1까지
[1] 0 1
> 0:5     # 0에서 5까지
[1] 0 1 2 3 4 5
> 1:5     # 1에서 5까지
[1] 1 2 3 4 5
```


4 seq(): 숫자 생성 함수

seq() 함수를 사용하여 숫자를 생성하면 순차적으로 숫자를 생성할 수 있다. 시작은 from, 끝은 to, 단계는 by를 이용할 수 있으며 생략도 가능하다. 사용법은 다음과 같다.

```
> seq(1,5)            # 1에서 5까지
[1] 1 2 3 4 5
> seq(1,5,2)          # 1에서 5까지 2의 배수로
[1] 1 3 5
> seq(from=1,to=5,by=2)  # 1에서 5까지 2의 배수로
[1] 1 3 5
```


5 rep() 함수를 사용한 반복적인 숫자 생성

rep() 함수를 사용하여 반복 숫자를 생성할 수 있다. 사용법은 다음과 같다.

```
> rep(1,3)          # 1을 3번 반복
[1] 1 1 1
> rep(1:3, 2)        # 1에서 3까지, 2번 반복
[1] 1 2 3 1 2 3
> rep("love",3)        # 'love'를 3번 반복
[1] "love" "love" "love"
```


9.3 데이터 유형

R 데이터 유형에는 수치형, 문자형, 논리형, 복소수형과 변수가 초기화되지 않았을 때 사용하는 NULL, 결측치를 의미하는 NA, 수학적으로 계산이 불가능함을 의미하는 NaN 등의 유형이 있다.

명령어	설명
Numeric	수치형
Character	문자형
Logical	논리형
Complex	복소수형
NULL	존재하지 않은 객체로 지정할 때. 변수가 초기화되지 않았을 때 사용
NA	Not Available. 데이터 값이 없는 결측치 $_{\text{Missing Value}}$ 를 의미
NaN	Not available Number. 수학적 계산이 불가능함을 의미
Inf	Infinite. 양의 무한대를 의미
(-Inf)	음의 무한대를 의미

[파일]-[New File]-[R Script]를 실행하여 [Source] 창을 실행한다.

1 mode(): 데이터 유형 확인 함수

명령어	설명
is.numeric()	수치형 여부 확인
is.integer()	정수형 여부 확인
is.double()	실수형 여부 확인
is.character()	문자형 여부 확인
is.logical()	논리형 여부 확인
is.null()	NULL 여부(없는 값) 확인

명령어	설명
is.na()	NA 여부(있지만 정의되지 않은 값) 확인
is.finite()	유한 수치 여부 확인
is.infinite()	무한 수치 여부 확인

변수에 값을 대입해 두고 mode() 함수를 이용해 데이터의 유형을 확인할 수 있다. 사용법은 다음과 같다.

```
> a <-5
> b <-"happy"
> c <-FALSE
>
> mode(a)
[1] "numeric"
> mode(b)
[1] "character"
> mode(c)
[1] "logical"
> is.numeric(a)
[1] TRUE
> is.integer(a)
[1] FALSE
> is.double(a)
[1] TRUE
> is.null(a)
[1] FALSE
> is.character(b)
[1] TRUE

> ## NA, NaN, NULL
>
> x <- c(NaN, NA)
> x
[1] NaN  NA
```

```
> is.na(x)
[1] TRUE TRUE
> x+2
[1] NaN  NA
> x <- NULL
> x
NULL
```


9.4 데이터 구조

R 데이터는 객체, 스칼라, 벡터, 행렬, 데이터 프레임 등의 구조를 갖고 있다.

1 객체(변수)의 할당

변수는 이름을 붙여 어떤 값을 보관하는 가상의 공간을 의미하는데, R에서는 이 가상의 공간을 객체$_{Object}$라고 부른다. 객체는 미리 선언할 필요 없이 할당만 하면 바로 생성된다. 객체의 이름은 알파벳, 숫자, 마침표(.), underscore(_) 등을 조합해 사용하며, 첫 글자는 알파벳 또는 마침표(.)로 시작할 수 있다. 알파벳은 대소문자를 구분한다.

변수명 생성 시 주의 사항으로 함수명으로 사용하는 변수명(예, if, mean, sum 등)과 하이픈(-)은 사용할 수 없으며, 마침표(.)로 시작하는 경우 바로 뒤에 숫자가 올 수 없다.

객체에 값을 할당하기 위해서는 할당 연산자 《<-, <-, =, ->, ->》를 사용한다. <-는 우변의 결과를 좌변의 객체에, ->는 좌변의 결과를 우변의 객체에 대입한다. R에서는 <-를 가장 많이 사용한다. 사용법은 다음과 같다.

```
> a=5
> b<-4
> c<-a+b
> c
[1] 9
```

2 객체(변수)의 삭제

현재까지 할당된 모든 객체의 이름을 확인하려면 ls() 혹은 objects() 함수를 사용한다. 이미 할당된 객체를 삭제하기 위해서는 rm() 함수를 사용한다. ls() 함수의 사용법은 다음과 같다.

```
> ls()
[1] "b" "c"
```

3 스칼라(Scalar)

스칼라는 객체에 하나의 값을 할당하는 구조이다. 스칼라 값에는 실수, 문자열, 논리값(TRUE, FALSE) 등 세 가지 자료형이 있다. 사용법은 다음과 같다.

```
> a <- 1.5       # 실수
> b <- "happy"    # 문자열
> c <- TRUE      # 논리값
> a;b;c
[1] 1.5
[1] "happy"
[1] TRUE
```

4 벡터

벡터는 같은 자료형을 가진 스칼라 값들을 순서를 가지고 일렬로 나열한 자료 구조로서 함수 c()에 넣을 값들을 나열하여 생성한다. 실수 값을 가진 벡터의 경우 '시작 값:종료 값'의 형태로도 생성할 수 있으며, 시작 값에서부터 종료 값에 이르기 전까지 1씩 증가한 실수들로 채워진다. 사용법은 다음과 같다.

```
> a <- c(1.1, 2.1, 3.2, 4.5)
> b <- c(FALSE, TRUE, FALSE, FALSE)
> c <- c("h", "a", "p", "p", "y")
> d <- 1.1:5.9
> a;b;c;d
[1] 1.1 2.1 3.2 4.5
[1] FALSE  TRUE FALSE FALSE
[1] "h" "a" "p" "p" "y"
[1] 1.1 2.1 3.1 4.1 5.1
```

5 행렬

행렬은 서로 다른 자료형의 스칼라 값들을 2차원으로 나열한 자료 구조이다. 백터에 차원을 정해 주면 바로 Matrix로 변경된다. 행렬은 함수 matrix(벡터, nrow=행 개수, ncol=열 개수)로 생성한다. 사용법은 다음과 같다.

```
> matrix(
  c(1, 2, 3, 4, 5, 6),
  nrow=2,  ncol=3        # 2행 3열
 )
     [,1] [,2] [,3]
[1,]    1    3    5
[2,]    2    4    6
>
> matrix(
  c(1, 2, 3, 4, 5, 6),
  nrow=3,  ncol=2        # 3행 2열
 )
     [,1] [,2]
[1,]    1    4
[2,]    2    5
[3,]    3    6
```

6 데이터 프레임

데이터 프레임$_{\text{Data Frame}}$은 모든 자료를 2차원 구조로 저장하는 기능을 제공한다. 행렬이 스칼라 값들의 2차원 배열이라면 데이터 프레임은 각각의 행들이 서로 다른 데이터 타입들(문자, 숫자, 논리형)을 가질 수 있다는 차이를 가진다. 말하자면 엑셀과 같이 숫자, 문자 등 다양한 데이터를 하나의 테이블에 담을 수 있는 자료 구조이다. 사용법은 다음과 같다.

```
# 기본 데이터 프레임 사용법
> a <- c("A", "B","C")
> b <- 1:3
> df <- data.frame(a,b)
```

```
> df
  a b
1 A 1
2 B 2
3 C 3

# 데이터 프레임에 필드명 부여
> no<-c(1, 2, 3, 4)
> name<-c('apple', 'peach', 'banana', 'grape')
> price<-c(500, 200, 100, 50)
> qty<-c(5, 2, 4, 7)
> sales <-data.frame(NO=no, NAME=name, PRICE=price, QTY=qty)
> sales
  NO   NAME PRICE QTY
1  1  apple   500   5
2  2  peach   200   2
3  3 banana   100   4
4  4  grape    50   7
```


7 외부 데이터 불러오기

read.table() 테이블 형식의 외부 파일로부터 데이터 프레임을 생성할 수 있다. 메모장을 이용하여 데이터를 입력하고 "data01.txt"로 저장 후 불러오자. 사용법은 다음과 같다.

```
*data01 - Windows 메모장
파일(F) 편집(E) 서식(O) 보기(V) 도움말(H)
no name age
1  aaa  15
2  bbb  22
3  ccc  45
```

```
> df02 <- read.csv("c:/r/data/data01.csv")
> df01
  V1  V2  V3
1 no name age
2  1  aaa  15
3  2  bbb  22
4  3  ccc  45
```

read.csv() 엑셀 형식의 외부 파일로부터 데이터 프레임을 생성할 수 있다. 엑셀을 이용하여 데이터를 입력하고 "data01.csv"로 저장 후 불러오자. 사용법은 다음과 같다.

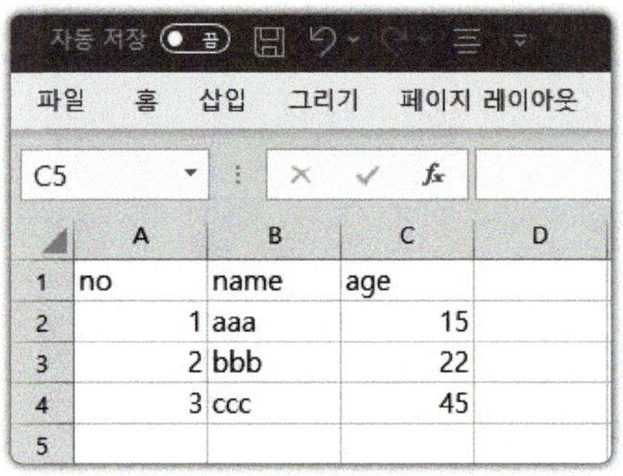


```
> df02 <- read.csv("c:/r/data/data02.csv")
> df02
  no name age
1 1 aaa 15
2 2 bbb 22
3 3 ccc 45
```

9.5 조건문과 반복문

조건에 따라 실행할 문장을 조건문, 조건에 따라 반복할 문장을 반복문이라고 한다. 조건을 판단하는 연산자로는 '같다(==)', '같지 않다(!=)', '크거나 같다(>=)', '크다(>)', '작거나 같다(<=)', '작다(<)'가 있다.

1 if문

조건에 따라 실행할 문장이 달라지는 조건문은 참일 때와 거짓일 때 실행하는 문장을 달리 지정할 수 있다. 기본 형식은 if, else 순이다.

```
if (조건) {
        조건이 참일 때 실행할 문장
} else {
        조건이 거짓일 때 실행할 문장
}
```

ifelse() 함수는 한 문장으로 다수의 데이터를 한 번에 처리할 때 사용할 수 있다.

```
ifelse( 조건, 참값, 거짓값 )
```

조건문의 사용법은 다음과 같다.

```
> x <- function(a){
  if(a<0) {
   return("음수")
   }
  else {
   return("양수")
  }
 }
> x(4)
[1] "양수"
> x(-5)
[1] "음수"

# ifelse() 함수 사용
a <- 5
ifelse( a>0, "양수","음수")
[1] "양수"
```


조건이 하나가 아니라 여러 개일 경우 else if를 이용하여 추가 조건을 부여할 수 있다. 기본 형식은 if, else if, else 순이다.

```
if (조건1) {
        조건1이 참일 때 실행할 문장
}
else if (조건2) {
        조건1이 아니고, 조건2가 참일 때 실행할 문장
}
else {
        조건1도 아니고, 조건2도 아닐 때 실행할 문장
}
```


조건문의 사용법은 다음과 같다.

```
> fun01 <- function(x){
  if (x>0){
   return("양수")
   }
  else if (x == 0){
   return("0")
  }
  else{
   return("음수")
  }
 }
> fun01(5)
[1] "양수"
> fun01(-5)
[1] "음수"
> fun01(0)
[1] "0"
```

2 which문

which()의 괄호 내 조건에 해당하는 위치_{인덱스}를 출력한다. 벡터에서 사용할 수도 있고, 데이터 프레임에서 사용할 수도 있다.

```
# 영문(소문자) 중에서 c의 위치를 출력하라.
> letters
 [1] "a" "b" "c" "d" "e" "f" "g" "h" "i" "j" "k" "l" "m" "n"
[15] "o" "p" "q" "r" "s" "t" "u" "v" "w" "x" "y" "z"
> which(letters=="c")
[1] 3

> # 데이터프레임에서 c의 위치
> a <- c("A", "B","C")
> b <- 1:3
> df <- data.frame(a,b)
```

```
> df
  a b
1 A 1
2 B 2
3 C 3
> which(df$a=="C")
[1] 3
```

3 while문

횟수 상관없이 조건이 참일 때 계속 반복된다.

```
while (조건) {
        조건이 참일 때 실행할 문장
}
```

while문의 사용법은 다음과 같다.

```
> # 1에서 5까지 출력하라.
> i <- 0
> while (i < 5) {
  i <- i + 1
  print(i)
 }
[1] 1
[1] 2
[1] 3
[1] 4
[1] 5

> # 1에서 5중 짝수만 출력하라.
> i <- 0
> while (i < 5) {
  i <- i + 1
  if (i %% 2 != 0) {
```

```
    next
  }
  print(i)
}
[1] 2
[1] 4
```

4 for 문

반복 횟수를 지정해주면 계속 반복한다.

```
for (변수 in 횟수) {
        반복할 문장
}
```

for 문의 사용법은 다음과 같다.

```
> # 1에서 5까지 출력하라.
> for (i in 1:5) {
  print(i)
  i <- i + 1
}
[1] 1
[1] 2
[1] 3
[1] 4
[1] 5
>
> # 1에서 5중 짝수만 출력하라.
> for (i in 1:5) {
  if (i %% 2 != 0) {
    next
  }
  print(i)
  i <- i + 1
```

```
 }
[1] 2
[1] 4
```

반복문이 특정 조건을 만족하면 next 문 이후의 실행문은 실행되지 않는다. break는 조건문을 빠져나가지만 next 문은 next 구문 이후의 구문은 실행하지 않고 반복문은 계속 실행된다. 사용법은 다음과 같다.

```
> for(i in 1:10){
  if(i<7) next # 7보다 작은 경우- 아래 구문은 실행 안 됨
  print(i)
 }
[1] 7
[1] 8
[1] 9
[1] 10

> for(i in 1:10){
  if(i>3) break # 3보다 클 경우- 종료
  print(i)
 }
[1] 1
[1] 2
[1] 3

> for(i in 1:10){
  if(i>=3) break # 3보다 크거나 같을 경우- 종료
  print(i)
 }
[1] 1
[1] 2
```

for 문을 2번 반복해 구구단을 출력하는 예를 들어 for 문을 사용하면 다음과 같다.

```
> for(i in 2:9){
  for(j in 1:9){
    print(paste(i, "*", j, "=", i*j))
  }
  print("============")
 }
[1] "2 * 1 = 2"
[1] "2 * 2 = 4"
[1] "2 * 3 = 6"
[1] "2 * 4 = 8"
[1] "2 * 5 = 10"
[1] "2 * 6 = 12"
[1] "2 * 7 = 14"
[1] "2 * 8 = 16"
[1] "2 * 9 = 18"
[1] "============"
```


5 사용자 함수와 for 문

사용자 함수와 for 문을 함께 사용할 수도 있다. 사용자 함수는 사용자가 직접 함수를 만들어 객체에 담아 사용할 수 있다. 함수 선언은 function(인자, 인자, …) { } 구문을 따른다. 사용자에게 정수 n을 입력받아 1부터 n까지의 합을 출력하자. 사용법은 다음과 같다.

```
> fun01 <- function(x) {
  i <- 0
  for (j in 1:x){
   i <- i+j
   }
  print(i)
  }
> fun01(10)
[1] 55
> fun01(100)
[1] 5050
```

사용자에게 정수 n을 입력받아 1부터 n까지의 합을 출력하는 과정을 모두 출력하자. 사용법은 다음과 같다.

```
> fun01 <- function(x) {
  i <- 0
  for (j in 1:x){
    i <- i+j
    print(i)
  }
 }
> fun01(10)
[1] 1
[1] 3
[1] 6
[1] 10
[1] 15
[1] 21
[1] 28
[1] 36
[1] 45
[1] 55
```

6 조건문과 반복문

조건문과 반복문을 함께 사용할 수도 있다. 5에서 15까지의 수 중 홀수만 더한 합을 출력하자. 사용법은 다음과 같다.

```
> sum <- 0
> for(i in 5:15) {
  if(i%%2 == 0)     # 2로 나눈 나머지가 0 (짝수)
  {
    next;          # 반복문 내의 남은 구문 모두 통과
  }
  if(i%%10 == 0)
  {
```

```
    break;        # 반복문 중지
  }
  sum <- sum + i   # 5+7+9+11+13+15
 }
> sum
[1] 60
```


9.6 다양한 함수

R 언어에는 다양한 내장 함수들이 있다. 그중 많이 사용되는 함수만을 살펴보기로 한다.

함수	설명
summary()	요약 통계량을 출력
sum( )	총합을 출력
max( )	최댓값을 출력
min( )	최솟값을 출력
mean( )	평균값을 출력
median( )	가운데 값을 출력
cumsum( )	설정된 지점까지의 누적 합
cumprod( )	설정된 지점까지의 누적 곱
diff( )	차이 나는 부분을 찾아냄
length( )	요소 갯수를 구해서 출력
order( )	각 요소의 원래 위치
prod( )	누적 곱을 출력
sd( )	표준편차를 출력
var( )	분산 값을 출력
abs( )	절댓값을 출력
ceiling(x)	올림 함수로 각각 x보다 큰 수 중 가장 작은 정수
floor(x)	x보다 작은 수 중 가장 큰 정수
trunc(x)	0과 x 사이의 가장 큰 정수 출력

각 함수별 사용법은 다음과 같다.

```
> df<-c(1,2,3,4,10)
> summary(df)
```

```
   Min. 1st Qu.  Median    Mean 3rd Qu.    Max. 
      1       2       3       4       4      10 
> sum(df)
[1] 20
> max(df)
[1] 10
> min(df)
[1] 1
> mean(df)
[1] 4
> median(df)
[1] 3
> cumsum(df)
[1]  1  3  6 10 20
> cumprod(df)
[1]   1   2   6  24 240
> diff(df )
[1] 1 1 1 6
> length(df)
[1] 5
> order(df)
[1] 1 2 3 4 5
> prod(df)
[1] 240
> sd(df)
[1] 3.535534
> var(df)
[1] 12.5
> df2 <- c(1.1, 1.6, 2.5)
> ceiling(df2)
[1] 2 2 3
> floor(df2)
[1] 1 1 2
> trunc(df2)
[1] 1 1 2
```

연습 문제

문제 9.1

다음과 같은 데이터 프레임을 완성하시오.

결과 화면

```
> stockprice
  NO    NAME Minimum Maximum
1  1 Samsung    1000    1500
2  2      LG    1100    1200
3  3      SK    1200    1400
4  4   LOTTE    1300    1350
5  5 HYUNDAI    1400    1450
```

문제 9.2

사용자 정의 함수 my_func이 다음과 같다고 할 때 my_func(5,2)의 결과는 얼마인가?

결과 화면

```
> my_func <- function(a,b){
+   c <- a*10 + 2 - b^2
+   return(c)
+ }
> my_func(5,2)
```

문제 9.3

(a,b)를 넣었을 때 a와 b 합을 구하는 함수를 만드시오.

문제 9.4

1 ~ 10 범위에서 3의 배수를 건너 뛰고 출력하시오(while, if 이용).

결과 화면

```
[1] 1
[1] 2
[1] 4
[1] 5
[1] 7
[1] 8
[1] 10
```

SECTION **10**

R 프로그램 데이터 시각화

R의 시각화는 데이터를 그림이나 그래프를 통해 시각적으로 표현하는 모든 과정이다. 시각화는 단순히 예쁘고 멋있게 만들어 주는 것을 떠나 데이터를 쉽게 이해할 수 있도록 도와준다. 데이터 시각화를 통해 문자로 구성된 자료를 그래프로 나타낸다면 높은 정보 전달의 효율성을 얻을 수 있다. 이 장에서는 R의 시각화를 익혀본다.

plot.new()는 현재 창을 깨끗이 하고 dev.new()는 새 창을 불러온다. 창을 여러 개로 분리할 때, par(mfrow=c(행의 개수, 열의 개수))로 설정하고, 다시 하나의 창으로 설정할 때는 par(mfrow=c(1, 1))로 설정한다.

10.1 plot 그래프

?plot로 plot 그래프에 대해 자세히 알아볼 수 있다. 첫 번째 인수는 x축, 두 번째 인수는 y축으로 받아 2차원 그래프를 그려준다.

옵션	설명
main	그래프의 주 제목
xlab, ylab	축 이름
xlim, ylim	축이 표시되는 한계
type	그래프의 타입(p, l, b, c, o, h, s, S, n)
col	색상
pch	점의 모양

1 기본 값으로 plot 그래프 만들기

오른쪽 결과를 보면 df 값이 y축 값으로 나타난다. x축 값을 생략할 시 y 값의 개수만큼 x값을 부여하여 출력되는 것을 확인할 수 있다. 사용법은 다음과 같다.

소스	결과
> ?plot # 도움말 > df <- c(1, 2, 3, 4, 5) > plot(df)	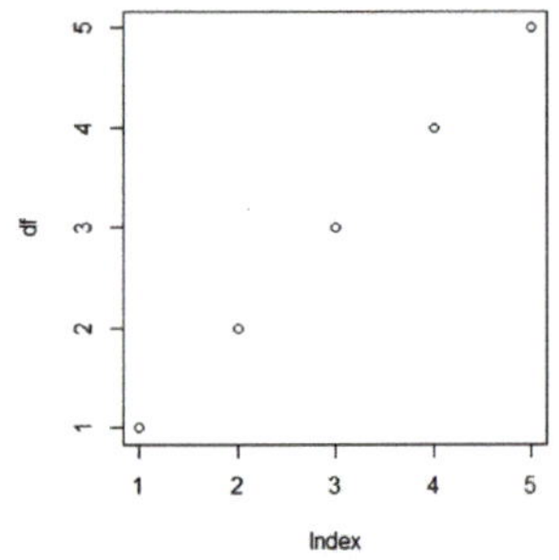

2 그래프의 주 제목 적용

소스	결과
> df1<-c(1,2,3,4,5) > df2<-c(1,2,3,4,5) > plot(df1, df2, main="그래프 연습")	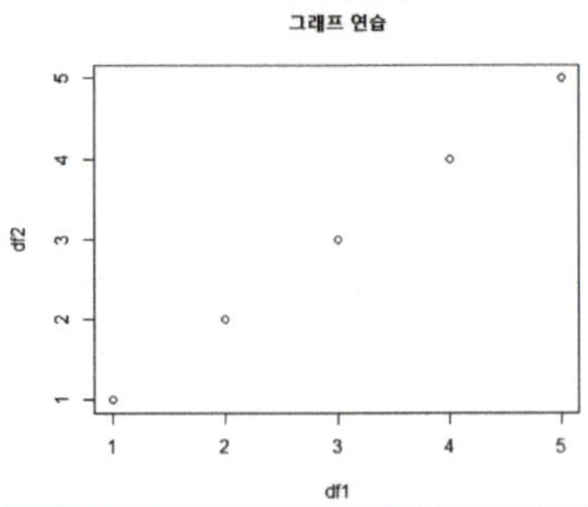

3 축 이름 적용

오른쪽 결과를 보면 df 값이 y축 값으로 나타난다. x축 값을 생략할 시 y 값의 개수만큼 x 값을 부여하여 출력되는 것을 확인할 수 있다. 사용법은 다음과 같다.

소스	결과
> df1<-c(1,2,3,4,5) > df2<-c(1,2,3,4,5) > plot(df1, df2, xlab="x축", ylab="y축")	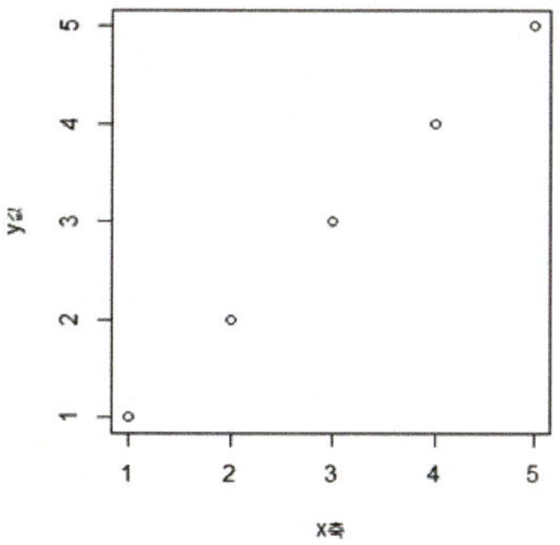

4 축의 한곗값 적용

오른쪽 결과를 보면 df 값이 y축 값으로 나타난다. x축 값을 생략할 시 y 값의 개수만큼 x값을 부여하여 출력되는 것을 확인할 수 있다. 사용법은 다음과 같다.

소스	결과
> df1<-c(1,2,3,4,5) > df2<-c(1,2,3,4,5) > plot(df1, df2, xlim=c(1,10))	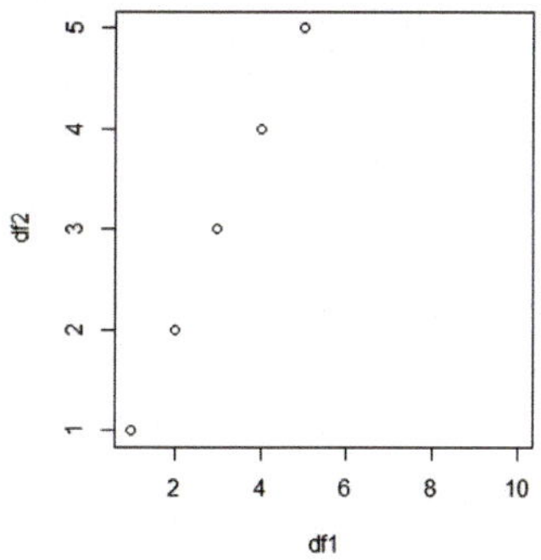

5 그래프 타입

그래프 타입은 총 9가지로 p, l, b, c, o, h, s, S, n가 있다. 창을 9개로 분리하여 par(mfrow=c(3, 3))으로 설정하고 타입을 모두 적용하면 타입에 따라 그래프가 출력되는 것을 확인할 수 있다. 사용법은 다음과 같다.

소스	결과
> par(mfrow=c(3, 3)) > df1<-c(1,3,2,5,4) > plot(df1, type="p") > plot(df1, type="l") > plot(df1, type="b") > plot(df1, type="c") > plot(df1, type="o") > plot(df1, type="h") > plot(df1, type="s") > plot(df1, type="S") > plot(df1, type="n")	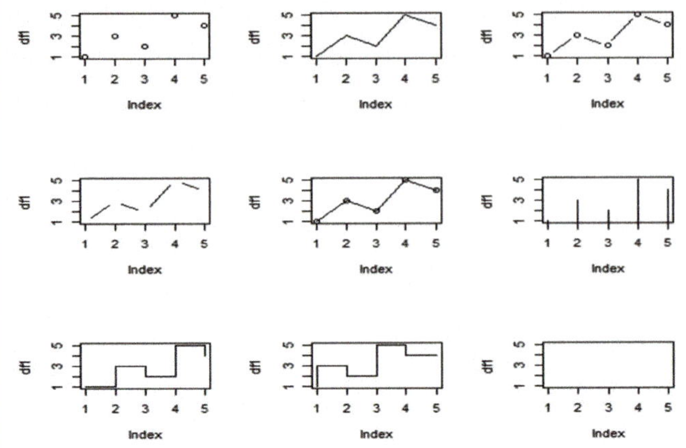

6 색상 적용

그래프의 색상은 다양하게 적용할 수 있다. 창을 4개로 분리하여 par(mfrow=c(2, 2))로 설정하고, 색상을 적용하면 색상에 적용된 그래프가 출력되는 것을 확인할 수 있다. 사용법은 다음과 같다.

소스	결과
> par(mfrow=c(2, 2)) > df1<-c(1,3,2,5,4) > plot(df1, type="p", col="red") > plot(df1, type="l", col="blue") > plot(df1, type="b", col="pink") > plot(df1, type="c", col="green")	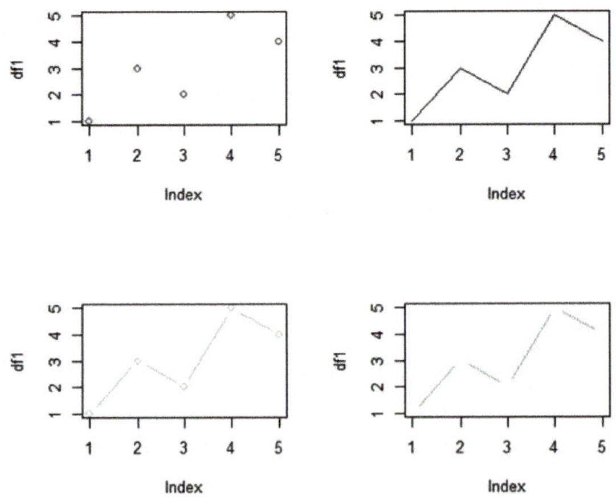

7 점 모양 적용

그래프에 적용되는 점의 모양을 다양하게 선택할 수 있다. 창을 9개로 분리하여 par(mfrow=c(3, 3))로 설정하고 점의 모양을 적용하면 그래프가 출력되는 것을 확인할 수 있다. 사용법은 다음과 같다.

소스	결과
> ?pch > par(mfrow=c(3, 3)) > df1<-c(1,2,3,4,5) > for(i in 0:8) + plot(df1, type="p",pch=i)	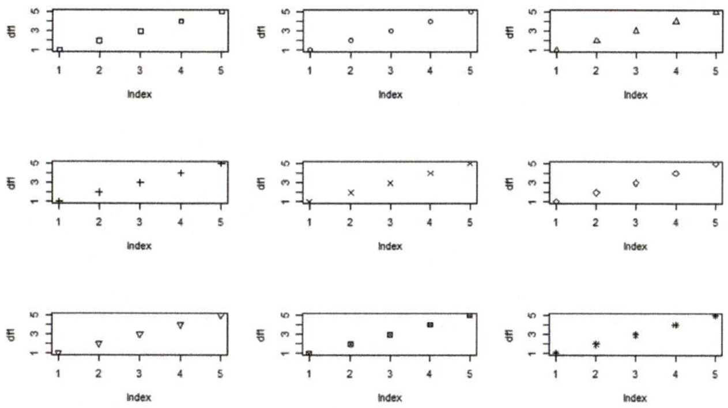

소스	결과
> par(mfrow=c(3, 3)) > df1<-c(1,2,3,4,5) > for(i in 9:17) + plot(df1, type="p",pch=i)	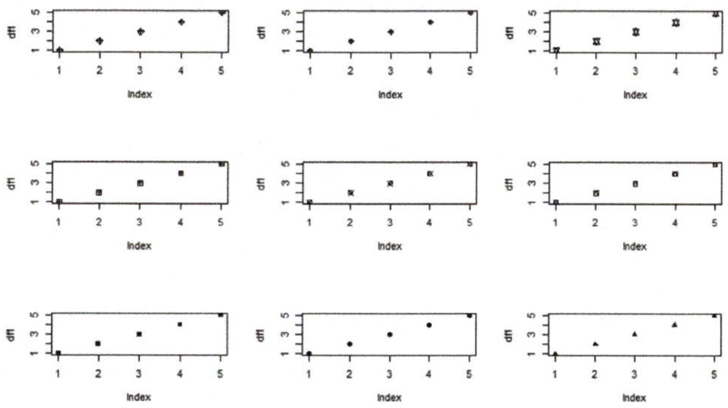

소스	결과
> par(mfrow=c(3, 3)) > df1<-c(1,2,3,4,5) > for(i in 18:25) + plot(df1, type="p",pch=i)	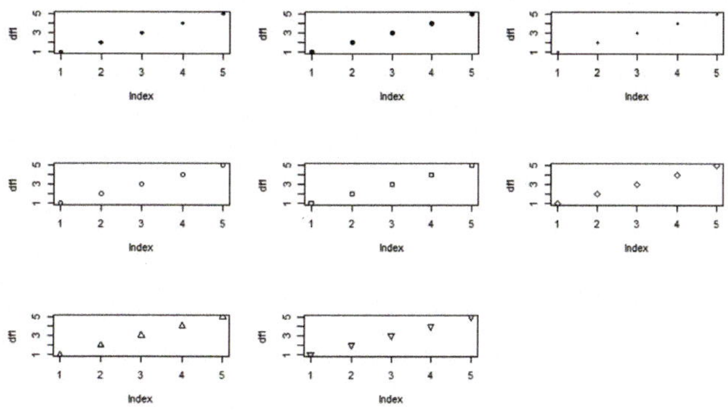

10.2 막대 그래프

'?barplot' 명령으로 막대barplot그래프에 대하여 자세히 알아볼 수 있다. 가로 막대형, 그룹으로 출력, 막대 선분의 색, 막대 선분의 이름, 범례 등의 옵션이 있다.

옵션	설명
horiz	가로 막대형
beside	그룹으로 출력
col	막대 선분의 색
names	막대 선분의 이름
legend	범례

1 기본 값으로 barplot 그래프 만들기

프로그램 결과를 보면 df 값이 y축 값으로 나타난다. 사용법은 다음과 같다.

소스	결과
> ?barplot > df1<-c(1,2,3,4,5) > barplot(df1)	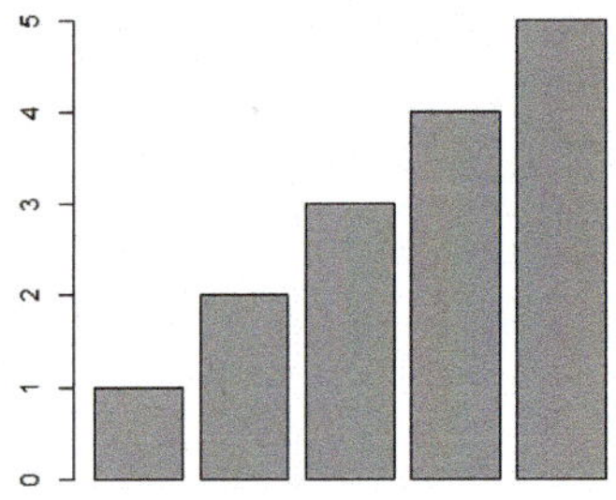

2 가로 막대형

'horiz=T' 옵션으로 오른쪽 결과와 같이 가로 막대형이 나타난다. 사용법은 다음과 같다.

소스	결과
> df1<-c(1,2,3,4,5) > barplot(df1,horiz=T)	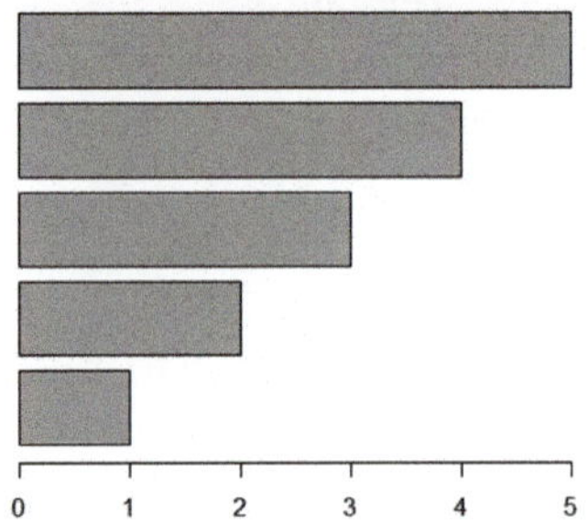

3 그룹으로 출력

'beside=T' 옵션으로 결과와 같이 그룹으로 나타난다. 사용법은 다음과 같다.

소스	결과
> df1<-matrix(c(1,2,3,4),2,2) > barplot(df1, beside = T)	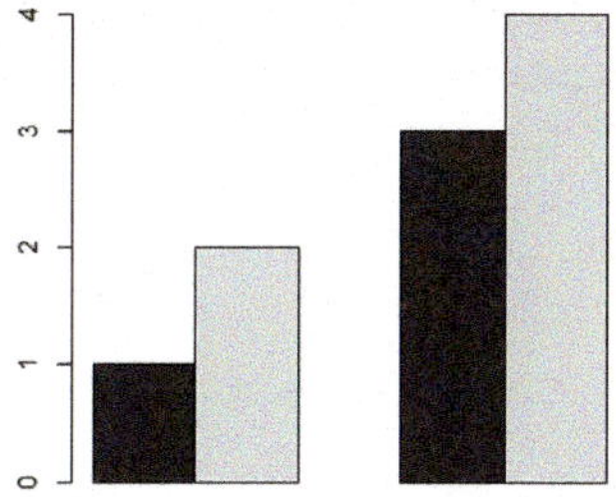

4 막대 선분의 색

'col=c("색상")' 옵션으로 오른쪽 결과와 같이 막대 선분의 색이 나타난다. 사용법은 다음과 같다.

소스	결과
> df1<-matrix(c(1,2,3,4),2,2) > barplot(df1, beside = T, col=c("red","blue"))	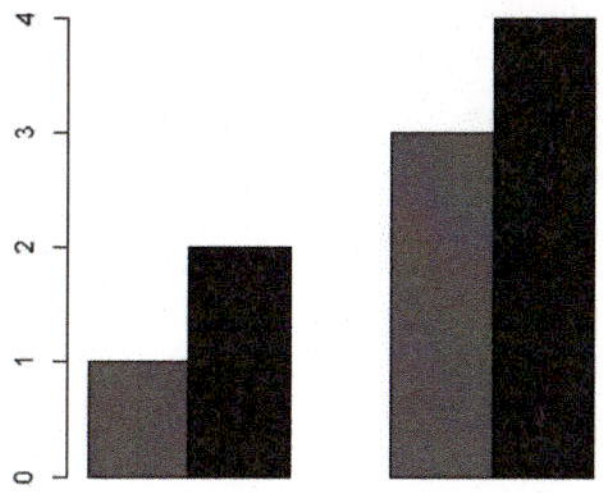

5 막대 선분의 이름

'names=c("이름","이름")' 옵션으로 결과와 같이 막대 선분 이름이 나타난다. 사용법은 다음과 같다.

소스	결과
> df1<-matrix(c(1,2,3,4),2,2) > barplot(df1, beside = T, names=c("a","b"),col=c(" red","blue"))	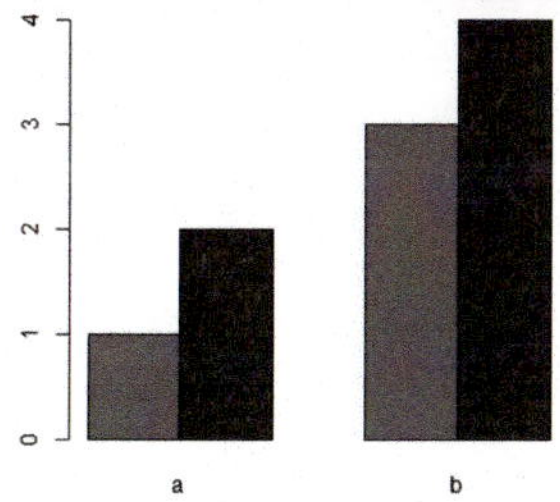

6 범례

'legend(x 위치, y 위치, 범례 내용, fill=c("색상","색상"))' 옵션으로 오른쪽 결과와 같이 범례가 나타난다. 사용법은 다음과 같다.

소스	결과
> df1<-matrix(c(1,2,3,4),2,2) > barplot(df1, beside = T, names=c("a","b"),col=c("red","blue")) > legend(3,4,c("a","b"), fill=c("red","blue"))	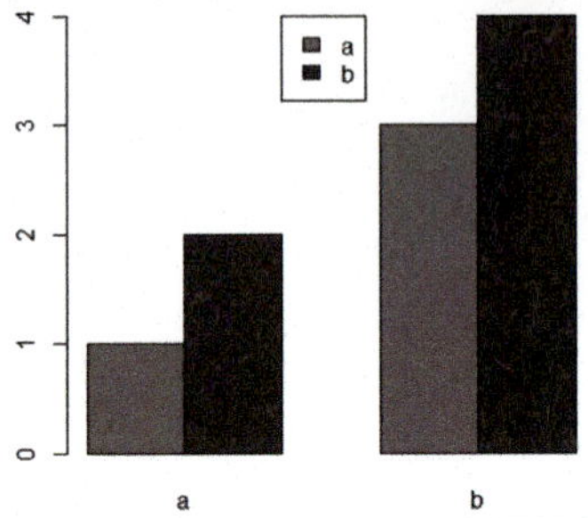

10.3 히스토그램 그래프

'?hist'로 히스토그램 그래프에 대해 자세히 알아볼 수 있다. 히스토그램 그래프는 특정 데이터의 빈도 수를 막대 모양으로 표현한다. 히스토그램 만드는 순서는 다음과 같다.

1. 가장 큰 값과 가장 작은 값을 찾는다.
2. 최댓값과 최솟값 사이를 적절한 구간으로 나눈다.
3. 각 구간을 대표하는 대푯값을 설정한다(가운데 값).
4. 각 구간의 값의 개수를 확인한다(도수).
5. 각 구간의 도수가 전체값에서 차지하는 비중을 계산한다(상대 도수).
6. 각 구간의 도수를 누적해서 계산한다(누적 도수).

1 hist 그래프 만들기

기본 데이터를 히스토그램 만드는 순서에 의해 히스토그램이 나타난다. 사용법은 다음과 같다.

소스	결과
> ?hist > weight <- c(45,60,50,70,95,55,48,65) > hist(weight, main="histo")	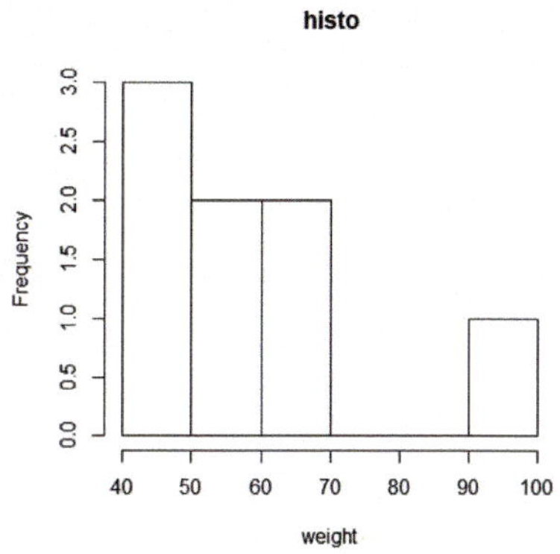
> weight <- c(45,60,50,70,95,55,48,65) > barplot(weight)	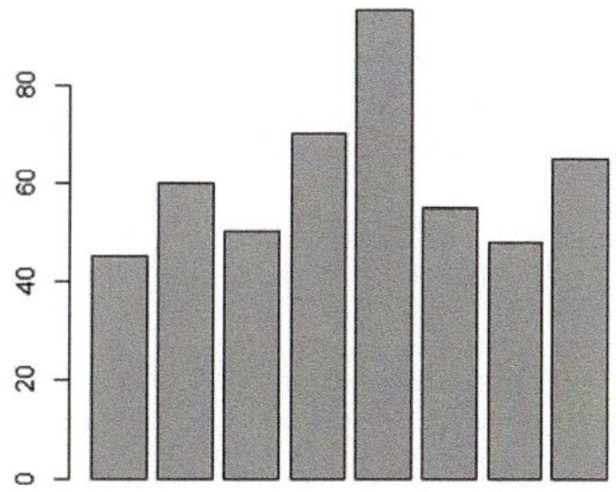

10.4 파이 모양 그래프

'?pie'로 파이pie 모양 그래프에 대해 자세히 알아볼 수 있다. 원형 크기 지정, 시작 각도 지정, 레벨 값 표시, 색상, 범례 등의 옵션이 있다.

옵션	설명
radius	원형 크기 지정
init.angle	시작 각도 지정
lab	레벨 값 표시
col	색상
legend	범례

1 기본 값으로 pie 그래프 만들기

오른쪽 결과를 보면 df1 값으로 파이 모양 그래프가 나타난다. 사용법은 다음과 같다.

소스	결과
> ?pie > df1<-c(1,2,3,4,5) > pie(df1)	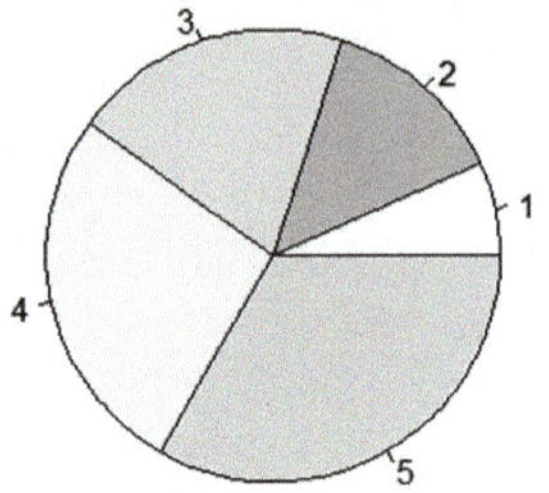

2 그래프의 원형 크기 지정

'radius=크기' 옵션으로 오른쪽 결과와 같이 원형의 크기가 나타난다. 사용법은 다음과 같다.

소스	결과
> df1<-c(1,2,3,4,5) > pie(df1,radius=0.5)	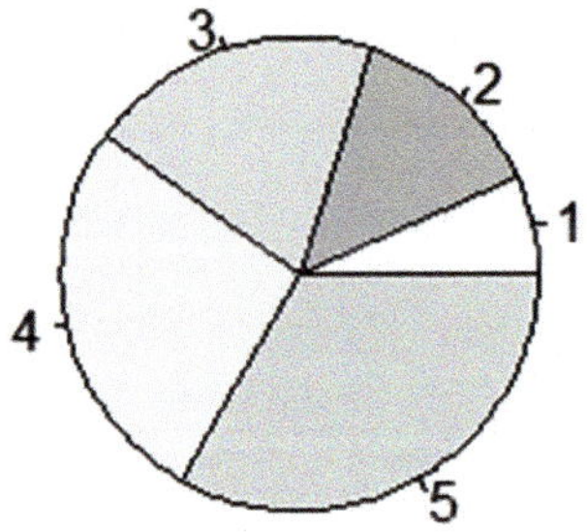

3 그래프의 시작 각도 지정

'init.angle=각도' 옵션으로 오른쪽 결과와 같이 원형의 시작 각도를 지정할 수 있다. 사용법은 다음과 같다.

소스	결과
> df1<-c(1,2,3,4,5) > pie(df1,init.angle = 90)	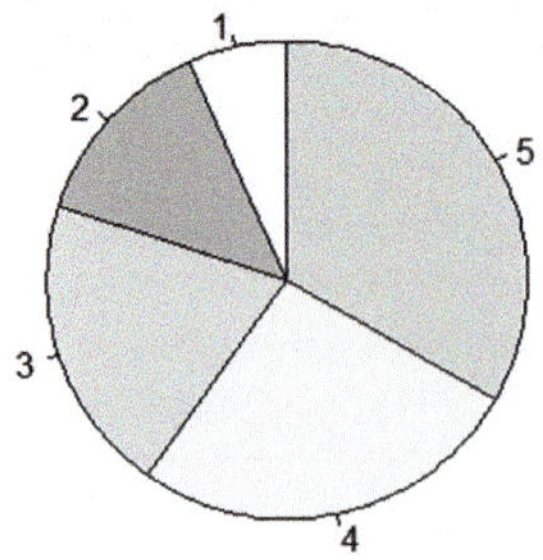

4 레벨 값 표시

백분율을 구하기 위해 'round(df1/sum(df1)*100,1)'를 사용한다. 먼저, 'df1/sum(df1)'로 비율을 구하고 이 값에 100을 곱하여 백분율로 만든다. 소수점을 없애기 위해 반올림 함수인 round를 이용하면 각 값의 백분율을 구할 수 있다. paste 함수를 이용하여 백분율과 "%"를 붙여 출력되는 것을 확인할 수 있다. 사용법은 다음과 같다.

소스	결과
> df1<-c(1,2,3,4,5) > pct<- round(df1/sum(df1)*100,1) > lab <-paste(pct,"%") > pie(df1,init.angle = 90, label=lab)	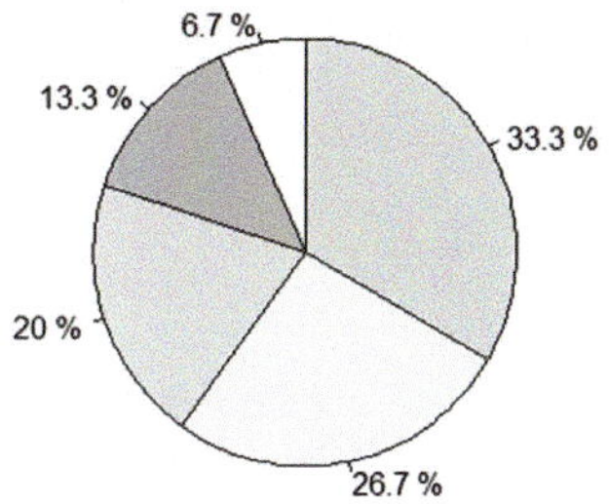

5 색상

'col=rainbow(length(df1))'는 데이터 개수만큼 무지개 색상으로 나타나는 옵션으로 오른쪽 결과와 같이 색상이 나타난다. 사용법은 다음과 같다.

소스	결과
> df1<-c(1,2,3,4,5) > pie(df1,init.angle = 90, col=rainbow(length(df1)), lab=c("mon","tue","wed","thu","fri"))	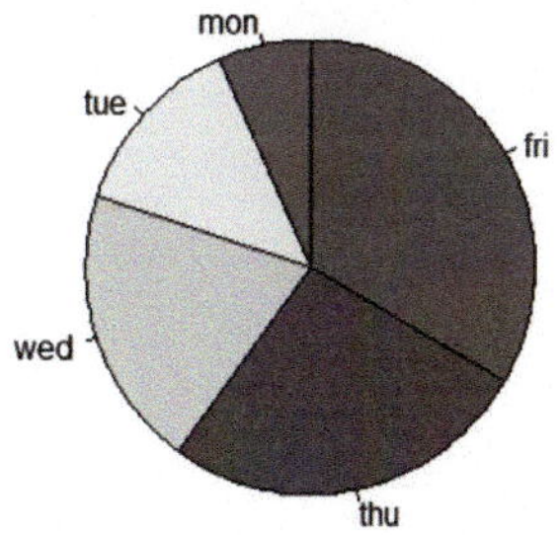

R에서는 미리 파레트 형식으로 그래프 색상이 정의되어 있다. 정의되어 있는 그래프 색상에는 rainbow(n), heat.colors(n), terrain.colors(n), topo.colors(n), cm.colors(n) 등이 있다.

사용법은 다음과 같다.

소스	결과

#창 배분
par(mfrow=c(2, 2))
df1<-c(1,2,3,4,5)
 	
#적색과 황색에 치우친 색
pie(df1, col=heat.colors(length(df1)))
 	
#지구 지형 색
pie(df1, col=terrain.colors(length(df1)))
 	
#조금 더 청색에 가까운 색
pie(df1, col=topo.colors(length(df1)))
 	
#핑크, 블루
pie(df1, col=cm.colors(length(df1)))
	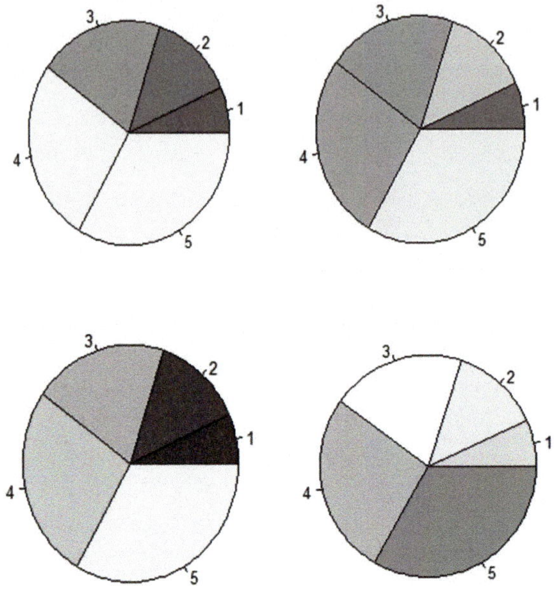

6 범례

'legend(x 위치, y 위치, 범례 내용, fill=rainbow(length(df1)))' 옵션으로 오른쪽 결과와 같이 범례가 나타난다. 사용법은 다음과 같다.

소스	결과
> df1<-c(1,2,3,4,5) > pie(df1,init.angle = 90, col=rainbow(length(df1)), lab=c("mon","tue","wed","thu","fri")) > legend(0.6,0,c("mon","tue", "wed","thu","fri"), fill=rainbow(length(df1)))	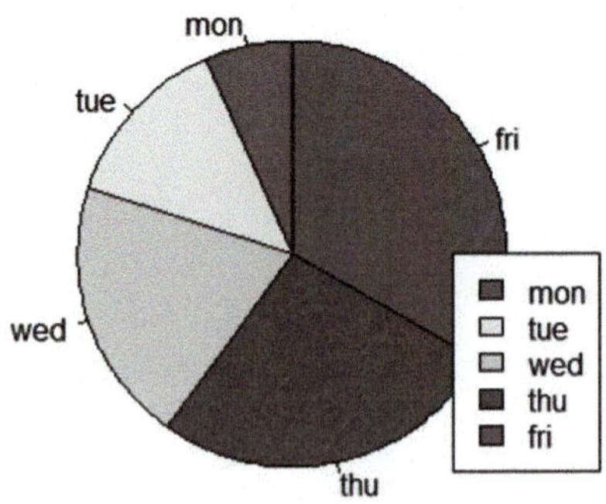

10.5 ggplot2

ggplot2는 R의 그래픽 패키지이다. ggplot 패키지는 해들리 위캠(Hadley Wichkam) 교수에 의해 개발되었다. ggplot2 패키지의 문법은 데이터 기반으로 기하학적 객체들(점, 선, 막대 등)에 미적 특성(색상, 모양, 크기)를 매핑하여 적용 후 즉시 화면을 통해 결과를 확인할 수 있도록 해준다 (https://visualize.tistory.com/306?category=577495).

ggplot2 패키지를 사용하면서 한 가지 숙지해야 할 점이 있다. ggplot 패키지는 데이터 프레임에서 데이터를 불러오므로 데이터 프레임을 먼저 구성한 후 진행하는 것이 바람직하다.

1 qplot() 기본

install.packages("ggplot2")를 입력해 ggplot2 패키지를 설치하고 로드한다. str() 함수로 mpg 데이터의 속성을 확인한 후 그래프를 실행한다. 결과 중 'displ'은 엔진의 사이즈를 나타내며 'hwy'는 highway mileage의 약어로 고속도로 주행 마일리지를 의미한다.

```
> mpg
# A tibble: 234 x 11
   manufacturer model      displ  year   cyl trans      drv     cty   hwy fl    class
   <chr>        <chr>      <dbl> <int> <int> <chr>      <chr> <int> <int> <chr> <chr>
 1 audi         a4           1.8  1999     4 auto(l5)   f        18    29 p     compact
 2 audi         a4           1.8  1999     4 manual(m5) f        21    29 p     compact
 3 audi         a4           2    2008     4 manual(m6) f        20    31 p     compact
 4 audi         a4           2    2008     4 auto(av)   f        21    30 p     compact
 5 audi         a4           2.8  1999     6 auto(l5)   f        16    26 p     compact
 6 audi         a4           2.8  1999     6 manual(m5) f        18    26 p     compact
 7 audi         a4           3.1  2008     6 auto(av)   f        18    27 p     compact
 8 audi         a4 quattro   1.8  1999     4 manual(m5) 4        18    26 p     compact
 9 audi         a4 quattro   1.8  1999     4 auto(l5)   4        16    25 p     compact
10 audi         a4 quattro   2    2008     4 manual(m6) 4        20    28 p     compact
```

소스	결과
> install.packages('ggplot2') > library(ggplot2) > ?ggplot2::qplot() > str(mpg) > mpg > qplot(displ, hwy, data = mpg)	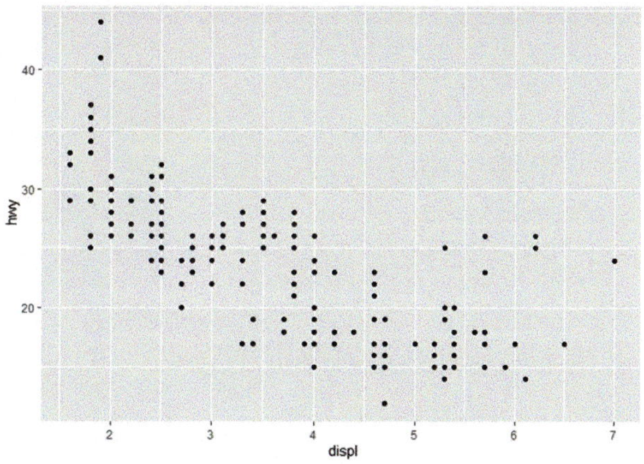

2 색상

color=drv는 drv 종류만큼 색상으로 나타나는 옵션으로 오른쪽 결과와 같이 색상이 나타난다. x축과 y축에 변수 2개를 입력하여 점으로 표시된 부분을 색상이라는 새로운 차원의 'DRV' 변수로 입력했다. 사용법은 다음과 같다.

- front-wheel drive cars: 전륜 구동 차량(green)
- rear-wheel drive cars: 후륜 구동 차량(blue)
- four-wheel drive cars: 사륜구동차량(red)

소 스	결 과
> install.packages('ggplot2') > library(ggplot2) > mpg > qplot(displ, hwy, data = mpg, color = drv)	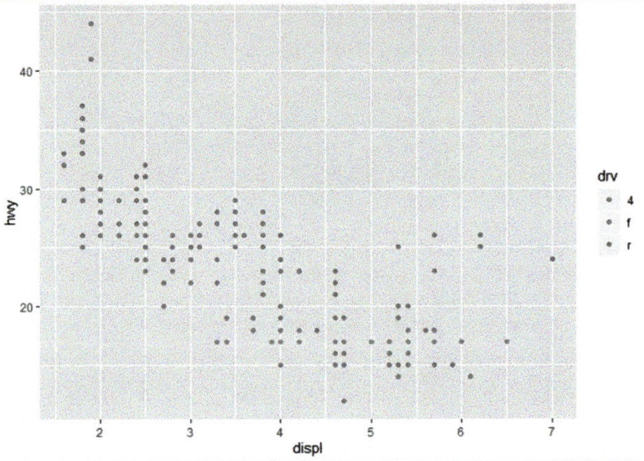

3 히스토그램(histogram)

mpg 데이터에서 'hwy'라는 하나의 변수만을 가지고 히스토그램을 그리되, 'drv' 변수로 색상을 설정하여 그룹별 히스토그램의 분포를 하나의 그래프에서 확인할 수 있다. 사용법은 다음과 같다.

소 스	결 과
> install.packages('ggplot2') > library(ggplot2) > mpg > qplot(hwy, data = mpg, fill = drv)	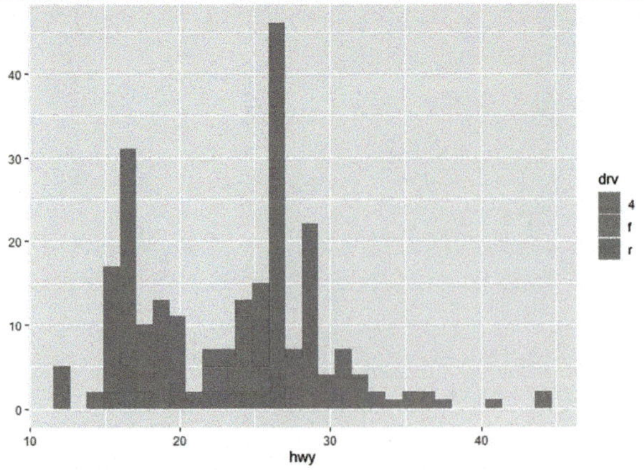

4 aes 인수

aes 인수는 미학 요소를 의미한다. ggplot2는 색상, 크기, 모양, 채우기 등과 함께 X축과 Y축을 미학으로 간주한다. 아래 예에서는 cut에 따라 서로 다른 색이 표현된다. 색상, 크기 등이 어떤 변수에 의해 변화되는 경우 없이 전체에 고정하고자 한다면 aes() 밖에서 해당 값을 지정한다. ggplot2의 레이어를 '기하 구조geoms'라 한다. 기본 설정이 완료되면 기하 구조를 다른 구성 위에 추가할 수 있으며, '+' 기호를 사용한다(http://henryquant.blogspot.com/2019/01/ggplot2.html).

```
ggplot(diamonds) # 데이터셋으로 diamonds를 지정
ggplot(diamonds, aes(x = carat, y = price)) # x축:carat, y축:price가 지정됨
ggplot(diamonds, aes(x = carat, y = price), color = cut) # cut에 따라 색상 지정
```

```
> diamonds
# A tibble: 53,940 x 10
   carat cut       color clarity depth table price     x     y     z
   <dbl> <ord>     <ord> <ord>   <dbl> <dbl> <int> <dbl> <dbl> <dbl>
 1 0.23  Ideal     E     SI2      61.5    55   326  3.95  3.98  2.43
 2 0.21  Premium   E     SI1      59.8    61   326  3.89  3.84  2.31
 3 0.23  Good      E     VS1      56.9    65   327  4.05  4.07  2.31
 4 0.290 Premium   I     VS2      62.4    58   334  4.2   4.23  2.63
 5 0.31  Good      J     SI2      63.3    58   335  4.34  4.35  2.75
 6 0.24  Very Good J     VVS2     62.8    57   336  3.94  3.96  2.48
 7 0.24  Very Good I     VVS1     62.3    57   336  3.95  3.98  2.47
 8 0.26  Very Good H     SI1      61.9    55   337  4.07  4.11  2.53
 9 0.22  Fair      E     VS2      65.1    61   337  3.87  3.78  2.49
10 0.23  Very Good H     VS1      59.4    61   338  4     4.05  2.39
# ... with 53,930 more rows
```

사용법은 다음과 같다.

소스	결과
> str(diamonds) > diamonds > ggplot(diamonds) > ggplot(diamonds, aes(x = carat, y = price), color = cut) > ggplot(diamonds, aes(x = carat, y = price, color = cut)) + geom_point()	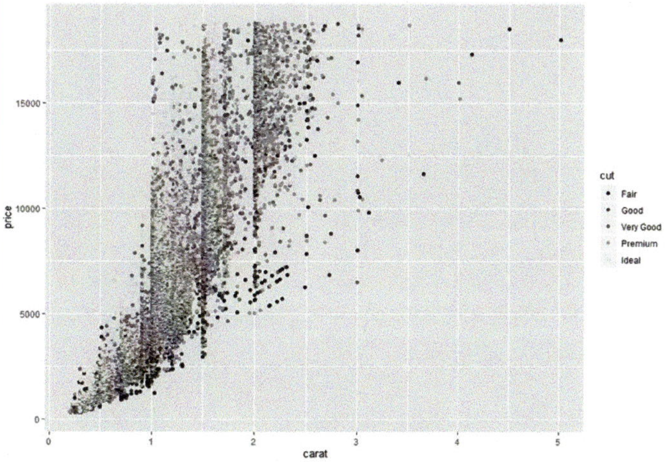

5 레이어

geom_point()는 산점도, geom_smooth()는 관계를 나타내는 명령어로 두 개의 레이어가 그래프에 추가되었다. x축 y축, 색상이 ggplot() 설정 자체에서 정의되었으므로(ggplot 내 aes에서 정의) 두 레이어는 이렇게 정의된 미학을 따른다. 즉 점도표와 그래프가 cut에 따라 그룹화되어 그룹별로 다른 색을 나타낸다. 사용법은 다음과 같다.

소스	결과
> str(diamonds) > diamonds > ggplot(diamonds) > ggplot(diamonds, aes(x = carat, y = price, color = cut)) + geom_point() + # layer 1 geom_smooth() # layer 2	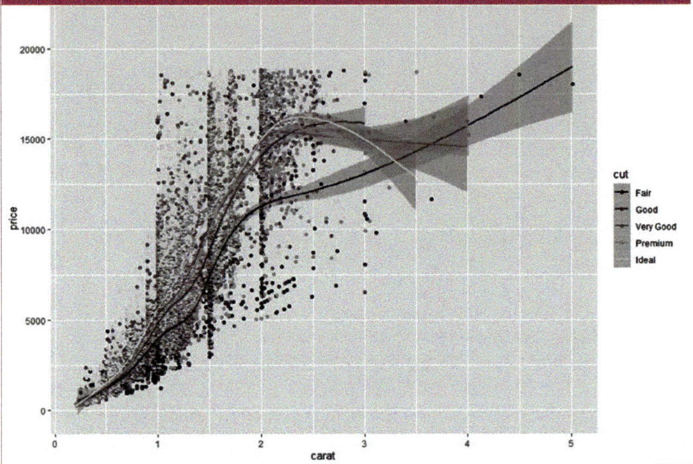

6 라벨

그래프에 기본 제목을 추가하고 x축 및 y축 제목은 라벨을 지정하는 labs 레이어를 사용해 변경할 수 있다. 그래프에 메인 타이틀 및 x, y축 레이블이 지정된다. 사용법은 다음과 같다.

소스	결과
> str(mpg) > mpg > ggplot(mpg) > gg=ggplot(mpg, aes(x = displ, y = hwy, color = drv)) + geom_point() + labs(title="manufacturer", x="displ", y="hwy") > print(gg)	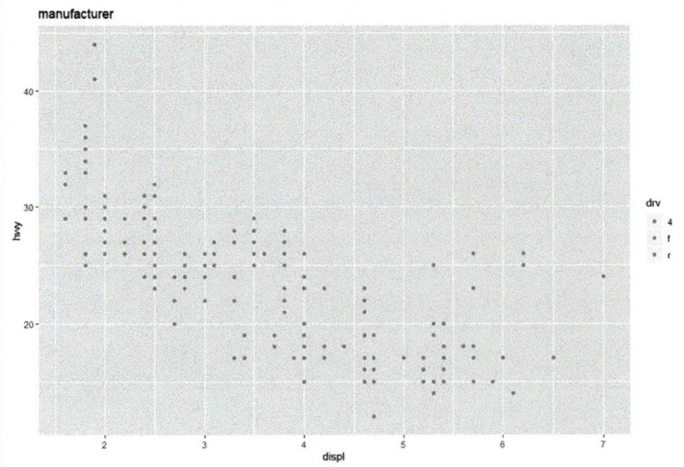

7 테마

라벨의 크기를 조정하려면 plot.title, axis.text.x 및 axis.text.y를 설정하여 theme() 함수 내에 사용하면 되는데, 이는 element_text() 내부에 지정해야 한다. element_blank()로 설정하면 해당 라벨은 완전히 사라진다.

범례 제목 지정 방법은 약간 복잡하다. 만일 범례가 색상을 의미한다면(그룹별로 색이 다르게 표현된 경우), scale_color_discrete() 함수 내에서 name을 지정하여 변경할 수 있다. 사용법은 다음과 같다.

소스	결과

```
> gg1 = gg +
  theme(plot.title = element_text(size = 30, face = "bold"),
        axis.text.x = element_text(size = 15),
        axis.text.y = element_text(size = 15),
        axis.title.x = element_text(size = 25),
        axis.title.y = element_text(size = 25)) +
  scale_color_discrete(name = "wheel drive cars")

> print(gg1)
```

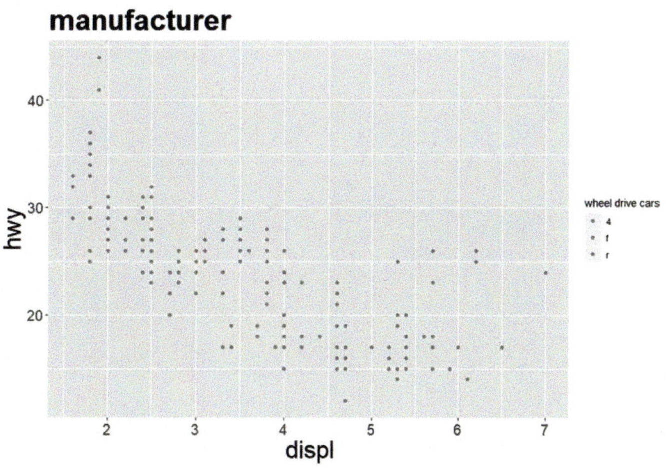

8 면(Facets)

이전 차트에서는 동일한 차트에 다른 모든 drv 값을 표시하는 산점도를 사용했다. 각기 다른 drv 값을 각각의 차트에 표현하는 방법은 다음과 같다. facet_wrap() 함수를 이용하여 drv 별로 다른 그래프로 표현하였으며 ncol 변수를 통해 3개의 열에 나타냈다. 두 개 변수에 따른 비교 그림은 facet_wrap()보다 facet_grid() 함수가 더욱 깔끔하게 나타낸다. 사용법은 다음과 같다.

소스	결과
> gg1 = gg + theme(plot.title = element_text(size = 30, face = “bold”), axis.text.x = element_text(size = 15), axis.text.y = element_text(size = 15), axis.title.x = element_text(size = 25), axis.title.y = element_text(size = 25)) + scale_color_discrete(name = “wheel drive cars”) > gg1 + facet_wrap(~ drv, ncol = 3)	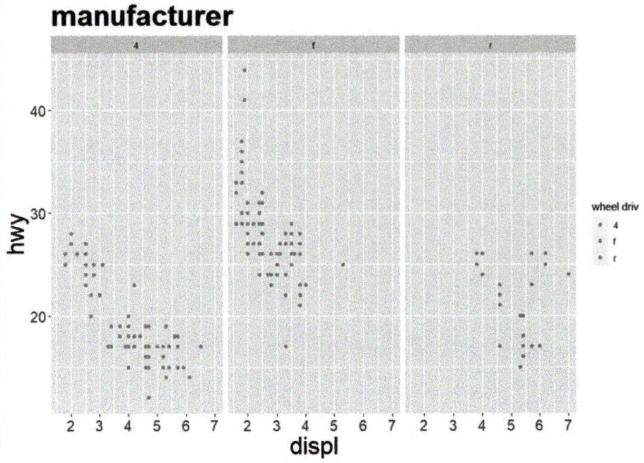
> gg1 + facet_wrap(cyl ~ drv)	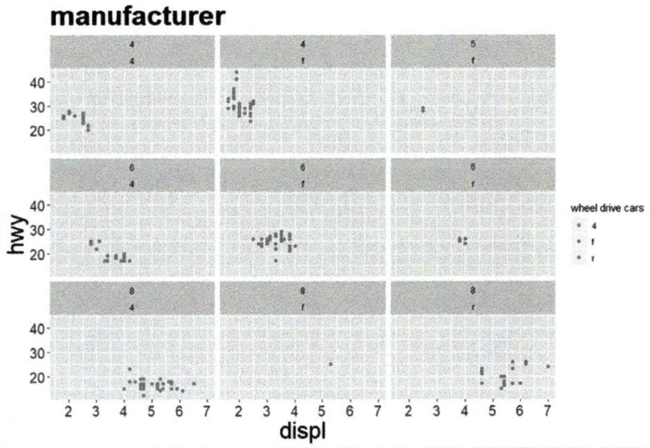
> gg1 + facet_grid(cyl ~ drv)	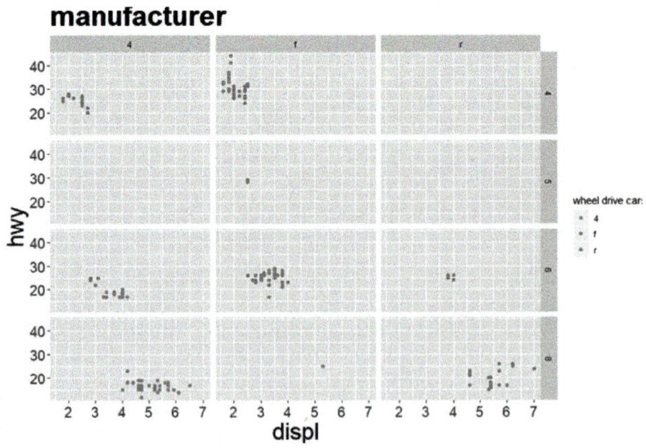

9 시계열 차트

'geom_line()'은 선형 그래프를 나타내며 시계열 자료를 표현할 수 있다. 사용법은 다음과 같다.

소스	결과

> gg=ggplot(mpg, aes(x = displ, y = hwy, color = drv)) +
  geom_line() +
  labs(title="manufacturer", x="displ", y="hwy")
 	
> print(gg)
	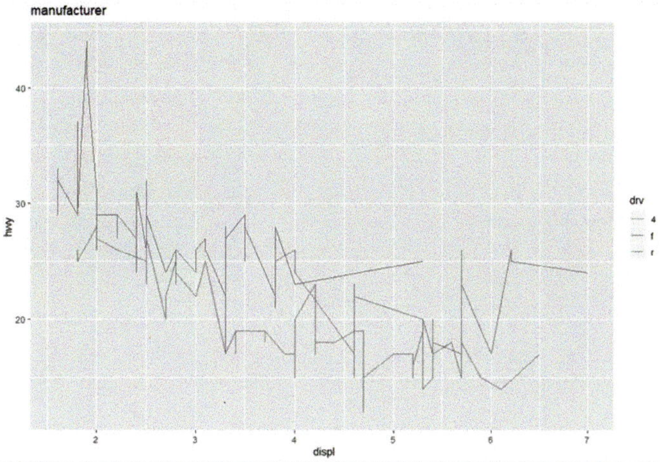

10 막대형 차트

ggplot은 '카운트' 막대형 차트를 만든다. 즉, x 변수에 지정한 항목의 빈도를 계산하고 그 값을 그린다. 이 형식에서는 y 변수를 지정할 필요가 없다. 그러나, x 변수에 주어진 절댓값의 막대형 차트를 만들고 싶다면 geom_bar() 내부에 stat = "identity"를 설정한다. mtcars의 cyl 열에는 4, 6, 8의 변수가 존재하며, geom_bar()를 이용하면 변수들의 개수를 구하여 막대형 차트로 표현된다.

소스	결과
> mtcars$cyl [1] 6 6 4 6 8 6 8 4 4 6 6 8 8 8 8 8 4 4 4 4 8 8 8 8 4 4 4 8 6 8 4 > plot1 = ggplot(mtcars, aes(x = cyl)) + + geom_bar() > print(plot1)	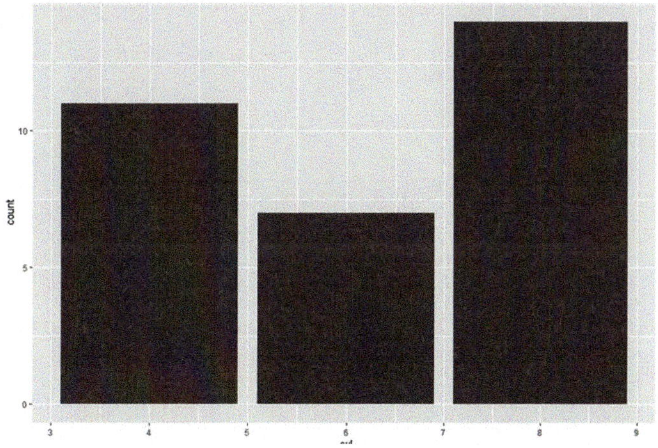

소스	결과
> df = data.frame(var = c("a", "b", "c"), nums = c(1:3)) > plot2 = ggplot(df, aes(x = var, y = nums)) + + geom_bar(stat = "identity") > print(plot2)	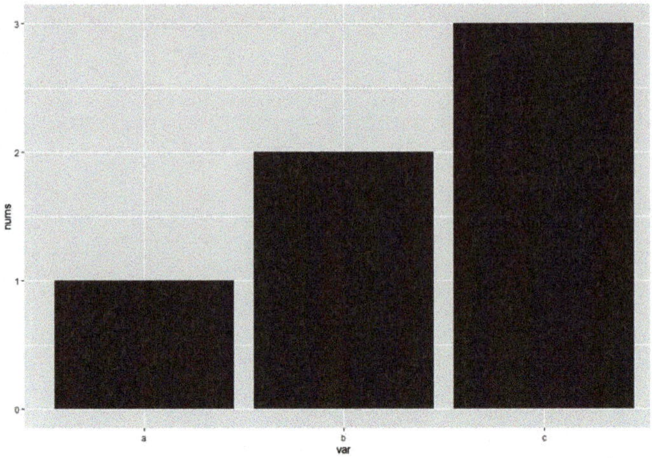

연습 문제

문제 10.1

mpg 데이터에서 'cyl'이라는 하나의 변수만을 가지고 히스토그램을 그리되, 색상을 'drv'라는 변수로 설정하여 각 그룹별 히스토그램의 분포를 하나의 그래프에서 확인하시오.

결과 화면

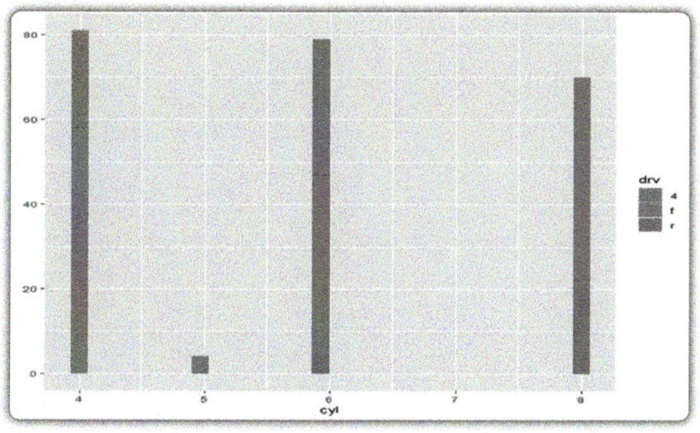

문제 10.2

아래 조건을 적용하여 결과를 나타내시오.

```
ggplot(mpg) # 데이터셋으로 diamonds를 지정
ggplot(mpg, aes(x = displ, y = hwy)) # x축:displ, y축:hwy가 지정됨
ggplot(mpg, aes(x = displ, y = hwy, color = drv)) # drv에 따라 색상 지정
```

결과 화면

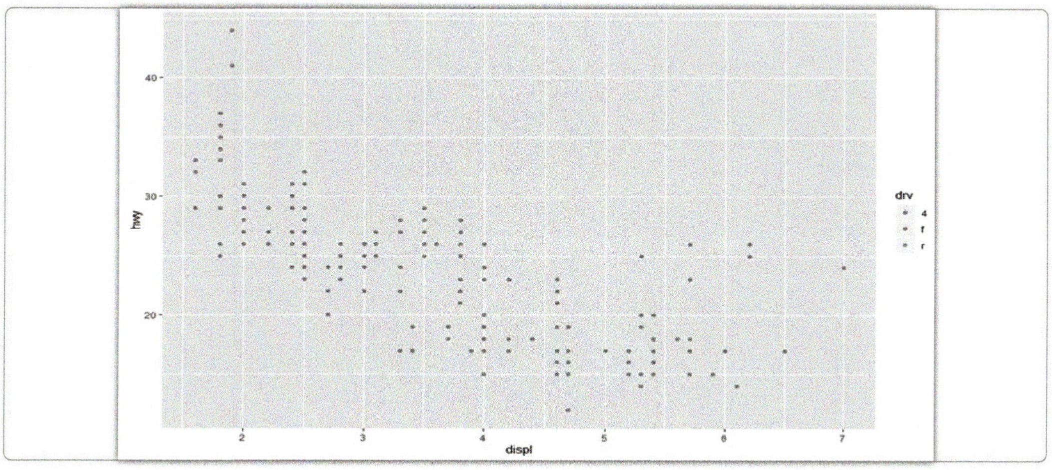

문제 10.3

아래 조건을 적용하여 결과를 나타내시오.

- geom_point()는 산점도를 의미하며, geom_smooth()는 관계를 나타낸다.

```
ggplot(mpg) # 데이터셋으로 diamonds를 지정
ggplot(mpg, aes(x = displ, y = hwy)) # x축:displ, y축:hwy가 지정됨
ggplot(mpg, aes(x = displ, y = hwy, color = drv)) # drv에 따라 색상 지정
```

결과 화면

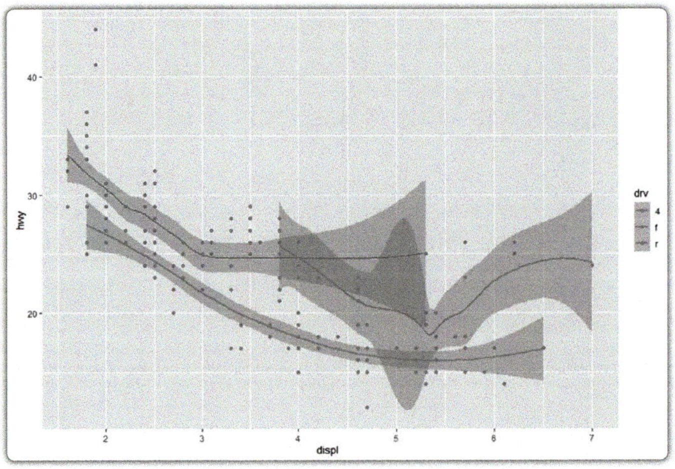

SECTION 11

실무 데이터 분석

공공 데이터 포털의 데이터를 이용해 실무 데이터 분석을 해보자. 대구도시철도공사 역별 일별 시간별 승하차 인원 현황을 다운로드받아 수송 인원 현황(2022.01.01 ~ 2022.02.28)에 대한 데이터로 1호선부터 3호선까지의 탑승객 수 기준으로 상위 10개 역, 하위 10개 역을 추출하고, 요일별 탑승객 추이를 분석해보자.

11.1 활용 데이터 소개

1 공공 데이터 포털의 데이터 이용

공공 데이터 포털에 접속하여 대구도시철도공사의 역별 일별 시간별 수송 인원 현황(2022.01.01 ~ 2022.02.28) 데이터를 다운로드받는다.

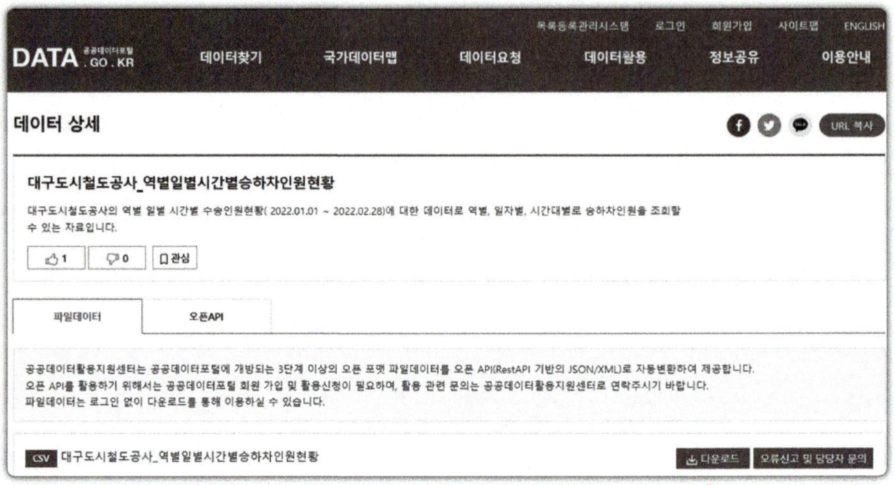

[자료 : https://www.data.go.kr/data/15002503/fileData.do]

다운받은 대구도시철도공사 수송 인원 현황(2022.01.01 ~ 2022.02.28) 데이터를 보면 도시철도의 수송 인원, 시간별 승하차 인원, 역별 일별 승하차 인원을 확인할 수 있다.

B	C	D	E	F	G	H	I	J	K	L
월	일	역번호	역명	승하	05시-06시	06시-07시	07시-08시	08시-09시	09시-10시	10시-1
1	1	1150	설화명곡	승차	32	37	52	89	99	
1	1	1160	화원	승차	15	32	44	103	94	
1	1	1170	대곡	승차	23	70	79	114	174	
1	1	1180	진천	승차	30	54	82	128	150	
1	1	1190	월배	승차	25	41	51	95	97	
1	1	1200	상인	승차	66	82	103	183	249	
1	1	1210	월촌	승차	24	39	54	88	118	
1	1	1220	송현	승차	19	33	49	95	93	
1	1	1230	서부정류장	승차	18	52	62	138	162	

2 데이터 가공 후 파일 2개 생성

공공 데이터를 다운받은 후 분석하고자 하는 데이터로 변환 작업을 진행해야 한다. 기본 데이터를 이용하여 2개의 파일을 생성한다.

- 파일명 : daegu.csv
  1. 필드명을 영문으로 변경한다.
  2. 승하차에서 승차 데이터만 남긴다.
  3. 요일 필드를 추가한다.
  4. 시간대별 데이터는 없애고, 일별 합계 필드만 남긴다.
  5. 파일을 daegu.csv로 저장한다.

	A	B	C	D	E	F	G	H
1	no	mm	dd	day	역번호	stat_name	승하	on_tot
2	1	1	1	토	1150	설화명곡	승차	2057
3	2	1	1	토	1160	화원	승차	2296
4	3	1	1	토	1170	대곡	승차	3089
5	4	1	1	토	1180	진천	승차	3170
6	5	1	1	토	1190	월배	승차	1990
7	6	1	1	토	1200	상인	승차	5216
8	7	1	1	토	1210	월촌	승차	1916
9	8	1	1	토	1220	송현	승차	1734
10	9	1	1	토	1230	서부정류장	승차	4574
11	10	1	1	토	1240	대명	승차	1313

- 파일명 : daegu_line.csv
  1. daegu.csv 파일의 stat_name의 중복을 제거하여 역번호와 역명 필드를 추출한다.
  2. 새로운 파일을 생성하여, no, line_num, number, station 필드를 생성한다.
  3. 파일을 daegu_line.csv로 저장한다.

	A	B	C	D
1	no	line_num	number	station
2	1	1	1450	각산
3	2	1	1280	교대
4	3	1	1170	대곡
5	4	1	1320	대구역
6	5	1	1240	대명
7	6	1	1360	동구청
8	7	1	1350	동대구역
9	8	1	1380	동촌
10	9	1	1290	명덕1
11	10	1	1440	반야월

11.2 데이터 로딩 및 전처리 과정

1 필요 패키지 불러오기

다양한 시각화 기법 적용을 위해 ggplot2 패키지를 설치한다. 패키지 설치를 위해 install.packages() 함수를 사용한다. 만일 해당 패키지를 이미 설치하였다면 실행할 필요가 없다.

소스	결과
install.packages("ggplot2") library(ggplot2)	> library(ggplot2) 다음의 패키지를 부착합니다: 'ggplot2'

2 daegu.csv 파일 로딩 및 자료정리

daegu.csv 파일을 "c:/r" 폴더에 저장하고 CSV 포맷의 파일을 읽어 들인다. read.csv() 함수를 이용하여 daegu.csv 파일을 읽어 subway 이름의 데이터 프레임으로 저장한다. header=TRUE는 파일의 첫 행을 변수명으로 설정하고, stringsAsFactors=FALSE는 문자 값을 지닌 변수를 factor 가 아닌 문자열 벡터로 인식한다.

str() 함수는 인자로 들어오는 자료의 자료 구조를 출력해준다. 데이터 프레임이 포함하고 있는 변수별 변수명, 자료 모드, 처음 몇 개의 자료 값들을 나열하고 있다. int는 정수형, chr는 문자형 변수를 의미한다.

소스

```
# 현재 경로 확인
getwd()

# 새로운 경로 설정
setwd("c:/r")

subway <- read.csv('daegu.csv', header=TRUE, stringsAsFactors=FALSE)
str(subway)
```

결과

```
> str(subway)
'data.frame':	5369 obs. of  8 variables:
 $ no       : int  1 2 3 4 5 6 7 8 9 10 ...
 $ mm       : int  1 1 1 1 1 1 1 1 1 1 ...
 $ dd       : int  1 1 1 1 1 1 1 1 1 1 ...
 $ day      : chr  "토" "토" "토" "토" ...
 $ 역번호   : int  1150 1160 1170 1180 1190 1200 1210 1220 1230 1240 ...
 $ stat_name: chr  "설화명곡" "화원" "대곡" "진천" ...
 $ 승하     : chr  "승차" "승차" "승차" "승차" ...
 $ on_tot   : int  2057 2296 3089 3170 1990 5216 1916 1734 4574 1313 ...
```

unique() 함수를 이용하여 요일을 중복 없이 출력할 수 있으며, 자료에 포함된 역명을 정렬하여 데이터를 확인한다. unique()는 중복된 값을 갖는 벡터에서 중복된 원소를 제거하며, sort()는 인자를 순서대로 정렬(오름차순)하여 출력한다.

소스

```
unique(format(subway[ , "day"]))
sort(unique(subway[ , 'stat_name']))
```

결과

```
> unique(format(subway[ , "day"]))
[1] "토" "일" "월" "화" "수" "목" "금"

> sort(unique(subway[ , 'stat_name']))
 [1] "각산"      "감삼"      "강창"      "건들바위"
 [5] "경대병원"  "계명대"    "고산"      "공단"
 [9] "교대"      "구암"      "남산"      "내당"
[13] "다사"      "달성공원"  "담티"      "대곡"
[17] "대공원"    "대구역"    "대구은행"  "대명"
```

3 daegu_line.csv 파일 로딩 및 자료 정리

daegu_line.csv 파일을 "c:/r" 폴더에 저장하고 CSV 포맷의 파일을 읽어들인다. read.csv() 함수를 이용하여 daegu_line.csv 파일을 읽어 subname 이름의 데이터 프레임으로 저장한다. header=TRUE는 파일의 첫 행을 변수명으로 설정하고 stringsAsFactors=FALSE는 문자 값을 지닌 변수를 factor가 아닌 문자열 벡터로 인식한다.

str() 함수는 인자로 들어오는 자료의 구조를 출력해준다. 데이터 프레임이 포함하고 있는 변수별 변수명, 자료 모드, 처음 몇 개의 자료 값들을 나열하고 있다. int는 정수형, chr는 문자형 변수를 의미한다.

head()는 긴 내용의 객체를 처음 6개(옵션 조정을 통해 개수 변경 가능)만 출력하는 함수이다. 지하철 노선별 역명을 Line 이름의 리스트 객체에 저장하여 추후 분석에 활용할 수 있다. tapply(X, INDEX, FUN)은 벡터 X를 factor인 INDEX의 각 수준별로 함수 FUN을 일괄 적용하는 함수이다.

소스

```
subname <- read.csv('daegu_line.csv', header=TRUE, stringsAsFactors=FALSE)
str(subname)

head(sort(unique(subname[ , "station"])), 10)

Line <- tapply(subname[,"station"], subname[,"line_num"], unique)
sapply(Line, head)
```

결과

```
> head(sort(unique(subname[ , "station"])), 10)
 [1] "각산"    "감삼"    "강창"    "건들바위"
   "경대병원" "계명대"  "고산" "공단" "교대"  "구암"
> Line <- tapply(subname[,"station"], subname[,"line_num"], unique)
> sapply(Line, head)
        1          2           3
[1,] "각산"    "감삼"      "건들바위"
[2,] "교대"    "강창"      "공단"
[3,] "대곡"    "경대병원"  "구암"
[4,] "대구역"  "계명대"    "남산"
[5,] "대명"    "고산"      "달성공원"
[6,] "동구청"  "내당"      "대봉교"
```

11.3 연도별, 역별 지하철 탑승객 수의 계산

1 요일별 탑승객 수 합하기

각 지하철역 및 연도별 탑승객 수를 합산하여 역 간 탑승객 수의 차이 및 요일별 탑승객 수 증감 추이를 알아본다. 데이터 프레임 특정 변수의 수준별 자료 요약에 이용되는 aggregate() 함수를 활용한다. 역별 특정 요일의 탑승객 수를 합하는 함수 agg_fun()을 정의하고, 이를 활용하여 요약한 결과를 데이터 프레임에 저장한다.

x %in% y는 x의 원소 중 y의 원소에 속하면 TRUE, 아니면 FALSE의 논리 값을 리턴한다. agg_fun() 내의 aggregate() 함수는 day 및 stat_name의 각 수준에 대하여 on_tot 값의 합산(sum)을 수행한다.

xtabs() 함수는 세로로 긴 데이터 프레임 total을 가로에 stat_name, 세로에 day의 각 수준으로 나타내는 테이블을 만들어 해당하는 on_tot 값을 출력한다.

소스	agg_fun <- function(vec, dat){
	 sub_Line <- dat[dat[,"stat_name"] %in% vec,]
	 tot <- aggregate(on_tot ~ day + stat_name, sub_Line, sum)
	 return(tot)
	}
	
	total <- lapply(Line[1:3], FUN=agg_fun, dat=subway)
	df1 <- lapply(total, xtabs, formula = on_tot ~ stat_name + day)
	lapply(df1, head)

결과	> lapply(df1, head) $`1` day stat_name 금 목 수 월 일 토 화 각산 32084 29697 28354 32038 16976 24495 27317 교대 27773 27523 25734 29036 15940 19968 25409 대곡 42166 39297 37666 42138 25593 34247 37384 대구역 56860 52541 49534 57271 41563 55421 49297 대명 22846 22146 20434 23590 13185 17617 20651 동구청 23788 22349 21387 24572 13552 19778 21931

2 각 지하철역의 요일별 누적 탑승객 수 계산

lapply()와 xtabs()를 사용해 각 역의 요일별 탑승객 수를 계산하여 cum_total 이름의 리스트에 저장한 후 이를 다시 cum_total_vec 이름의 벡터로 저장한다. unlist()는 리스트 객체를 벡터 객체로 변환하는 함수이며, paste0() 함수를 이용하여 각 지하철역의 노선 정보를 line_num 변수에 저장한다. 지하철역 명(stat_num), 노선 명(line), 요일별 탑승자 수(on_tot)를 변수로 갖는 데이터 프레임 df2를 생성한다.

소스

```
cum_total <- lapply(total, xtabs, formula = on_tot ~ stat_name)
cum_total_vec <- unlist(cum_total)
names(cum_total_vec) <- unlist(lapply(strsplit(names(cum_total_vec),"\\."), function(x)
x[2]))
line_num <- factor(rep(1:3, lapply(cum_total, length)), labels=paste0(1:3, "호선"))
df2 <- data.frame(stat_name=names(cum_total_vec), line=line_num, on_tot=cum_total_
vec, stringsAsFactors = FALSE)
df2$stat_name<-factor(df2$stat_name, levels=df2$stat_name)
df2
```

결과

```
> df2
              stat_name  line   on_tot
각산              각산   1호선  190961
교대              교대   1호선  171383
대곡              대곡   1호선  258491
대구역            대구역 1호선  362487
대명              대명   1호선  140469
동구청            동구청 1호선  147357
동대구역          대구역 1호선  775442
동촌              동촌   1호선  107524
명덕1             명덕1  1호선  148842
반야월            반야월 1호선  116424
반월당1           반월당1 1호선 388251
방촌              방촌   1호선  155455
상인              상인   1호선  522629
서부정류장    서부정류장 1호선  397611
```

3 막대 그래프 시각화

위의 과정에서 만들어진 데이터 프레임 df2를 막대 그래프로 시각화하고 각 역의 색상을 노선별로 다르게 하여 노선 및 역별 누적 탑승객 수를 비교하기 용이하도록 한다. ggplot()를 이용하여 결과를 막대 그래프로 시각화한다. aes() 함수를 이용하여 x축 변수(x=stat_name), y축 변수(y=on_tot), 노선별 색상(fill=line)을 지정한다. theme_bw()는 그림 배경을 흰색으로 설정하는 명령어다.

geom_bar()를 이용하여 막대 그래프를 생성한다. stat="identity"는 y축 변수의 값을 막대 그래프의 높이로 지정하는 것이고, 디폴트는 도수(count)를 막대의 높이로 이용하는 것이다. colour="white"로 막대의 경계색을 흰색으로 지정한다. 이렇게 하면 막대 값의 여백을 추가하는 효과를 주어 그래프의 가독성을 높일 수 있다.

그림 축에 대한 레이블 및 범례의 이름을 재지정한다. scale_x_discrete()은 x축 이름을 지정하고, labels=NULL을 설정하여 불필요한 역 이름이 x축에 표기되지 않게 한다. ylab() 함수를 이용하여 y축 이름을 표기하고, scale_fill_discrete()는 주어진 색상에 대한 범례의 이름을 재지정하기 위해 사용한다.

소스

```
plt <- ggplot(df2, aes(x=stat_name, y=on_tot, fill=line))
plt + theme_bw() + geom_bar(stat="identity", colour="white") + scale_x_discrete("지하철역", labels=NULL) + ylab("탑승객수") + scale_fill_discrete(name=c("노선"))
```

결과

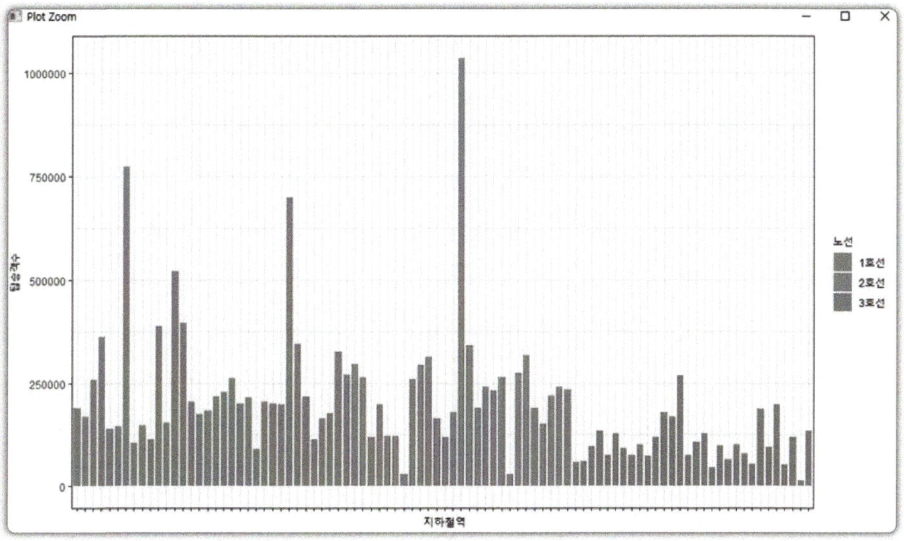

11.4 상위/하위 10개 역 추출 및 정보 시각화

1 상위 10개 역 추출

탑승객 기준 상위 10개 역을 찾아 이에 대응하는 인덱스를 idx_top10에 저장한다. 10개 역 정보만을 추려 df3의 데이터 프레임으로 저장하여 이를 시각화에 이용한다. geom_bar()는 aes()에서 y로 선언된 변수(y=on_tot)에 대한 막대 그래프를 x로 선언된 값 위치에 시각화한다.

소스

```
idx_top10 <- cum_total_vec >= sort(cum_total_vec, decreasing=TRUE)[10]
cum_total_vec[idx_top10]

df3 <- subset(df2, subset = idx_top10)
df3
lim <- c(0, max(df2$on_tot))
plt <- ggplot(data=df3, aes(x=stat_name, y=on_tot, fill=line))
plt + geom_bar(stat="identity", colour="white") + xlab("상위 10 개 지하철역")+ ylab("탑
승객수") + scale_fill_discrete(name=c("노선"))
```

결과

```
> df3
          stat_name  line  on_tot
대구역        대구역 1호선  362487
동대구역    동대구역 1호선  775442
반월당1      반월당1 1호선  388251
상인            상인 1호선  522629
서부정류장 서부정류장 1호선  397611
중앙로        중앙로 1호선  700319
진천            진천 1호선  345951
감삼            감삼 2호선  328046
반월당2      반월당2 2호선 1036996
범어            범어 2호선  341471
```

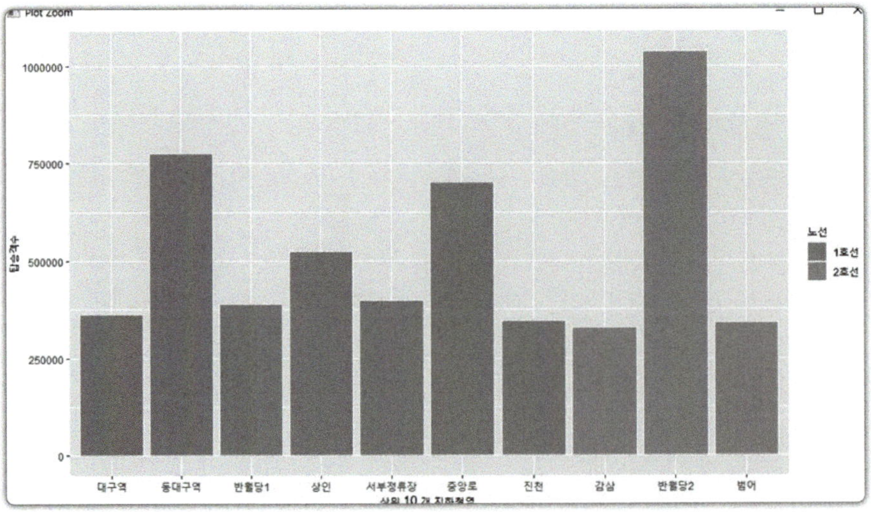

2 하위 10개역 추출

탑승객 기준 하위 10개 역을 찾아 이에 대응하는 인덱스를 idx_bot10에 저장한다. 10개 역 정보만을 추려 df4의 데이터 프레임으로 저장하고 이를 시각화에 이용하고자 한다. 상위 10개 역과 동일한 y축 값으로 그려 비교할 수 있다.

소스

```
idx_bot10 <- cum_total_vec <= sort(cum_total_vec, decreasing=FALSE)[10]
cum_total_vec[idx_bot10]

df4 <- subset(df2, subset = idx_bot10)
df4
plt <- ggplot(df4, aes(x=stat_name, y=on_tot, fill=line))
plt + geom_bar(stat="identity", colour="white") + xlab("하위 10 개 지하철역") + scale_
y_continuous("탑승객수", lim=lim) + scale_fill_discrete(name=c("노선"))
```

결과

```
> df4
              stat_name  line   on_tot
대공원           대공원 2호선  29550
연호               연호 2호선  31217
건들바위       건들바위 3호선  59308
공단               공단 3호선  61619
매천시장       매천시장 3호선  75937
어린이회관   어린이회관 3호선  47555
원대               원대 3호선  66295
칠곡경대병원 칠곡경대병원 3호선 55982
팔달               팔달 3호선  53771
학정               학정 3호선  16658
```

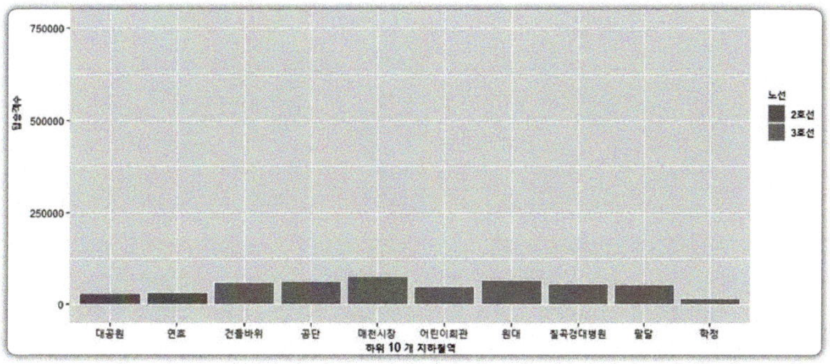

11.5 상위/하위 10개 역 요일별 탑승객 추이

1 상위 10개 역 요일별 탑승객 추이

상위 10개 역 요일별 탑승객 추이 확인을 위해 각 10역별로 선 그래프를 활용하여 시각화하고 요일별 이용자 수의 패턴을 확인한다. subway로부터 추출하여 stat_top10으로 저장하고, aggregate() 함수를 이용하여 요일별 총누적 승객 수를 합산한다. geom_line()으로 선 그래프를 나타내고, ggplot()의 aes() 내에 group=stat_name을 지정하여 선 연결을 역별로 지정한다. geom_point()로 해당 값을 점으로 표현하고, size 옵션으로 크기, shape 옵션으로 점 모양을 조정하고, alpha 값을 0에서 1 사이 값으로 지정하여 투명도를 조정한다. theme_classic()은 그래프의 배경을 클래식 모드로 전환할 수 있다.

소스

```
stat_top10 <- subset(subway, subset = stat_name %in% names(cum_total_vec[idx_top10]) ,
select=c("stat_name", "on_tot", "day"))
stat_top10 <- aggregate(on_tot ~ day + stat_name, stat_top10, sum)
stat_top10
plt <- ggplot(stat_top10, aes(x=day, y=on_tot, colour=stat_name, group =stat_name))
plt <- plt + theme_classic() + geom_line() + geom_point(size=6, shape=19, alpha=0.5)
plt + scale_x_discrete("요일") + ylab("탑승객수") + scale_colour_discrete(name=c("지하철역"))
```

결과

```
> stat_top10
  day stat_name on_tot
1  금      감삼  54503
2  목      감삼  52095
3  수      감삼  48011
4  월      감삼  55964
```

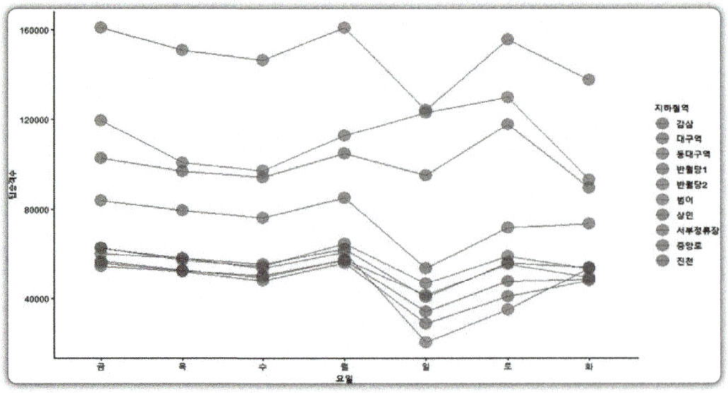

차트를 살펴보면 요일이 오름차순으로 정렬되어 있다. 월화수목금토일 순으로 정렬하려면 scale_x_discrete(limits=c("월","화","수","목","금","토","일"))을 활용하고, ggtitle()를 이용하여 제목을 추가한다.

<table>
<tr><td>소스</td><td>plt + scale_x_discrete(limits=c("월","화","수","목","금","토","일")) + ggtitle("2022년 1월~2월 지하철 탑승객수")+ xlab("요일") +ylab("탑승객수") + scale_colour_discrete(name=c("지하철역"))</td></tr>
<tr><td>결과</td><td>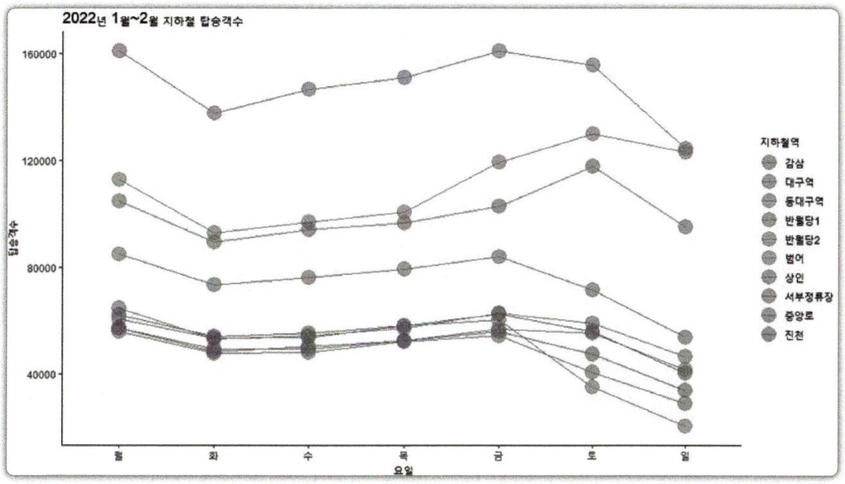
</td></tr>
</table>

2 하위 10개 역 요일별 탑승객 추이

하위 10개 역 요일별 탑승객 추이 확인을 위해 각 역 데이터를 선 그래프를 활용하여 시각화하고 요일별 이용자 수의 패턴을 확인한다. subway로부터 추출하여 stat_bot10으로 저장하고, aggregate() 함수를 이용하여 요일별 총누적 승객 수를 합산한다.

geom_line()으로 선 그래프를 나타내고, ggplot()의 aes() 내에 group=stat_name을 지정하여 선 연결을 역별로 지정한다. geom_point()로 해당 값을 점 표현, size 옵션으로 크기를 조정하고, shape 옵션으로 점 모양, alpha 값을 0에서 1 사이 값으로 지정하여 투명도를 조정한다. theme_classic()은 그래프의 배경을 클래식 모드로 전환할 수 있다.

소스	

```
stat_bot10 <- subset(subway, subset = stat_name %in% names(cum_total_vec[idx_bot10])
, select=c("stat_name", "on_tot", "day"))
stat_bot10 <- aggregate(on_tot ~ day + stat_name, stat_bot10, sum)

plt <- ggplot(stat_bot10, aes(x=day, y=on_tot, colour=stat_name, group =stat_name))
plt <- plt + theme_classic() + geom_line() + geom_point(size=6, shape=19, alpha=0.5)
plt + scale_x_discrete("요일") + ylab("탑승객수") + scale_colour_discrete(name=c("지하철
역"))

# 요일 순서대로 정렬
plt + scale_x_discrete(limits=c("월","화","수","목","금","토","일")) + ggtitle("2022년 1월~2
월 지하철 탑승객수")+ xlab("요일") +ylab("탑승객수") + scale_colour_discrete(name=c("지
하철역"))
```

결과

```
> stat_bot10
  day  stat_name  on_tot
1  금   건들바위   9496
2  목   건들바위   9238
3  수   건들바위   8665
4  월   건들바위   9666
5  일   건들바위   6008
6  토   건들바위   7543
7  화   건들바위   8692
```

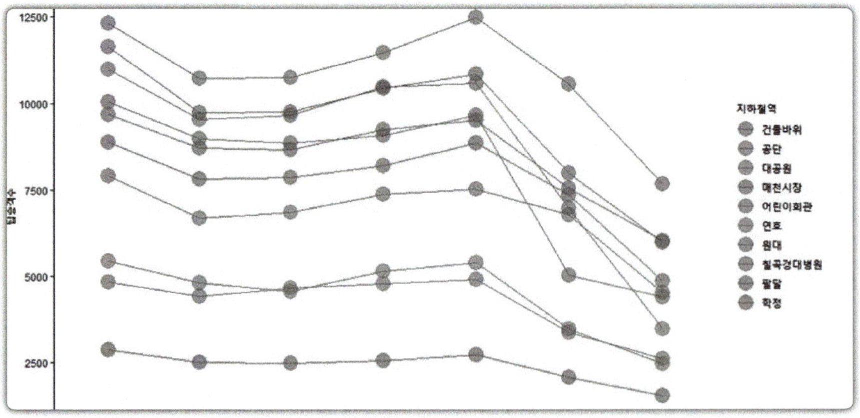

11.6 노선별 역당 평균 탑승객 수 계산 및 비교

1 노선별 역당 평균 탑승객 수

노선에 포함되는 역들의 평균 탑승객 수를 계산하여 이를 각 노선의 탑승객 수 비교에 이용한다. 2개의 데이터 프레임 subway 및 subname를 merge() 함수를 이용하여 병합하여 이를 subway2로 저장한다. subway 변수 stat_name과 subname 변수 station 모두 지하철역 이름이므로 by.x 및 by.y에 지정하여 병합 시 해당 변수를 키(key)로 선언하여 이를 기준으로 병합한다.

함수 sum() 및 mean()을 수행 시 결측값(NA)이 있으면 결과가 NA로 리턴된다. 이에 결측값을 제외하고 합산 및 평균값을 계산하기 위해 na.rm=TRUE를 지정한다.

소스

```
subway2 <- merge(subway[, c("stat_name", "on_tot", "day")],
    subname[, c("station","line_num")], by.x="stat_name", by.y="station")
subway2

tmp1 <- aggregate(on_tot ~ line_num + stat_name, subway2, sum, na.rm=TRUE)
tmp2 <- aggregate(on_tot ~ line_num, tmp1, mean, na.rm=TRUE)
tmp2
```

결과

```
> subway2
  stat_name on_tot day line_num
1      각산   2897  토        1
2      각산   3852  월        1
3      각산   3861  목        1
4      각산   1795  일        1
5      각산   3869  월        1
6      각산   2651  토        1
7      각산   1759  수        1

> tmp2
 line_num  on_tot
1        1 250527.8
2        2 244574.1
3        3 108064.0
```

2 노선별 역당 평균 탑승객 수를 파이 차트로 표현

노선에 포함되는 역들의 평균 탑승객 수를 계산하여 이를 파이 차트로 표현한다. 파이 차트를 이용하여 노선별 탑승객 수를 시각화함으로써 상대 비교가 가능하다. 시각적 효과를 살리기 위해 지하철 노선의 색상을 빨강, 노랑, 파랑으로 지정한다.

소스

```
col <- c(“red”, “yellow”, “blue”)
pie(tmp2$on_tot, labels=paste0(unique(tmp2$line_num), “호선”), col=col,
border=”lightgray”, main=”노선별 평균 지하철 탑승객 수”)
```

결과

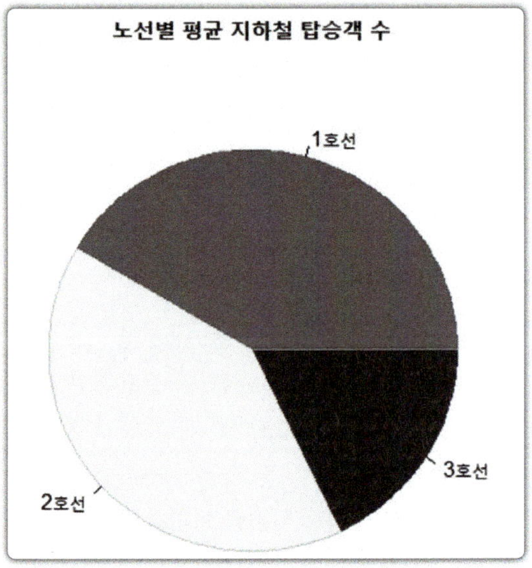

연습 문제

문제 11.1

공공데이터포털에서 주제를 선정하여 데이터를 추출하시오

문제 11.2

해당 주제를 선정한 이유를 설명하시오.

문제 11.3

다음 분석 과정에 따라 데이터 분석을 수행하시오.

데이터 분석 과정

1. 공공데이터포털의 데이터 다운로드
2. 데이터 가공후 파일 생성
3. 필요 패키지 불러오기
4. 파일 로딩 및 자료정리
5. 데이터 기술통계
6. 시각화

문제 11.4

데비터 분석 결과를 설명하고 그 결과가 해당 주제를 선정한 이유와 부합하는지 설명하시오.

찾아보기

찾아보기

찾아보기